澳门回归二十年经验丛书

“一国两制”理论和实践经验研究

骆伟建◎编著

SPM
南方出版传媒
广东经济出版社
·广州·

图书在版编目（CIP）数据

“一国两制”理论和实践经验研究 / 骆伟建编著. —广州：广东经济出版社，2020. 11

（澳门回归二十年经验丛书/李国强主编）

ISBN 978 – 7 – 5454 – 7389 – 6

Ⅰ. ①一… Ⅱ. ①骆… Ⅲ. ①一国两制 – 研究 Ⅳ. ①D618

中国版本图书馆 CIP 数据核字（2020）第 201407 号

出 版 人：李　鹏
责任编辑：刘亚平　冯常虎
责任技编：陆俊帆

“一国两制”理论和实践经验研究

YI GUO LIANG ZHI LILUN HE SHIJIAN JINGYAN YANJIU

出版发行	广东经济出版社（广州市环市东路水荫路 11 号 11 ~ 12 楼）
经　　销	全国新华书店
印　　刷	广东鹏腾宇文化创新有限公司 （珠海市高新区唐家湾镇科技九路 88 号 10 栋）
开　　本	787 毫米 × 1092 毫米　1/16
印　　张	28. 5
字　　数	543 千字
版　　次	2020 年 11 月第 1 版
印　　次	2020 年 11 月第 1 次
书　　号	ISBN 978 – 7 – 5454 – 7389 – 6
定　　价	108. 00 元

图书营销中心地址：广州市环市东路水荫路 11 号 11 楼

电话：（020）87393830　邮政编码：510075

如发现印装质量问题，影响阅读，请与本社联系

广东经济出版社常年法律顾问：胡志海律师

澳门经验主题鲜明，内涵丰富

——在《澳门回归二十年经验丛书》研讨会上的发言

（代总序）

2019年，澳门迎来回归祖国20周年。过去的20年，在中央政府和祖国内地的大力支持下，在澳门特别行政区政府和行政长官的带领下，在澳门社会各界人士的齐心协力、团结奋斗下，澳门社会安定，经济社会快速发展，取得了一系列令人瞩目的成果。

在此，我想就“澳门经验”这个命题谈一点个人体会。

首先，我认为“一国两制”方针在澳门的伟大实践，是澳门20年发展所取得的首要的也是最重要的经验。“一国两制”的成功实践，为进一步完善与澳门特别行政区基本法实施相配套的制度和法律体系，不断夯实依法治澳的制度基础，为进一步打造勤政、廉洁、高效、公正的法治政府，使澳门特别行政区发展始终沿着法治轨道推进，为进一步强化澳门公职人员队伍建设和管理，不断增强依法履职能力奠定了坚实基础。总结“一国两制”在澳门20年实践的成功经验，是新时代开启依法治澳新征程的必然要求。

其次，澳门同祖国内地的交流合作关系，是澳门经验的重要内涵。澳门回归的20年，是与祖国内地全面交流的20年，是与祖国内地深度合作的20年，是与祖国内地同呼吸共命运的20年。总结这20年来澳门同祖国内地关系持续稳定、良性互动所取得的成功经验，是澳门与祖国内地进一步深化交流合作，共同肩负实现中华民族伟大复兴中国梦的历史使命的必然要求。

再次，澳门走经济适度多元可持续发展道路，是澳门经验的重要内涵。澳门回归祖国之后，澳门特别行政区政府坚守“一国”之本，善用“两制”之利，抓住国家全面深化改革的重大机遇，紧紧围绕建设“世界旅游休闲中心”和“中国与葡语国家商贸合作服务平台”的目标定位，充分运用中央支持澳门发展的各项政策，顶层设计，周密部署，稳步推动经济适度多元可持续发展的总体战略，使澳门经济社会发展呈现出良好局面。总结 20 年来澳门经济社会繁荣发展所取得的成功经验，是在区域合作中进一步拓宽澳门发展空间，增强澳门发展动力，提升澳门自身发展素质能力，努力实现与祖国内地共同发展、共同进步的必然要求。

最后，由澳门灿烂文化的历史底蕴和当代传承所凝聚的爱国爱澳社会主流价值观，是澳门经验的重要内涵。20 年来，澳门特别行政区政府秉持“从人文关怀出发，以文化铸造城市的灵魂”之理念，有效保护文化遗产，弘扬优秀传统文化，扶持文创产业发展，促进多层面文化交流，走出了一条澳门文化多元发展之路，闯出了一条利用澳门历史文化资源创新文化产业发展之路。而基于澳门文化积淀所凝练的爱国爱澳、包容共济、务实进取的优良传统，成为 20 年来澳门社会良性发展的力量源泉。总结 20 年来澳门文化历久弥新、文化事业欣欣向荣所取得的成功经验，是澳门坚持道路自信、理论自信、制度自信、文化自信的必然要求，是澳门同胞加深民族自豪感与爱国爱澳情怀、增强投身“一国两制”事业责任感与使命感的必然要求。

毫无疑问，20 年来澳门走过了不平凡的发展历程，其所积累的经验是多方面的，其内涵是丰富的，其意义是深远的，是值得澳门同胞和全国各族人民珍惜和铭记的。在澳门回归祖国 20 年之际，我们对这些经验作全面、系统、科学的总结，不仅是为了回顾过往岁月，更是为了继往开来，为澳门全面准确贯彻“一国两制”方针，沿着正确的方向行稳致远，为实现“两个一百年”奋斗目标、实现中华民族伟大复兴的中国梦，为澳门拥有更加美好的明天夯实理论基础，提供思想源泉。

在此，我们要感谢广东经济出版社、澳门启元出版社，这两家出版社以高度的责任感和敏锐的洞察力，把《澳门回归二十年经验丛书》列入重点选题。这一选题站位高、立意远，既有很高的理论价值，更有鲜明的实践意义。

李国强

中国社会科学院中国历史研究院副院长，研究员

目　　录

特别行政区基本法的理论与实践研究
——以澳门“一国两制”实施为视角

中国改革开放总设计师邓小平先生在20世纪70年代末、改革开放之初提出了用“一国两制”的构想解决台湾问题，实现国家的统一。1982年《中华人民共和国宪法》（以下简称宪法）第三十一条规定：“国家在必要时得设立特别行政区。在特别行政区内实行的制度按照具体情况由全国人民代表大会以法律规定。”这为国家实行“一国两制”制度提供了宪法依据。当解决港澳的历史遗留问题被提上议事日程时，邓小平先生将“一国两制”的构想用于解决港澳回归祖国、实现中国恢复对港澳行使主权的谈判中。在“一国两制”构想的指导下，结合港澳的历史和现实，制定了实行“一国两制”的具体方针、政策。随后，全国人民代表大会根据宪法制定了《中华人民共和国香港特别行政区基本法》（以下简称香港基本法）和《中华人民共和国澳门特别行政区基本法》（以下简称澳门基本法），将“一国两制”的方针政策法律化。中国政府根据基本法的规定和全国人民代表大会的决定，筹备了特别行政区的成立工作，实现了政权的顺利交接和社会的平稳过渡。特别行政区成立后，中央和特别行政区按照“一国两制”和基本法的规定施政，“一国两制”事业的发展取得了举世瞩目的成就。

从“一国两制”构想的提出，到制定“一国两制”的具体方针、政策，再由特别行政区基本法确立特别行政区的制度，从而依据“一国两制”的方针、政策和特别行政区的基本法治理港澳特别行政区的整个过程，对其进行仔细分析，不难发现一个规律，只要能够做到全面、准确地理解“一国两制”和基本法，坚定不移地实施“一国两制”和基本法，作为中国特色社会主义的一个有机组成部分的“一国两制”的事业就能够得到发展并取得成果；反之，就会受到干扰和阻碍。所以，实施“一国两制”和基本法，在理论层面，要做到全面、准确地理解，不误解、不曲解；在实践层面，要做到坚定不移地执行，不变形、不走样。理论和实践的结合，是保障“一国两制”实施的基本条件，也是澳门实施“一国两制”的成功经验之一。

那么，如何才能在理论层面做到全面、准确地理解“一国两制”和基本法，在实践层面做到坚定不移地实施“一国两制”和基本法？分析澳门特别行政区实施“一国两制”和基本法的实践，可以得到有益的启示。首先，在理论上既要做到系统理解和把握“一国两制”和基本法理论，又要向特别行政区居民普及“一国两制”和基本法理论。其次，在实践上既要搞好“一国两制”和基本法的制度化，又要做好“一国两制”和基本法的细则化工作。通过做好“一国两制”和基本法的系统化和普及化，以及制度化和细则化的工作，保障“一国两制”和基本法的真正落实。

一、“一国两制”和基本法理论的系统化和普及化

（一）系统掌握“一国两制”和基本法理论

全面、准确地理解“一国两制”和基本法，取决于对“一国两制”和基本法理论的系统把握。缺乏系统性，就会导致片面性。系统地掌握“一国两制”和基本法理论，是建立“一国两制”和基本法话语权的基础。只有系统化的理论才能够更好地指导“一国两制”和基本法的实践。澳门特别行政区在系统地掌握“一国两制”和基本法理论上作出了以下几个方面的尝试和探索。

1. 认识“一国两制”和基本法理论的独特性

第一，“一国两制”是中国特色的理论。

“一国两制”和基本法理论是中国创新的理论，具有鲜明的中国特色，有自身独特的理论和逻辑体系。邓小平先生说：“这是个新事物。这个新事物不是美国提出来的，不是日本提出来的，不是欧洲提出来的，也不是苏联提出来的，而是中国提出来的，这就叫作中国特色。”① “从世界历史来看，有哪个政府制定过我们这么开明的政策？从资本主义历史看，从西方国家看，有哪一个国家这么做过?”② 无论是从理论上还是实践上看，西方并不存在这种先例。所以，“一国两制”是中国对世界的贡献。“说国际意义，不只对第三世界，而且对全人类都具

① 邓小平．邓小平论“一国两制”．香港：三联书店（香港）有限公司，2004：54.
② 邓小平．邓小平论“一国两制”．香港：三联书店（香港）有限公司，2004：13.

有长远意义。这是一个具有创造性的杰作。”[①] 因此，“一国两制”是中国原创和首创的理论。认清和把握这一点非常重要，这也是理解和掌握“一国两制”和基本法理论体系的基础与出发点。

而特别行政区基本法是“一国两制”理论和政策的法律化，“一国两制”的创新性决定了特别行政区基本法同样具有中国特色的法理和逻辑体系。在西方的现有法理中，包括国家制度的理论，自由、民主的理论，既没有“一国两制”的构想，也没有解决“一国两制”的方法。所以，“一国两制”和基本法不是西方理论和法理的产物。对“一国两制”和基本法的理解、解释，只能从“一国两制”和基本法自身的逻辑展开。如果以西方理论与法理为基础去理解和解释“一国两制”和基本法，必犯方法论上的错误，因为在研究和解释的出发点上就偏离了轨道。

为什么“一国两制”和基本法是中国特色的创新理论？根本原因是，这是由实践决定的，它是从中国的实际出发，在解决中国实际问题的过程中形成的理论。邓小平说：“‘一个国家，两种制度’的构想是我们根据中国自己的情况提出来的，而现在已经成为国际上注意的问题了。”[②] “不是一时的感情冲动，也不是玩弄手法，完全是从实际出发的，是充分照顾到香港的历史和现实情况的。”[③] 那么，解决中国的国家统一问题，为什么不采取传统的一个国家一种制度的做法，而是采取“一个国家，两种制度”呢？这就是中国“和而不同”的智慧。国家必须统一，这是“和”。统一的国家可以有不同的社会制度共存，就是“不同”。将“不同”置于“和”之中，形成了命运的共同体，实现了“一个国家，两种制度”的要求。对国家、对地方都是有利的，形成了共赢的局面。

总之，从中国的历史、现实出发，运用中国的智慧，提出了切实可行的解决方案，形成了“一国两制”和基本法的独特理论。

第二，有条件地借鉴现有的理论。

在理解与解释“一国两制”和基本法的时候，并不排斥现有政治学和法学理论中的某些概念和原理，如主权、治权、分权、人权等概念和原理，可以在不违背、不抵触“一国两制”理论的前提下借鉴地运用。但是，借鉴既不能本末倒置，用现有的理论取代或否定“一国两制”的理论，也不能无条件地运用，导致排斥“一国两制”的理论。如果一味地以现有的理论来看待和理解“一国

---

① 邓小平. 邓小平论“一国两制”. 香港：三联书店（香港）有限公司，2004：67.

② 邓小平. 邓小平论“一国两制”. 香港：三联书店（香港）有限公司，2004：12.

③ 邓小平. 邓小平论“一国两制”. 香港：三联书店（香港）有限公司，2004：13.

两制”和基本法，就会出现很大的问题，无法做到准确理解。如基本法规定，选举产生行政长官人选后报中央人民政府任命。为什么选举后还要任命？用西方的选举理论无法解释。但是，按照“一国两制”的理论就很好解释。因为特别行政区是国家内的一个地方，直辖于中央人民政府，行使中央授予的高度自治权，所以行政长官要对中央人民政府负责。为了确保行政长官的负责，中央人民政府就必须掌握对行政长官的任免权。行政长官人选不愿意对中央负责，中央就不予任命。行政长官不能做到真正负责，中央就予以免职。再如，为什么特别行政区的自治权来源于中央授权而不是居民授权？因为“还政于民”的理论不符合、不适合特别行政区的法律地位，特别行政区不是独立的政治实体，没有固有的权力，也没有自决的权力，特别行政区居民也只是中国公民的一部分，特别行政区的自治权只能源于代表全体中国人民的最高国家权力机关的全国人民代表大会授权。所以，全面、准确地理解“一国两制”和基本法，必须处理好“一国两制”理论与借鉴其他理论之间的关系。

2. 理解“一国两制”和基本法理论的逻辑性

认识事物应该从事物本身的逻辑开始，而不是从人的思维或理论的逻辑开始，人的思维或理论的逻辑是帮助我们认识和揭示事物本身逻辑的工具。“一国两制”和基本法有自身的逻辑，理解与解释“一国两制”和基本法要符合它自身的逻辑。

“一国两制”和基本法理论体系由三个层次的逻辑构成。

第一，以“一国”为起点，规范“一国”与“两制”的关系。

为什么在“一国”与“两制”关系中要以“一国”为逻辑的起点？因为“一国两制”是为实现国家统一而提出的理论，“一国”是目的，围绕着如何实现和巩固国家的统一展开相应的逻辑关系。从“一国”的原则出发，确立了国家主权；由国家主权建立一个统一的国家制度；再从“一国”、主权和国家制度产生了国家与主权的主体，即中央国家机关（全国人民代表大会和国务院）；同时，主权产生出中央的管治权，即对全国的领土范围实行管理。“两制”是达到“一国”目的的适宜方法，从“两制”的要求出发，明确特别行政区的基本制度，特别行政区是中华人民共和国不可分离的部分，全国人民代表大会授权特别行政区高度自治，“澳人治澳”，保留原有制度，包括经济社会制度、权利和自由制度，由于“两制”符合特别行政区居民的利益和愿望，故在“两制”下特别行政区与居民都拥护和维护国家的统一。

第二，以中央管治权为起点，规范中央权力与特别行政区自治权的关系。

为什么在中央与特别行政区关系中要以中央管治权为逻辑的起点？国家统一后，谁行使国家的主权？当然由代表国家的中央人民政府行使主权，绝对不是中央和特别行政区分享主权。主权产生治权，治权既包括中央的管治权，也包括特别行政区的自治权。由于特别行政区的自治权是中央授予的，自然中央的管治权就是中央和特别行政区关系的逻辑起点，从而决定特别行政区直辖于中央人民政府，中央和特别行政区的关系是领导与被领导、监督与被监督的关系，中央行使对特别行政区的管治权，包括中央直接行使的管理权力，如行政长官由中央任命，基本法由全国人民代表大会常务委员会最终解释。也包括对特别行政区的行政权、立法权行使中央监督权，特别行政区的司法管辖权受中央管理事务的限制等。同时，特别行政区享有行政管理权、立法权和司法权。

第三，以行政长官对中央负责和特别行政区负责为起点，规范行政与立法、司法的关系。

为什么在行政、立法和司法关系中以行政长官为逻辑起点？因为特别行政区是国家的一个地方行政区，特别行政区政府是一个地方政府，直辖于中央人民政府。所以，特别行政区的最高首长行政长官就必须对中央负责、对特别行政区负责，这决定了行政长官在行政、立法、司法关系中居于核心的地位，从而规定了行政长官在特别行政区政治体制内的主导地位和作用，确立了行政长官及其领导的政府与立法机关和司法机关的关系。

以上三个逻辑层次是互相关联的有机统一，核心和基础就是“一国”原则与“两制”内容的关系。“一国”与“两制”，国家与特别行政区，主权与自治权这些因素决定了中央与特别行政区是领导与被领导、授权与被授权、监督与被监督的关系，以及有机结合的关系。同时，也决定了行政长官受中央领导，对中央负责，行政长官必须是特别行政区政治体制中的核心，从而决定了行政主导立法的关系。总之，“一国两制”关系中，“一国”决定“两制”。中央与特别行政区的关系中，中央决定特别行政区。主权与自治权的关系中，主权决定自治权。行政与立法的关系中，行政主导立法。把握了这些逻辑关系才是理解与掌握了“一国两制”和基本法理论中的精髓。

3. 把握“一国两制”和基本法理论中的各种关系

在“一国两制”和基本法理论体系内，存在五对基本关系：“一国”与“两制”的关系；宪法与基本法的关系；中央管治权与特别行政区自治权的关系；行政主导与立法制约、合作的关系；中央支持特别行政区发展和特别行政区融入国家发展的关系。准确理解这五对关系的基础和内容，规范好它们相互之间的有机结合，对实施“一国两制”和基本法有重要意义。

第一，“一国”与“两制”的关系。

既要坚持“一国”之本，“一国”是“两制”的基础，也要发挥“两制”之利，服务于“一国”的发展。坚持“一国”之本，就要解决好国家认同和身份认同的问题。国家认同就是要拥护国家的统一，拥护中华人民共和国对港澳恢复行使主权，反对分裂，维护国家的安全，坚持“一国”之本。只有认同中国人的身份，才能爱国爱澳，建立以爱国爱澳者为主体的管治队伍。发挥“两制”之利，就是要用好高度自治权，充分利用原有制度的优势，促进澳门社会的稳定和经济的发展，同时融入国家的发展，为建设现代化强国作出贡献。

第二，宪法与基本法的关系。

宪法和基本法共同构成了特别行政区的宪制基础，宪法作为国家的根本大法，对全国有效，特别行政区也不例外。基本法是根据宪法制定的，既要符合宪法中的“一国”规定，也要落实宪法中的“两制”规定。基本法作为特别行政区的宪制性法律，在特别行政区的地位和效力要高于普通的法律，凡抵触基本法的法律、行政法规和其他规范性文件均无效。所以，要严格遵守和执行基本法，一切言行以基本法为准绳。

第三，中央管治权与特别行政区自治权的关系。

中央的全面管治权是由国家主权和治权产生的，一方面直接行使中央保留的管理权，另一方面行使对授予特别行政区自治权的监督权。特别行政区在基本法限定的地方性自治事务范围内，即不属于中央管理和中央与特别行政区关系的事务，行使行政管理权、立法权和司法权。中央的管治权与特别行政区的自治权既有分工，又要合作，做到有机结合。

第四，行政主导与立法制约、合作的关系。

特别行政区的政治体制既要处理中央与特别行政区的纵向权力关系，也要处理行政与立法的横向权力关系。行政长官既要对中央负责，也要对特别行政区负责。为此，需要确立以行政长官为权力核心的行政主导，担负起双重责任。行政主导并不排斥立法机关对行政机关的监督，相反，行政机关要对立法机关负责。在制约和负责中，行政与立法相互合作，保障行政长官依法施政，提高施政的能力和效率。

第五，中央支持特别行政区发展和特别行政区融入国家发展的关系。

在基本法序言中确立的“一国两制”宗旨是既要维护国家的统一和领土完整，也要促进特别行政区的社会稳定和经济发展。国家要采取措施支持特别行政区的各项事业发展，同时，特别行政区要立法维护国家的主权和安全，并积极参与国家的发展，包括区域合作，达到国家好、特别行政区好、共同发展的目标。

最终，要做到“一国两制”下的各种关系协调发展，各个方面有机结合，包括“一国两制”宗旨中的国家主权、安全、发展与特别行政区稳定发展之间的有机结合；“一国”和“两制”之间的有机结合；宪法和基本法之间的有机结合；中央管治权与特别行政区自治权之间的有机结合；行政主导与立法制约、合作的有机结合；国家发展和特别行政区发展之间的有机结合。

（二）普及推广“一国两制”和基本法理论

理论只有被普罗大众掌握和理解，方能显示出它的生命力，方能指导社会的实践。所以，坚定不移地实施“一国两制”和基本法，就必须做好“一国两制”和基本法理论的普及工作。为此，澳门特别行政区重点从管治队伍、社会团体、青少年三个方面开展工作。

1. 特别行政区管治队伍的理论培训

对特别行政区实行“澳人治澳”的要求是：第一，要依法治澳；第二，要爱国爱澳者治澳。依法治澳，就需要熟知并掌握“一国两制”和基本法，行使自治权的爱国爱澳者也需要正确认知“一国两制”和基本法。对此，必须进行理论培训。澳门特别行政区经过不断的实践，已经初步形成了理论培训的一套制度。在公务员录用考试时，专门有一部分“一国两制”和基本法的常识内容，应试者如果不了解、不掌握“一国两制”和基本法的基本知识，就不可能通过考试。入职后，有不少部门对新入职的公务人员进行培训，其中“一国两制”和基本法就是培训的主要内容。公务员晋升职位时，还要进行“一国两制”和基本法的理论学习与考核。此外，多年以前，特别行政区政府行政公职局专门开设了领导与主管人员的“一国两制”和基本法小型研习班，为期1周，结合特别行政区政府“一国两制”和基本法的实践展开研讨，有800多人进行了研习，基本涵盖了中高级公务员。除了公务员之外，澳门特别行政区政府法律和司法培训中心在司法官培训课程中将基本法列入必修课程，把考试合格作为进入司法官队伍的必要条件。总之，正确掌握“一国两制”和基本法的理论成了入职、履职的必要条件，这为坚定不移地实施“一国两制”和基本法创造了有利的条件。

2. 向社会团体的宣传推广

实施“一国两制”和基本法需要坚实的社会基础。只有让广大澳门居民正确地理解与掌握“一国两制”和基本法理论，才能培养出一支拥护和维护“一国两制”和基本法的爱国爱澳的队伍。从基本法制定开始到基本法实施的过程中，澳门的民间社团发挥了重要作用。在制定基本法的时候，澳门民间成立了基本法咨询委员会，向基本法起草委员会提供意见。基本法实施后，基本法咨询委员会转换成基本法推广协会，该会采取多种形式向社会推广宣传基本法，包括每年举办学术研讨会，出版论文集；常年开设基本法培训课程，尤其是开办了基本法推广大使培训班，让通过培训的青年人进入中小学推广基本法；还举办基本法游园活动，以喜闻乐见的形式向市民推广基本法。此外，澳门的各大社团也经常举办“一国两制”和基本法的讲座。经过澳门社会各界人士数十年的坚持努力，“一国两制”和基本法逐渐深入人心，取得了一定的成效。

3. 青少年的学校教育

青少年是澳门特别行政区的未来。让青少年正确理解与掌握“一国两制”和基本法理论，“一国两制”的事业就能够薪火相传。为此，澳门特别行政区政府教育暨青年局在中小学的课程纲要中设置了“一国两制”和基本法的内容，学校教师用通俗易懂的方式讲解“一国两制”和基本法。澳门特别行政区政府高等教育辅助办公室指导各高等院校开设宪法和基本法的课程，有的高校将宪法和基本法的课程从选修课变成必修课，有的高等院校新开设宪法和基本法的课程，有的高等院校将宪法和基本法课程从法学院的专业课推广为全校大学生的必修课。通过不同的方式，从入门知识到系统知识，由浅入深地引导青少年理解与掌握“一国两制”和基本法理论。

通过以上三个途径及各方面的不懈努力，“一国两制”和基本法理论逐渐为越来越多的澳门居民所掌握，成为社会的主流价值观。所以，“一国两制”和基本法实施过程中遇到的重大问题都能够在澳门居民的支持下顺利地解决。如，根据澳门基本法第二十三条的规定，特别行政区政府在制定维护国家安全法的立法工作中得到了绝大多数澳门居民的支持，顺利通过。在澳门政治发展议题上，特别行政区政府和立法会根据全国人民代表大会常务委员会的决定，提出行政长官产生办法和立法会产生办法的修改，同样在社会各界的支持下顺利通过，使澳门的政治体制得到进一步的完善。“一国两制”和基本法的实践充分证明，普罗大众掌握了理论，有利于推动实践的深入发展。

二、基本法规定的制度化和细则化

（一）基本法规定的制度化

基本法作为宪制性的法律，通常是原则性的规定，只有将基本法的规定制度化，才能使其得到更好的落实。反之，基本法的原则规定缺乏具体的规范和程序将会被束之高阁。制度化主要是通过立法方式建立。所以，依据基本法的规定，完善特别行政区的法律，是坚定不移地实施基本法的重要环节。澳门特别行政区成立以来抓住“一国两制”和基本法的核心规定，进行了具体制度的配套。

1．维护“一国”原则，制定国家安全法和效忠国家、特别行政区的规范

澳门基本法第二十三条规定，禁止任何叛国、分裂国家、煽动叛乱、颠覆中央人民政府及窃取国家机密的行为。那么，什么样的行为属于叛国、分裂国家、煽动叛乱、颠覆中央人民政府、窃取国家机密？按照罪刑法定原则，必须对犯罪的行为和处罚的标准作出具体的规定。否则，政府与司法机关难以防止和惩处危害国家安全的行为。在 2009 年，特别行政区政府严格履行基本法的义务和承担特别行政区政府的宪制责任，在特别行政区居民的支持下，为具体落实澳门基本法第二十三条的规定，制定了《澳门特别行政区维护国家安全法》，做到了维护国家安全有法可依，违法必究。在 2018 年，为了有效地执行《澳门特别行政区维护国家安全法》，澳门特别行政区设立了维护国家安全委员会，专门负责统筹维护国家安全的工作。正是有了专门法律和专责机构，国家安全才能得到切实维护。

基本法不仅规定特别行政区居民有维护国家安全的义务，而且规定了行政长官和主要官员、行政会委员、立法会主席、立法会副主席、终审法院院长、检察长效忠中华人民共和国和澳门特别行政区。立法会议员要效忠中华人民共和国澳门特别行政区。澳门基本法第一百零一条和第一百零二条规定，上述人员就职时要按基本法和法律的规定进行宣誓效忠。什么才是效忠？如果一个澳门居民既担任澳门立法会的议员，又担任外国议会的议员是否违反了效忠？也就是说，是否可以既效忠中华人民共和国澳门特别行政区，又效忠外国呢？这样做是否违反基

本法？对此，需要通过法律作出具体规定。在2017年，澳门修改立法会选举法，明确规定立法会议员在任职期间不得担任外国的联邦级、国家级、地区级和市级议会或立法会议员，以及政府的成员或公共行政人员。同时，担任上述外国职位的人员，亦不得参选澳门特别行政区立法会议员。建立了明确和规范的效忠制度，限制特别行政区政治职位人的双重效忠，避免损害国家的主权、安全和特别行政区的政治稳定。

2. 落实中央管治权，完善特别行政区选举制度

澳门基本法附件一和附件二规定，行政长官产生办法和立法会产生办法在2009年之后如有需要可以修改。但是，应由谁启动修改，按什么原则和程序进行修改，基本法并没有明确的规定。为此，全国人民代表大会常务委员会通过了关于澳门基本法附件一和附件二修改的决定，明确政治发展的主导权和决定权在中央，具体制定法律的立法权在特别行政区。澳门特别行政区于2012年1月开展关于澳门基本法附件一和附件二的修改咨询工作，并于同年2月向全国人民代表大会常务委员会提交了报告，认为有必要修改澳门基本法附件一和附件二的有关规定。全国人民代表大会常务委员会对此作出了决定，同意启动修改，并提出了行政长官选举委员会选举产生的规定不变，立法会直接选举、间接选举和委任规定不变。行政长官产生办法必须坚持行政长官应该是中央政府信任、能对中央政府负责的爱国爱澳者。立法会的产生办法要体现行政主导、利益兼顾、均衡参与。根据全国人民代表大会常务委员会决定所确立的原则，澳门特别行政区政府和立法会开展相应的立法工作，增加直接选举和间接选举产生的议员人数，但是，维持基本结构不变，保留间接选举和行政长官委任部分立法会议员的规定。因为客观和事实上间接选举产生的议员和行政长官委任的议员，对平衡直接选举产生的议员和支持、配合行政长官的施政与对发挥行政长官的主导作用是有积极意义的。2012年5月，特别行政区政府根据基本法和全国人民代表大会常务委员会的决定，提出了修改行政长官产生办法和立法会产生办法的草案并经立法会审议通过。这既遵从了全国人民代表大会常务委员会的决定，确保了中央在特别行政区政治发展中的主导权和决定权，又通过特别行政区立法推动了特别行政区行政长官和立法会产生办法的完善，将中央管治权与特别行政区自治权有机结合。

3. 坚持行政主导，规范行政长官职权

澳门的政治体制是行政主导的体制，行政主导的一个重要体现就是在立法领域，行政长官根据澳门基本法第五十条规定可以制定行政法规；行政长官领导的

政府根据澳门基本法第七十五条的规定享有重大法案的专属提案权。凡涉及公共收支、政治体制、政府运作的法案，只能由政府提出，立法会议员无该领域的提案权。但是，基本法的原则规定在实施过程中遇到了问题。虽然基本法明确规定立法会制定法律、行政长官制定行政法规，但是，法律和行政法规调整的范围在基本法上并没有明确的界线，从而导致了实践上的困难。延伸出来的相关问题是行政法规能否修改原来总督制定的法令。对此，必须依据基本法的原则规定，结合实际情况予以解决，否则会影响行政长官制定规范性文件的权力。在 2009 年，澳门立法会审议通过了第 13/2009 号法律《关于订定内部规范的法律制度》，明确了行政长官可以制定独立的行政法规和补充性行政法规。独立的行政法规可以就法律没有规范的事宜设定初始性的规范。行政法规规范的事项包括：充实贯彻和执行政府政策的规范；管理各项公共事务的制度和办法；政府的组织、运作及其成员的通则；特别行政区政府及其所有的部门及组织单位的架构和组织，包括咨询机关、具法律人格的公共部门、公务法人、公共实体、自治部门及基金组织、公共基金会、其他自治机构及同类性质机构的架构及组织；行政会的组织运作及其成员的通则；行政违法行为及其罚款，但罚款金额不超过 50 万澳门元。同时，法律也明确规定，原有法令的内容属于行政长官制定行政法规的事宜，那么，行政法规可以对法令进行修改，从而保障行政长官对澳门社会管理中的立规权，有利于发挥行政主导的作用。

虽然基本法规定政府有专属提案权，向立法会提出公共收支、政治体制或政府运作的法案，但是，在实际运行中，政府提出的专属法案，立法会的议员是否可以任意修改，作为新的法案由立法会审议通过呢？如果可以这样做的话，那么就与基本法规定政府专属提案权的立法原意背离了。为了确保政府的专属提案权，必须有更加具体的规定。澳门立法会的议事规则对此作出了细则性规定。《澳门特别行政区立法会议事规则》第一百条和第一百零三条规定，政府享有法律提案权和随后的提案权。其含义是立法会议员可以对政府专属提案的内容提出修改的建议，但不能作出修改的决定，如果政府接受议员的修改建议，则由政府随后提案，交立法会审议通过。政府专属提案权的具体化，为行政主导在立法方面的作用提供了保障。

（二）基本法规定的细则化

基本法的实施需要通过立法将原则性的规定制度化，但立法方式毕竟是对一些比较大的事项作出规范，而且立法不可能经常进行。所以，相对于立法，比较灵活的方式是法院在司法审判中对基本法所作的解释。基本法的解释是对基本法规范的一种细则化，确定了操作的具体标准，对公权力机关和居民而言是一种具体的行为规则，事实上是为基本法的规定划出了具体的界限，成了实际上的法律规定。通过司法判决，一方面维护基本法的权威，另一方面明确基本法规范的操作性，对基本法实施产生实际作用。对此，司法机关准确理解基本法，严格执行基本法，维护基本法的权威，对基本法的实施至关重要。所以，在基本法的实施中应予以高度重视。下面列举澳门特别行政区三个案例分析说明。

1. 非法集会案

澳门基本法第二十七条规定，澳门居民享有集会的自由，同时规定依照法律行使集会自由权。虽然澳门有《集会权及示威权》这部法律，但是对什么情况下属于非法集会有不同的理解。有一社团主要成员未经批准，组织他人在行政长官官邸外集会，在警察指出其非法性并要求解散离开时仍然集会，被控加重违令罪。此案的焦点是，集会所使用的公共地方是否一定要预先告知并经过有关当局批准？未预先告知和未经批准是否非法？如要求预先告知并经有关当局批准，是否违反了基本法的集会自由？法官在判决书中明确指出，依据《集会权及示威权》，无论基于什么样的理由、采取什么样的形式，事先未向有关当局预告并经有关当局批准使用公共地方，即属违法。明确了集会自由不是绝对自由，居民不能想在哪里集会就在哪里集会；确定了集会自由的边界，为以后举行集会的人士确立了具体的规则。

2. “民间公投”案

2014 年 8 月，澳门某社团发起“民间公投”选举行政长官，向特别行政区政府民政总署申请集会所需的多处公共场所。民政总署认为：“公民投票（简称‘公投’）是由宪法或宪制性法律规定的一种法律制度。所以，公投需要法律的明确规定，没有法律的规定不能行使公投的权利。基本法未设立公投制度，所谓‘民间公投’是对基本法的挑战及破坏。因此，本署将根据第 2/93/M 号法律第二条及第六条的规定，不容许在公共地方举办‘2014 澳门特首选举民间公投’集会活动。”该社团不满民政总署的行政决定，上诉至澳门终审法院。澳门终审法院受理诉讼后对上诉请求进行了裁判。法官分析后指出：第一，“无论是基本法、上述第 2/93/M 号法律，或其他的现行法律，均没有赋予澳门居民享有举行公投的权利”。公投权利没有法律依据，不符合基本法的规定。第二，根据法治原则，政府的一切行为必须有法律的明确授权、有法律的充分依据，没有法律授权，没有法律依据，政府不能作为。否则，政府即实施了不法行为。结论是：“只有当上诉人拟举行的‘公投’属法律赋予居民的权利时，行政机关方负有义务容许其举行和为其举行创造条件或确保其有条件进行，若‘公投’不是上诉人的权利，但行政当局容许之，则毫无疑问行政当局违反了上述的合法性原则。”因此，民政总署的行政决定是合法的，驳回上诉，从而明确了居民表达自由不能违反法律规定的边界。

3. 立法会决议案

因某位立法会议员涉及刑事违法案件，需要立法会作出决定是否中止其议员的职务，接受刑事调查和诉讼。立法会根据《立法会立法届及议员章程》对中止议员职务的议案进行审议，经表决通过了中止该议员职务的决定。当事人不服，起诉到法院，认为立法会的决议违反有关审议规则，请求终止立法会决议的效力。法院受理后认为，任何法院没有审判立法会全体会议所作出行为的管辖权。立法会是政治体制中的一个机构，立法会的职能主要是政治性的，立法会的决议“既不是行政行为，也不是可被中止效力的在行政事宜上所作出的行为，而是政治行为”。而法院只能就行政行为依法裁决，不能对政治行为裁决。驳回了当事人的诉讼请求。通过法院的判决，明确了法院对立法会的任何政治行为无管辖权。

综上所述，全面、准确理解“一国两制”和基本法是坚定不移实施“一国两制”和基本法的前提条件，只有全面、准确地理解才能取得坚定不移的结果。同样，“一国两制”和基本法的实施也将推动对“一国两制”和基本法理论的深化和完善。两者相辅相成、相得益彰，推动“一国两制”事业不断向前发展。

（本文发表于《人民论坛·学术前沿》，2018 年第 21 期）

“一国两制”系统论

“一国两制”从提出到实施已经有 30 多个年头，虽然“一国两制”在解决中国恢复对港澳行使主权、设立特别行政区方面取得了成功，在特别行政区实施“一国两制”方针政策领域也取得了一定的成就，但是社会上仍然在“一国”与“两制”的关系、中央与特别行政区的关系、行政与立法的关系、内地与特别行政区的关系等问题上存在一些争议。在林林总总的意见中，有一种观点带有一定程度的普遍性，即将上述关系中的两个基本方面对立起来，或者片面强调某一方面、忽视另一个方面，这种观点既影响了“一国两制”的实施，也搞乱了“一国两制”的科学体系。所以，有必要对此进行分析，指出问题的危害性，拨乱反正，正本清源。本文尝试运用系统论的方法进行探讨，希望从一个侧面对“一国两制”的系统进行科学的阐述。

一、“一国两制”是一个系统

什么是系统？系统论的创造人贝塔朗菲定义为“系统是处于一定相互联系中与环境发生关系的各组成部分的总体”。[①] 钱学森提出，“把极其复杂的研究对象称为系统，即由相互作用和依赖的若干组成部分结合成特定功能的有机整体，而且这个‘系统’本身又是它所从属的更大系统的组成部分”[②]。所谓系统，就是由若干相互联系又相互作用的各个部分所组成的具有特定结构和功能的有机整体。在客观世界和人的思维中，系统是普遍存在着的。系统论是研究一切综合系统或子系统的一般模式、原则和规律的理论体系。系统论的核心思想是系统的整体观念。贝塔朗菲指出，“亚里士多德的‘整体大于它的各部分的总和’的论点

---

① ［奥］贝塔朗菲. 一般系统论. 自然科学哲学问题丛刊，1979（1－2）. 转引自王雨田. 控制论信息论系统科学与哲学：第二版. 北京：中国人民大学出版社，1998：400.

② 钱学森，许国志，王寿云. 组织管理的技术：系统工程. 上海理工大学学报，2011（6）.

是基本的系统问题的一种表述”[①]。任何系统都是一个有机的整体。“各个作为系统子单元的要素一旦组成系统整体，就具有独立要素所不具有的性质和功能，形成了新的系统的质的规定性，从而整体的性质和功能不等于各个要素的性质和功能的简单加和。”[②]

按照系统论的定义，系统是由相互联系、相互制约、相互作用的若干要素构成，具有特定功能的有机整体。一个系统在三个方面不可或缺：一定的要素、特定的功能和有机的整体。

根据系统论的定义，这部分以澳门特别行政区基本法为例进行分析，可以明确得出“一国两制”是一个系统的结论。因为特别行政区基本法是“一国两制”政策法律化、制度化的集中体现。对特别行政区基本法进行分析，可以清楚地看到“一国两制”系统的各要素和它们之间的各种关系，以及“一国两制”系统的基础和目标。

（一）“一国两制”系统的构成要素

“一国两制”系统是由主体因素、规则因素、权力因素以及制度因素构成的。

1. 主体因素

社会系统不能没有主体，在“一国两制”这个特定系统中，由一个国家、两种制度构成。所以，在国家层面，有两个主要的主体，即全国人民代表大会及其常务委员会和国务院。澳门基本法第二条规定，全国人民代表大会授权澳门特别行政区依照基本法的规定实行高度自治。第十二条规定：“澳门特别行政区是中华人民共和国的一个享有高度自治权的地方行政区域，直辖于中央人民政府。”在特别行政区层面，有特别行政区行政长官、政府、立法会和司法机关四个主体。第四十五条规定：“澳门特别行政区行政长官是澳门特别行政区的首长，代表澳门特别行政区。”第六十一条规定：“澳门特别行政区政府是澳门特别行政区的行政机关。”第六十七条规定：“澳门特别行政区立法会是澳门特别行政区的立法机关。”第八十二条规定：“澳门特别行政区法院行使审判权。”因此，在“一国两制”系统中有各种主体，不同的主体处在不同的地位，行使各自的职能，发挥各自的作用。“一国两制”系统的运行是由上述主体互相作用决定的。

---

① ［奥］贝塔朗菲．普通系统论的历史和现状．王兴成，译．国外社会科学，1978（2）．

② 魏宏森，曾国屏．系统论：系统科学哲学．北京：清华大学出版社，1995：201．

2. 规则因素

社会系统不能没有规则，在“一国两制”系统中，主体在系统中并不能为所欲为，否则系统的秩序就混乱了，就不能正常运行。所以，系统中的主体均需按一定的规则行事。“一国两制”系统的规则就是由宪法、基本法、特别行政区法律组成的。澳门基本法序言规定：“根据中华人民共和国宪法，全国人民代表大会特制定中华人民共和国澳门特别行政区基本法，规定澳门特别行政区实行的制度，以保障国家对澳门的基本方针政策的实施。”第十八条规定：“在澳门特别行政区实行的法律为本法及本法第八条规定的澳门原有法律和澳门特别行政区立法机关制定的法律。”第十一条规定：“澳门特别行政区的任何法律、法令、行政法规和其他规范性文件均不得同本法相抵触。”上述规定清楚地表明，宪法是特别行政区基本法的法律基础，基本法是特别行政区制度的法律依据，特别行政区法律是基本法的具体化，它们之间的法律地位、法律效力是由高到低的递减的位阶关系。因此，“一国两制”系统中的主体遵循的规则是宪法、基本法、法律。

3. 权力因素

社会系统中的主体是通过行使权力发挥作用的，在“一国两制”的系统中，中央的主体和特别行政区的主体分别通过行使国家主权、治权和特别行政区自治权，各司其职。澳门基本法第二章“中央和澳门特别行政区的关系”规定，中央人民政府负责管理与澳门特别行政区有关的外交事务；负责管理澳门特别行政区的防务；任免澳门特别行政区的行政长官、政府主要官员和检察长；审查澳门特别行政区立法会制定的法律是否符合基本法；决定全国性法律在特别行政区的适用；决定澳门特别行政区进入战争或紧急状态；等等。澳门特别行政区行使行政管理权、立法权、独立的司法权和终审权。因此，“一国两制”系统中主体权力是法定的，职责分明。

4. 制度因素

社会系统必然形成一定的制度，有相对的稳定性，主体在制度下生存，权力在制度下运行。在“一国两制”的系统中，人民代表大会制度和特别行政区制度是两个最重要的制度因素。主体、规则、权力均以制度为载体。人民代表大会制度是国家的根本政治制度，全国人民代表大会制定和修改基本法，授予特别行政区高度自治权；全国人民代表大会常务委员会解释基本法，审查特别行政区的法律是否符合基本法；国务院领导特别行政区政府等。这些都是人民代表大会制度的体现，不能脱离人民代表大会制度去理解基本法的规定。同样，特别行政区的行政长官、政府、立法会、法院和检察院的相互关系也是由特别行政区的制度所决定的，也必须在特别行政区的制度中理解和把握它们之间的关系。

以上要素是"一国两制"系统不可缺少的，是有机整体中的部分，是客观存在的。抹杀或者忽视它们的存在都不可能准确地理解和把握"一国两制"的体系。

（二）"一国两制"系统的结构

"一国两制"系统的各要素构成了关联性，组成了相应的结构。然而，"一国两制"系统的结构是分层次的。澳门基本法的章节编排就是"一国两制"系统结构的具体表现。

澳门基本法的第一章规定的是"一国两制"系统第一层面的关系，即"一国"与"两制"关系，以及与之相适应的法律关系，即宪法、基本法与特别行政区法律关系。如第一条规定："澳门特别行政区是中华人民共和国不可分离的部分。"第五条规定："澳门特别行政区不实行社会主义的制度和政策，保持原有的资本主义制度和生活方式，五十年不变。"第十一条规定："澳门特别行政区的任何法律、法令、行政法规和其他规范性文件均不得同本法相抵触。"第二章规定的是"一国两制"系统第二层面的关系，即中央与澳门特别行政区的关系。第十二条规定，特别行政区"直辖于中央人民政府"。这个层面的关系还包括第七章对外事务，第八章本法的解释和修改。第四章规定的是"一国两制"系统第三层面的关系，即行政与立法、司法的关系。这些关系是有层次性的，并不是等量齐观的。

第一，最重要和基础的关系是"一国"与"两制"的关系，没有"一国"与"两制"的关系就没有后面的各种关系，可以形容为母子关系。在"一国"与"两制"的关系中，"一国"是基础，"一国"决定"两制"，"两制"服从"一国"。因为"一国两制"中的"一国"是本元性的目的，"两制"是实现"一国"的条件和手段。当然，"一国"也要尊重"两制"，维护"两制"。"一国两制"在法律上表现为"一国"的宪法和基本法与"两制"的特别行政区法律的关系，"一国"是"两制"的基础，自然，宪法和基本法效力高于特别行政区的法律。

第二，在"一国"与"两制"的关系上，派生了中央与特别行政区的关系、国家主权与特别行政区自治权的关系。中央领导特别行政区，主权高于自治权，主权授予自治权。

第三，中央与特别行政区的关系，主权和自治权的关系又决定了特别行政区行政和立法的关系。虽然，特别行政区的行政与立法关系有它自身特点的一面，如行政与立法互相分工、互相制约、互相配合，这是“两制”所决定的。但是，特别行政区的行政和立法的关系与中央和特别行政区的关系又要有相适应的一面，如“一国”决定行政长官对中央负责，需要建立以行政长官为权力核心的行政主导体制，适应中央领导特别行政区的要求。

所以，“一国两制”系统的结构是有三个层次的，这种层次性有内在的逻辑性，既不能混乱和颠倒它们之间的位置，也不能割裂它们之间的逻辑关系。

（三）“一国两制”系统的功能

按系统论的学说，各要素结合形成的系统具备个体没有的功能，形成了某种特定功能。

澳门基本法序言第二段指出了“一国两制”系统的目标：“为了维护国家的统一和领土完整，有利于澳门的社会稳定和经济发展，考虑到澳门的历史和现实情况，国家决定，在对澳门恢复行使主权时，根据中华人民共和国宪法第三十一条的规定，设立澳门特别行政区，并按照‘一个国家，两种制度’的方针，不在澳门实行社会主义的制度和政策。”所以，国家统一、特别行政区发展是“一国两制”系统的目标。为实现这个目标，“一国两制”的系统应发挥它独特的功能。一方面，因为国家恢复对港澳行使主权，港澳回归祖国，发挥统一的功能。另一方面，港澳在“一国两制”中保留原有的制度，实行高度自治，起到维护稳定发展的功能。将“一国”和“两制”的功能整合成“一国两制”的功能，既能维护国家的统一、主权、发展，又能支持特别行政区的稳定和发展。它们之间互相作用、互相配合，共同实现“一国两制”的大目标。

所以，“一国两制”系统有共同的基础、有共同的目标，这决定了“一国两制”系统的功能是两个方面，既能满足国家的需要，也能满足特别行政区的需要。

以上对“一国两制”系统的解析，有助于我们了解系统的构成要素、结构层次和功能。另外，“一国两制”系统在运行时，要尊重主体的地位，遵循确立的法则，依法行使权力，维护现行制度，以实现共同目标。

二、坚定维护“一国两制”系统的整体性

我们了解了“一国两制”的系统，包括构成要素、结构层次和功能。现在要解决“一国两制”系统在运行中的首要条件，即系统的整体性。

系统的核心是整体观念。各个要素在构成系统之后，必须在整体中运行，不能脱离整体讲个体要素，系统的功能和作用取决于整体的一致行动。系统中的主体缺乏整体观，只讲特殊性，不讲整体性，或者脱离整体讲个体，那么系统就难以有效运行。遗憾的是，我们现在恰恰在这个核心问题上出现了一些问题。不讲清楚这些问题，会影响和冲击“一国两制”运行。这不仅是理论问题，也是实际问题。

（一）维护整体性的基础

整体性是建立在系统的共同基础和共同目标上的。没有这两个共同点，系统就不能将各要素构成一个整体，也不能将整体维持下去。“一国两制”系统的基础是“一国”，目标是国家统一和特别行政区稳定发展。所以，维持“一国两制”系统的运行，第一要务是要维护“一国两制”系统的基础。没有这个基础，系统将轰然倒塌。

现在有一种意见是挑战“一国”这个基础。其外在表现是对国家认同的抗拒、对爱国要求的否定，内在的根子是对“一国”的抹杀。如果“一国”本身都成了问题，自然无从也无须谈国家认同和爱国。虽然，他们不敢也不能否定“一国”原则，但是，总是虚化或者空洞化“一国”存在。在他们的意识中，“一国”不是具体的中华人民共和国，而是抽象的中国，是需要等待构建的国家。这种主张虽宣称不是“去中国化”，但要求恢复华夏、再造中华，“一国”应该是中华邦联。[①] 既然需要再造中国，那么当下的中华人民共和国就不能代表“一国两制”中的“一国”，实质是为不接受中华人民共和国宪法、不接受宪法产生的中央（全国人民代表大会和中央人民政府）、最后为不接受中央的管治权提供理由。这种主张进而认为，中华人民共和国不是正常国家，而是处于建立国

---

① 陈云. 香港城邦论是华夏民族安邦、定国、平天下的思想. （2012－10－06）［2014－04－15］. http://www.facebook.com/notes/wan－chin/487822257908395.

家的预备状态。现代中国，国不成国。在法统和道统两方面，中国都没有建立起来。所以无须理会国家，主张香港搞城邦，独善其身就行了。① 这种观点想从根本上动摇“一国两制”系统的根基。

事实上，“一国两制”系统中的法律规则早已明确“一国”就是中华人民共和国，这是不容讨论，也抹杀不了的。第一，中华人民共和国政府与英国、葡萄牙政府签署了关于解决香港问题和澳门问题的联合声明。联合声明规定，中华人民共和国恢复对港澳行使主权，港澳回归中华人民共和国。对港澳的“一国两制”的基本方针政策是由中华人民共和国政府制定的。第二，宪法第三十一条规定：“国家在必要时得设立特别行政区。在特别行政区内实行的制度按照具体情况由全国人民代表大会以法律规定。”港澳要不要设立特别行政区、特别行政区实行什么样的制度是由中华人民共和国的最高国家权力机关决定的。第三，特别行政区基本法第一条开宗明义规定，特别行政区是中华人民共和国不可分离的部分。第二条规定，中华人民共和国全国人民代表大会授权特别行政区实行高度自治。第一百零二条规定，行政长官、主要官员等须宣誓效忠中华人民共和国。所以，中华人民共和国是具体的、现实的国家，不是抽象的、虚拟的国家。中华人民共和国拥有固定的领土，13 亿的各族人民，独立的主权，合法的政府。中华人民共和国实行单一制的国家结构、人民代表大会制的政权组织形式，代表国家主权的是中央人民政府。

因此，“一国两制”体系中的主体必须依照中华人民共和国宪法和特别行政区基本法承认和接受中华人民共和国。这个基础不容挑战。如果否定中华人民共和国是“一国两制”中的“一国”，那么，“一国两制”中的各主体身份也就不清楚了。中央是什么国家的中央？特别行政区是什么国家的特别行政区？以至“两制”也说不清楚了：内地一制是什么国家的制度？港澳一制又是哪个国家下的制度？进而也就否定了“一国两制”的共同目标，维护中华人民共和国的国家主权、安全和发展仅仅是空话一句，无法落到实处。维护港澳的稳定发展同样是空中楼阁，既没有具体的、共同的一个国家支持，又没有具体的两种制度之间的互相合作，能够共同发展吗？因此，只有坚持和维护“一国两制”的基础，才能达到“一国两制”的目标。

另外一种观点就是颠倒“一国”与“两制”的基础关系。将“两制”变成“一国两制”的基础，为“两制”限制“一国”的主张提供理论基础。如，某意

---

① 陈云．香港城邦论是华夏民族安邦、定国、平天下的思想．（2012－10－06）［2014－04－15］．http://www.facebook.com/notes/wan－chin/487822257908395.

见认为，"一国两制"的灵魂在于"两制"，而不是"一国"。如果重点是"一国"，为何不是实行"一国一制"呢？如果重点是"一国"，为何不把香港变成中国南方的一个普通城市？①

从系统论的角度分析，这种说法和逻辑是不能成立的。第一，它混乱了整体与部分之间的关系。按照系统论的逻辑，"一国"是系统的整体，"两制"是系统的组成部分。部分是因系统的整体性而整合在一起的，部分离开整体就失去了意义，是整体决定部分的存在和发展及它们之间的关系。系统的核心在于整体，"一国"是整体，成为系统的基础，"两制"建立在整体的基础上就不言而喻了。第二，混淆了目的和手段的关系。在"一国两制"系统的语境下，"一国"是目的，"两制"是手段。因为当国家由于各种原因没有统一时，为了完成尚未实现的国家统一目标，需要通过实行"两制"，即港澳居民接受的方式，完成国家统一的任务。如果视"两制"为目的，那么，在逻辑上就讲不通了，"两制"已经是现存的，并非需要完成的任务。也就是说，没有"一国"也已经是"两制"了，为什么还要"一国"呢？同样，"两制"在"一国"之前就已经存在，为什么还要把"两制"放入"一国"的系统中呢？这不是多此一举吗？按照这种逻辑推理，"一国"就变得多余了，"一国两制"也就没有必要了。因此，这种否定"一国两制"必要性和正当性的逻辑不可能是"一国两制"自身的逻辑。当然，"一国"是基础，并不否定"两制"在"一国两制"系统中的重要性。但是，"两制"的重要性在"一国"基础上才有意义。离开"一国"基础，"两制"对国家无益，也就谈不上对国家的重要性了。

必须看到，"一国"和"两制"谁是基础，实际是确立处理"一国两制"关系中的出发点和归宿的问题。如果"一国"是基础，自然"一国"是解决问题的出发点和归宿。如果"两制"是基础，则应该以"两制"为出发点和归宿。所以，坚持"一国"是基础，对"一国两制"系统的正常运行、对处理"一国"与"两制"的关系是十分重要的。

（二）确立整体性的全局观

系统的整体性讲的就是全局性。系统是由部分构成的，但部分组成系统后，就不能独立于整体而存在了。"一国两制"中的"一国"是带有"两制"的"一

① 吴志森．"一国两制"渐褪色．明报．（2012-06-28）［2014-04-15］．http://www.mingpaotor.com/htm/News/20120628/HK-gfpl_er.htm?.

国”，而“两制”是“一国”中的“两制”，这决定了“一国”和“两制”的关系既不能互相否定，也不能互相分割。

确立“一国两制”系统的整体观，首先需要明确，“一国两制”是建设现代化强国战略的一个组成部分。国家统一是国家强盛的必要条件，事关民族兴旺、和平发展、国家富强的大局，港澳好，有利于国家现代化；港澳乱，则危及和拖累国家的发展。所以，不仅要从港澳的局部角度理解“一国两制”，更要从国家的全局角度理解“一国两制”，不能不看这个大局，更不能影响和干扰这个大局。只有这样，才能把握“一国两制”系统的全局。其次，要认清系统中的“两制”的主从关系。邓小平先生指出，“中国的主体必须是社会主义，但允许国内某些区域实行资本主义制度，比如香港、台湾”。[①] 这个主体是实行“一国两制”的基础。没有这个前提不行。因为国家对香港和澳门的政策是在坚持国内社会主义主体制度基础上制定的，随着国家改革开放，经济持续发展，国家将更加繁荣昌盛。而这个主体的巩固强大，不仅不会损害港澳的稳定发展，相反，将为港澳的稳定发展提供更多的发展机会、更加坚实的保障。邓小平先生自信地表示，“到了五十年以后，大陆发展起来了，那时还会小里小气地处理这些问题吗？所以不要担心变，变不了”。[②] 所以，国家发展好了，对港澳有百利而无一害。清楚了“两制”的主从关系，有利于“两制”的和平共处、互相尊重、互相合作，就能更好地维护系统的整体性。

确立“一国两制”系统的全局观，还需对两种观点进行分析。一种观点是片面地看待“一国”与“两制”的关系。只讲一个方面，不讲另一方面。讲“两制”不讲“一国”，讲自治权不讲主权，只关心部分的重要性却忽视系统的整体性，因而出现了一种奇怪的现象。如，特别行政区在“一国两制”系统中享有国家授予的高度自治权，但一部分政治势力却不愿意甚至反对履行基本法规定的维护国家安全立法的义务，制造了系统的整体性与部分之间的矛盾，实质是破坏了系统中各主体之间的权利和义务、权力和责任的统一。如果各部分都从自身需要和利益出发，不顾系统的整体需要和利益，只求系统给予权利，却不愿意对系统履行义务，那么系统由谁来维护？系统的整体利益又由谁来实现？可想而知，系统的整体与部分之间权利和义务不能统一起来，这样的系统是难以维系的。所以，应该学会全面看待“一国”与“两制”的关系，讲自治权时，也要尊重国家的主权。

---

① 邓小平. 邓小平论“一国两制”. 香港：三联书店（香港）有限公司，2004：12.

② 邓小平. 邓小平论“一国两制”. 香港：三联书店（香港）有限公司，2004：18.

更有甚者，有观点主张切割"一国"与"两制"的关系。其要害就是切割系统的整体与部分之间关系，实质是肢解"一国两制"的系统。一些人主张香港城邦自治，实质是想"（使香港）脱离中国政治体制，变成一个与中国互不干涉的自治城市"①。而一些激进分子要求"香港独立"或者将香港变成某种"独立政治实体"、将中央管治比喻为"殖民"的言论，以及他们擅闯驻港部队、烧国旗、涂污钞票等做法，不论其是否明白其中含义，实际已经具有分裂国家的言行特征。② 所以，不管是隐性的还是公开的割裂"一国"与"两制"关系的言论，都应该保持警惕，并给予批判。

（三）坚守整体性的内在逻辑

"一国两制"的系统有其内在的逻辑。从"一国"与"两制"的关系，到中央与特别行政区的关系，再到行政与立法的关系，它们之间既是基础和派生的关系，也是决定和配合的关系。

有意见颠倒了这种逻辑关系，分不清哪个是基础关系，哪个是派生关系，甚至用低层次关系否定高层次关系，或者要高层次关系屈从低层次关系。如，一些人在讨论行政与立法关系时，总是离开"一国两制"的系统孤立地讲行政与立法关系，这样不仅说不清楚这种关系，反而会制造更多的混乱。基本法规定特别行政区的行政与立法关系是有逻辑的。首先，从"一国"与"两制"关系出发。"一国"意味着国家主权统一，主权作为一个国家最高的权力，其效力及于中华人民共和国的领土范围，当然包括特别行政区。主权由中央行使。"两制"意味着特别行政区实行高度自治，自治权由特别行政区行使。从而，在"一国"和"两制"的关系上产生了中央和特别行政区的关系，中央行使对国家事务和中央与特别行政区关系事务的处理权，领导特别行政区政府。而特别行政区行使行政管理权、立法权和司法权，行政长官对中央负责。进而，为了落实行政长官对中央负责，在行政与立法关系中行政长官需要负起领导责任，有职有权才能对中央负责。所以，基本法建立了以行政长官为核心的行政主导。从根本上说，行政主导是由"一国"决定的，"一国"决定了中央的领导权，中央的领导权决定了行政长官对中央负责，行政长官对中央负责的需要又决定了行政长官在特别行政区

---

① 张利. 警惕"隐性港独"主张.（2012－03－30）［2014－04－15］. http://www.tiandainstitute.org/cn/article/1228_ 1.html.

② 韩姗姗. 从擅闯驻港军营看"港独式"激进运动：特征、原因及危害. 港澳研究，2014（1）.

政治体制中起主导作用。这是一环扣一环的，是决定与被决定的关系。当然，另一方面，“两制”决定了特别行政区的行政与立法关系不同于内地，基本法规定了行政与立法之间还需要互相制约，行政机关向立法机关负责。但是，一些政治势力提出的主张，包括否定行政主导，总是想通过改变基本法规定的行政与立法关系来对抗中央与特别行政区的关系。从逻辑上说，它颠倒了中央与特别行政区、行政与立法的本末关系。逻辑上的错乱，导致行动上的混乱。通过否定行政主导，摆脱中央对特别行政区的领导，在政治上是十分有害的。为了处理好“一国”与“两制”的关系、中央与特别行政区的关系、行政与立法的关系，必须坚守“一国两制”系统的逻辑。

三、正确处理“一国两制”系统的关联性

解决“一国两制”系统在运行中的另一个条件，即系统的关联性。在不同的系统中，两种制度原本没有共同的基础和目标。但是，在“一国两制”系统中，两种制度形成了共同基础和目标：对国家而言，是维护特别行政区稳定发展；对特别行政区而言，是维护国家统一、主权和利益。两者的结合形成了共同的基础和目标，建立了两种制度各要素之间的关联性。

（一）要合作不要对抗

系统中的各要素都有存在的合理性，都有一定的作用。否则就是多余的，可以被排除在系统之外。在“一国两制”系统中，两种制度不是互相排斥的关系，因为它们之间已经有了一个共同体，有了一个共同的目标和任务。两种制度之间虽有差别，但两种制度也各有所长，不可或缺，对“一国两制”系统可作出各自的贡献。但是，这有前提条件，就是互相合作，而不是互相对抗。因为“一国两制”是为实现国家统一提出的理论，不是为国家内部制度的同一提出的理论，“一国两制”允许不同社会制度的共存，可以超越制度不同、制度之争，从而决定了两种制度之间合作是系统的要求，对抗是破坏系统的行为。所以，系统论的原则是要合作不要对抗。

现在有一种势力不仅在政治上搞对抗，而且将政治上的对抗延伸到经济民生上，出现了泛政治化对抗。少数极端势力的政治意图很明显，就是要破坏“一国两制”的系统，表现为他们在诉求上寻求“港独”，荒唐地喊出反对中国对香港

的"殖民化"。如果我们不旗帜鲜明地反对这种激化矛盾的对抗，"一国两制"系统就危在旦夕。对抗只有一个结果，不是"一国"死，而是"两制"亡。将"一国"与"两制"的关系变成你死我活的关系，从根本上背离了"一国两制"的目标。所以，必须放弃对抗，对抗没有出路，是一条死路。

系统由不同要素构成，各要素之间需要磨合，在磨合之时，有摩擦不可避免，属于正常现象。如基本法解释问题。宪法规定法律解释权属于全国人民代表大会常务委员会，基本法规定全国人民代表大会常务委员会享有基本法解释权，同时，全国人民代表大会常务委员会授权特别行政区法院对基本法进行解释。由于基本法的解释制度存在全国人民代表大会常务委员会解释和法院解释，所以需要磨合。法院在提请全国人民代表大会常务委员会解释基本法上需要探索，通过磨合，互相合作，适应基本法解释制度的安排。香港终审法院在刚果（金）一案中提请全国人民代表大会常务委员会解释基本法就是磨合得好的例证。但是，制度磨合不能演变为对抗和排斥，有一种意见在讲特别行政区法院对基本法解释时，总是否定或反对全国人民代表大会常务委员会行使基本法的解释权，不尊重全国人民代表大会常务委员会的权力。这种有法院解释就没有全国人民代表大会常务委员会解释的对抗和排斥立场，从小的方面说，将破坏基本法的解释制度；从大的方面说，将会导致"一国两制"系统的崩溃。这是一种对抗思维，应该抛弃。

系统各要素的互相合作，不仅可以增强自身的能力，既利己也利他，而且也有利于整个系统。如，港澳在与内地的经济合作中，不仅提升了自己的竞争能力，也对国家的发展作出了贡献，并从国家的发展中分享成果。同时，系统各要素也要互相配合。如，在外交和外事的关系上，特别行政区向外国争取免签证待遇时，得到中央政府积极配合，与特别行政区政府一起向有关国家进行推广，并取得成效。澳门搭建的中葡经济贸易论坛，也为国家的对外开放提供了平台，有利于国家对外经济的发展。所以，合作是双赢的局面，也是系统优越性的体现。一定要明白，系统是提供各要素发挥优势的平台，不是提供各要素搏杀的战场。

（二）要平衡不要失衡

系统中的各要素均有自己的功能和作用，必须各尽其职，做好本分。中央要管理好属于中央的事务和中央与特别行政区关系的事务。特别行政区要管理好自治范围内的事务。但是，中央的权力和特别行政区的权力共存在一个共同体中，即"一国两制"系统中，所以又需要互相协调。如，行政长官的产生过程中，中央有实质任命权，特别行政区选民有选举行政长官人选的权利。他们之间独立行使权力和权利，应该互相尊重，并且互相配合，既要让选民满意，也要让中央放心，在两者之间取得平衡。没有互相配合，权力和权利之间就失去平衡了。

所以，中央坚持的是行政长官人选必须是爱国爱澳者，接受中央领导，对中央负责。这是“一国两制”系统的基本要求。在这种前提下，中央是开放的，只要能够取得选民支持的候选人都可以成为行政长官的人选。对特别行政区选民而言，在爱国爱澳的条件下，可以自由选择候选人。如果突破这个底线，中央的任命权与特别行政区选民的选举权之间就会失去平衡，这个系统就无法顺利运行。

权力的平衡不是抽象的，必须放到“一国两制”的系统中去平衡。中央任命与选民选举是“一国两制”系统内部的平衡问题，不是系统外部的平衡问题。所以，在“一国两制”的系统之外寻找平衡是错误的，是不可能解决系统本身的问题的。如，一些人提出有关选举的国际标准就是脱离了“一国两制”的系统、找错了平衡点。如果将系统外部的因素引入系统内部，将改变现行系统本身，造成“一国”与“两制”、中央与特别行政区关系之间的失衡。中央任命和选民选举的关系，它们之间的平衡点还是应该以基本法的规定为基础。基本法是系统运行的规则，只有坚持在轨道上运行，才能奔向目标，一切抛弃规则不讲，就如火车脱离轨道，必然翻车，根本谈不上目的地。

所以，在“一国两制”系统运行中，必须抱着互相合作、互相平衡的态度处理“一国”与“两制”的关系。

综上所述，“一国两制”是一个系统，有中央和特别行政区，有主权和自治权，中央和特别行政区依照宪法、基本法和法律，分别通过行使主权和自治权处理“一国”与“两制”关系、中央和特别行政区关系、行政和立法关系，达到“一国两制”系统所追求的国家好、港澳好、共同发展的目标。

（本文发表于《港澳研究》，2014 年第 2 期）

论“一国两制”的中国文化底蕴

“一国两制”从构想到实践，与我们的生活息息相关。澳门经过9年的发展，事实证明，“一国两制”是可行的。我们要继续实践“一国两制”，就需要更加深入地研究“一国两制”。笔者认为，“一国两制”是邓小平理论的创新，但是它与中国的传统文化是分不开的。“一国两制”由中国人提出，在中国大地上生根、开花、结果，有其深厚的文化基础。“一国两制”不仅博大精深，而且有深厚底蕴，既有历史的沉淀，又充满现代的活力。它继承了中华民族的文化精华，又与时俱进地发扬光大。所以，从文化的视角研究“一国两制”应该是十分有意义的。

一、“一国两制”对中国传统文化的传承

中国传统文化对“一国两制”理论的形成是有积极意义的，“一国两制”的理论吸收了中国传统文化中以下三个方面的精华。

1. 国家一统的政治思想

(1) 中华民族历来有追求国家统一的思想。中华民族“大一统”的思想源远流长。“大一统”就是推崇国家的统一、民族的融合。儒家的孔夫子早在《春秋》中就提倡“大一统”的思想，“管仲相桓公，霸诸侯，一匡天下，民到于今受其赐”(《论语·宪问》)。孟子继承孔子思想，主张天下“定于一”(《孟子·梁惠王上》)。法家的荀子提出了“四海之内若一家”(《荀子·王制》)。秦始皇统一中国使“大一统”的政治理念变成了政治现实。汉代的董仲舒发挥这一思想，指出“《春秋》大一统者，天地之常经，古今之通谊也”(《汉书·董仲舒传》)。直至近代康有为的“大同世界”、孙中山的“天下为公”，无不体现和传

承了“大一统”的思想。① 可以说，“大一统”思想是中华民族的政治信仰。

（2）在“大一统”的思想之下，国家领土和主权的丧失被认为是国人的奇耻大辱，如《礼记·檀弓上》所载：“国亡大县邑，公卿大夫士皆厌冠，哭于大庙，三日，君不举。或曰：君举而哭于后土。”近代的梁启超面对亡国危难，大声疾呼：“国家之名，立之以应他群者也。故真爱国者，虽有外国之神圣大哲，而必不愿服从于其主权之下，宁使全国之人流血粉身靡有孑遗，而必不肯以丝毫之权利让于他族。”表现了中华民族的祖先“宁失千军，不舍寸土”的信念。

（3）中华民族“大一统”的思想源自各族人民对中华民族的认同感，从而形成一种集体意识和心理定式。民族认同感和集体意识扩展至国家观念上，形成中华民族作为一个整体，国家领土和主权不可分割的“大一统”思想。“大一统”的思想是中华民族内聚力的纽带，即使在政治纷乱、国家分裂的时期，这种民族心理和政治趋向也没有发生过根本性的偏离。纵观中国“大一统”的思想观念和政治传统，它的生命力不会随着时代的变迁而退出历史舞台。

所以，“大一统”是中华民族之魂，是国家统一的基石之一。

2.“和而不同”和“和合则生”的哲学思想

与“大一统”思想同时存在的是“和而不同”“求同存异”的哲学思想。民族的统一、国家的统一，并不意味着消除一切差异，实际上是“和而不同”。

（1）“和而不同”的“和”本义是指不同事物的统一、和谐，在中国西周作为哲学概念出现。《国语·郑语》载，史伯认为“以他平他谓之和”，认为不同事物的统一，才能使事物得以产生和发展。“和”既是多样性的统一，也是对立面的统一。

孔子将“和”的哲学概念运用于社会和政治，强调“和”的社会功能，提出“君子和而不同”（《论语·子路》），并发展以“和”为价值的圣王之道，“礼之用，和为贵”，治理国家，处理大大小小之事，以“和”为最高礼节，以“和”为最大美德。孟子提出“天时不如地利，地利不如人和”的思想，指出了“和”在社会发展中的作用。②

所以，“和”是中华民族文化之纲。

（2）如何处理“和而不同”之间的矛盾？中国哲学思想主张的是“趋中致和”。就是要求各方一律向“中”即向它们得以存在的共同基础靠拢，并将各方

---

① 朱兆华．“一国两制”的政治文化渊源．华北水利水电学院学报：社科版，2002（3）．

② 平文艺，刘志明．一国两制，和合之道．中华文化论坛，1997（3）．

可能导致对抗的活动限定在一个能够被接受的范围内，以调和矛盾，达到“求同存异”。

“和而不同”本身也体现了“中庸之道”的包容性和多元性文化的特征。

（3）为什么要“和而不同”？因为合则利，分则害，和合才能相生。

“和”要求和谐、和平、祥和，“合”则要求结合、融合、合作。和合是在承认事物间的差异、“不同”的基础上，把性质各异的事物统一于一个相互依存的和合体中，并在不同事物的和合过程中使各个事物间互相取长补短，始终保持最佳状态的结合，由此促成新事物的产生，推动事物的发展。

在自然界，事物在不断的和合过程中创造出新的生命，生长新的事物。和合不是静态，是一个动态，是不断创造新的和合体的过程。

自然界是这样，人类社会也是如此。中华民族发展的历史就是多民族融合，互相包容，共同创造中华文明的历史。这些过程无不证明了和合相生的道理。

3. 中华民族的治国之道

在“大一统”和“和而不同”的政治思想及哲学思想的指引下，我国采用了国家必须统一，在统一之下，允许差异制度共存的治国之道。

据司马迁《史记·周本纪》记载，周武王灭商后，鉴于天下尚未安定，对“殷遗民”实行“殷人治殷”的统治策略，以商纣王子武庚领其民，维持其原有家庭制度。到了魏晋南北朝时期，由于少数民族入主中原，不同制度的共存十分明显。先后产生过三十几个政权，其中一半多为少数民族所建。在采用汉制的同时，少数民族政权也保留了本民族旧有的某些制度，“胡汉杂治”。唐朝为了对边疆地区少数民族加强管理，采取灵活的怀柔政策，在少数民族地区保留原有制度，册封少数民族的首领担任地方行政长官。在元、明、清朝代，西藏地区一直保留农奴制度。在少数民族地区建立的土司制度等，在一定程度上保留了原有的政治制度。中华人民共和国成立以后，1951 年中央人民政府和西藏地方政府达成了《关于和平解放西藏办法的协议》，西藏保留封建农奴制长达 8 年之久。①

以上简单的列举，说明中华民族的治国之道是允许不同制度并存的，所以才有了中国这个统一的多民族国家。

中国的传统文化给予了“一国两制”三点启示。

第一，合能强国，分则积弱。

中国历史证明，凡是中华民族融合、建立统一的国家，国家就强盛；凡是民

---

① 祝国超.“一国两制”构想产生的理论思考. 毛泽东思想研究，2002，19（3）.

族冲突、国家分裂，国家就衰弱。在近代中国历史上，因为国家积弱，不断受到外国列强的入侵、瓜分，沦为半殖民地国家，到了亡国的边缘。因为国家统一，建立了中华人民共和国，才有了中华民族复兴的开始，振兴中华才有了基础。对内能维持社会稳定，对外能争取国际和平，才有国家长治久安，才有今日中国的发展成就。走强国之路，就是要走国家统一之路。

第二，强国方可富民，统一是强国的必要条件。

中国的古代和近现代历史证明，只有国家强大，才有人民富裕。西汉的“文景之治”、唐朝的“贞观之治”、清朝的“乾隆盛世”，人民是在强国之下安居乐业地生活。而国家动乱、山河破碎，人民则流离失所，民不聊生。今日中国通过改革开放发展经济，国力增强，人民生活质量才不断改善和提高。而这一切，都离不开一个条件，就是国家的基本统一。所以，国民要想富，就要建立一个强国，而没有国家的统一就谈不上建立一个强国。不是强国，在今日国际社会竞争中，就有可能被淘汰。要立于世界民族之林，就要建立强国。强国是民富的保障。

第三，国家统一，包容多元，共存合作，才能建立强国。

中国历史同样证明，统一是强国的条件，但统一不排斥多元包容。中国是多民族的国家，正是在包容的前提下，各民族互相尊重，才有中华民族的存在。中国作为统一的国家，在历朝历代，都允许一些少数民族地区保留自己的文化和社会制度，在共存中互相吸收、互相合作，才有强盛的国家。如果不能包容、不能共存、不能合作，民族之间就会引发冲突，国家就会分裂，强国就是痴人说梦。正是多元共存、包容合作，才有中华民族的凝聚力，才是国家长久统一的保障。

二、“一国两制”对中国传统文化的发展

“一国两制”在传承中国文化的同时，也对中国文化的发展作出了贡献。正确理解“一国两制”必须在传承和发展中抓住以下三个方面。

1. “一国两制”的哲学思辨

(1) 中国对港澳恢复行使主权，实现了国家的统一，形成了一个整体。而“一国”中的“两制”，是整体中的两个基本元素。那么，这个整体是一加一的数学等式，还是一加一的化学等式？如果是数学等式，它并没有产生质的变化，只是量的变化。它可以加，也可以减。如果是化学等式，它则产生了质的变化，

形成了一个新的物质。原有的两个元素是不能分开的，否则新的物质就被破坏了。按照“一国两制”实现的国家统一，“两制”在“一国”之下构成了一种新型的模式，不是简单的两个个体的相加，而是组成了一个新型的有机体。对“一国”的认识，对“两制”的认识，都要放到有机整体中去。“一国两制”是新思维下的产物，它强调的是整体性，从整体看组成整体的个体。

讲“一国”时，就包含国家存在两种不同制度。讲“两制”时，就具体是指“一国”中的“两制”。不能机械地将“一国”与“两制”分开讲，否则就不是“一国两制”的整体。不能离开“两制”谈“一国”，也不能离开“一国”谈“两制”。不能用“一国一制”的观念看待“一国两制”，也不能用港澳原有的殖民管治来面对“一国两制”。有机体的理论，就是要求不能停留在合成整体之前的个体来谈论和处理合成后的它们之间的关系。相反，要从整体中谈论和处理两者的关系。而目前对“一国两制”存有一些片面看法，如有人说，“一国两制”的精髓是“两制”，“两制”就有谁胜谁负。因为“一国”不能“两制”，“两制”不能相处，“两制”互相排斥，不能组成一个整体。于是得出结论：摆脱中央走向独立是唯一办法和出路。还有人主张“两制”自我独立论，互不依赖，是简单的寄生的组合，有条件就可以分离。也有人将“两制”视作隔绝，互不交往，认为“一国”的存在对“两制”没有实际意义。这些论点，归根结底就是没有将“一国两制”视作一个整体，将整体割裂，失去了全面性，个体变成了没有整体约束的、可以独立于整体存在的东西，势必引起个体之间的冲突、分裂。所以，要用“一国两制”的思维去理解、掌握“一国两制”，千万不能用旧思维看待新事物。

(2)“一国两制”，矛盾调和。“一国两制”中的“两制”是不同的，是存在着矛盾的一面，并且不可能消除的，否则就成为“一制”。但是，一旦国家统一，“一国”形成，不能因“两制”的不同，分裂国家。所以，维护“一国”的整体，关键是调和“两制”之间的矛盾，使其互相依存、互相合作，控制在互相接受的范围内，不至于影响国家的统一。作为一个整体，既不抹杀它们之间的差异，应互相尊重和发展，也不挑起它们之间的冲突，不应一方“吃掉”另一方。

在整体论下，做到和而不同、求同存异、共同发展。

2.“一国两制”和平发展的强国战略

“一国两制”既坚持了建立统一国家的目标，又提出了和平发展之路。

“一国两制”是为了实现国家的统一，更是为了实现国家的现代化。正如上述所言，国家统一是国家强盛的必要条件。“一国两制”事关民族兴旺、和平发展、国家富强这个大局。我们要从大局出发，理解和实施“一国两制”。

港澳回归和稳定发展是国家战略的一部分，港澳好，有利于国家现代化建设；港澳乱，则危及、拖累国家的发展。为什么国际上的一些势力总想利用港澳兴风作浪？就是为了达到牵制中国、制约中国的目的。我们不仅要从港澳的局部角度理解“一国两制”，更要从国家的全局角度理解“一国两制”。不能不看到这个大局，更不能影响和干扰这个大局。“一国两制”是大视野、大志向、大道理。它最终的着眼点是国家的未来，不是过去和现在。

因此，港澳问题首先是国家的战略问题，应该在服从全局战略下解决好局部问题。我们处理“一国两制”的关系或遇到的问题，都不能脱离全局。不利于全局的事不做，有利于全局的事一定要做。第一，特别行政区要保持继续稳定发展，办好自己的事情，才能为国家的和平发展创造内部的和谐的环境，才能防止外部势力的挑拨、渗透，争取国家和平发展的国际环境。第二，特别行政区不仅要自身稳定发展，也要充分发挥自身的优势，为国家的发展作出贡献。只有牢固地树立起服务于国家的这种意识，将港澳与国家的命运紧紧地联系在一起，“一国两制”才会成功。

3.“一国两制”的求实态度

“一国两制”体现的是从实际出发，顺应历史，反映民意，实现利益的务实态度。

第一，“一国两制”的提出，是从实际出发的结果。实际是什么呢？就是既要实现国家统一，恢复对港澳行使主权，又要保持港澳的稳定发展，使人心回归。如果采取“一国一制”的方式，可以做到国家统一，但可能损害港澳的稳定发展，不能两全其美。所以，要改变以往的思维和过去的模式，找出新的适应新情况的方法，“一国两制”就是符合了这个最大的实际。

第二，“一国两制”的提出，是顺应了历史的发展。历史发展是什么呢？就是和平解决争端，和平谋求发展。港澳问题是历史遗留问题，要解决历史上的中英、中葡之间的问题，可以有两种办法，要么战争，要么和平，和平不仅是历史发展的趋势，而且是付出最小代价换取最大利益的方法。“一国两制”的和平方式，既解决了中国恢复对港澳的行使主权，又争取了英国和葡萄牙的合作，是双赢的局面。

第三，“一国两制”的提出，是反映了民意，顺应了民意。民意是什么呢？民意就是希望维持原有的生活方式不变，保持经济发展，社会稳定，安居乐业。

“一国两制”确保了社会基本制度的不变、生活方式的不变，满足了港澳居民的愿望，是顺民意、得民心的政策。

第四，“一国两制”的提出，是为了实现中华民族的根本利益。中华民族的根本利益是什么呢？就是建设现代化的国家。“一国两制”创造了国家的统一，促进了港澳的稳定发展，为实现国家现代化的目标争取到了国家发展的良好内部环境。

上述四个方面充分体现了一种务实的精神和态度，正是这种精神和态度，才能实现国家统一和特别行政区稳定发展、繁荣两个方面有机结合成“一国两制”的终极目标。

所以，提出“一国两制”离不开务实的精神和态度，解决“一国两制”实践中的问题也需要有这种务实的精神和态度。

总体来说，正确理解“一国两制”，意义重大。虽然不能穷尽“一国两制”理论的所有内容，因为它还会随着“一国两制”实践的发展而丰富，但对实施“一国两制”理论是具有指导意义的。就像我们手中握有地图，虽然不能完全描述全部的实景，但对我们的探索而言，具有指导性，是不可缺少的。

（本文未发表，2009 年 1 月 19 日澳门大学法学院基本法研讨会文章）

论“一国两制”理论的基础和逻辑

一、“一国两制”理论面临的质疑和挑战

“一国两制”的理论和方针、政策从提出之日起就伴随着争论，这些争论也没有因为“一国两制”方针、政策通过特别行政区基本法法定化而停止。随着特别行政区的成立、特别行政区基本法的实施，有关争议不仅没有平息，反而因“一国两制”和基本法实施中出现的一些新问题更趋激烈。所以，我们需要认真面对这种争论，对“一国两制”的理论进行深入的分析和阐述，给出有说服力的论述，为“一国两制”的实施提供理论基础。

（一）对待“一国两制”理论的各种态度

在对待“一国两制”的理论上，可以说态度各异。按照时间顺序，基本上可以将对待“一国两制”的态度勾画成如下线性图。

1. 对“一国两制”抱怀疑态度

在“一国两制”提出之初，首先遇到的是怀疑，怀疑论者主要有两种。

一是怀疑中央政府实行“一国两制”的诚意，怀疑“一国两制”政策和制度是权宜之计，怀疑“两制”不可能保持长期不变。这种怀疑论者用脚表态，移民海外，找退路、找保险。仅1997年前，移民加拿大的香港民众就有20万人。

二是认为“一国两制”不可行，行不通，直接宣告特别行政区实行“一国两制”之时就是特别行政区死亡之日。美国《财富》杂志曾刊登封面文章，标题是《香港之死》，该文宣告，1997年6月30日午夜过后，香港“一切都会改变”，香港必将丧失它作为国际商业和金融中心的地位，变成“一潭死水”，“香港未来的赤裸裸的真相可以用两个字概括：完蛋”。

2. 对“一国两制”既抱有期待又持观望态度

随着“一国两制”的基本方针政策和特别行政区基本法的实施，实现了政权的顺利交接和平稳过渡，社会稳定，经济发展，改变了一部分持怀疑论者的态度，对“一国两制”产生信心并抱有期待。一个突出的社会现象就是移民海外的人开始回流。在 2007 年 7 月香港回归 10 周年时，美国《财富》杂志发表了一篇与 12 年前截然不同并充满挑战性的文章，那就是《香港根本死不了》。

虽然仍有一部分人对“一国两制”怀有焦虑心态，但至少是持观望态度，不再是反对态度。

3. 对“一国两制”持各自表述态度

在“一国两制”实施过程中出现新情况，引起了对“一国两制”下“一国”与“两制”应该是什么关系，以及“两制”之间应该是一种什么关系的讨论，出现了各自表述的现象。一种认为，“一国”是“两制”的基础，应该解决国家认同问题和建立以爱国者为主体的管治队伍。另一种却认为，“两制”是重点，质疑爱国者的要求和标准。一种认为，为了防止内地“一制”对特别行政区另一制的影响，应该构筑防火墙，以防止被同化。另一种认为，防火墙妨碍了香港与内地合作，香港将有被逐渐边缘化的危险，提出了特别行政区应该与内地合作的主张。

4. 对“一国两制”秉持合作态度

由于香港出现了经济发展中的困难，要求中央给予支持，要求与内地合作，从而产生了三项举措，中央政府推动了两地更紧密经贸关系安排、内地居民个人游、粤港澳区域合作。其中一个实例最能说明认同合作态度的，就是特别行政区要求在国家“十二五”规划中列入特别行政区的发展内容。出现了特别行政区与内地经济融合的呼声。

5. 对“一国两制”抱否定态度

对“一国两制”的理论和政策，部分人士从怀疑逐步发展到公然否定，主要是对涉及“一国”原则持反对和对抗的态度。在这个过程中具标志性的事件有，反对维护国家安全的立法，鼓吹公投改变特别行政区政治体制，反对国民教育，直至提出并推动香港自治运动。还有意见否定两种制度和平共处、互相尊重，主张改变内地制度。无论是“两制”对抗“一国”，还是改变“两制”中的

“一制”，实质都是否定“一国两制”。

回顾上述变化可以看到：

第一，对“一国两制”的认同度是呈波浪式发展的，有怀疑有期待，有焦虑有希望，有合作有对抗，有肯定有否定，既不是直线向上，也不是直线向下。

第二，各种心态在不同时期也是交杂在一起，但在不同时期某种心态可能占据主要影响的地位。

第三，部分人士从怀疑“一国两制”到各自表述“一国两制”直至发展到挑战、否定“一国两制”的趋势是非常值得关注的。

（二）对“一国两制”理论挑战的观点

对“一国两制”理论挑战的观点主要来自三个方面。

1.“一国一制”论

这种观点认为“一国两制”行不通。但是，否定的理由却截然相反。

（1）坚持“一国”原则的意见认为，如果“两制”持续对抗“一国”，那么，两者不可能长期和平共处，“一国”也就不可能容忍“两制”的存在。所以，“一国两制”未必行得通。

（2）强调“两制”的意见认为，“一国”下不会有“两制”，因为“两制”的价值观不同，不是内地的“一制”改变特别行政区的“一制”，就是特别行政区的“一制”改变内地的“一制”。但对现状有两种不同的判断：一种意见认为，“两制下的一国化”已经开始；另一种意见认为，香港失控是中国巨变的前奏，港制将改变内制。所以，“一国两制”行不通。

按照上述意见，“一国”总归要“一制”，“两制”总归要“两国”。出路是“一国良制”。有了“一国良制”何需“一国两制”？首先是解决制度之争，其次再谈国家统一，是这一观点的核心内容。

2.“一国一邦”论

这种观点主张：既然不能“一国两制”，那么就搞变相的“两国两制”。

具体的主张有两个：

一是，“一国两制”下的高度自治的制度安排还不够，应该搞地方自治运动，提出了自治运动的纲领，并确定龙狮香港旗为自治运动的徽号，变相“去一国化”。海外某些人主张，摆脱中央控制，就应走上独立，废除基本法，另起炉灶。

二是，弱化直至虚化或对抗、抵制中央对特别行政区的权力。比如，五区公投、反二十三条立法、反国民教育，矛头直指中央对特别行政区的管治权力。凡是与中央协商的事情，就连香港民主党与中央就政制方案沟通也被认为破坏“一国两制”，出卖高度自治。

这种意见名义上没有公然否定“一国”，实质上通过特别行政区制度的独立化去否定“一国”的制度。

3. 超越“一国两制”论

有意见主张：“香港应该跨越基本法，跨越‘一国两制’。”“大家来想一想，将来的香港会怎样，整个珠江三角洲会怎样。这不仅是讲经济发展问题，更重要的是政治、社会改革的问题。关于2047年的香港，现在的80后应该思考，离开了基本法之后，香港会怎样，中国会怎样。怎样才能对中国起到一种建设性作用?”还有人提出，应该从“一国两制”的驿站奔向“一国良制”的终点，“一国两制”的终极理想就是“一国良制”。

从这种意见中可以看到，“一国”无须超越，需要超越的是现行的两种制度，那么，超越后的制度是什么呢？怎么超越呢？这种意见并没有给出明确的说法，留下了思考的空间。

“一国两制”理论是特别行政区制度的基石，动摇了“一国两制”方针、政策必然动摇特别行政区制度。所以，对这样一个重大的理论问题必须搞清楚，深入和准确理解“一国两制”具有十分重要的现实性和理论性。

这些争论涉及：“一国两制”理论本身是否有缺陷？还是对“一国两制”的理解出了问题？或是“一国两制”实践出问题了？具体而言，需要回答3个基本问题。

第一，“一国”能否“两制”?

第二，“两制”是否必定走向“一制”?

第三，如果走向“一制”，怎么“一制”?

回答这些问题，应该从“一国两制”的现实和趋势两个基本方面分析，认清当下，展望未来。

二、“一国两制”的现实

从“一国两制”的理论和实际看，“一国”可以“两制”。

（一）“一国两制”的历史和现实条件

“一国”为何实行“两制”？这是需要特定的历史条件和现实条件的，并不是在任何情况和条件下都可以实行“一国两制”。

1. 历史上曾经是领土、主权统一的国家

曾经的统一国家因某种原因导致了领土分裂、主权不统一，为了实现领土完整、主权统一，为了让被外国占领的领土回归“一国”，并恢复对该领土行使主权，产生了国家统一大业的任务。所以，历史上的统一国家是实行“一国两制”的前提条件，也是先决条件。历史上没有领土、主权的“一国”，何来今日的“一国两制”？“一国两制”中的“一国”是国家恢复行使主权后的“一国”，是实现了主权有效或实际管辖的“一国”，是恢复“一国”，不是重构“一国”。因此，邓小平说，主权问题不是一个可以讨论的问题。

2. 不同地区存在不同制度

由于被分裂的领土长期实行另一种社会制度，而且居民希望保留原有的制度，所以，社会的客观条件和居民的主观愿望两个基本方面决定了回归“一国”、国家恢复行使主权后，应该实行“两制”。邓小平先生说：“根据香港和台湾的历史和实际情况，不保证香港和台湾继续实行资本主义制度，就不能保持它们的繁荣稳定，也不能和平解决祖国统一问题。”① “这些方针政策应该不仅是香港人民可以接受的，而且在香港的其他投资者首先是英国也能够接受，因为对他们也有好处。”②

只有同时具备了以上两个条件，实行“一国两制”才有可能。

---

① 邓小平．邓小平论“一国两制”．香港：三联书店（香港）有限公司，2004：15.

② 邓小平．邓小平论“一国两制”．香港：三联书店（香港）有限公司，2004：2.

（二）“一国两制”超越制度之争

“一国两制”是为了实现国家的统一，实现国家统一的方法可以有多种选项、多种手段。历史上的常用方法是一个国家一种制度。国家统一也就意味着制度同一。然而，“一国两制”的思维是，如果保留不同的社会制度更利于国家的统一，那么就应该超越制度不同，通过保留不同的制度实现国家统一。

1.“一国两制”的逻辑自洽性

“一国”是“两制”的基础，“两制”是“一国”的条件。

（1）“一国两制”的核心和基础是“一国”。

“一国两制”的核心是解决国家的统一问题，不是解决制度的同一问题。如果不搞清楚这个核心问题，就不可能超越制度之争而解决制度之争，只能导致“一国一制”，不会有“一国两制”。

“一国两制”是和而不同，“和”代表国家统一，“不同”表现为两种制度共存。“一国两制”也是求同存异，求“一国”之同，存“两制”之异。在“一国”与“两制”的关系中，“一国”的价值可以成为双方的共识，“制度”的价值不同可以搁置，共同的“一国”可以超越不同的“制度”。

（2）“一国”为什么是基础？

“一国两制”中的“一国”与“两制”的关系，谁是基础？谁是目的？谁是条件？谁是方法？这应该以“一国两制”理论提出的出发点和目的来考察。

邓小平先生在20世纪80年代提出和平统一的国家任务。为了完成国家和平统一的任务，构想采用“一国两制”的方针政策。所以，从和平统一问题与采用“一国两制”方针解决和平统一问题之间的关系分析，国家统一是任务，是目的，“一国两制”是完成任务的条件和方法。

“一国两制”中的“一国”是基础，是本元性的目的，“两制”是实现“一国”的条件和手段。本元性的目的只有一个，实现目的的手段可以是多种多样的。比如，可以用“一国一制”的方法实现国家统一，也可以用“一国两制”的方法实现国家统一。不管用什么方法，最终都是为了实现国家统一。那么，在实现国家统一的目的的进程中，哪一种方法最适宜呢？“一国两制”的理论认为，在“一国”下保留两种制度对实现国家统一最有利。一方面，国家统一后不影响港澳地区的稳定发展；另一方面，港澳的稳定发展又能为统一后的国家作出贡献。两者之间不矛盾，而且可以互惠互利、共同发展。

有意见认为：“‘一国两制’的灵魂在于‘两制’，而不是‘一国’。如果重点是‘一国’，为何不是实行‘一国一制’呢？如果重点是‘一国’，为何不把香港变成中国南方的一个普通城市？”这种认识并不符合逻辑。

第一，如果“一国两制”的最终目的是为了维护“两制”，“两制”是目的的话，那么“一国”相较“两制”这个目的又是什么呢？是手段吗？如果“一国”是手段，那么，“一国”对“两制”而言绝对是多余的，根本没有必要。因为没有“一国”已经有“两制”了，为什么还要“一国”呢？“一国”不就是可有可无，变得多余了吗？

第二，如果“两制”是“一国”的基础、是目的，那么，“一国”以哪一种制度为基础？又以哪一个制度为目的呢？要解决这个问题，唯一的出路是先解决制度的同一性和一致性问题，否则不可能构建“一国”的基础。结果就是“一国一制”，不可能有“一国两制”。所以，“两制”是“一国”的基础和目的在逻辑上是不通的。

（3）“两制”是必要条件。

虽然“一国”是“两制”的目的，但是并不意味着“两制”可有可无，也并不意味着否定和改变不同的制度。在中国的特定历史和现实情况下，“两制”是实现“一国”的条件。道理很简单，实行“两制”最有利于实现国家统一，港澳回归的事实说明了这一点。在实现国家统一后，在相当长的时期内继续实行“两制”，也有利于统一后的国家发展，达到港澳好国家好、国家好港澳好的双赢局面。所以，手段不能离开目的，否则就会成为无的放矢。目的需要手段，否则永远无法自我实现。在实现目的的过程中需要处理各种关系，从而构成了目的和手段及其因果的关系。所以，既要坚持“一国”，又要维护“两制”。

2. “一国两制”的利益兼顾性

“一国两制”是为实现国家统一而提出的理论，不是为国家内部的制度同一提出的理论。所以，“一国两制”可以允许不同的社会制度共存，可以超越制度不同、制度之争。

为什么“一国”可以“两制”呢？最根本的原因是，“两制”有利于国家统一，满足国家的利益，“两制”也有利于保持特别行政区的经济发展、社会稳定，满足居民的利益。一个能够既满足国家利益，也满足地区利益，既符合整个中华民族的利益，也符合特别行政区居民利益的政策，当然在“一国”下就有存在的必要性。“一国两制”不仅将国家和特别行政区的共同利益最大化，而且能够争取到利益的双赢，国家好港澳好，港澳好国家好，说明“一国两制”的合理性。如果强行推行“一国一制”，“两制”中必有“一制”要被消灭，“一制”的利益势必不能兼顾，而且还会受到损害，博弈的结果不是双赢，而是零和结果。两种方案比较，哪个有优势，哪个更合理，是可以分辨出来的。

理论上说得通，实际上行得通。特别行政区成立和基本法实施十多年来取得的成绩也证明了“一国两制”的优势。

3.“一国”与“两制”的包容性

（1）“一国”的含义。

“一国”主要包含四个基本要素。一是领土完整；二是主权统一；三是一个共同的国家宪法；四是一个中央政府，领导地方并行使中央治理国家事务的权力。

以上四点是任何一个被认为正常的国家都应有的要素。否则，领土分裂，主权分裂，宪法分裂，政府分裂，还能是一个国家吗？如果“一国两制”下的国家不是统一的，是分裂的，那么，“一国”有什么意义？或者还能称为“一国”吗？

“一国两制”中的“一国”，具体而言，就是中华人民共和国。否定“一国”就是中华人民共和国，这在逻辑上是十分荒唐的，既违反事实的逻辑，也违反形式逻辑。

首先，从形式逻辑分析。举形式逻辑三段论一例。大前提：法律应该保护国家安全。小前提：中华人民共和国是一个国家。结论：法律应保护中华人民共和国的安全。然而，反对意见的逻辑是，法律保护的是国家的安全，但中华人民共和国不等于国家，因为国家是抽象的，中华人民共和国是具体的，中华人民共和国不等于国家，所以，法律可以不保护中华人民共和国的安全。这种推论错在何处？就是用抽象的国家去否定具体的国家。其实，大前提中的抽象的国家是由各个具体的、活生生的国家构成的，包括了所有的具体的国家，包括了中华人民共和国。只要中华人民共和国属于国家的范畴，中华人民共和国的安全就应该受法律保护。质疑“一国两制”的论调，用抽象的国家代替、否定具体的国家。只接受抽象意义的一国，不接受具体的中华人民共和国。如果这种逻辑能够成立，那么，“一国两制”中的“一国”就变成了抽象的国家。如果是抽象的国家，必然可以任人随意解释和构建。“一国”作为“一国两制”的基础本身就成了问题，并被动摇了。但是，“一国两制”中的“一国”不是抽象的，是具体的中华人民共和国。是中华人民共和国代表中国，是中华人民共和国在行使中国的主权，是中华人民共和国恢复对港澳行使主权。抽象的中国并不能行使主权。事实也是如此，与世界上的国家打交道的不是抽象的中国，而是实实在在的中华人民共和国。在联合国代表中国的是中华人民共和国。这是国际社会公认的事实，是不可以抹杀也抹杀不了的。

其次，从事实逻辑分析。关于香港和澳门问题的联合声明是中华人民共和国与英国、葡萄牙签署的。联合声明明确中华人民共和国恢复对香港和澳门行使主权，中华人民共和国恢复行使主权后设立特别行政区。从谈判港澳问题到恢复对港澳行使主权再到设立港澳特别行政区的整个过程，均是看得见摸得着的中华人民共和国作为主体行使中国的主权。谁能否定中华人民共和国的存在和作用？除非采取鸵鸟政策，贻笑大方。

所以，“一国”的内涵讲的是领土、主权统一的中华人民共和国，“一国”并不要求社会制度的同一，它完全可以包容“两制”。

（2）“两制”的含义。

中华人民共和国作为一个正常的国家，当然有国家制度。“一国两制”下的“一国”不仅有主权，也有国家制度。一个国家主权只能有一个国家制度。比如，人民代表大会制度是国家的政治制度，中央和地方关系的单一制是国家结构制度。作为国家制度，不仅是内地，也是特别行政区的国家制度。所以，“一国两制”下的“两制”并不排除国家制度的存在。这一点尤其要强调。

那么，“一国两制”下的“两制”是指什么意义上的制度呢？应该理解为社会层面和地域层面意义上的制度。具体而言，“两制”是指内地与特别行政区可以有不同的制度，特指地域层面上的社会制度的不同，不是国家层面上的国家制度的不同。如果将两者混淆，那么在逻辑上就会出现混乱。比如，人民代表大会制度是国家的根本政治制度，虽然特别行政区不实行人民代表大会制度，但也不能否定人民代表大会制度，因为它是国家层面的制度。如果人民代表大会制度仅仅是内地的社会制度，不是国家的制度，那么，特别行政区就可以不接受人民代表大会制度，最后的结果是人民代表大会制度中的全国人民代表大会是国家的最高权力机关也可以不承认、不接受，最终可以导致否定全国人民代表大会向特别行政区授权。“一国两制”在逻辑上就不通了。

所以，应该将国家制度与社会制度区别开，一个国家只有一个国家制度，但可以有两种不同的社会制度。不能以社会制度不同而反对国家制度。同样，接受国家制度也不等于放弃不同的社会制度，改变不同的社会制度。

因此，“两制”的内涵并不排除“一国”的原则，并不排除国家制度的存在。

（3）“一国两制”的可行性。

“一国”如何“两制”?“一国两制”的理论提供了解决这个问题的方法。概括而言就是：和平共处，互相尊重，互利合作，共同发展。

和平共处，互相尊重，就是两种不同制度之间，应该包容彼此的不同。互利合作，共同发展，就是两种不同制度之间，不仅共处，而且要合作，达到互惠互利、共同发展。具体而言：

第一，和平共处是处理“两制”的前提。不能以制度不同为由而改变对方，“吃掉”对方。

第二，互相尊重是处理“两制”的应有态度。遇到“两制”的问题，要理解对方，不采用对立对抗的方式，通过说理协商，解决分歧。

第三，互利合作是“一国两制”的纽带。只有互利合作，“两制”才能联系更加紧密，才能体现“一国”的好处。如果“两制”互相隔绝，老死不相往来，互相猜忌，互不信任，不是越走越近，而是渐行渐远，最终会危及“一国”的基础。

第四，共同发展是处理“两制”应该坚持的目的。通过合作，达到双赢发展，真正体现出“一国两制”的优越性，实现“一国两制”的目标，既使国家统一，又让国家强盛，特别行政区繁荣、稳定、发展。

在“一国两制”实施中，“一国”有没有改变特别行政区的另一制呢？从基本法第十一条规定的社会、经济制度，保障居民基本权利和自由制度，行政管理、立法和司法制度这三项分析，没有人指责前两项被改变，包括外国的评论。[①] 在第三项特别行政区的政治体制方面有意见认为改变了。对此，应该给出说明。特别行政区的政治体制是基本法规定的，不仅保留了原有制度中的行之有效的部分，也根据“一国两制”的需要进行了改革。比如，原有的总督是英国、葡萄牙直接委派，没有丝毫的选举成分。基本法却规定行政长官经过一个选举委员会选举或根据循序渐进发展的要求普选产生，中央人民政府任命。既有选举又有任命的制度是“一国两制”的体现，根据高度自治给予选举行政长官的权利，根据中央人民政府领导特别行政区政府行使中央人民政府对行政长官的任命权力，这是一种新制度，是原有制度中没有的。至于选举制度如何发展，不仅与特别行政区选举权有关，也与中央任命权有关。所以，中央对特别行政区选举制度

---

① 美国传统基金会及《亚洲华尔街日报》2007 年 1 月 16 日公布，连续第 13 年评选香港为全球最自由的经济体系，以 100 分为满分，香港以 89. 3 分名列第一，较位列第二的新加坡高出 3. 6 分。在 10 项个别范畴中，香港在其中 4 个范畴均列首位，包括贸易自由、投资自由、金融自由及产权保障。

发展的决定权不是干预特别行政区的自治权，也不是改变特别行政区的制度，恰恰相反，是“一国两制”下处理中央与特别行政区关系时中央应有的权力。如果把选举完全视作特别行政区的事务，与中央无关，甚至要求取消中央的任命制，才是改变“一国两制”新制度的安排。

三、“一国两制”的未来

从现实中我们看到了“一国两制”产生的矛盾，但是否就意味着“一国两制”没有前途了呢？因而就否定“一国两制”，或对“一国两制”失去信心呢？其实，“两制”有矛盾是不可避免的，关键是如何处理“两制”之间的矛盾。如果采取对抗的方式，只会激化矛盾，成为“你死我活”的博弈，将“两制”变成“一制”。如果采取协商的方式，就可以缓和矛盾、调和矛盾，直至解决矛盾，“两制”可以继续和平共处。

比如，“一国一制”下的中央与地方关系也存在利益矛盾和权力冲突，但是，我们不会因为有矛盾和冲突就取消地方行政设置。当然，没有地方就不会有中央与地方的矛盾和冲突。然而，新的问题来了，中央能直接管理好全部的国家和地方事务吗？显然没有这种可能性。所以，世界上的绝大多数国家均设立地方政府，想办法处理好中央与地方关系就行了。同样道理，“一国两制”实施中出现矛盾，因为有矛盾不搞“一国两制”，还有什么样的政策和制度能比之更好？假设用“一国一制”取代“一国两制”，矛盾必将集中在制度斗争上，对国家、特别行政区、中华民族、特别行政区居民的利益有害无利。“两制”相斗，两败俱伤，败者更惨。如果用“自治运动”对抗“一国”，用所谓的自治权去对抗中央的主权，只会走进“死胡同”。所以，应该放下不切实际的幻想，办好当下“一国两制”的实事才是应该做的事。

1. “一国两制”五十年不变

五十年不变的条件是“两制”都不变。如果总想改变内地的制度，那么就不可能有“两制”。邓小平说：“要保持香港五十年繁荣和稳定，五十年以后也繁荣和稳定，就要保持中国共产党领导下的社会主义制度。”① 如果试图改变内地的“一制”，只能有两个结果，要么被内地制度改造成相同的“一制”，要么

① 邓小平. 邓小平论“一国两制”. 香港：三联书店（香港）有限公司，2004：54.

内地与特别行政区制度没有分别，特别行政区制度变成内地制度的一部分。总之，不论主观上怎么想，客观上特别行政区的另一制都将不复存在。这叫作事与愿违。

2. “一国两制”五十年后也可以不变

如果“一国两制”实践成功，那么就没有必要将“两制”变成“一制”，一百年也可以不变。邓小平说：“实际上，五十年只是一个形象的讲法，五十年后也不会变。前五十年是不能变，五十年之后是不需要变。”①

所以，“两制”变与不变的关键取决于“一国两制”能否成功这一条件。“两制”长期存在或“两制”走向“一制”是有条件的，不是必然的。其取决于“一国两制”下的“一国”与“两制”关系的处理成败。

“两制”能够做到互惠互利、互相合作、共同发展，有什么理由变成“一制”呢？如果“一制”的优势不如“两制”，那么“一制”不可能取代“两制”，“两制”也不会走向“一制”。与其抱有担心“两制”变成“一制”的悲观主义，或期待“两制”变成“良制”的理想主义，还不如坚持现实主义，把“一国两制”搞好更有实际意义。

3. 变与不变关键在于怎么变

邓小平说：“问题是变好还是变坏。不要拒绝变，拒绝变化就不能进步。”②变化不可避免，关键是要变得更好。从这个意义上说，制度之间可以取长补短，在不断交流、合作和融合过程中可能产生一种新的制度，这种可能性不排除，潜藏着超越“一国两制”的可能性。但条件是：

第一，融合的优势要比“两制”的优势更大，既能逐步消除“两制”之间的矛盾，又能实现国家和特别行政区利益的最大化，才具备创造一种向好的方向转变的条件。相信这种条件需要经过一个相当长的时间才能形成。

第二，融合的过程应该是自然的，而不是强制的。如果是强行改变“两制”，实质是通过外力破坏“一国两制”，不可能是“一国两制”的延续；相反，是以中断“一国两制”为条件的制度转变。只有通过制度之间的自然融合的过程，通过“一国两制”的内生力推动制度的变化，才是“一国两制”的延续和发展。

---

① 邓小平. 邓小平论“一国两制”. 香港：三联书店（香港）有限公司，2004：64.

② 邓小平. 邓小平论“一国两制”. 香港：三联书店（香港）有限公司，2004：18.

既然是一个自发的过程，就不必作为一个目标来做，当然也就不需要时间的限定。如果将其作为目标，有人会担心结果，有人会急于求成，都将打乱和中断自然与自发的进程。不仅不能超越制度之争，反而加剧制度之争。我们的态度应当是，努力做好“一国两制”的事业，坦然面对超越“一国两制”的变化。

以上三点互相关联，不可或缺，决定着“一国两制”发展的未来。

（本文发表于《“一国两制”研究》，2013 年第 1 期）

论“一国两制”理论与实践的关系

2014 年 12 月 20 日是澳门特别行政区成立 15 周年，回顾澳门实施“一国两制”和基本法的情况，总体是好的，是基本成功的，可以从以下事实加以说明。15 年来，澳门经济得到了迅速发展，2013 年与 1999 年相比，澳门本地生产总值由 502 亿澳门元增长到 4 134 亿澳门元，年均增长 16.2% 。财政收入由 169 亿澳门元增加到 1 759 亿澳门元，年均增长 18.2% 。人均 GDP 由 1.5 万美元上升到 8.7 万美元，增长 4.8 倍。澳门民生也逐步得到改善，失业率屡创新低，由 1999 年的 6.3% 降至 2013 年的 1.8% ，实现了国际标准下的充分就业要求。人均月收入中位数由 4 900 澳门元升至 12 000 澳门元，增长了 1.45 倍。政府将经济发展成果惠及广大居民，仅现金福利就包括现金分享、公积金账户预算盈余特别分配款项、社会保障津贴、医疗券、住宅单位电费补贴、学生津贴、持续进修计划、豁免房屋税和部分印花税、减免职业税和额外退税等政策。澳门社会保障事业亦快速发展，养老保障基本覆盖全体澳门居民，社会保障支出由 1999 年的 1.59 亿澳门元提高至 2013 年的 23.11 亿澳门元，增长了 13.5 倍，其中养老金由每月 1 150澳门元调升至目前的 3 180 澳门元，多项社会保障津贴近年大幅调升。另外，澳门教育也得到了良好的发展，特别是以世界排名 300 强的澳门大学为代表的高等院校，成了澳门本地人才培养的摇篮。澳门社会稳定，扭转了回归前夕治安不稳的局面，保持了良好的治安秩序。政治体制通过两次对行政长官和立法会选举法的修改，稳步向前发展。

在我们为澳门特别行政区实施“一国两制”和基本法取得的成就倍感高兴的同时，应该总结一下成功的原因和经验，以利于今后更好地落实“一国两制”和基本法。笔者认为，澳门特别行政区比较成功地实施“一国两制”和基本法是由多种因素决定的，在众多因素中有两个因素是至关重要的：第一，全面和准确地理解“一国两制”和基本法，在全社会树立起“一国两制”和基本法的正确价值观，并且形成社会的基本共识和主流的话语权。第二，坚定不移地依据基本法治理澳门，政府和居民的一切行为以基本法为依归，服从基本法的权威。两者之间相互依存和促进，正确理解“一国两制”是坚定不移地执行基本法的前提，不折不扣地执行基本法是准确掌握“一国两制”的结果。所以，这两条经验向我们提出了如何认识与处理“一国两制”和基本法的理论与实践的关系问题。

二

准确、全面理解“一国两制”和基本法是十分重要的，主要体现在两个方面。

1. 理论的意义

在哲学理论看来，一个自由的行动要包含理性和意志两个方面，要遵守“自觉”和“自愿”两个原则。“因为自觉，所以自愿。”“只要认识了理的不得不然，有了自觉，便会自愿。”这就说明，理论能够解决实践时的“自觉”和“自愿”问题。依据这个道理，“一国两制”的理论能够有利于提高实践“一国两制”的自觉性和自愿性。但是，如果没有搞清楚“一国两制”的理论，就会导致歪理邪说流行，难以解决“一国两制”实践者的自觉和自愿问题，最终影响“一国两制”的实践。理论混乱，实践一定更乱。同样，对实践提出的新问题，理论不能回应，不能解决实际问题，一定会被实践抛弃。

所以，全面和准确地理解“一国两制”的理论，第一，可以发挥“一国两制”的理论指导“一国两制”实践的作用；第二，可以根据“一国两制”的实践不断丰富和充实“一国两制”的理论。

2. 实践的需要

研究“一国两制”和基本法的实践，通常会从两个特别行政区的分析入手，总会对两者进行比较研究，从比较研究中又会发现它们之间实践成效的差别。虽然，造成差别的原因是多种因素决定的，但是，细心地研究可以发现一个问题，对“一国两制”和基本法理论的“自觉”和“自愿”程度的不同，直接影响“一国两制”和基本法的实践成效。而“自觉”和“自愿”的程度高低又取决于对“一国两制”和基本法理论是否接受和认同。当一些对“一国两制”和基本法的片面的乃至歪曲的理解与言论流行时，一定会冲击对“一国两制”和基本法的认同感。所以，港澳实践“一国两制”和基本法的事实证明了理论对实践的重要性，“一国两制”和基本法的实践需要相应的理论指导。

二

“一国两制”的理论与实践的关系，实质是一个应然性与实然性的关系。理论能够帮助解决实践者必须明白的“应然性”的问题。

“一国两制”的应然性是要回答“一国两制”应该是怎样的，回答“应该”直接影响“一国两制”的“实际”会是怎样的。“一国两制”和基本法中涉及3个重大理论问题，即“一国”与“两制”的关系、中央管治权与特别行政区自治权的关系、特别行政区的行政与立法关系，对这3个理论问题作出不同的理解直接影响现实中的3个关系的处理。

俗话说，明白事理，才能自觉行动。而明白事理就是要求实践者清楚“为什么”必须这么做，解决“为什么”的问题需要理论能够提供实践的理性。我们可以用澳门特别行政区的“一国两制”和基本法的实践说明上述关系。

1.“一国”与“两制”的关系

要处理好“一国”与“两制”的关系，就要理解“一国”与“两制”关系的理论。

（1）从政治上分析“一国”与“两制”的逻辑关系。

第一，要搞清楚“一国”与“两制”关系的逻辑起点。国家为什么要实行“一国两制”？要准确回答这个问题，就必须理解基本法序言的内容。基本法序言第一自然段开宗明义指出，澳门自古以来就是中国的领土，16世纪中叶以后被葡萄牙逐步占领，中国政府要对澳门恢复行使主权，收回澳门。那么，如何收回澳门，如何恢复行使主权？序言第二段作出了回应：“为了维护国家的统一和领土完整，有利于澳门的社会稳定和经济发展，考虑到澳门的历史和现实情况，国家决定，在对澳门恢复行使主权时，根据中华人民共和国宪法第三十一条的规定，设立澳门特别行政区，并按照‘一个国家，两种制度’的方针，不在澳门实行社会主义的制度和政策。”从中不难理解，实现国家统一是目的，保留澳门原有制度是实现国家统一的条件和手段。所以，“一国”是“两制”的基础。基础包括两层含义，一是“一国”相对“两制”而言是目的，“两制”是实现“一国”的手段；二是“两制”是建立在“一国”之上并统一于“一国”之中的。

第二，在弄清楚“一国两制”的逻辑起点和基础后，就要明确“一国两制”中的“一国”是什么，“两制”又是什么，“一国两制”中的“一国”意味着什么。基本法总则明确作出了规定。第一条就规定，澳门特别行政区是中华人民共和国不可分离的部分。对“两制”而言的“一国”就是中华人民共和国，既不是抽象的国家，也不是虚幻的国家。所以，接受“一国”，首先，要有国家认同，认同中华人民共和国。不认同中华人民共和国，“一国”无从谈起。其次，也要有身份认同，即认同自己是中国人。只有视自己为中国人，才能认同中华人民共和国。再次，既然接受了国家认同和身份认同，就要爱国，爱护中华人民共和国，拥护国家统一，支持国家恢复对港澳行使主权。最后，维护“一国”的利益，就是维护国家主权、安全和发展利益。

“一国两制”中的“两制”又意味着什么呢？其是指澳门原有社会制度和生活方式不变。基本法第二条、第三条、第五条等也作出了具体规定。首先，特别行政区实行高度自治，享有行政管理权、立法权、独立的司法权和终审权。其次，实行“澳人治澳”，特别行政区的行政机关和立法机关由特别行政区永久性居民组成。再次，保留原有的经济社会制度、人权制度、行政制度、立法制度和司法制度。最后，维护“两制”的利益就是维护特别行政区社会稳定和经济发展。

第三，在明白了“一国两制”的逻辑起点和内容后，就要清楚“一国两制”中的“两制”应该如何相处，“两制”应该在“一国”中共存、合作、共荣。“一国”有利于“两制”的存在和发展，“两制”必须有利于“一国”的安全和发展。

坚持国家的统一原则，保留两种不同的制度，“两制”必须和平共处，不能对立和对抗，否则，“你死我活”，“两制”消亡，必然走向“一制”。

“两制”不仅要和平共处，还应该充分利用“一国”的平台，开展互惠互利的合作，绝不能互相隔绝、互不交往。通过合作，达到共同发展和繁荣。

基于对“一国”与“两制”的逻辑基础、逻辑内容和逻辑关系的上述认识，在澳门，我们看到的实际情况是：

绝大多数居民接受国家认同和身份认同，为自己是中国人而自豪。2013 年，澳门“一国两制”研究中心的民意调查显示，81.82% 的被调查者认为作为中国公民感到自豪，爱国爱澳居于澳门社会核心价值的前三位。所以，在学校开展国民教育，包括爱国教育的内容，是再自然不过的事。基本法走进学校也是应该的，政府和社会均有责任宣传推广基本法。

对于维护国家安全的立法，不仅被澳门居民视为一项基本法义务，也是政府和居民的宪制责任，完全是天经地义的。所以，澳门立法会于 2009 年顺利通过了国家安全的立法。

澳门特别行政区与内地之间积极开展互惠互利的合作，有利于澳门逐步发展成为世界旅游休闲中心和中葡经贸合作平台。2003 年以来，CEPA（《内地与澳门关于建立更紧密经贸关系的安排》）及 10 个补充协议相继签署实施，有力地促进了澳门商品和服务贸易的发展。内地居民赴澳“个人游”，截至 2013 年底，累计旅客达 6 300 万。同时，澳门建立中国与葡语国家商贸合作服务平台，承办每三年一次的中国—葡语国家经贸合作论坛部长级会议，成立了“中国与葡语国家合作发展基金”，既促进内地对外发展，也从内地的经济发展中分享经济成果，争取了双赢的结果。

但是，如果对“一国”与“两制”的理解，像某些人那样作出错误的认识，不论是“一国”不能“两制”的论调，还是“一国”只能有一种“良制”的论述，都必然会产生恶果。

首先，模糊特别行政区地位，视特别行政区为独立政治实体，而不是中国的一个地方行政区域，从实质上否定“一国”。认为要维持港澳的社会制度，出路在于变相独立，所谓的城邦自治，甚至有人提出“香港民族自决”。一旦将港澳如此定位，那么，当然不能接受“一国”原则，因为有“一国”就不可能有“自决”。不接受“一国”也就要反对国家认同、中国人的身份认同，在他们看来，爱国抵触了他们的城邦自治的诉求，伤了他们的感情。就算是独立不了，个别人也宁愿打着葡萄牙殖民时代的旗帜，甘愿做葡萄牙的臣民。直至反对国民教育，反对维护国家安全的立法。

其次，颠倒“一国”与“两制”的关系，主张“两制”在前，“一国”在后，“两制”先于“一国”而存在，根本否认在“两制”存在之前，存在一个统一的国家，港澳是从这个统一的国家被外国通过强制手段分离出去的，现在是要回归到一个国家中来，实现国家统一的这样一个历史事实，进而否定“一国”是前提和基础。所以，在这些人的心中，“两制”是基础，是重点，一切以“两制”为依归。

最后，总想改变内地的“一制”，将“两制”统一到所谓的“良制”中去，将“两制”视为“你死我活”的关系，要么提出民主拒共，改变内地制度；要么主张“两制”隔绝，互不交往，免受内地的影响。在行动上抗拒和反对与内地的经济、文化等合作，甚至将内地到香港旅游的游客称为“蝗虫”，发起荒唐的“驱蝗”行动。

以上种种言行都是错误理解“一国”与“两制”关系导致的结果。

（2）从法理上分析“一国”与“两制”的逻辑关系。

法理问题的核心是要弄清楚宪法与基本法和特别行政区法律的关系。宪法是

“一国”的法律基础，基本法是“一国两制”的法律化，特别行政区的法律是基本法的具体化。

第一，宪法是基本法的法律依据。宪法是“一国”在法律上的集中体现，如果宪法在国家的领土范围内没有效力或者效力只能限于局部范围，那么在法律上就没有形成真正的“一国”，即国家主权对国家领土的完整管辖。以宪法为依据就是需要符合宪法的“一国两制”原则和要求，并将宪法中的“一国”规范，如国家主权统一、领土完整，国家主权机关的地位和职权，国家主权的象征和对“两制”的规范，如设立特别行政区，授权特别行政区高度自治，实行不同于内地的社会制度在基本法中具体落实。“一国两制”是先有宪法的基础，后有基本法的具体规定。

第二，基本法是特别行政区的法律基础。作为特别行政区的法律基础，基本法必须是“一国”与“两制”的体现。基本法规定的特别行政区制度，既是国家管理特别行政区的制度，也是特别行政区自我管理的制度，是两者的结合。依法治理特别行政区，就必须坚持依基本法办事。只有不折不扣地落实了基本法，才能实现“一国两制”。违反基本法的行为就是破坏了“一国两制”。

第三，特别行政区法律要保障基本法的实施，将基本法的规定结合社会的具体情况加以细则化，提供保障“一国两制”实施的法律秩序。但是，法律在具体化的过程中，不能抵触基本法。凡抵触基本法的法律均无效，要确立基本法的权威。

基于对“一国两制”中的法律关系的上述认识，澳门社会必然认同与接受宪法和基本法共同构成特别行政区的宪制基础。宪法中的“一国”原则和规范得到遵守，国家制度得到尊重，基本法的权威得到维护。一旦出现违反基本法的行为，就会受到社会的抵制。如澳门个别社团发起了一个对行政长官选举的所谓的“民间公投”，既受到了社会的抵制，也不获司法的保护，更因违反澳门《个人资料保护法》的有关规定受到政府依法制止，根本原因是“民间公投”无基本法和法律的依据。

2. 中央与特别行政区的关系

中央与特别行政区的关系，也存在内在的逻辑关系。它由三层关系构成。

（1）领导与被领导的关系。

“一国”与“两制”的关系，反映在国家的纵向权力关系中就是中央与地方的关系。澳门基本法第十二条规定：“澳门特别行政区是中华人民共和国的一个享有高度自治权的地方行政区域，直辖于中央人民政府。”这就奠定了中央与特别行政区关系的基础，是领导和从属的性质，绝对不是平等主体之间的关系。从而决定了中央领导特别行政区政府，中央任命行政长官和主要官员，行政长官对中央负责，受中央政府的指令等。

（2）授权与被授权的关系。

中央与特别行政区的关系是领导和从属性质的关系，决定了中央行使国家的主权，特别行政区就只能行使地方性的自治权。中央行使国家主权，而主权包括治权，治权可分为全国性事务（包括全国与地方关系的事务）的管理权和地方性事务的管理权。基本法仅仅将特别行政区地方性事务的管理权授予特别行政区行使。澳门基本法第二条规定：“中华人民共和国全国人民代表大会授权澳门特别行政区依照本法的规定实行高度自治，享有行政管理权、立法权、独立的司法权和终审权。”根据这条规定，首先表明主权授予自治权，自治权来源于国家主权。其次明确自治权的范围是由国家主权决定的，自治权限于特别行政区的地方性事务，限于行政管理、立法和司法领域。

（3）监督与被监督的关系。

由于国家主权与特别行政区自治权是一种授权关系，所以，特别行政区自治权如何行使，当然要接受中央依照基本法的规定进行的监督。根据澳门基本法第四十五条的规定，澳门特别行政区行政长官依照本法规定对中央人民政府和澳门特别行政区负责。根据澳门基本法第十七条的规定，立法会制定的法律须向全国人民代表大会常务委员会备案，接受全国人民代表大会常务委员会审查。根据澳门基本法第十九条的规定，特别行政区法院在审理案件时涉及国家行为的事实时，要受中央就此发出的证明文件约束。根据澳门基本法第一百四十三条的规定，特别行政区法院在审理案件时必须遵守全国人民代表大会常务委员会对基本法作出的解释。

正是中央与特别行政区的关系是领导、授权和监督的关系，所以，当特别行政区发展有需要时，中央可以再次向特别行政区授权。如澳门特别行政区地域较小，发展空间有限，国家为了支持澳门的发展，在珠海横琴划了1平方千米的土地建设澳门大学新的校区。但是，也带来了一个新的问题，澳门大学校区建立在珠海行政区域内，而大学又是澳门的，那么，由谁来管理？依什么法律管辖？这确实是“一国两制”的新问题。最后，全国人民代表大会常务委员会根据“一国两制”的实际情况，通过《全国人民代表大会常务委员会关于授权澳门特别行政区对设在横琴岛的澳门大学新校区实施管辖的决定》授权澳门特别行政区管辖，这个授权既符合“一国”的原则，由特别行政区管辖不违背国家主权原则，又适合“两制”的要求，让澳门根据自己的法律和实情办学。

3. 行政与立法的关系

行政与立法的关系，事实上与“一国”和“两制”的关系，与中央和特别行政区的关系是不可分割的，是以后者为基础的，绝对不能孤立地理解。也就是说，政治体制同样有内在的逻辑关系。

（1）行政主导。

因为“一国”与“两制”的关系产生了中央与特别行政区的关系，中央与特别行政区的关系又决定了行政与立法的关系。中央领导特别行政区，特别行政区对中央负责，那么应该由谁向中央负责？既不是立法机关，也不是司法机关，而是行政长官负责。所以，基本法要赋予行政长官有职、有责、有权。澳门基本法第四十五条规定了行政长官的职责，行政长官是特别行政区的首长，既对中央负责，也对特别行政区负责。澳门基本法第五十条规定了行政长官的权力，即领导特别行政区政府、负责澳门基本法的实施等相应的职权。只有行政主导的体制才能既符合中央与特别行政区的权力关系，保障行政长官对中央负责，也适应行政与立法的权力关系，保障行政长官对特别行政区负责。

（2）行政与立法之间是监督和配合的关系。

一方面，立法既要监督政府依法施政，防止和纠正政府的违法行为，澳门基本法第六十五条规定，政府对立法会负责，接受立法会议员的质询。第七十一条规定，立法会听取行政长官施政报告并进行辩论，就公共利益问题进行辩论，对行政长官严重违法行为进行弹劾。另一方面，立法会也要配合和支持政府的依法施政，共同维护有效的社会管理。在配合和监督关系中建立平衡关系，不能为配合而配合，也不能为反对而反对。

（3）行政长官和立法会的产生办法。

行政长官产生办法是政治体制中的一个部分，既需要符合政治体制的逻辑，也需要符合“一国”与“两制”的要求，才能保证行政长官既对中央负责也对特别行政区负责。为此，第一，行政长官必须是一个爱国者，只有认同中华人民共和国，真心真意地拥护国家行使主权和维护国家统一，才能符合“一国”的要求，完成“一国”的使命。第二，行政长官必须对中央负责，为了制度上能保障负责，行政长官必须由中央人民政府任命。如果一个行政长官的人选不仅不愿意对中央负责，还幻想与中央对抗，就不可能期望中央的任命。所以，香港基本法关于行政长官产生办法的规定，即由一个有广泛代表性的提名委员会按民主程序提名后普选产生，报中央人民政府任命，就是要确保行政长官是爱国者和对中央负责的基本要求的落实。

立法会的产生办法需要符合政治体制中的行政主导的要求。第一，行政长官不能由立法会选举产生，而由一个独立的选举办法产生，以保持行政长官相对的独立性。同时，立法会可以弹劾严重违法的行政长官，但不能罢免行政长官。第二，立法会组成要防止民粹化，民粹化不仅破坏法治，也是对民主本身的破坏。第三，立法会议员的组成要体现利益兼顾、均衡参与。

因为接受和认同了上述行政与立法关系的逻辑，澳门在特别行政区行政长官和立法会选举办法修改问题上，均能符合“一国两制”的要求，严格按澳门基本法的规定处理，循序渐进地发展民主。

三

理论不仅能够解决实践者“为何做”的问题，还能够解决实践者“如何做”的问题，将“应然性”变成“实然性”，即对“一国两制”和基本法的原则有正确的认识，就可以妥善地解决在基本法实践中提出的问题。举澳门几个例子加以说明。

1. 澳门的行政法规问题

澳门基本法第七十一条规定立法会可以制定法律，第五十条规定行政长官可以制定行政法规。但是，基本法没有对法律和行政法规调整的范围与对象作出具体的规定，在立法的实践过程中确实存在法律和行政法规之间冲突的问题，需要解决两者之间的关系问题。解决的前提是必须在基本法的框架内，即基本法所确立的政治体制内进行。这样，正确理解基本法规定的政治体制就十分重要了。澳门特别行政区的政治体制是行政主导，所以，行政长官作为特别行政区的首长应保留对某些事项的立法权，而立法会作为立法机关也要有专属的立法事项，即法律保留，两者之间要取得平衡。解决这个问题的关键是对法律和行政法规调整的范围作出适当的划分。什么才是适当呢？如果以三权分立原则理解基本法中的行政与立法关系，那么，行政长官制定行政法规的权限只能根据立法会的法律制定，不可能根据基本法的规定制定独立的行政法规。如果以行政主导的原则理解法律与行政法规的关系，那么，行政长官制定的行政法规既可以是根据基本法规定制定独立的行政法规，也可以是实施立法会法律制定细则性的行政法规。最终，立法会根据基本法的行政主导的原则，通过了澳门特别行政区《关于订立内部规范的法律制度》的法律，规定行政长官的行政法规可以有两种形式，即独立行政法规和细则性行政法规，并对两者的范围作出了明确规定，解决了立法会和行政长官的立法权限问题。

2. 澳门立法会的立法提案权的问题

澳门基本法第七十五条规定：“凡不涉及公共收支、政治体制或政府运作的议案，可由立法会议员个别或联名提出。”凡涉及者只能由政府提出。显然，按澳门基本法的规定，这是属于政府的专属提案权。但是，对于政府专属提案权的理解是否可以排除议员的随后修改提案权呢？如果按澳门基本法第七十五条的立法原意，既然是政府的专属提案权，自然排除了议员提出修改议案并替代政府议案审议通过的可能性。如果议员可以这样做的话，就排除了政府的专属性，变成实际上的共享提案权。换句话说，议员在审议政府的专属议案时可以提出修改建议，请政府考虑，但不能代替政府决定。澳门立法会正是准确地理解了澳门基本法的这个规定，在《澳门特别行政区立法会议事规则》第一百零四条中对专属提案权的含义作出了准确的规定，即专属提案权和随后提案权属政府专有。

3. 财政预算执行问题

澳门基本法第七十一条规定，立法会审核、通过政府提出的财政预算案。政府执行财政预算过程中的项目是否要经立法会批准呢？这也涉及行政主导和立法会监督之间的平衡关系。如果财政预算执行中的具体项目由立法会批准，实际是在立法会和政府之间重新分配权力，将政府决定权转移到立法会，立法会直接扮演了决定者的角色，而不是监督者的角色，对行政主导构成影响，是不符合基本法的立法原意的。但是，政府执行财政预算确实应该接受立法会监督。所以，澳门立法会通过决议，设立立法会“土地及公共批给事务跟进委员会”和“公共财政事务跟进委员会”，加强对政府执行财政预算情况的监督。

4. 关于国际公约在澳门的效力问题

由于澳门基本法对国际公约在澳门的效力并没有作出明确的规定，如何解决也是一个新的问题。实际情况是，《澳门民法典》第一条第三款规定：“适用于澳门之国际协约优于普通法律。”那么，能否以此为据确定国际公约在澳门的效力？这一规定是否符合基本法？解决这个问题还是要从基本法中找答案。对此，澳门终审法院的判决提供了司法见解，将澳门适用的国际公约分为两类，一类是中央签署并决定适用于澳门的国际公约，另一类是澳门签署并决定适用的国际公约。可以肯定的是，只有中央人民政府决定在澳门适用的国际公约的效力才高于澳门本地的立法，因为中央签署国际公约并决定适用于特别行政区是主权行为的产物，特别行政区签署国际公约是自治权的结果，主权高于自治权，自治权不能否定主权。所以，特别行政区的本地法律绝对不能否定中央决定在澳门适用的国际公约。在这个意义上，中央决定适用于澳门的国际公约效力高于澳门本地的法律。最后，终审法院裁决《澳门民法典》第一条第三款的规定不能适用。

因此，只要正确理解“一国两制”和基本法，实践中提出的问题是可以得到解决的，在解决的同时也丰富了“一国两制”和基本法的理论。

四

结论是：只要我们坚定不移地执行“一国两制”和基本法，“一国两制”的事业就可以取得成功。但是，“一国两制”政策不变，特别行政区基本法不变，即客观条件不变，仅仅是成功的一个必要前提，如果主观上对“一国两制”和基本法作出错误的理解，必将导致“一国两制”和基本法实践的失败。所以，要想“一国两制”成功和基本法不折不扣地落实，必须把“一国两制”和基本法的理论研究作为重要的环节抓好。

今后加强对“一国两制”和基本法的理论研究，必须围绕“一国两制”和基本法这个中心。“一国两制”是特别行政区制度的框架，是前提，绝对不能脱离这个框架，“天马行空”。而基本法是特别行政区制度的标准，是规则，不能离开这个标准，“自言自语”。坚持“一国两制”的前提，遵守基本法的规则，是实施“一国两制”的关键。

我们必须在“一国两制”的前提和基本法的规则下构建相应的理论体系。第一，要把“一国两制”和基本法的原理讲清楚，对曲解的说法要正本清源。第二，要传播正确的理论和思想，通过广大居民的认同和接受，形成“一国两制”和基本法的知识体系及社会共识。只有这样，才能确保“一国两制”和基本法的顺利实施。

[本文收录于《港澳基本法实施评论（2015 年卷 · 总第 2 卷）》，法律出版社，2016 年]

宪法和基本法是特别行政区的宪制基础

宪法和基本法是澳门特别行政区的宪制基础，体现在两个方面。第一，“一国两制”的实施需要制度化和法律化，制度化就是设立特别行政区，法律化就是制定特别行政区基本法。制度化和法律化是以宪法为依据的。第二，在澳门特别行政区成立后，落实“一国两制”、“澳人治澳”、高度自治，既离不开宪法，也要以基本法为治澳的法律依据。

一、宪法是特别行政区设立的法律基础

中国恢复对澳门行使主权，实行“一国两制”，设立特别行政区，是全国人民代表大会依据宪法的规定，行使国家主权，进行行政区划的结果。

《全国人民代表大会关于设立中华人民共和国澳门特别行政区的决定》指出，根据宪法第三十一条和第六十二条的规定，决定自 1999 年 12 月 20 日起设立澳门特别行政区。

分析全国人民代表大会的决定，可以看出：

1. 宪法第三十一条是设立特别行政区的合宪性依据

宪法第三十条和第三十一条是国家行政区划的法律依据。宪法第三十条规定了中国的行政区划的一般制度，包括普通行政区、民族区域自治区。宪法第三十一条是中国行政区划制度的特殊规定，根据需要可设立特别行政区。所以，全国人民代表大会根据宪法第三十一条规定设立了特别行政区。没有宪法第三十一条的规定，就没有特别行政区制度存在的合法性基础。

2. 宪法第六十二条是设立特别行政区的权限依据

如上所述，宪法为特别行政区制度的设立提供了合宪性的依据，然而中国对澳门恢复行使主权，作为中华人民共和国不可分割的一部分的澳门，怎么从一个

被殖民管治的地区成为一个特别行政区呢？这由澳门自己决定，还是由中央决定？即谁有权设立特别行政区？根据宪法第六十二条的规定，只有全国人民代表大会才享有设立特别行政区的专属权力。所以，特别行政区的社会制度、高度自治、“澳人治澳”都由全国人民代表大会来决定，而不是由澳门自行作主。

因此，澳门特别行政区及其制度是全国人民代表大会根据宪法第三十一条的规定，行使宪法第六十二条赋予的权力设立和规范的。

二、宪法是基本法的立法依据

宪法是制定基本法的法理依据，这是十分肯定，又非常明确，不容置疑的。

（一）规范性文件的明文规定

（1）中葡联合声明附件一《中国政府对澳门的基本政策的具体说明》早已阐明：“中华人民共和国全国人民代表大会将根据中华人民共和国宪法制定并颁布中华人民共和国澳门特别行政区基本法。”

（2）澳门基本法序言第三段规定：“根据中华人民共和国宪法，全国人民代表大会特制定中华人民共和国澳门特别行政区基本法，规定澳门特别行政区实行的制度，以保障国家对澳门的基本方针政策的实施。”

（3）《全国人民代表大会关于〈中华人民共和国澳门特别行政区基本法〉的决定》中指出：“澳门特别行政区基本法是根据《中华人民共和国宪法》按照澳门的具体情况制定的，是符合宪法的。”

（二）法律逻辑的证明

宪法是国家一切法律的立法依据，就是在“一国两制”的条件下，从宪法与基本法关系的内在逻辑上看，制定基本法仍然以宪法作为立法依据。

1. 何谓立法依据

立法依据是指立法合法性的法律根据，具体而言，包含立法权的法源、立法内容的合法性获得。按照这一标准，全国人民代表大会制定基本法的权力来源于宪法第六十二条关于全国人民代表大会行使职权中的第三款“制定和修改刑事、民事、国家机构的和其他的基本法律”，第十四款“决定特别行政区的设立及其制度”，以及第三十一条“国家在必要时得设立特别行政区。在特别行政区内实行的制度按照具体情况由全国人民代表大会以法律规定”的条文。宪法第六十二条是全国人民代表大会立法权的一般规定，宪法第三十一条是全国人民代表大会制定基本法的直接权力的来源。

2. 宪法在整体上是基本法的立法依据

虽然宪法第三十一条包括有授权全国人民代表大会制定基本法的内容，为立法权的合宪性提供了依据，但并不等于制定的基本法的内容是否合宪也仅仅依据第三十一条。立法权的合宪性与立法内容的合宪性既有联系，也有区别。特别行政区基本法的内容是否合宪，要以宪法为依据，不是以宪法某一条为依据。

（1）根据宪法制定基本法，就是要根据宪法中的“一国”规范在基本法中作出相应的规定。如基本法规定特别行政区直辖于中央人民政府，其法律依据是宪法关于国务院统一领导全国地方各级政府的规定。基本法在中央与特别行政区关系的条文中体现全国人民代表大会及其常务委员会的地位与职权、国务院的地位与职权的规定，均源自宪法有关中央国家机关地位、职权的规定。基本法关于本法的解释和修改的规定，也是以宪法关于法律解释和修改的规定为基础的。所以，制定基本法并不是以宪法第三十一条为唯一的法律依据。如果认为除宪法第三十一条外，宪法的其他规定对基本法不发生作用，那是不正确的，其后果将把宪法高于基本法变成一个空洞的概念，基本法不受宪法的约束，最终结果是特别行政区可以不受宪法的约束，“一国”的宪制基础就没有了。

（2）根据宪法第三十一条的规定，就要从澳门的具体情况出发制定基本法，规定特别行政区的制度。有了宪法第三十一条的规定，才有澳门基本法有关特别行政区社会制度、经济制度、居民基本权利和自由制度、行政制度、立法制度和司法制度的规定，才有澳门基本法第十一条第一款“根据中华人民共和国宪法第三十一条，澳门特别行政区的制度和政策，包括社会、经济制度，有关保障居民的基本权利和自由的制度，行政管理、立法和司法方面的制度，以及有关政策，均以本法的规定为依据”的规定。

所以，宪法第三十一条是宪法有关两种社会制度的特殊条文，基本法规定的特别行政区的社会制度，虽然与宪法的相应条文不同，但并不构成违反宪法而无效。而且，宪法第三十一条，也是一个授权条文，授权基本法根据“一国两制”港澳社会情况作出特别规定。

正如全国人民代表大会在通过基本法的决定中指出的：“澳门特别行政区基

本法是根据《中华人民共和国宪法》按照澳门的具体情况制定的，是符合宪法的。”符合宪法的含义，是指符合宪法的整体规定，不是仅仅指符合宪法第三十一条。如果基本法不以宪法为依据，为何需要符合宪法呢？又或进行合宪性的审查呢？基本法必须符合宪法。

因此，宪法整体上作为基本法的立法依据是完全成立的。但是，在“一国两制”下，宪法作为基本法的立法依据的内涵有所变化，即在“一国”方面，基本法的规定必须与宪法相应的规定保持一致，但在“两制”方面，基本法可以在宪法的授权下作出不同于宪法的规定。然而，不论是一致还是不一致，都是宪法整体中不可分割的部分。

三、宪法和基本法是“一国两制”、高度自治的法律基础与保障

根据宪法制定了基本法，是否有了基本法，宪法对特别行政区就不适用了呢？答案应该是否定的。有了基本法不能排除宪法对特别行政区的效力，同样，宪法对特别行政区的适用也不排除基本法的效力，两者共同发挥作用。

（一）宪法是特别行政区的主要宪制基础

1. 宪法适用于特别行政区

（1）宪法是国家的根本大法，是国家主权在法律上的集中体现。因此，宪法适用于一国领土所有范围。

那么，在“一国两制”下，宪法适用于特别行政区吗？有人提出，宪法在特别行政区不适用。这是割裂了宪法的整体与部分的关系。宪法作为一个整体，它既是“一国”的体现，也允许“两制”的存在，正如在分析宪法是基本法的立法依据时看到的，“一国”是宪法的一般条款，“两制”是宪法中的特殊条款，两者共存于宪法整体之中。所以，讲宪法适用于特别行政区，就是说宪法中的“一国”要适用于特别行政区，宪法中的“两制”也要适用于特别行政区。

（2）宪法直接适用于特别行政区。

按照澳门基本法第十一条“根据中华人民共和国宪法第三十一条，澳门特别行政区的制度和政策，包括社会、经济制度，有关保障居民的基本权利和自由的

制度，行政管理、立法和司法方面的制度，以及有关政策，均以本法的规定为依据”和《全国人民代表大会关于〈中华人民共和国澳门特别行政区基本法〉的决定》“澳门特别行政区设立后实行的制度、政策和法律，以澳门特别行政区基本法为依据”的规定，凡属于宪法第三十一条规定所指的内容，并由基本法规范了的特别行政区制度和政策，以基本法为准。反之，基本法没有规范的，就应该以宪法的规定为依据。所以，宪法中的“一国”规范是直接可以在特别行政区适用的，在特别行政区内任何违反宪法“一国”原则的抽象性行为或具体行为都是无效的。

（3）宪法中“一国”的规定适用于特别行政区。

第一，宪法关于行使主权的国家机关的法律地位的规范，适用于特别行政区。

国家主权是通过国家机关来行使的，宪法明确规定行使主权的国家机关以及它们的法律地位，这些国家机关对外有权代表国家，不依赖于任何外国的国家政府和组织，有完全的独立性，对内全权领导国家内政事务，领导下级机关工作，有不可动摇的法律地位。宪法第五十七条规定，中华人民共和国全国人民代表大会是最高国家权力机关，它的常设机关是全国人民代表大会常务委员会。第八十一条规定，中华人民共和国主席代表中华人民共和国，进行国事活动，接受外国使节，等等。第八十五条规定，中华人民共和国国务院，即中央人民政府，是最高国家权力机关的执行机关，是最高国家行政机关。第九十三条规定，中华人民共和国中央军事委员会领导全国武装力量。上述规定对特别行政区是有约束力的，是不受特别行政区挑战的。只有这样，才能做到统一行使国家主权。相反，如果上述宪法规范不适用于特别行政区，那么就等于要求特别行政区摆脱它们的领导和监督，显然是违背“一国两制”原则的。

第二，宪法关于为行使国家主权而赋予中央国家机关相应的职权的规范，适用于特别行政区。

中央国家机关依照宪法规定，行使主权，作出一定的行为，特别行政区必须执行，不能拒绝。这是有效地行使国家主权的保障，也体现国家对特别行政区行使主权。正如我们前面已提到的，如果国家主席根据全国人民代表大会常务委员会的决定发布了戒严令、全国总动员令，那么特别行政区就要执行。要是这类宪法规范不能适用于特别行政区，对它没有法律约束力，必然导致中央行使主权流为一句空话。

第三，宪法规定国家主权象征的规范适用于特别行政区。

“一国”的主权除了体现在它的国家权力内容上外，还通过一定的形式表现出来，而这些表现形式便作为主权的象征。宪法关于中华人民共和国国旗、国徽的规定适用于特别行政区，在澳门特别行政区要悬挂中华人民共和国国旗和国徽。国旗国徽法要在特别行政区适用。

上述已经证明，宪法适用于特别行政区。所以，宪法是特别行政区的宪制基础。

2. 全国人民代表大会及其常务委员会依据宪法授权特别行政区高度自治

(1) 中央向特别行政区授权及授权的范围由宪法决定。

讲授权就要解决两个基本问题。第一层次的问题是：中央能不能向特别行政区授权？它包含了以下几个要素。第一，谁来授权？谁有资格？第二，授权主体的行为合法性基础在哪里？为什么它可以授权？而它的授权为什么是有效力的？第二层次的问题是：中央授权的范围是如何确定的？为什么授予这方面的权力，不授予另一方面的权力？以上两个层次的问题均由宪法来规范。根据宪法的规定，授权的主体是全国人民代表大会及其常务委员会、国务院，授权的范围由全国人民代表大会及其常务委员会、国务院依据宪法赋予的职能，按照“一国两制”的原则，在保留中央人民政府行使国家主权的前提下，向特别行政区授予自治权。

(2) 中央向特别行政区授权的两种形式均离不开宪法。

中央向特别行政区授权的第一种形式是基本法，它是授权的主要形式。而基本法是依据宪法制定的，受宪法的约束。

中央向特别行政区授权的第二种形式是全国人民代表大会、全国人民代表大会常务委员会、国务院的决定。它们是补充形式，也是比较灵活的形式，随时可以根据需要进行授权。港澳特别行政区成立以来，全国人民代表大会常务委员会已经进行了两次授权，授权的法律依据仍然是宪法。一方面，全国人民代表大会及其常务委员会授权的权力来源于宪法，它必须根据宪法赋予的职权进行授权。另一方面，特别行政区根据全国人民代表大会常务委员会的授权和基本法第二十条的规定，享有中央授予的其他权力。

3. 中央行使对特别行政区的管辖权也要依据宪法规定

中央在行使对特别行政区主权时，其法律职能不仅仅是基本法的规定，首先应该是宪法的规定。如中央人民政府领导特别行政区政府，向特别行政区政府发出命令和指示；全国人民代表大会常务委员会审查特别行政区的法律，决定部分全国性法律适用于特别行政区，决定特别行政区进入战争状态和紧急状态，解释和修改基本法等。这些都是有宪法依据的。

除此之外，理解基本法的有关条文，也离不开所涉及的宪法含义。因为基本法条文中的一些概念和内容出自宪法，所以不能完全离开宪法来解读基本法。如基本法中的“地方行政区域”、“直辖于中央人民政府”、“外交事务”、对行政长官和主要官员的“任免”、“中国公民”，等等，绝对不能离开宪法去解释这些概念。

（二）基本法也是特别行政区的宪制基础

1. 基本法的地位决定了它是特别行政区的宪制基础

澳门基本法第十一条第二款规定：“澳门特别行政区的任何法律、法令、行政法规和其他规范性文件均不得同本法相抵触。”从而，确立了基本法的权威性。基本法在特别行政区法律体系内，其地位高于其他法律。具体表现在：第一，基本法是特别行政区立法机关立法的基础和根据。第二，立法机关制定的法律如与基本法抵触则无效。第三，澳门原有法律中，凡与基本法抵触者，或者由立法机关进行修改，或者应予废除。上述三点说明，基本法的法律地位和效力要高于特别行政区其他法律，其他法律与基本法的关系是一种从属关系。

所以，基本法也是特别行政区的宪制基础之一。

2. 基本法作为特别行政区宪制基础的具体体现

特别行政区的行政管理权、立法权、独立的司法权和终审权等高度自治权，居民的基本权利和自由，政治体制，经济制度，社会制度和文化制度，对外事务处理等，均以基本法规定为依据，受到基本法的保护。凡是基本法已经有规范的，则依基本法处理。对于自治范围内的事务，中央人民政府将给予尊重，并保障特别行政区的自治权。

（三）宪法与基本法的关系

宪法与基本法构成了特别行政区依法施政的宪制基础。既要依宪法，也要依基本法，缺一不可。

就宪制基础而言，宪法与基本法的关系，既要看到它的一般性。所谓一般性，体现出宪法是国家的最高法，具有最高的效力，是基本法的立法依据。也要认识到它的特殊性。所谓特殊性，反映出在“一国两制”下宪法有特殊原则，灵活地处理特殊问题，基本法在宪法授权下可以有特殊的规定和制度。

我们应该认识到，基本法是根据宪法制定的，受宪法的约束。所以，讲基本法是特别行政区的宪制基础是有条件的，是相对于特别行政区的其他法律而言的。讲基本法在“一国两制”、高度自治中的作用时，不能排斥宪法的作用，不能只顾基本法，不看宪法。相反，宪法在国家中的最高地位是无条件的，是绝对的，是凌驾于基本法之上的，不能不适当地提高基本法的地位，而贬低宪法在处理“一国两制”和高度自治中的作用。

我们应该坚持的基本立场是：宪法和基本法是特别行政区的宪制基础，因而应该用宪法和基本法处理“一国两制”、高度自治的问题。原则上，属于宪法调整的“一国”范围应用宪法和基本法的规范来处理，只有在不属于宪法调整又属于“两制”的范畴才只用基本法的规范来处理。

（本文发表于澳门《行政》，2010 年第 88 期）

阐述“一国两制”和基本法必须全面和准确

——以研究方法为视角

“一国两制”从构想到国家政策，由国家政策上升为国家法律（特别行政区基本法），并付诸实施，在这个过程中，既有理论层面的问题，也有实践中的问题需要研究。不论解决哪一方面的问题，均涉及如何理解与解释“一国两制”理论和基本法的文本问题。在“一国两制”和基本法实施十多年的时间里，我们看到，对“一国两制”和基本法的不同的理解和解释会产生完全相反的见解，直接影响“一国两制”和基本法的实施。所以，对“一国两制”和基本法作出正确理解与解释是十分必要，也是确保“一国两制”和基本法实施的基础性问题。本文试图以研究方法为视角，提出理解“一国两制”和解释基本法需要关注的方法问题。

一、对“一国两制”见解纷争的现象和原因

自“一国两制”提出和基本法实施以来，对“一国两制”和基本法的理解始终存在争议，争议主要集中在以下两个方面，且对“一国两制”和基本法实践产生重大影响，值得引起关注和分析。

1. 在“一国”与“两制”关系上的议论

常常见到以下几种片面的说法。

（1）完全颠倒“一国”与“两制”的主次关系。

某意见认为，“一国两制”的灵魂在于“两制”，而不是“一国”。如果重点是“一国”，为何不是实行“一国一制”呢？如果重点是“一国”，为何不把香港变成中国南方的一个普通城市？

（2）割裂了“一国”与“两制”的关系。

某意见认为，香港实行高度自治就应该像一个“城邦”那样搞自治。这个自治就是脱离中国的政治体制，变成一个与中国互不干涉的自治城市。

（3）把“一国”与“两制”变成了对立的关系。

某意见认为，“两制”对立“一国”，甚至还有人认为如果不能改变内地的制度，那么香港“离家出走”也未尝不可。

（4）将“一国”与“两制”视为平等关系。

某意见认为，“一国两制”是一种平等关系。要解决内地与香港的矛盾，必须先让两者取得对等；唯有让“一国”和“两制”取得对等地位，城邦自治才能得到实践。

2. 在中央权力与特别行政区自治权关系上的议论

（1）讲自治权，不讲授权。

某意见认为，特别行政区的自治权是特别行政区固有的，所以，提出“还政于民”的口号，特别行政区的制度，包括政治体制发展由特别行政区居民自行决定。还有意见提出特别行政区自治权是“中英共同授权论”，否定中华人民共和国全国人民代表大会授权特别行政区高度自治。

（2）讲自治权，却削弱或否定中央权力。

一是，讲选举权，弱化中央的任命权。

某意见认为，行政长官选举结果不能被中央否定。选举产生了行政长官人选，中央就应该任命，中央对行政长官的任命应该是形式上的，不能有否决权。“问责局长由行政长官委任已经足够，中央任命一层应可取消。”

二是，讲审判权，否定全国人民代表大会常务委员会的解释权。

某意见认为，全国人民代表大会“释法”本质上正是把它的意见凌驾于香港法院的意见之上。既然终审法院之上还有全国人民代表大会常务委员会，那么终审法院的审判结果就可以因为全国人民代表大会“释法”结果而改变。这正是损害香港司法“独立”的最佳写照。

（3）讲对特别行政区负责，不考虑或无须对中央负责。

某意见把对中央负责说成“出卖港人利益”“出卖高度自治”。香港行政长官选举条例中重申“中央根据基本法在任何其他情况下有权罢免行政长官”，也被一些立法会议员批评断送香港的高度自治。

上述现象有一个共同点，就是认识“一国两制”的方法出了问题，只讲“一国两制”中的某一方面，不讲另一方面，或者将“一国两制”的两个基本方面割裂和对立起来，破坏了“一国两制”的整体性。从研究方法角度讲，缺乏全面性和两点论。

二、解决纷争的基本方法

一种科学的认识方法必须符合下面两个要求。

第一，人的认识应该符合事物本身的规律。应该从事实逻辑到理论逻辑，前者是基础、是内容，后者是叙述、是形式，理论逻辑要符合事实逻辑。

第二，认识是要揭示事物本身的规律，不能无视事物的逻辑，或者片面曲解事物的逻辑，当然更不能代替事物本身的规律。如果本末倒置，必将产生混乱。

从上述纷争中可以发现，一种情况是因片面的认识造成无视事物的客观逻辑。如，“一国两制”是整体，不可分割，有人却主张“一国”不能“两制”，“两制”不能“一国”，用“一国一制”取代“一国两制”，用特别行政区“一制”取代内地“另一制”。

另一种情况是因片面理解事物的逻辑，只讲事物的一个方面，否定事物的另一个方面，人为制造客观事物之间的矛盾。如，原本中央权力与特别行政区自治权是两个不用互相否定的权力，应该是各尽其责、分工合作的关系。有人却主张，讲特别行政区自治权就可以忽略中央权力，甚至排除中央权力。如，讲特别行政区法院审判权，全国人民代表大会常务委员会就不能行使对基本法的解释权，否则就是干预司法独立，把两者对立起来。

然而，客观事物是否真的如此呢？我们应该还原事物本身的逻辑。在尊重“一国两制”和基本法的事实逻辑的基础上，形成对“一国两制”和基本法的认识体系，这才是正确认识和理解“一国两制”的最好办法。

1．“一国”与“两制”的事实关系

“一国”是基础，“两制”是条件。为了实现“一国”才采取“两制”。

（1）“一国”是出发点和目的，也是基础。

从目的角度讲，如果“两制”不能成就“一国”，那么“一国”就不会“两制”，“两制”对“一国”也就没有存在的意义。所以，离开“一国”就没有“两制”。

从基础角度讲，“两制”建立在“一国”基础之上。抽掉“一国”的基础，“两制”放在哪里呢？“两制”也就没有了安身立命之地。

（2）“两制”是实现“一国”的必要条件。

从实现国家统一的角度讲，没有“两制”难以“一国”。不保留另一制，港澳居民未必接受回归。港澳不回归，国家不统一，也就谈不上“一国”。

从维护国家统一的角度讲，“一国”不能维护“两制”，那么，“两制”就会从“一国”中出走，导致“一国”分裂。

因此，要“一国”就离不开“两制”，讲“两制”就要坚持和维护“一国”。这就是事物的本身逻辑。

2. 中央与特别行政区的事实关系

（1）中央领导特别行政区，特别行政区对中央负责。

既然是“一国”，就存在“一国”之下的中央和地方关系，也就有了中央领导地方、地方接受中央领导的实质关系。如果特别行政区可以脱离中央领导，或者特别行政区与中央平起平坐，“一国”怎么体现和实现呢？中央如何维护特别行政区高度自治，特别行政区又如何维护国家的利益呢？

（2）中央行使国家主权性权力，特别行政区行使自治权。

既然是“一国”，国家有主权，谁行使国家主权？当然由代表国家的中央人民政府行使。中央不能行使主权，“一国”由谁维护呢？既然实行“两制”，特别行政区就有高度自治权，落实“澳人治澳”、高度自治。没有高度自治，难以维护特别行政区另一制度的运行。

（3）中央管制权与特别行政区自治权既有分工，也需要配合。

中央享有外交权，特别行政区享有对外事务处理权。外交和外事既分工又配合。外交由中央负责，对外事务由特别行政区自行处理。但是，特别行政区对外事务处理权必须在服从国家外交政策的基础上进行，并且在中央人民政府的支持和配合下进行。只有这样，才能取得成效。事实也证明了这一点。如特别行政区护照免签证的国家不断增加就是一例。

中央享有国防权，特别行政区享有治安权。国防维护外部安全，治安维护内部秩序。治安要维护驻军的军事设施，打击破坏军事设施的行为。驻军在必要时，就特别行政区政府请求中央人民政府批准协助维护社会治安和救灾。

中央享有任命行政长官、主要官员的权力，特别行政区享有行政长官选举权。行政长官产生的程序由选举和任命两个阶段组成，只有互相配合，才能产生一位爱国爱澳的行政长官，既让特别行政区居民满意，也让中央政府放心，既能促进特别行政区的经济发展和社会稳定，也能维护国家的主权、安全和发展利益。

特别行政区享有行政管理权，中央政府享有依照基本法规定向行政长官发出指令的权力，支持行政长官依法施政。

特别行政区享有立法权，全国人民代表大会常务委员会享有监督权，对不符合基本法有关中央管理的事务、中央与特别行政区关系条款的法律享有发回的权力，维护基本法的权威。特别行政区实行的法律，既包括自身的立法，也包括适用于特别行政区的一部分全国性法律。

特别行政区享有司法管辖权，但不能管辖“国家行为”，对涉及“国家行为的事实”，法院要接受中央人民政府就此发出的证明文件。

以上列举的就是中央和特别行政区关系中的事实逻辑。

因此，不论“一国”与“两制”关系，还是中央与特别行政区关系，都有它们自身的事实关系和逻辑，人们的认识任务就是如何准确、全面地理解和把握它们之间的事实关系与逻辑。

三、构建“一国两制”和基本法的认识体系关键是准确和全面

那么，反映“一国两制”和基本法的事实逻辑的认识体系又是怎样形成的呢?

香港有一份报刊的社评说：“很明显，任何一个社会系统以至一项政策，背后都有价值观的支撑。若以‘另一制’的不同价值，去强行对香港施以干预或改变，势必引发冲突，激起香港人强烈反弹。”依其逻辑，“两制”的价值观同样不能作为反对“一国”价值观的理由。如果就此形成共识，那么，我们应该把“一国”与“两制”统一到“一国两制”的价值体系中，避免单讲“一国”冲突“两制”，或单讲“两制”冲突“一国”。所以，要讲“一国两制”的价值体系。

1. “一国两制”的价值体系就是“一体二元”

所谓“一体”，意即“一国两制”作为一个整体存在，“一国”之中有“两制”，“两制”之上有“一国”，“一国两制”不可分开。任何试图将“一国”与“两制”分开的行为或思维，都破坏了“一国两制”的完整性。所谓“二元”，意即“一国两制”由两个基本方面、两种不同社会制度构成，缺一不可。缺少“一国”就成了“两国两制”，缺少“两制”就成了“一国一制”。

所以，“一国两制”的价值体系决定了人们的认识应该以“一体二元”的逻

辑展开。既要坚持“一国”之大同，又要包容“两制”之不同。当前，在“一国两制”的理解和实践中最需要纠正与防止的就是片面性，防止只讲一个方面而忽视或否定另一个方面，强调全面性和完整性。

2. 对“一国两制”理论和基本法的理解一定要坚持准确与全面

（1）坚持准确认识“一国两制”和基本法。

从方法论角度讲，应该从邓小平先生“一国两制”理论、基本法、国家对港澳基本法方针政策中把握“一国两制”和基本法。

方法论是解决我们“为什么”要采用“一国两制”的方针政策解决国家统一的问题。邓小平“一国两制”理论、基本法、国家的港澳政策已经作出了回答和选择。“一国两制”和基本法也已经实施十多年，并取得成果，不仅仅是理论，而且已经是现实。所以，不存在要选择“一国两制”价值观，还是“一国一制”价值观的问题。

既然选择了“一国两制”的价值观，那么对“一国两制”理论和政策的理解必须回到邓小平先生提出的“一国两制”理论中去，这是源头，必须原原本本地理解，而不能任意解释，更不能按个人好恶、个人价值观作出曲解。我们不能正本清源，就不可能有统一的认识。

第一，从“一国两制”本身的价值体系中形成正确的认识。

一些对“一国两制”片面的说法就是离开了“一国两制”本身的价值体系的原意，按照某些人自己的想法演绎而成的。如，“港人治港”“澳人治澳”应不应该由爱国爱港爱澳人士为主体呢？有些人就是不认同爱国者为主体的要求。但是，邓小平先生在构想“一国两制”时就提出，爱国者的要求是“港人治港”不可分割的有机组成部分。他说，港人治港有个界线和标准，就是必须由以爱国者为主体的港人治理香港。……爱国者的标准是，尊重自己的民族，诚心诚意拥护祖国恢复行使对香港的主权，不损害香港的繁荣和稳定。当然，爱国并不是某些人自己说说而已，是有具体要求的，邓小平继续说道，爱国者不能做损害祖国利益的事，也不能做损害香港同胞利益的事。一个作出有损国家主权、安全、发展利益，有损特别行政区稳定发展利益的行为的人，不管他如何自称是爱国者，他都不是爱国者。所以，爱国者的标准和要求是具体的，不是抽象的。否则，中国恢复对港澳行使主权、港澳回归祖国又有什么实际意义呢？难道让某些不愿意统一和维护国家安全、不愿意对国家对中央负责的人去治理港澳吗？“港人治港”“澳人治澳”绝非是个港人澳人就可以成为管治港澳的主体，必须符合爱国爱港爱澳的标准。

第二，以“一国两制”的价值为标准检验认识。

我们经常可以听到某种意见，如，选举与任命不能同时存在，否则就不符合普世的选举规则。但是，这种意见忘记了所谓的普世的选举规则是存在于“一国一制”下的，而特别行政区的选举是“一国两制”下的选举，两者建立的基础根本不同，两者的政治体制也不同，对“一国两制”而言并不存在普世意义。相反，为了保证选举产生的行政长官对中央负责，行政长官要由中央任命。为了保证行政长官对特别行政区负责，应由特别行政区选民选举。两者的结合才符合“一国两制”的要求。因此，我们的认识是否符合“一国两制”，不能以其他学说为检验标准，必须以“一国两制”价值为检验标准。

（2）坚持全面认识“一国两制”和基本法。

从方法论角度讲，我们既然接受了“一国两制”的选择和安排，那么接下来就要解决“怎么样”才能全面解释“一国两制”的理论和政策、“怎么样”全面落实“一国两制”和基本法、“怎么样”防止片面性的认识和思维方法等问题。

“一国两制”是“一体两面”的，我们解释的方法也应该是“二元论”的，也就是全面而不偏废。

全面理解就是对“一国两制”的理解是完整的，不是偏废的。不能只讲“两制”不讲“一国”，只讲自治权不讲中央权力。反之亦然。

怎么才算全面认识“一国两制”和基本法呢？笔者认为，应该坚持以下三点：

第一，坚持两点论，反对一点论。认识“一国两制”的两个基本方面。不能只讲一点，不讲其余。“一国”要讲，“两制”也要讲。

第二，坚持互动论，反对对立论，避免隔绝论。我们不仅仅要看到两个基本方面，更要认识两个基本方面之间的关系。认识“一国两制”的两个基本方面是互相作用、互相影响的，需要良性互动。讲差异，不等于对立对抗。尊重差异，也不等于互不交往。承认差异，尊重差异，通过交往发挥各自的优势。

第三，坚持共赢论，反对双输论。通过“一国两制”实施，实现内地和特别行政区共同发展，绝对不是你死我亡的零和博弈。制度可以不同，目标只有一个，通过不同的方式，共同建设美好的国家。

以上三点构成了对“一国两制”和基本法认识体系不可或缺的要素。有了对“一国两制”和基本法的这种认识体系，在实践中自然就会全面落实“一国两制”和基本法。

（本文收录于《“一国两制”理论的丰富和发展》论文集，澳门基本法推广协会，2013 年）

论“一国”框架下的“两制”关系
——共存还是对抗

当前存在一种论调，认为特别行政区实行资本主义，所以，可以反对内地的社会主义。这种论调在现实中不仅有一定的市场，而且某种势力还付诸行动，挑起两种制度之间的冲突和对抗。因此，“一国两制”要顺利实施，必须回应这种论调，分析这种论调的荒谬性和危害性。

一、“一国”下的“两制”之间的逻辑关系

1.“一国两制”的目的

要正确地回答“一国”下“两制”的关系，必须先弄清楚两个基本问题。

第一，为什么实行“一国两制”？

澳门基本法序言开宗明义，“为了维护国家的统一和领土完整，有利于澳门的社会稳定和经济发展”，国家决定实行“一国两制”。这就是说，实行“一国两制”既有利于国家的利益，也有利于特别行政区的利益，是各方接受的方案，也是各方面共赢的局面。所以，要实行“一国两制”。

第二，如何达到“一国两制”的目的？

“一国两制”是提供“两制”和平共存和发展的平台，不是提供“两制”“你死我活”的战场。“一国两制”怎么才能达到共赢的目的？如果“一国”下的“两制”既不能和平共处，又不能互相合作，而是互相反对，互相斗争，不是“你吃掉我”就是“我吃掉你”，最终就是零和博弈，不能实现共赢。所以，为了达到“一国两制”的目的，需要通过和平共处、互相合作的方式实现。

因此，从“一国两制”的目的和实现目的的方法看，“一国”下的“两制”不能互相对抗，只能互相合作。

2. “一国两制”的前提

第一，国家统一是“两制”的前提。

讲“一国”下的“两制”关系，是有一个前提的，即统一的国家。不能离开统一的国家讲“两制”。

因为是“一国”下的“两制”，所以是特定条件下的一个国家内的两种制度，不是国与国之间的两种不同制度，这是讨论问题的前提。国与国之间的不同社会制度是国际法上的两个独立主体之间的关系，并非一个政治共同体的内部的关系。而“一国两制”是一个统一国家中的国内法上（宪法上）的不同地区的“两制”。因为是在统一的国家内的“两制”，它们之间有共同的基础，即一个国家。

第二，“一国”与“两制”是同和异的关系。

“一国两制”体现和而不同、求同存异的精神。“一国”是同，“两制”是异。“两制”在“一国”中，构成了两者之间的相同性和相异性。

“两制”的相同性，反映在“一国”对“两制”而言是“两制”存在的共同基础，并且造就了“两制”之间具备一些共同的因素。从法理上讲是一个宪法，一个国家制度，一个中央政府，共同的国家象征（国旗、国徽、国歌）。相同性决定了“两制”不能对抗，对抗必然破坏两者之间的相同性。而破坏了相同性，也就破坏了统一性，也就破坏了“一国”。

“两制”的相异性，反映在一个国家内不同地区实行不同的社会制度，包括社会制度，经济制度，权利、自由制度，行政制度，立法制度和司法制度不相同。相异性决定了“两制”要互相尊重，如果抹杀它们之间的相异性，也就否定了“两制”的存在。

但是，不能因为“两制”之间存在差异性而反对“两制”之间的相同性。相同性是统一的基础，没有相同性就没有统一性，“一国两制”就破局了，“两制”也就失去了共同体。

3. “一国”与“两制”的关系

第一，“一国”是目的，“两制”是条件。

从“一国”与“两制”的关系分析，“一国”重要，“两制”也重要。“一国”的重要性是从目的的角度讲，为了实现国家的统一和港澳回归祖国，实行“一国两制”。港澳回归后，设立特别行政区，落实“一国两制”是为了更好地巩固国家的统一。“两制”的重要性是从条件的角度讲，实行“两制”能够以和平的方式完成国家的统一，以平稳的方式保持港澳的持续发展。

所以，没有“一国”的目的，“两制”的条件就失去了意义。没有“两制”的条件，也达不到“一国”的目的。但是，目的和条件不可分割，不能互相否定和取代，既不能把条件当目的，用“两制”否定“一国”，也不能因目的舍弃条件，用“一国”去否定“两制”。否则，“一国两制”是实现不了的。

第二，“一国”与“两制”也是因果关系。

因为要实现“一国”才实行“两制”，有了“两制”才实现了“一国”。这两句话构成了一个完整的过程。看起来第一句话中的因果关系是因“一国”而“两制”，第二句话中的因果关系是因有了“两制”才实现了“一国”。表面上看，“一国两制”的因果关系在不同阶段和视角下有所不同，互为因果了。但是，将“一国两制”作为整个过程看，根本、原始的因仍然是“一国”。没有“一国”的因，就没有后面“两制”的果，没有了“两制”，它也就不能转化为新的因。

所以，从“一国”与“两制”的因果关系分析，“两制”不能对抗，否则会损害“一国”的实现。

4. 邓小平关于“一国”下“两制”的论述

“一国”框架下的“两制”应该是一种什么关系呢？

(1)“两制”互相不变。

“一国”下的内地制度和港澳制度都不变。邓小平说：“中国的政策基本上是两个方面，说不变不是一个方面不变，而是两个方面不变。”① 为什么“两制”都不能变呢？“我们搞的是有中国特色的社会主义，所以才制定‘一国两制’的政策，才可以允许两种制度存在……老实说，如果这方面变了，也就没有香港的繁荣和稳定。要保持香港五十年繁荣和稳定，五十年以后也繁荣和稳定，就要保持中国共产党领导下的社会主义制度。”② 所以，不能只想自己的制度不变，却老惦记他人的制度改变，这是不符合“一国两制”要求的。

(2)“两制”不能互相反对。

“一国”下的“两制”可以不变，所以，邓小平说：“我们不要求他们都赞成中国的社会主义制度，只要求他们爱祖国，爱香港。”③ 但是，绝对不能互相

① 邓小平. 邓小评论“一国两制”. 香港：三联书店（香港）有限公司，2004：53.
② 邓小平. 邓小评论“一国两制”. 香港：三联书店（香港）有限公司，2004：54.
③ 邓小平. 邓小评论“一国两制”. 香港：三联书店（香港）有限公司，2004：14.

反对和“吃掉”对方。“‘一国两制’的方式，你不‘吃掉’我，我也不‘吃掉’你，这不很好吗?”[①] 任何一方想改变对方，都是不可能被对方接受的，只能造成“两制”之间的冲突，阻碍“一国两制”的实行。

(3) 行动上不能搞动乱。

邓小平说：“在行动上要注意不能在香港制造混乱，不能搞‘两个中国’”[②]，“我们还是允许他骂，但是如果变成行动，要把香港变成一个在‘民主’的幌子下反对内地的基地，怎么办？那就非干预不行。”[③] 将言论上的批评与行动上的动乱区分开来，对动乱必须要制止。

邓小平的“一国两制”思想十分清楚地表明，两种制度之间可以保留不变，但不能互相反对和改变对方，更是绝对不允许用行动和动乱的方式改变国家制度。

以上是“一国两制”的逻辑关系，实践“一国两制”必须符合这一逻辑的要求。

二、“一国”下的“两制”之间的现实关系

从“一国两制”的实践看，第一阶段的目标基本实现，国家根据“一国两制”的方针政策，完成了政权的顺利交接，港澳平稳过渡，港澳的原有社会制度和生活方式基本保留。但是，第二阶段的工作，如何继续保持特别行政区的经济发展和社会稳定，如何处理“两制”的关系等面临一系列的挑战，充分说明保留“两制”的任务相对容易，处理“两制”关系的任务实属不易。“两制”之间的现实关系可以分为法律层面和政治层面两个方面。

1. 法律层面上不允许“两制”之间互相危害

(1)“一国两制”的法律基础是宪法和特别行政区基本法。

“一国两制”的基本国策是在宪法中规定的。宪法第三十一条规定：“国家在必要时得设立特别行政区。在特别行政区内实行的制度按照具体情况由全国人民代表大会以法律规定。”所以，“一国两制”的合法性基础是源自国家的宪法。

---

① 邓小平. 邓小评论“一国两制”. 香港：三联书店（香港）有限公司，2004：27.
② 邓小平. 邓小评论“一国两制”. 香港：三联书店（香港）有限公司，2004：21.
③ 邓小平. 邓小评论“一国两制”. 香港：三联书店（香港）有限公司，2004：58.

规范“一国两制”政策的基本法是根据宪法制定的。澳门基本法序言规定：“根据中华人民共和国宪法，全国人民代表大会特制定中华人民共和国澳门特别行政区基本法，规定澳门特别行政区实行的制度，以保障国家对澳门的基本方针政策的实施。”

所以，宪法是“一国两制”的法律基础，特别行政区基本法是“一国两制”的法律化、具体化，两者共同构成了“一国两制”和特别行政区的法律基础。当然，讨论“一国”下“两制”的关系必须在宪法和基本法这个框架中讨论，不能离开宪法和基本法。

（2）宪法和基本法保护“两制”的法律客体。

宪法提供了“一国两制”的法律基础，既规定了国家制度和内地的社会制度，也规定了特别行政区可以实行不同于内地的社会制度。所以，内地的社会制度和特别行政区的社会制度均受到宪法的保护。同样，基本法既要维护“一国”，也要维护“两制”，保护内地和特别行政区的社会制度。

第一，不同的社会制度的具体内容是什么呢？澳门基本法第十一条作出了规定：“根据中华人民共和国宪法第三十一条，澳门特别行政区的制度和政策，包括社会、经济制度，有关保障居民的基本权利和自由的制度，行政管理、立法和司法方面的制度，以及有关政策，均以本法的规定为依据。”内地与特别行政区的社会制度的区别主要体现在以上三个方面。

第二，不同的社会制度是否都应受到宪法和基本法保护呢？要说清楚这个问题，就有必要搞清楚宪法和基本法的关系。宪法和基本法的关系由下面三个内容构成：宪法是基本法的立法基础，基本法根据宪法制定，基本法不能抵触宪法，必须合宪；基本法根据宪法第三十一条的规定，可以作出与宪法不同的特别的规定，如特别行政区实行的社会制度；按照基本法第十一条规定的逻辑，凡是基本法有明确规定的以基本法为准，除此之外，应该以宪法为准，基本法并不能排除宪法的其他规定在特别行政区的效力。

所以，基本法只是明确特别行政区不实行内地的社会制度，但并不能也没有否定宪法规定的内地的社会制度，“两制”受到宪法和基本法的保护。

（3）宪法和基本法不允许“两制”对抗。

宪法和基本法允许内地和特别行政区实行不同的社会制度，但是，不允许特别行政区“一制”反对内地“一制”，也不允许内地“一制”反对特别行政区的“一制”。因为在“一国两制”的特定条件下，“一国”允许“两制”共存，如果“一制”可以反对另“一制”，那么，就不是“两制”共存，而是走向“一国一制”，必然会破坏“一国两制”的政策，违反宪法和基本法。

（4）法律上确立了禁止破坏社会制度行为的标准。

在“一国两制”下，可以对选择的社会制度抱有信仰，这应该得到尊重。但是，不能基于自己的信仰反对他人选择的社会制度，同样应该尊重他人的信仰。如果以暴力方式威胁、改变和推翻一种社会制度，应该受到法律的禁止和制裁。基本法第二十三条以及特别行政区维护国家安全法，确立了一条不能威胁、改变和推翻国家制度的法律的底线。而特别行政区刑法也确立了不能危害本地区的法律底线。

2. 政治层面上“两制”之间不应该对抗

正如上述分析，不论意识形态和价值观念有多大的不同，在法律上必须遵守宪法和基本法，不能互相颠覆对方的社会制度，这是法律的义务，不能选择。

那么，政治伦理上怎么对待“两制”呢？在“一国两制”下允许在政治上有自己的立场和价值观，并按自己的价值观选择社会制度，但并不意味着可以反对对方的社会制度。因为大家接受“一国两制”时取得了政治上的共识，即互相尊重对方的社会制度的选择，不谋求改变对方的社会制度。如果没有这种共识，允许和放任一方反对另一方的社会制度，不可能有“一国两制”。这种政治共识，是建立在“两制”应该和平共处、互相尊重基础之上的。所以，从接受“两制”到双方履行政治的承诺，需要坚守政治伦理中的诚信原则。

（1）应该坚持“一国两制”的政治逻辑。

“一国两制”就是承认制度不同。对待不同的制度，可以有两种选择，一种是零和博弈的思维，就是“一制”消灭另一制。另一种是双赢的思维，允许不同制度的存在和发展。哪一种办法优胜，一比较就清楚，能为各方接受的就是好的选择。所以，大家选择了“一国两制”。既然大家是以双赢的思维方式选择“一国两制”，自然就应该以相同的思维处理“两制”之间的关系。大家接受了“两制”，政治伦理上就应该互相尊重、和平共处，绝对不能陷入矛盾的思维中，一方面实行“两制”，另一方面却互相反对另一制。设想一下，一种制度时不时想要改变和消灭另一种制度，生活在该种制度下的人们会有何感想？挑起制度之间的冲突，结果只有一个，就是“一制”消灭另一制，走向了“一国两制”的反面，有违“一国两制”的政治逻辑，践踏自己的政治诚信。

（2）应该建立“一国两制”的互信关系。

“一国两制”比较“一国一制”，自然少不了矛盾，一些矛盾是基于天然的不同。如，大至制度不同、生活方式不同、思想观念不同，小至一些生活习惯不同，这些矛盾是不可能消灭的。如果没有这些矛盾，也就不是“一国两制”了。

所以,"一国两制"不是要消灭矛盾,而是要调和矛盾,以维持"两制"的共同体"一国",不要搞矛盾斗争。为此,极需要双方建立彼此之间的互相信任关系。对抗因不信任而起,对抗更不可能建立起信任。避免对抗的唯一办法是建立健全互信。你不认同"一国",你不爱国,你不接受中央领导,你不愿对中央负责,你就不可能指望得到中央对你的信任和任命。同样的道理,中央如果不信任特别行政区居民,当然也不可能得到特别行政区居民的合作。所以,信任是相互的,是需要双方共建的。"一国两制"的实践证明,"两制"之间的信任关系好,双方得益,否则,双方损失。

目前的主要矛盾是解决特别行政区一部分人的所谓"民主拒共"的问题,并且为达此目的与外部政治势力联系,构成对国家的威胁,这是破坏互信的主要根源。事实上,一些人挑起"两制"之间的对抗,打着维护特别行政区利益的旗号,实质上是损害特别行政区的长远利益和根本利益,更不可能达到改变内地社会制度的目的。如果真有这种想法,显然是政治上的不成熟,犯政治的"幼稚病",缺乏"一国两制"的政治观。

(3)应该加强"一国两制"的合作关系。

"一国两制"将"两制"放在"一国"的平台上,不仅仅共存,更要共荣,只有这样,"一国"对"两制"才有实际意义。"两制"要共荣就免不了互相合作,既利用"一国"的优势,也利用"两制"的各自优势合作发展,才能显示出"一国两制"的优越性。要合作就不能反对对方的社会制度,否则就破坏了合作的基础,违背了互惠互利的原则。挑衅"两制",制造矛盾和对立,就是破坏合作。

"一国两制"的实践证明,"一国两制"的前途就在于"两制"之间的互相合作,只有如此才有共同发展。我们看不到特别行政区可以自绝于国家谋求发展的可能性,特别行政区成立以来所遭遇的亚洲金融危机、国际金融海啸等几次经济困难,无不是在国家的支持下加以克服并走出困境的,而特别行政区今日经济发展的成绩与同内地合作、国家支持分不开。

所以,无论是"一国两制"的逻辑,还是"一国两制"的实践都说明,"两制"互相尊重、互相合作对特别行政区及对国家有利,对抗绝对没有出路。

(本文发表于《"一国两制"研究》,2015 年第 1 期)

论“两制”的内涵及其与“一国”的关系

“一国两制”理论主要由两个方面组成，即“一国”与“两制”。什么是“一国”？什么是“两制”？这是“一国两制”理论需要弄清楚的首要问题。“一国”与“两制”4个字，读起来很简单，准确理解一点也不简单。“两制”的内涵是什么？“两制”与“一国”是什么关系？在这两个基本问题上，有各种各样的观点，干扰着大家的正确认识，不正本清源，直接影响对“一国两制”的理解和实施。比如，最近在香港特别行政区，有人公然鼓吹和宣传“香港自决”“香港独立”，当分裂国家统一的言行遭到社会上多数人反对和要求依法限制时，有人就出来辩护说，这是“两制”允许的言论自由。诸如此类，以“两制”为由为某些违反“一国”原则的言行作辩护的举不胜举，这就向我们提出了一个严肃的问题，特别行政区实行的“两制”是什么样的制度？这个制度与“一国”是什么样的关系？要回答这些问题，有必要温习“一国两制”设计师邓小平先生的论述，以及需要准确理解特别行政区基本法。

邓小平先生说：“我们的政策是实行‘一个国家，两种制度’，具体说，就是在中华人民共和国内，十亿人口的大陆实行社会主义制度，香港、台湾实行资本主义制度。”① 那么，什么是香港和澳门的资本主义制度呢？

一、香港和澳门实行的是原有的资本主义制度

从学理上讲，给资本主义下一个定义并不容易，至今也有不同的说法。台湾地区的《中华百科全书》认为：“资本主义（Capitalism），以自由经济、私有财产为前提，资方提供资本组织企业在自由竞争下追求利润，作资本累积，劳方提供劳务受雇赚取工资，此种形态构成政治与社会面的制度，通称资本主义。”但是，对资本主义的解释仍然存在不少分歧，经济学家使用不同的标准把资本主义

---

① 邓小平．邓小平论“一国两制”．香港：三联书店（香港）有限公司，2004：11.

分为不同的组别。例如，根据生产的组织方式，资本主义可以简单地分成两种类型。在自由市场经济中，竞争性市场占主导地位，大部分生产过程以非集中化的方式发生，类似于美国和英国的自由市场资本主义；协调型市场经济通过工会和商业协会等非市场机构交换秘密信息，如德国和日本。

所以，从学理上确定资本主义制度的标准并不可行。自然，理解香港和澳门实行的资本主义制度就不能以学理作为界定的标准。

那么，从制度上确定资本主义制度的标准是否可行呢？被视为资本主义典范的美国及欧盟各国，其资本主义制度也是五花八门。如在政治体制上，有英国式的议行合一的议会内阁制，有美国式的立法与行政分立的总统制，有将英式和美式混合的法国半议会半总统的制度，等等。既然资本主义制度没有统一的模式，也就没有可能将世界上各式各样的资本主义制度统统作为理解与界定香港和澳门实行资本主义制度的标准。

因此，既不能用抽象的资本主义的理论标准，也不能用其他国家的资本主义的制度标准来确定香港和澳门特别行政区实行的资本主义制度。具体而言，不可能把欧美资本主义制度的内容和政策作为特别行政区资本主义制度的内容和政策。邓小平先生说过，现在的香港政治制度就不是实行英国的制度、美国的制度，今后也不能照搬西方的一套。如果硬要照搬，造成动乱，那是很不利的。

那么，“一国两制”中的资本主义是什么呢？由于不存在抽象的资本主义制度，只有具体的资本主义制度，所以，“一国两制”中的资本主义不是抽象的，而是具体的，在基本法中作了明确规定。第一，基本法第五条规定：“特别行政区不实行社会主义的制度和政策，保持原有的资本主义制度和生活方式，五十年不变。”这里特别要注意，在资本主义制度前有一个限定词，即“原有的”3个字，构成了定语，在理解特别行政区资本主义制度时不能缺少，也就是说，“一国两制”中的其中“一制”是特指在港澳原来实行的那套资本主义制度，不等同于欧美式的资本主义制度。所以，社会上某些人讨论港澳资本主义制度时，诸如政治体制，包括选举制度，不是从基本法规定的“原有的资本主义制度”出发，而是引经据典地以西方某些资本主义制度为标准，要求采取相同的政策，从根本上就出错了。第二，港澳“原有的资本主义制度”虽然在经济、政治、社会方面有许多特点，并且随着社会发展而变迁，但是有一个基本特征始终不变，即地方性的资本主义制度属性。所以，香港和澳门的社会制度在英国、葡萄牙殖民管治下受到英国和葡萄牙的国家利益限制，我们看到在英国、葡萄牙本土采取民主制，却在港澳实行总督制，为什么会出现这种情况呢？因为实行总督制，总督由英国和葡萄牙委任，对英国和葡萄牙负责，才能最有利于保障英国和葡萄牙的国家利益。所以，社会上一些人将港澳资本主义制度视同国家层面的资本主义制度，以为可以摆脱国家的管治，搞完全自治，根本就不了解“原有的资本主义制度”的地方属性。香港和澳门原有的资本主义制度，在“一国两制”下，既没有也不可能改变地方性资本主义制度的属性，必将受到“一国”原则的限制。“原有的”和“地方性”这两个限定，是我们理解特别行政区资本主义制度内涵所要明确的第一层意思。

二、原有的资本主义制度基本不变但不是完全保留

在香港和澳门实行的那套“原有的资本主义制度”是不是在“一国两制”下原封不动地保留呢？当然不是。邓小平先生说，香港现行的政治、经济制度，甚至大部分的法律都可以保留，当然，有些要加以改革。香港仍然将实行资本主义，现行的许多适合的制度要保持。从而提出了对原有的资本主义制度予以保留和改革两个方面的要求，适合“一国两制”的部分可以保留，不适合“一国两制”的东西需要改革。原有制度中不符合国家主权原则的东西必须改变，如英国为香港制定的《英皇制诰》《王室训令》，葡萄牙为澳门制定的《澳门组织章程》必须废除，从原有制度中排除出去。这是由“一国”与“两制”的关系决定的。

第一，“一国”是“两制”的前提，“两制”是建立在“一国”基础之上的。先有国家恢复对香港和澳门行使主权、实现国家的统一，后有国家设立香港和澳门特别行政区。从而，决定了特别行政区的资本主义制度是一个国家下的某个地方区域的社会制度，不能脱离国家而存在，必然受制于“一国”原则的规限。

第二，“一国”作为“两制”的前提和基础是不可以讨论的。邓小平先生说，主权问题不是一个可以讨论的问题。主权的核心是国家领土完整、主权统一。这就决定了在解决香港和澳门历史遗留问题时，一方面，外国不能与中国讨论中国应该不应该恢复对香港和澳门行使主权，只可以磋商中国什么时候恢复行使主权、什么时候收回香港和澳门。另一方面，香港和澳门不存在“自决权”，自然也无权决定应该不应该回归祖国，只可讨论国家对香港和澳门行使主权后应该采取什么政策。港澳没有“自决权”是得到国际社会的认同的，也是中英两国、中葡两国的共识。如，两个国际人权公约适用于香港和澳门时，中英、中葡均同意并向联合国有关机构声明，公约中的第一条所规定的“民族自决权”与香港和澳门的地位不符合，香港和澳门不是独立的政治实体，是中华人民共和国

的一个地方行政区域，所以，该规定不适用于香港和澳门。

第三，“两制”的存在不能损害“一国”的利益。邓小平先生说，1997 年后在香港执政的人还是搞资本主义制度，但他们不能做损害祖国利益的事，也不能做损害香港同胞利益的事。这是“两制”存在的条件，即“两制”受“一国”限制。“一国”是框架，“两制”只能在“一国”的框架内存在和活动，绝对不能超出“一国”的框架，也不能抵触“一国”的框架。否则，“两制”的存在对“一国”没有任何积极的意义，也就没有存在的必要了。

允许香港和澳门实行高度自治，但是高度自治不是完全自治。邓小平先生说，自治不能没有限制，既有限制就不能“完全”。“完全自治”就是“两个中国”而不是一个中国。特别行政区可以有自己独有的某些权力，条件是不能损害统一的国家利益。

允特香港和澳门实行“港人治港”“澳人治澳”，但是治港治澳必须是以爱国、爱港、爱澳者为主体。邓小平先生说，港人治港有个界限和标准，就是必须是由以爱国者为主体的港人治理香港。不管他们相信资本主义，还是相信封建主义，甚至相信奴隶主义……只要求他们爱祖国，爱香港。我们有了一个共同的大前提，一个共同的目标，就是爱祖国，爱香港。参与者的条件只有一个，就是爱国者。

允许香港和澳门实行自己的政治体制，但原有的总督制度不能保留，因与中国行使主权原则相抵触，也不符合高度自治的要求，所以需要改变。此外，特别行政区的政治体制也不能照抄照搬西方国家的政治制度，邓小平先生说，现在如果完全照搬，比如搞三权分立，搞英美的议会制度，以此来判断是否民主，恐怕不适宜。至于如何对待选举制度，邓小平先生也说过，这些管理香港事务的人应该是爱祖国、爱香港的香港人，普选就一定能选出这样的人来吗？提出了要建立符合“一国两制”要求的政治体制，包括选举制度。

允许香港和澳门保留原有的法律制度基本不变，但是全国人民代表大会常务委员会关于根据香港基本法第一百六十条规定、澳门基本法第一百四十五条规定，处理香港和澳门原有法律的决定中明确确立了一项原则，采用为香港和澳门特别行政区法律的原有法律，自 1997 年 7 月 1 日和 1999 年 12 月 20 日起，在适用时，应作出必要的变更、适应、限制或例外，以符合中华人民共和国对香港和澳门恢复行使主权后香港和澳门的地位以及基本法的有关规定，即对原有法律作出必要的改变。

以上的论述和实施的政策、采取的办法均体现了港澳原有的资本主义制度是一种地方性的社会制度，而且不是完全原封不动地保留，是有条件地保留，这个条件就是要符合“一国”的原则。一方面，凡不符合“一国”原则的，要么改变，要么废除；另一方面，必须将体现“一国”要求不可或缺的内容增加到原有的资本主义制度中去。“基本保留”和“必要改革”这两个要求是我们理解特别行政区实行资本主义制度内涵要掌握的第二层意思。

三、原有的资本主义制度的具体形式就是特别行政区制度

香港和澳门原有的资本主义制度具体在特别行政区究竟是什么制度呢？哪些被保留？哪些被改变？哪些充实了新的内容？这些必须要清清楚楚。如果不能明确，在实施“一国两制”时就会引起争议和不确定性。所以，需要用法律的形式规定下来。因为法律具有确定性和稳定性，为此，全国人民代表大会制定了基本法。基本法第十一条专门规定，根据中华人民共和国宪法第三十一条，香港和澳门特别行政区的制度和政策，包括社会、经济制度，有关保障居民的基本权利和自由的制度，行政管理、立法和司法方面的制度，以及有关政策，均以基本法的规定为依据。基本法第五条规定，港澳保留“原有的资本主义制度”，第十一条明确“原有的资本主义制度”的具体内容，包括“社会、经济制度”“权利和自由的制度”“行政、立法和司法制度”3个方面。所以，“一国两制”中的香港和澳门要实行的资本主义制度，在特别行政区基本法中被特别行政区制度所涵盖，正如我们经常说的，在“一国两制”的政策下，港澳原有的法律可被采用为特别行政区的法律，成为特别行政区法律体系中的一个部分。同样，港澳原有的资本主义制度，被吸纳为特别行政区制度的一部分。所以，我们要回答特别行政区的资本主义制度是什么、它的具体内容和政策是什么、它与“一国”是什么关系，就是要通过正确理解特别行政区制度来解决，而理解特别行政区的制度以基本法规定为准。因此，“以基本法为依据”和“以特别行政区制度为内容”这两个条件，是我们理解特别行政区实行资本主义制度内涵应该掌握的第三层意思。

四、特别行政区制度中的“一国”与“两制”的关系

既然香港和澳门的资本主义制度存在于特别行政区制度中，特别行政区制度

是“一国两制”的法律化，按照基本法规定的“一国”与“两制”的关系，特别行政区制度是绝对不允许“两制”反对“一国”的。

现在我们回到一开始提出的问题，主张分裂国家的言论是“两制”允许的吗？是符合“一国”要求的吗？是受特别行政区制度包容的吗？如果认为是“两制”允许的，理由在哪里？法律依据是什么？从公开为分裂国家的言论作辩护的理由来看，无外乎言论自由的说辞。那么，言论自由在特别行政区制度下是否意味着想说什么就说什么？是毫无限制的吗？法律和事实并非如此。

第一，特别行政区制度下的言论自由受法律限制。

《布莱克法律词典》将言论自由定义为：“宪法所保护的言论自由并不是在任何时候、在任何情况下都是绝对的。言论的种类是有明确定义和恰当限定的。对诸如猥亵、淫秽、亵渎、诽谤、侮辱、挑衅等言论的禁止和处罚就不会引起宪法问题。”

《公民权利和政治权利国际公约》第十九条有关言论自由中第三款规定：“本条第二款所规定权利的行使带有特殊的义务和责任，因此得受某些限制，但这些限制只应由法律规定并为下列条件所必需：（甲）尊重他人的权利或名誉；（乙）保障国家安全或公共秩序或公共卫生或道德。”从国际人权公约的规定中，我们看出一个共同点，就是因保障国家安全、公共秩序、公共卫生、道德、他人的基本权利和自由这 5 项理由，可以对权利自由加以限制。

基本法第二十三条规定，禁止叛国、分裂国家、颠覆中央人民政府、煽动叛乱、窃取国家机密。同时，香港基本法第四十二条、澳门基本法第四十四条明确规定，居民在行使权利时必须履行法律规定的义务。

事实说明，言论自由要受到法律规定的限制。所以，我们可以说，不论采取什么样的社会制度，也不论采用什么样的法律体系，言论自由都不是绝对的，而是相对的，是有一定限制的。

第二，特别行政区法律限制言论自由是“一国两制”价值观的要求。

那么，言论自由限制的尺度在哪里？有统一的标准吗？事实的回答没有统一的标准。同样是实行资本主义制度的国家，言论自由限制的尺度也不一样。如，在表达自由上，在美国可以有新纳粹分子游行，但在德国法律却予以禁止。说明各国或地区法律规定之间的差异是受一定的社会价值观影响的，而价值观有一定的相对性和特殊性。约瑟夫·威勒（J. Weiler）教授认为，如果简单地认为美国对言论自由的保护比别的国家——如德国要高一些，那么我们没有理解这个例子中固有的价值观的差异。这些差异通常具有更深刻的含义。正是通过这些差异，各个社会时常确定某些核心的价值观，涉及他们的自我理解，植根于他们历史及社会和政治文化的经过特性化了的特性，体现对个人主义和集体主义的不同侧重。[①] 最近的一个案例就是最好的佐证。据马来西亚英文媒体《星报》报道，来自马来西亚雪邦一法院的法官哈里斯认为，9 名穿马来西亚国旗泳裤看 F1 赛车的澳大利亚男性，违反了马来西亚的法律，9 人的行为“完全不合适”，但念在他们年纪尚轻且不了解马来西亚的文化及国情的情况下，决定仅给予其“口头警告”。哈里斯还表示：“你们必须考虑到马来西亚的国情和你们国家不一样。”

同样道理，特别行政区言论自由限制的尺度，受“一国两制”价值观的约束。特别行政区制度是由“一国”与“两制”组成的，首先，特别行政区是国家不可分离的一部分，直辖于中央的领导，维护国家的统一是中央和特别行政区共同的法律责任，也是特别行政区居民的法律义务。损害“一国”，也就是损害了特别行政区的制度。分离主义的言论抵触了“一国”的价值观和原则，就不能受法律的保护，只能受到法律的限制和制裁。其次，高度自治，“港人治港”，是以不破坏“一国”原则为存在条件的，高度自治变成“独立自治”就是分裂国家，如果这也属于言论自由的范围，还要让国家允许和容忍分裂国家的言论和行为存在，等于是宣告“两制”可以反对和破坏“一国”，制造“一国两制”的矛盾，如果这种混乱的逻辑可以存在，那么，“一国两制”一天都不可能实行。

第三，特别行政区制度下限制言论自由的方式就是基本法和法律。

既然其他国家的言论自由的尺度不可能自动成为特别行政区言论自由的尺度，那么特别行政区言论自由的尺度就只能由基本法和法律规定。所以，基本法第一条规定，香港和澳门特别行政区是中华人民共和国不可分离的部分。这条规定的内涵十分明确，国家领土必须保持完整，绝对不能分离，这是实行“一国两制”政策的出发点和目的。第十二条规定，香港和澳门特别行政区是中华人民共和国的一个享有高度自治权的地方行政区域，直辖于中央人民政府。这条规定的要求也一目了然，特别行政区作为国家的一个地方行政区域，不能脱离中央的领导，从而实现国家主权统一，主权能够管辖所有的领土范围。为了确保国家领土完整、主权统一，第二十三条规定，香港和澳门特别行政区应自行立法禁止任何叛国、分裂国家、煽动叛乱、颠覆中央人民政府及窃取国家机密的行为，从而规定了特别行政区政府有责任维护国家安全，居民有义务遵守维护国家安全的法律。基本法的这 3 个条文是递进关系，也是有机的统一，根本不容许分离主义言论挑战国家的统一和安全。

所以，那种以“两制”作为可以抵触“一国”辩护理由的说法是完全不能

① ［美］约瑟夫·威勒. 欧洲宪政. 程卫东，译. 北京：中国社会科学出版社，2004：105-106.

成立的，是不能接受的，是十分有害的。当然更没有基本法和法律的依据，没有一点合法性。在“一国两制”下的特别行政区制度内没有“两制”可以反对和破坏“一国”的理由，也就没有宣传、鼓吹分裂国家的言论自由的空间。

在“一国两制”和特别行政区制度下，如果一些分离主义势力敢冒天下之大不韪，发动破坏基本法和法律的动乱，中央人民政府就将坚决地干预。邓小平先生说过，如果发生动乱，中央人民政府就要加以干预，由乱变治。对中央的干预准备，切不要以为是说笑。国家有勇气和决心面对挑战，当年，邓小平先生面对香港回归时可能遭遇的挑战曾对英国前首相说过，如果有灾难性的影响，那我们要勇敢地面对这个灾难，作出决策。过去是有人想通过经济动乱阻碍国家的统一，今天是有人妄想制造政治动乱分裂国家，这些企图都是不可能得逞的。而且基本法第十八条也作了明确规定，全国人民代表大会常务委员会可根据特别行政区内发生特别行政区政府不能控制的危及国家统一和安全的动乱，决定进入紧急状态，中央人民政府可发布命令将有关全国性法律在特别行政区实施。我们相信，中央依据基本法治理特别行政区，完全有能力维护国家的统一和安全。

（本文发表于《紫荆论坛》，2017 年 1—2 月号）

论“一国两制”下的授权

澳门特别行政区成立以来，特别行政区依据澳门基本法，行使高度自治权，为澳门社会的全面发展作出了贡献。在总结十年经验、继往开来之际，联系社会实际，准确地理解和把握中央授权、特别行政区自治的关系，澄清一些误解，排除错误干扰，树立正确的观念是十分必要的。笔者拟从四个方面论述“一国两制”下的授权理论。

一、“一国两制”下的特别行政区自治是授权自治

“一国两制”下中央与特别行政区权力关系是授权关系还是分权关系？特别行政区高度自治是中央授权的结果，还是中央与特别行政区分权的产物？这是首先应该明确的问题。

1. 授权与分权的区别

所谓授权，是指拥有权力的主体将一部分权力授予另一主体行使。授权包含：第一，托付性质，授权者托付被授权者处理相关事务。第二，从属性质，被授权者从属于授权者，按照授权者的托付要求行使权力。第三，负责关系，被授权者的行为需要对授权者负责，而授权者对被授权者行使权力的行为进行监督。

所谓分权，是指不同的主体共同对权力进行分配，根据分配的结果，分别享有各自的权力。分权包含：第一，分工性质，是对权力的分配。第二，既有从属性，也有合作性。横向的分权（如行政、立法、司法）当然谈不上是从属关系，就算是纵向的分权（中央与地方）虽然存在上下级的从属关系，但同时存在合作关系，中央在非专属的权限内需要与地方进行相互之间的合作。第三，因分权而享有的权力，并不受上级的监督。

所以，授权与分权的区别，从表面上看，都是对权限的划分，但从实质上分析，反映的是不同的权力来源，不同的权力划分，不同的权力属性关系，从而形

成不同的国家结构形式，中央向地方授权的单一制和中央与地方分权的联邦制。①

2. “一国两制”下的高度自治是授权而不是分权

决定授权还是分权的因素不在于权力划分的形式，因为从形式上看，不论是授权还是分权都是对权力进行划分，没有什么区别。但是，从初始的权力属于谁及由谁来对权力进行划分这两个因素分析，可以清楚地看出授权与分权有本质的区别。由中央享有初始的权力，并对权力进行划分，规定地方的权力范围，就是授权。由中央与地方共同对权力进行划分，规定双方的权力范围，就是分权。那么，为什么“一国两制”下，特别行政区的高度自治是授权而不是分权？

第一，由“一国两制”的原则决定。

首先，从“一国”说起。中央权力的来源是基于国家的主权。主权是一个国家最高的权力，也是一个国家最初始的权力，其他的权力是由主权派生出来的。正因为中央掌握国家的主权和治权，才拥有授权的基础。从逻辑上说，拥有权力，才有授予权力的条件，没有权力何来授权？为什么权力属于中央？因为港澳自古以来就是中国领土的一部分，由于历史原因曾被外国占领。解决港澳历史遗留问题，就是港澳必须回归祖国，实现国家统一，其实质就是国家恢复对港澳行使主权。所以，对港澳的主权既不能是中英两国、中葡两国共享，也不能是中央与特别行政区分享。邓小平先生说：“关于主权问题，中国在这个问题上没有回旋余地。坦率地讲，主权问题不是一个可以讨论的问题。”② “制度可以不同，但在国际上代表中国的，只能是中华人民共和国。”③ 对港澳的主权只能由中央行使和代表。

其次，从“两制”说起。国家拥有主权，国家恢复对港澳行使主权后，中央根据宪法，设立特别行政区，基于在特别行政区实行两种不同制度的需要，才授权特别行政区高度自治。从逻辑上说，先有中央行使主权，才有中央向特别行政区授权，后有特别行政区高度自治。自治权是主权的派生。

---

① 有学者强调了授权概念与分权概念的区别：“在国家法的用语上，授权和分权是两个不同的法律概念，表达两种不同的权力关系。授权是将原来属于自己的权力授予非权力主体行使。被授权者原本无权，因授权始享有权力。”“在授权概念下，被授权者享有的权力以授予的权力为限，未授予的权力理所当然地保留在权力主体手里，因此没有剩余权力归谁的问题。”“在分权的概念下，两个或两个以上权力主体各自按照分权的规定独立行使权力；如果发生权力划分的争议，依照它们原来约定的办法处理，而不是一方对另一方实行监督。”“除了明文规定分别属于各个权力主体的权力外，还有一个剩余权力属于谁的问题需要解决。”

② 邓小平. 邓小平论“一国两制”. 香港：三联书店（香港）有限公司，2004：1.

③ 邓小平. 邓小平论“一国两制”. 香港：三联书店（香港）有限公司，2004：5.

第二，由港澳回归的性质和它的地位所决定。

如上所述，港澳是回归祖国，中国恢复对港澳行使主权。所以，它决定了由中国政府与英国、葡萄牙政府就香港和澳门进行政权的交接，绝对不是由英国、葡萄牙与香港、澳门进行权力移交。根本原因，港澳是回归祖国，不是成为一个独立的政治实体。

在港澳政权交接过程中，由于过去是英国、葡萄牙对港澳行使管治权，所以，英国和葡萄牙政府将港澳的管治权移交给中国政府，不是移交给港澳。这一点是十分清楚和明确的，是国家主权原则的要求和体现，早在中英谈判香港问题时就已经解决了。英方曾想 1997 年 6 月 30 日要把政治、行政管理权直接交给特别行政区政府，而不经过中央人民政府，就是想绕开中方，来个“私相授受”。中方回答坚决不行！香港是英国从中国手中抢去的，按照中英协议，理所当然地要交还给中国政府，英方想绕开中央人民政府是什么意思？说到底，就是不想把香港交还给中国，仍然想给人造成香港是一个独立的政治实体的印象，这当然是不能容许的。所以，港澳不是一个独立的政治实体，本身并无固有权力可言，回归后何来与中央分权？没有对权力的拥有，也就没有分权的条件和基础。

3．“一国两制”下的授权并无剩余权力的问题

所谓剩余权力论，在授权的情况下是一个假议题。按照授权理论，中央掌握了国家的主权，凡是中央没有授予港澳特别行政区的权力均属于中央的权力，不存在尚未分割的权力。既然如此，何来剩余？所谓剩余权力论，只有在分权理论下是一个需要回答的问题，因为在分权的情况下，当出现了某一部分的权力并未明确归属于哪一方时，就存在剩余的权力。从而，需要事先确定一个原则，解决该剩余权力应该归属于谁的问题。美国在建立联邦制的过程中，最早提出了剩余权力的概念，并确立了剩余权力归属于加入联邦的各州的原则。它的基础是建立在由各州向联邦中央政府转让权力的原则上①。美国宪法第十条修正案规定：“本宪法所未授予合众国政府也未禁止各州政府所行使的权力，均由各州或人民保留它。”在“一国两制”的原则下，是中央向特别行政区授权，不存在港澳向中央转让权力，没有剩余权力的问题。两者之间有本质的差别，不能混为一谈。

---

① 《联邦党人文集》在描述全国政府的权力时，使用的是各州“移交”的权力。在描述各州的权力时，使用的是“剩下”的权力。详见《联邦党人文集》，北京：商务印书馆，1982：205.

二、"一国两制"下的特别行政区自治权来源于宪法和基本法

中央向特别行政区授权和特别行政区享有自治权，它们的法律依据是什么呢？具体地说，全国人民代表大会向特别行政区授权是根据宪法还是联合声明？宪法和联合声明在授权过程中的作用是什么？

1. 宪法是中央向特别行政区授权的法律依据

中央的权力来自宪法的规定，中央向特别行政区授权也要符合宪法的规定。归根到底，中央的权力、中央再授权均以宪法为依据。

宪法决定中央能不能授权及授权的范围。没有宪法的规定，何来中央的授权？宪法第三十一条规定，允许国家根据"一国两制"的需要，设立特别行政区，在特别行政区内可以实行高度自治的制度。没有宪法的第三十一条，就没有特别行政区的制度，也就没有特别行政区的高度自治。"能不能授权"是授权中第一层次的问题。它包含以下几个要素。第一，谁来授权？谁有资格？第二，授权主体的行为合法性基础在哪里？为什么它可以授权？而它的授权为什么是有效力的？第三，授权的范围是如何确定的？为什么授予这方面的权力，不授予另一方面的权力？以上3个要素均应由宪法来规范。根据宪法的规定，授权的主体是全国人民代表大会，全国人民代表大会依据宪法赋予的职能，以及"一国两制"的原则，制定基本法，在保留中央人民政府行使国家主权的前提下，向特别行政区授予自治权。

那么，宪法与基本法是一种什么关系呢？基本法根据宪法制定，基本法的授权要符合宪法的规定。澳门基本法在序言中开宗明义地规定："根据中华人民共和国宪法，全国人民代表大会特制定中华人民共和国澳门特别行政区基本法。"澳门基本法第二条规定，全国人民代表大会授权特别行政区实行高度自治，享有行政管理权、立法权、独立的司法权和终审权。那么，中央通过基本法授权，而基本法是否又符合宪法的规定呢？对此，全国人民代表大会在审议通过基本法的同时，作出了合宪性审查，在《全国人民代表大会关于〈中华人民共和国澳门特别行政区基本法〉的决定》（香港相同）中指出："澳门特别行政区基本法是根据《中华人民共和国宪法》按照澳门的具体情况制定的，是符合宪法的。"这充分说明，中央授权的法律依据是宪法，授权的方式是基本法，而基本法必须是

符合宪法的。如果中央授权不需要以宪法为基础，基本法怎么授权都可以，那么，审查基本法的合宪性就是多此一举了。

2. 联合声明是中央向特别行政区授权的政策依据

中国政府在中英、中葡联合声明中，单方面声明对港澳恢复行使主权后，实行“一国两制”、高度自治的政策[①]。中国政府的声明是明确了中央将向特别行政区授权以及授予哪些具体的自治权，属于“如何授权”的范畴，是授权中第二层次的问题，它建立在宪法规定的中央可以授权的第一个层次之上。所以，能否授权是一个宪法问题，授予哪些权力是一个政策问题。联合声明中第二条，即中国政府声明的内容，是属于“一国两制”的十二条基本方针政策。[②]

中国政府要履行联合声明中所宣示的政策的承诺，所以，要制定基本法加以落实。基本法就是要将中国政府的政策上升为法律的规范。但是，将政策上升为法律的规范必须符合宪法的规定。所以，宪法是基本法制定的直接法律依据，联合声明中的中国政府政策是基本法制定的政策依据。

但是，特别行政区的自治权并不仅此为限。即使联合声明中中国政府没有具体规定的政策，基本法中也没有规定的具体权力，也并不妨碍中央根据宪法的规定，依据香港和澳门特别行政区的实际需要，向特别行政区进行授权。如，中央根据港澳社会发展的需要，全国人民代表大会分别向香港和澳门特别行政区授权，赋予香港和澳门特别行政区可以在其行政管辖区域外的特定范围行使管辖权。[③]

在这个问题上有一种说法是需要澄清的。有人认为，特别行政区的高度自治权是中英两国、中葡两国通过联合声明共同授予的。事实上这种说法不能成立。

（1）从法律的逻辑上说，英国和葡萄牙对港澳没有主权，它们将港澳的管治权移交中国政府后，不可能成为向港澳授权的主体之一。如果它们也是向特别行政区授权的主体，那么它们所授的权力来自何处？它们所授的权力是谁的权力？是外国政府的权力还是中国政府的权力？如果是中国政府的权力，它们又有

---

① 中英、中葡联合声明，分为两国政府的共同声明和中国政府的声明，凡涉及中国恢复对港澳行使主权后实行的政策是属于中国的内部事务，只能由中国政府决定，所以，具体的政策由中国政府声明。

② 基本法序言第二段：“国家对香港（澳门）的基本方针政策，已由中国政府在中英（葡）联合声明中予以阐明。”

③ 见《全国人民代表大会常务委员会关于授权澳门特别行政区对设在横琴岛的澳门大学新校区实施管辖的决定》《全国人民代表大会常务委员会关于授权香港特别行政区对深圳湾口岸港方口岸区实施管辖的决定》。

什么权力代中国授权？如果是其本国的权力，为什么它的权力可以及于另外一个主权国家的内部事务？它与被授权者是一种什么关系？所以，这种说法是违背国际法的基本准则，即国家主权原则的，在逻辑上难以成立。

（2）从政治上说，两国授权论的要害是将香港和澳门特别行政区的自治变成中英两国、中葡两国的事务，把港澳地区变成一个中英、中葡的共管地区，将中央与特别行政区的关系演变成中外两国与港澳特别行政区的关系。按照两国授权论的逻辑，特别行政区不仅要受中国政府的管辖，也要受外国政府的管辖，必将把干预一个主权国家内政变得合法化，其实质就是损害国家主权原则及否定“一国”的原则，为外国干预香港和澳门特别行政区事务提供借口，将港澳自治变成国际化问题。

（3）基本法是将联合声明中的中国政府的政策法律化，正是通过这一法律化的过程，才从法律上完成了对特别行政区高度自治的授权。从这个意义上说，没有基本法授权，就没有特别行政区的高度自治。特别行政区不是根据联合声明行使自治权，是根据基本法行使自治权，基本法才是特别行政区自治权的法律依据。况且，基本法不仅具体列举了特别行政区自治权的内容，而且第二十条还规定：“可享有全国人民代表大会、全国人民代表大会常务委员会、中央人民政府授予的其他权力。”而中央的再授权是根据宪法进行的，特别行政区则依据基本法第二十条和中央的授权决定，享有基本法规定以外的某一项权力。

3．特别行政区自治权不是固有的权力

有人说，港澳不是在回归前就在进行管理，还要中央授权吗？言下之意，港澳的管理权是其本身固有的，不需要中央授权。但是，透过现象看本质，它的权力来源在哪里？在香港和澳门，过去《英皇制诰》《王室训令》《澳门组织章程》才是港澳管理权的来源。这些宪制性的法律在过去的任何一个变化，都影响港澳管理权的扩大或缩小。中国恢复对港澳行使主权后，上述宪制性文件已经不能在港澳继续发生效力，根据其所产生的管理权也就失去了效力。所以，需要通过基本法进行授权，才能自行管理。根本不存在港澳权力是固有的。所以，在讲高度自治权以及行使高度自治权的时候，不能不探寻权力的来源，授权就准确地揭示了特别行政区权力的来源。

4．中央的权力不限于外交和国防

外交和国防是一个国家主权的重要权力，但绝对不是一个国家主权的仅有

权力。有一些人错误地认为，中央除了外交和国防外，对特别行政区没有其他权力，其他都属于自治范围的权力。这种压缩中央权力的范围、不适当地扩大自治权范围的说法，很有必要澄清。事实上，根据基本法的规定，除外交、国防外，中央享有对行政长官和主要官员的任命权，对行政长官发出指令权，对立法会通过的法律进行审查、对违反基本法的法律有发回权，决定全国性法律在特别行政区的适用，决定特别行政区进入战争状态和紧急状态，对涉及国家行为的事实向行政长官发出证明文件，并对法院有约束力，对基本法享有解释权和修改权等。

根据基本法的规定，结合基本法的授权理论，其逻辑是：除了基本法明确规定属于特别行政区高度自治范围内的权力外，或者中央没有授权的，均为中央的权力。不论基本法有列举规定，还是没有列举规定，都不能改变权力属于中央这个事实。我们从基本法条文的表述可见一斑，对中央的权力范围有采用概括式的表述，如，第十七条第四款规定审查特别行政区法律时，第一百四十三条第三款规定解释基本法时，均使用了“中央管理的事务”的概念。也有采用原则排除式的表述，如，第十八条第三款提及全国性法律适用范围时，使用了“其他依照本法规定不属于澳门特别行政区自治范围的法律”的提法。根据以上逻辑，才有基本法第二十条的规定，中央可根据需要向特别行政区再授权。假设中央只有基本法规定的外交、国防的权力，其余均为特别行政区的自治权，何需基本法第二十条的再授权？

三、“一国两制”下中央向特别行政区授权的形式和内容

1. 中央向特别行政区授权的形式

中央向特别行政区授权主要有两种形式。

第一种形式是基本法。它是授权的主要形式，但是，它并没有穷尽授权。换句话说，基本法没有列举属于特别行政区自治范围的权力，不等于今后不可以成为特别行政区的自治权。

第二种形式是全国人民代表大会、全国人民代表大会常务委员会、国务院的决定。它们是补充形式，也是比较灵活的形式，随时可以根据需要进行授权。港

澳特别行政区成立以来，全国人民代表大会常务委员会已经进行了两次授权。

对第二种形式授权的法律依据，是宪法还是基本法？对此应该准确理解宪法与基本法第二十条的关系。一方面，全国人民代表大会及其常务委员会授权的权力来源于宪法，它必须根据宪法赋予的职权进行，而不是基本法第二十条。因为基本法第二十条的含义是，特别行政区还可享有中央授予的其他权力。本条的主体是特别行政区而不是中央。所以，不可能是中央授权的依据。另一方面，基本法第二十条是特别行政区行使中央再授予的自治权的原则依据，具体的内容则是全国人民代表大会及其常务委员会的决定。同时，第二十条也是中央授权的对象依据。中央向谁授权？向特别行政区授权。因为向特别行政区授权，所以特别行政区还可以享有其他自治权。有了基本法第二十条，特别行政区自治权力的获得是可以不断扩大的。

2. 中央向特别行政区授权的内容

中央向特别行政区授予行政管理权、立法权、独立的司法权和终审权，是高度的自治权。但是，就算是高度的自治也是有限制的。因为高度自治不等于完全自治。邓小平说：“自治不能没有限度，既有限度就不能‘完全’。‘完全自治’就是‘两个中国’，而不是一个中国。”① 具体地说，第一，既然是中央授权，自治必然是有一定范围的。第二，因为是地方的自治权，不是国家的主权，也就决定了其是有限度的。第三，特别行政区直辖于中央人民政府，行政长官对中央人民政府负责，这种从属于中央的关系决定了自治是有限度的。关于这一点，中英在谈判香港问题时就有过争论，英方曾不但要求删去“香港特别行政区直辖于中央人民政府”的字样，而且要求规定“香港以外”的任何“其他地方”，也应包括中央人民政府，对香港的事都没有否决权。对此，中方坚决否决了。特别行政区的自治权的范围和限度，体现在行政管理权、立法权和司法权均不能涉及中央负责管理的事务，不能随意超出这个底线。

为此，从形式上需要尽量将规范明确。但是，由于法律的抽象性特征和本质，加上语言表达能力的局限性，再清晰也不可能避免争议，所以在实践中总是通过法律的解释加以解决。那么，谁来监督或决定高度自治的有限的边界呢？根据基本法和授权的理论，应该进行如下处理。

第一，当遇有需要解释的情况时，以全国人民代表大会常务委员会的解释为准。这一原则在基本法中已经有明确规定。如澳门基本法第十七条第三

① 邓小平．邓小平论“一国两制”．香港：三联书店（香港）有限公司，2004：5.

款规定，全国人民代表大会常务委员会“如认为澳门特别行政区立法机关制定的任何法律不符合本法关于中央管理的事务及中央和澳门特别行政区关系的条款，可将有关法律发回，但不作修改”。澳门基本法第一百四十三条第三款规定：“对本法关于中央人民政府管理的事务或中央和澳门特别行政区关系的条款进行解释，而该条款的解释又影响到案件的判决，在对该案件作出不可上诉的终局判决前，应由澳门特别行政区终审法院提请全国人民代表大会常务委员会对有关条款作出解释。如全国人民代表大会常务委员会作出解释，澳门特别行政区法院在引用该条款时，应以全国人民代表大会常务委员会的解释为准。”事实上，基本法采取的是由授权者而非被授权者决定争议的做法。当然，全国人民代表大会在解释前，还是需要经过一个征询包括特别行政区方面意见的程序，既要维护中央的权力，也要尊重特别行政区的高度自治权。

第二，解释争议的判断标准是基本法。中央有权解释自治范围的边界，但是，中央的解释并非任意的，而是要严格按照基本法进行。基本法作为一个授权法，不仅特别行政区要遵守，中央也要遵守。所以，严格依法解释，关键是要忠实体现立法精神，与解释主体是立法机关还是司法机关没有必然联系。有人以立法机关解释法律违反法治原则为借口，反对全国人民代表大会常务委员会解释，理由并不充分，属于一种偏见。目前，在世界上解释法律的机制是各不相同的，它们取决于宪政制度的安排，并没有优劣之分。所以，不应纠缠解释法律的主体属性，而应该更关注是否严格依基本法作出了解释。

因此，特别行政区的高度自治，实质上既是授权自治，也是有限自治。

四、“一国两制”下授权者与自治者的关系

在权力运行的动态中，中央与特别行政区是一种什么关系呢？我们可以从三个方面进行分析。

1. 中央领导特别行政区的关系

中央是授权者，特别行政区是被授权者，授权者与被授权者之间是一种什么关系呢？如果不能摆正各自的位置，或者颠倒了位置，那么非乱不可。要准确地理解授权，就要牢牢地把握基本法有关的两个要点。第一，中央领导特别行政区，特别行政区直辖于中央人民政府，两者之间是领导关系；第二，特别行政区

行政长官对中央负责，两者之间也是从属关系。因此，高度自治的运行不能脱离中央的控制。

2. 中央权力制约特别行政区自治权的关系

中央作为授权者，对特别行政区保留了行使主权性的权力。第一，这种权力高于自治权。如，假设中央制定了一项外交政策，那么特别行政区在处理对外事务时，就必须服从和配合国家的外交政策。第二，这种权力可以限制、监督自治权。如，依照基本法，中央人民政府可对行政长官发出指令，全国人民代表大会常务委员会可对立法机关的立法进行审查、对司法管辖的范围作出限制等。

即便是特别行政区自行管理、制定政策的事务，虽然中央不干预，但要接受中央监督，如财政预算要报中央备案。

3. 中央权力与特别行政区自治权的互动关系

第一，中央与特别行政区互相履行义务，维护国家统一和特别行政区高度自治。中央授权特别行政区高度自治，中央也有责任维护特别行政区的高度自治权。所以，基本法第二十二条规定，中央人民政府所属各部门和各级地方政府均不得干预特别行政区的自治范围的事务。同样地，作为被授权者，特别行政区也要履行基本法第二十三条规定的对中央的义务，维护国家的主权和安全。

第二，中央与特别行政区互相尊重、互相支持。一方面，特别行政区自治权的行使，离不开中央的支持，千万不要以为自治权与中央权力无关。如，在G20峰会上，法国总统提出将港澳列为“避税天堂”，时任国家主席胡锦涛强烈反对，最终港澳没有被列入名单，维护了港澳的利益，有利于港澳金融业的发展，体现了中央人民政府支持港澳的自治。另一方面，特别行政区充分行使自治权，发展对外经济，为国家开拓国际市场牵线搭桥，如澳门的葡语国家经贸论坛，为中国内地企业、产品进入这些国家提供了条件，发挥了特别行政区对国家发展的作用。

第三，中央与特别行政区咨询协商，良性互动，互相配合，互利双赢。如内地居民赴港澳自由行、内地与港澳建立更紧密的经贸联系、珠三角合作发展规划纲要三件对港澳具有重大影响的措施，无不体现了中央与特别行政区的互相配合，通过协商，达成共识，使国家的发展战略考虑特别行政区的发展需要，特别行政区融入国家的发展，特别行政区不仅自身发展了，也为国家发展作出了贡献。

事实证明，中央与特别行政区权力只有实现良性互动，才能双赢和共同发展。如果互相排斥、互相对抗，就绝对没有前途。所以，我们应该正确处理好两者之间的关系，为实施“一国两制”和基本法创造和谐的环境。

（本文收录于《“一国两制”与宪政发展——庆祝澳门特别行政区成立十周年研讨会论文集》，澳门理工学院“一国两制”研究中心，2009 年）

论“一国两制”中的几个宪法问题

“一国两制”从理论到实践，从政策到法律，从过渡时期到特别行政区，已经经历了20多个年头。在“一国两制”和基本法的实施中，宪法与基本法的关系、宪法与特别行政区的关系、基本法与法律体系的关系、基本法与法律解释制度的关系一直受到社会和理论界的广泛关注。对于宪法学和“一国两制”理论来说，必须对这四个最基本的问题作出回应，以解决一些误解和偏见。

一、宪法与基本法的关系

（1）宪法是基本法的立法依据，还是宪法中的某一条是基本法的立法依据？

宪法学的一般理论告诉我们，宪法是国家一切法律的立法依据。这种说法在“一国一制”下是常识，从来没有受到过挑战。但是，在“一国两制”的条件下，有人提出，不能笼统地说宪法是基本法的立法依据，应该具体地说宪法中的第三十一条才是基本法的立法依据。那么，原有的定论是否仍然适用？或者原有的常识是否应该修改？

①从基本法的规定上看，宪法就是基本法的立法依据。

基本法序言第三段规定：“根据中华人民共和国宪法，全国人民代表大会特制定中华人民共和国（香港、澳门）特别行政区基本法，规定（香港、澳门）特别行政区实行的制度，以保障国家对（香港、澳门）的基本方针政策的实施。”所以，宪法是制定基本法的法理依据，这个命题十分肯定，且非常明确。

②从宪法与基本法关系的内在逻辑上看，宪法是基本法的立法依据。

何谓立法依据？应是指立法合法性的法律根据，具体而言，包含立法权的法源、立法内容的合法性获得。按照这一标准，全国人民代表大会制定基本法的权力来源于宪法第六十二条关于全国人民代表大会行使职权中的第三款“制定和修改刑事、民事、国家机构的和其他的基本法律”，第十四款“决定特别行政区的设立及其制度”，以及第三十一条“国家在必要时得设立特别行政区。在特别行政区内实行的制度按照具体情况由全国人民代表大会以法律规定”的条文。宪法第六十二条是全国人民代表大会立法权的一般规定，宪法第三十一条是全国人民代表大会制定基本法的直接权力的来源。虽然宪法第三十一条是授权全国人民代表大会制定基本法，为立法权的合宪性提供了依据，然而，并不等于制定的基本法的内容是否合宪也仅仅是第三十一条。立法权的合宪性与立法内容的合宪性既有联系，也有区别。特别行政区基本法的内容是否合宪，要以宪法为依据，不是以宪法某一条为依据。全国人民代表大会在通过基本法的决定中指出：“（香港、澳门）特别行政区基本法是根据《中华人民共和国宪法》按照（香港、澳门）的具体情况制定的，是符合宪法的。”① 符合宪法的含义，不是仅仅指符合宪法第三十一条。

③基本法仅是根据宪法第三十一条制定的的说法是有问题的。

第一，把制定基本法的立法依据与设立特别行政区的法律依据混为一谈。特别行政区设立的法律依据和特别行政区基本法制定的法律依据有所不同。特别行政区根据宪法第三十一条规定由国家设立。因为宪法第三十条规定了中国的行政区划的一般制度，包括普通行政区、民族区域自治区。如果没有例外的规定，就不可能设立特别行政区。所以，宪法第三十一条针对中国行政区划制度作出特殊规定，根据需要可设立特别行政区。

第二，把制定基本法的依据之一变成了唯一依据。宪法第三十一条是制定基本法的宪法依据之一，在宪法第三十一条的规定中，要求全国人民代表大会根据具体情况制定基本法，规定特别行政区的制度。根据宪法第三十一条的规定，允许在两种不同制度下，特别行政区可以有不同于宪法另一制的规定。换一种说法，没有宪法第三十一条的规定，就没有基本法有关特别行政区社会、经济制度，居民基本权利和自由制度，行政、立法和司法制度的规定，也就没有基本法第十一条第一款“根据中华人民共和国宪法第三十一条，（香港、澳门）特别行政区的制度和政策，包括社会、经济制度，有关保障居民的基本权利和自由的制度，行政管理、立法和司法的制度，以及有关政策，均以本法的规定为依据”的规定。

宪法第三十一条是宪法有关两种社会制度的特殊条文，所以基本法规定的特别行政区的社会制度，虽然与宪法的相应条文不同，但并不构成违反宪法而无效。而且，宪法第三十一条也是一个授权条文，授权基本法根据“一国两制”、

---

① 见《全国人民代表大会关于〈中华人民共和国香港特别行政区基本法〉的决定》和《全国人民代表大会关于〈中华人民共和国澳门特别行政区基本法〉的决定》。

港澳社会情况作出特别规定。但是，基本法制定的宪法依据，不限于宪法第三十一条，还要根据宪法中的“一国”规范作出相应的规定。如基本法规定，特别行政区直辖于中央人民政府，其法律依据是宪法关于国务院统一领导全国地方各级政府的规定。基本法在中央与特别行政区关系的条文中，体现全国人民代表大会及其常务委员会、国务院的地位与职权的规定，均源自宪法有关中央国家机关地位、职权的规定。基本法关于解释和修改的规定，也是以宪法关于法律解释和修改的规定为基础的。所以，认为制定基本法唯一的法律依据就是宪法第三十一条，除此之外，宪法的其他规定对基本法不发生作用，是不正确的。

所以，基本法在序言中，对设立特别行政区和制定基本法的法律依据，分别作了说明。基本法序言第二段规定，国家根据中华人民共和国宪法第三十一条的规定，设立特别行政区。第三段规定，全国人民代表大会根据中华人民共和国宪法制定特别行政区基本法。

因此，宪法整体上作为立法依据的通说并没有过时，仍然有效。但是，在“一国两制”下，宪法作为基本法的立法依据的内涵有所变化，即在“一国”方面，基本法的规定必须与宪法相应的规定保持一致，但在“两制”方面，基本法可以在宪法的授权下作出不同于宪法的规定。然而，不论是一致还是不一致，都是宪法整体中不可分割的部分。

（2）宪法是基本法的唯一立法依据，还是联合声明也是立法依据之一？

根据上述内容，宪法是基本法的立法依据是无可辩驳的。那么，中英、中葡联合声明这两份国际文件是否也是制定基本法的立法依据呢？宪法、基本法和联合声明之间究竟是一种什么关系？

①中英、中葡联合声明不是基本法的立法依据。

立法依据的含义之一，是指能够作为立法内容的合法性的判断标准。如何确定立法内容的合法性依据，应由规范性文件在一国法律体系中的地位来决定。制定法律不能抵触宪法，所以宪法是法律的立法依据。制定行政法规等其他规范性文件不能抵触法律，所以，宪法和法律是其立法的依据。

国际条约或协议要成为国内立法的依据，前提必须是已经成为国内法的一部分并产生法律效力。它要成为国内法的一部分，首先，需要经过一定的程序，通常有两种方法，一种是纳入式，另一种是转换式。其次，如果不是采用纳入的程序，则需要经过立法转换，在此之前不可能产生效力，当然谈不上它是其他规范性文件的立法依据。

根据以上原理，不论是纳入还是转换，国际条约成为国内法的一部分，是以宪法为基础的，并以宪法规定它在国内法体系中的地位和效力。如，大韩民国宪法第五条第一款明确规定：“按照本宪法正式批准和公布的条约和公认国际法规则应与大韩民国的国内法具有同样的效力。”

我国宪法对国际法在国内法体系中的地位并没有明确的规定。但在具体的法律中有所规范。如，在《中华人民共和国民法通则》第一百四十二条中规定：“中华人民共和国缔结或者参加的国际条约同中华人民共和国的民事法律有不同规定的，适用国际条约的规定……”

从逻辑上说，联合声明必须经过国内立法的程序才能成为国内法的一部分，基本法就是通过立法程序将联合声明转换成了国内法。中国政府在联合声明第二条第十二项中说：“上述基本政策和本联合声明附件一所作的具体说明，将由中华人民共和国全国人民代表大会以中华人民共和国（香港、澳门）特别行政区基本法规定之，并在五十年内不变。”基本法将政策变为法律。

国际法转换为国内法的依据是宪法，联合声明是被转换的对象，基本法是转换的结果。所以转换的对象不能是转换结果的依据，因为它们处在同一个过程中，是因果关系，是一个事物的两个不同阶段。而立法依据关系，在本质上是体现不同规范之间的效力高低的关系，是两个不同规范之间的关系。

②将中英、中葡联合声明视为基本法的立法依据是不准确的，是把中国制定基本法的立法依据与中国履行国际法义务混为一谈。

中英、中葡联合声明由 7 个条文组成。具体可分为两个部分，一部分是中英、中葡双方共同声明，主要是确认 1997 年 7 月 1 日和 1999 年 12 月 20 日中国对香港和澳门恢复行使主权，以及在中英、中葡联合声明签署后至 1997 年 7 月 1 日和 1999 年 12 月 20 日过渡期间，英国、葡萄牙继续负责香港、澳门的行政管理，中国给予合作。这部分事务是需要双方共同完成的。另一部分是中国政府的单方面声明，主要宣布对香港和澳门执行“一国两制”、“港人治港”、“澳人治澳”、高度自治的方针，并承诺由全国人民代表大会将有关的基本政策以基本法规定之。这部分事务应该是由中国自己来完成的，即由全国人民代表大会依据宪法来制定基本法，由于制定基本法是属于中国主权内的事务，不可能由中英、中葡共同制定基本法。但是，全国人民代表大会在制定基本法的时候，要履行中国政府在中英、中葡联合声明中所作的承诺，将有关的政策写入基本法。可以说，联合声明中的中国政府的单方面声明是基本法的立法政策。

落实联合声明是中国应该履行的义务，但履行义务与立法依据是两个不同的概念。立法依据是上位法与下位法的关系，违反立法依据而制定规范性文件，其后果是丧失效力。法院不能适用违反立法依据的规范性文件。所以，立法依据是国内法律体系的问题。履行义务是缔约方执行条约的规定，是属于国际法律体系的问题。对缔约方有拘束力，需要善意履行。

国内法与国际法，虽然两者之间有联系，但属于两个不同的体系。国际法在一国内适用的理论，不论是一元论还是二元论，不论孰先孰从，它的指向都是履行义务，缔约方或者直接适用或者通过具体立法适用国际法。国际法并不能限制国家的主权机构，如立法机关制定法律的行为，更不能以要求履行国际法为由，缔约一方有权宣布另一方的国内法违反国际法而无效。但是，作为国内法的立法依据就不同了，凡不符合立法依据的规范性文件一定是无效的，能制定作为立法依据法律的主体也一定有权依法宣布违反立法依据的规范性文件无效。因此，立法依据与履行义务是不同的。

如果中英、中葡联合声明是基本法的立法依据，就等于说，联合声明无须经过纳入或转换程序自然就是中国的国内法，它的效力高于法律，所以能够成为基本法的立法依据。这在逻辑上是违背上述常理的，与中国宪法的规定不符。

如果联合声明是基本法的立法依据，有些问题就变得模糊了，基本法的制定和实施是否应该由中英、中葡共同负责？特别行政区的事务不仅是中国的内政，还应是国际事务？特别行政区的高度自治权，不是中央政府授予的，是中英、中葡共同授予的，应该共治？因此，当混淆了立法依据与履行义务的概念时，就会产生非常有害的后果。

二、宪法与特别行政区的关系

（一）宪法适用于特别行政区

宪法是国家的根本大法，是国家主权在法律上的集中体现。因此，宪法的基本理论认为，宪法适用于一国领土所有范围。

那么，在“一国两制”下，宪法适用于特别行政区吗？如果适用于特别行政区，“两制”如何存在？“两制”的存在是否违宪而无效？

有人提出，宪法在特别行政区不适用。这是割裂了宪法的整体与部分的关系。宪法作为一个整体，既是“一国”的体现，也允许“两制”的存在。正如在分析宪法是基本法的立法依据时说的，“一国”是宪法的一般条款，“两制”是宪法中的特殊条款，两者共存于宪法整体之中。所以，讲宪法适用于特别行政区，就是说宪法中的“一国”要适用于特别行政区，宪法中的“两制”也要适用于特别行政区，不能只要其中一部分适用于特别行政区。

第一，宪法对有关行使主权的国家机关的法律地位的规定，要适用于特别行政区。国家主权是通过国家机关来行使的，我国宪法明确规定行使主权的国家机关以及它们的法律地位，这些国家机关对外有权代表国家，不依赖于任何外国的国家政府和组织，有完全的独立性；对内全权领导国家内政事务，领导下级机关工作，有不可动摇的法律地位。我国宪法第五十七条规定，中华人民共和国全国人民代表大会是最高国家权力机关，它的常设机关是全国人民代表大会常务委员会。第八十一条规定，中华人民共和国主席代表中华人民共和国，进行国事活动，接受外交使节，等等。第八十五条规定，中华人民共和国国务院，即中央人民政府，是最高国家权力机关的执行机关，是最高国家行政机关。第九十三条规定，中华人民共和国中央军事委员会领导全国武装力量。上述规定对特别行政区是有约束力的，只有这样，才能做到统一行使国家主权。相反，如果上述宪法规范不适用于特别行政区，那么就等于要求特别行政区摆脱它们的领导和监督，显然是违背“一国两制”原则的。

第二，宪法关于为行使国家主权而赋予中央国家机关相应的职权规范，对特别行政区要适用。也就是说，中央国家机关依照宪法规定行使主权，作出一定的行为，特别行政区必须执行，不能拒绝。这是有效地行使国家主权的保障，也是国家对特别行政区行使主权的体现。正如我们前面已提到的，如果国家主席根据全国人民代表大会常务委员会的决定，发布了戒严令、全国总动员令，那么特别行政区就要执行。要是这类宪法规范不能适用于特别行政区，对它没有法律约束力，必然导致根据基本法对特别行政区行使外交、国防权力流为一句空话。

第三，宪法规定国家主权象征的规范要适用于特别行政区。一国的主权除了体现在它的国家权力内容上外，还通过一定的形式表现出来，而这些表现形式便作为主权的象征。宪法关于中华人民共和国国旗、国徽的规定适用于特别行政区，在中英、中葡联合声明中也是明确肯定的，即香港、澳门特别行政区要悬挂中华人民共和国国旗和国徽。

宪法中“两制”的规定也适用于特别行政区，主要的宪法规范就是第三十一条，授权全国人民代表大会制定的特别行政区基本法可以规定不同于宪法中有关社会主义的制度。由于第三十一条是宪法中的特别条款，优先适用，所以，“两制”是由宪法保障的。

（二）宪法直接地适用于特别行政区

凡宪法适用于特别行政区的规范应该是直接适用。按照基本法第十一条的规定：“特别行政区的制度和政策，包括社会、经济制度，有关保障居民的基本权利和自由的制度，行政管理、立法和司法方面的制度，以及有关政策，均以本法的规定为依据。”从宪法与基本法的相互关系中可以看到，属于宪法第三十一条规定所指的内容，并由基本法规范了的特别行政区制度和政策，以基本法为准。反之，基本法没有规范的，就应该以宪法的规定为依据。所以，宪法中的“一国”规范是直接可以在特别行政区适用的，不需要通过基本法间接产生效力，在特别行政区内任何违反宪法一国原则的抽象性行为或具体行为都是无效的。

基本法的这一规定，与澳门原有的《澳门组织章程》（原澳门的宪制文件）有相似之处。原《澳门组织章程》第二条规定：“在不抵触共和国宪法与本章程的原则，以及在尊重两者所定的权利、自由与保障的情况下，其享有行政、经济、财政及立法自治权。”由于《澳门组织章程》没有居民权利和自由的规定，所以，葡萄牙宪法中的有关权利、自由和保障的规定也是直接在澳门适用。

在特别行政区的司法实践中，法官在审理案件时，其判决书的理由中已经直接引用了中国宪法的规定。

所以，宪法在特别行政区直接适用是有理论和实践依据的。

三、宪法赋予基本法的特殊地位，构建了特别行政区的法律体系

根据宪法的规定，中国的法律体系由宪法、基本法律、法律、行政法规、地方性法规和行政规章组成。它们的法律位阶依次排列。

但是，根据“一国两制”制定的基本法对宪法确立的法律体系产生了影响。

（一）基本法的属性和在法律体系中的地位

1. 基本法是一部全国性的法律，是国家的基本法律

根据宪法和《中华人民共和国立法法》（本文以下简称国内立法法）的规

定，基本法在国家法律体系中，其法律地位仅次于宪法，属于国家的基本法律。宪法第三十一条和国内立法法第八条均明确规定，特别行政区制度只能由法律规范。基本法虽然规定特别行政区的制度，但它是一部全国性的法律。因此，基本法作为全国性法律，不仅特别行政区要遵守，中国其他地区也要遵守。

2. 基本法是一部特别的全国性法律，属于基本法律中的特别法

在宪法确立的法律体系中，在“一国两制”下，明确了特别法优于一般法的原则。基本法第十八条规定：“全国性法律除列于本法附件三者外，不在（香港、澳门）特别行政区实施。”“列于附件三的法律应限于有关国防、外交和其他依照本法规定不属于（香港、澳门）特别行政区自治范围的法律。”所以，全国性法律如与基本法规定不一致，则不可能在特别行政区适用。

基本法与其他全国性法律的关系，一方面，在特别行政区优先适用基本法。另一方面，基本法的适用有一定的保留范围。除有关国防、外交和其他依基本法规定属于中央管理的事务外，适用基本法，不适用内地法律。

但是，基本法的这种优先适用和保留范围本身也有例外的限制，即当全国人民代表大会常务委员会决定特别行政区进入战争状态或紧急状态时，“中央人民政府可发布命令将有关全国性法律在特别行政区实施”。在这种条件下，基本法失去了优先适用和保留范围。

（二）基本法构建的特别行政区法律体系

特别行政区的法律必须以基本法作为立法依据，凡抵触基本法则无效。所以，特别行政区的地方立法与国家的法律之间的关系，不再如立法法所规定，地方性法规须以宪法、法律、行政法规为依据。特别行政区的法律以基本法为依据、核心，除受适用于特别行政区的全国性法律约束外，无须以其他全国性法律为立法依据，因而，构建了“一国两制”下有特色的，由基本法、适用于特别行政区的全国性法律、特别行政区的法律、行政法规和其他规范性文件组成的地方法律体系。

由于特别行政区与内地法律制度的不同，又引申出内地与特别行政区的司法协助的关系。由于法律制度的不同，内地与特别行政区发生的法律关系，须以区域之间的司法协助的方式处理。在宪法规范的法律体系中，产生了不同法律之间要互相尊重、互相合作的关系。国家法制的统一，在“一国两制”下，有了例外的情况。如何进行区域之间的司法协助，是需要研究的重大课题。

因此，基本法的诞生，对宪法确立的法律体系产生了影响，使得构成法律体系的法律渊源之间的关系有了新的内容。

四、宪法创新了法律解释制度

基本法的解释与内地法律解释有所不同。它的最大特点是，既以宪法、立法法和全国人民代表大会常务委员会关于法律解释的规定为基础，又吸收了欧洲共同体法律解释制度的一些做法，形成了具有独特性的基本法解释制度，也为宪法中的法律解释制度作了一次重大的创新。

（一）坚持全国人民代表大会常务委员会解释法律的宪法权力

有人提出，基本法的解释权应属于特别行政区的法院，全国人民代表大会常务委员会不应该解释基本法。这种剥夺全国人民代表大会常务委员会解释权的主张是违背宪法原则的。

根据宪法第六十七条第一项和第四项的规定，全国人民代表大会常务委员会行使“解释宪法，监督宪法的实施”和“解释法律”的职权。因此，解释宪法和解释全国人民代表大会及其常务委员会制定的法律，是属于全国人民代表大会常务委员会的专属权力，它的解释具有最高法律效力。由于基本法是全国人民代表大会制定的全国性法律，当然就由全国人民代表大会常务委员会解释。所以，基本法规定：“本法的解释权属于全国人民代表大会常务委员会。”

（二）根据“一国两制”授权特别行政区法院解释基本法

根据全国人民代表大会常务委员会1981年6月10日通过的关于加强法律解释工作的决议：“一、凡关于法律、法令条文本身需要进一步明确界限或作补充规定的，由全国人民代表大会常务委员会进行解释或用法令加以规定。二、凡属于法院审判工作中具体应用法律、法令的问题，由最高人民法院进行解释。凡属于检察院检察工作中具体应用法律、法令的问题，由最高人民检察院进行解释。最高人民法院和最高人民检察院的解释如果有原则性的分歧，报请全国人民代表大会常务委员会解释或决定。三、不属于审判和检察工作中的其他法律、法令如何具体应用的问题，由国务院及主管部门进行解释。”据此，法律解释以全国人民代表大会常务委员会的立法解释为主导，具有最高性。同时赋权行政、司法机关解释法律，受全国人民代表大会立法解释的监督。立法解释是解决法律规范的界限的界定问题，行政、司法解释是解决法律规范的具体适用问题。正因为中国的法律解释制度在立法解释之外，行政和司法机关也可对法律进行解释，所以，基本法规定：“全国人民代表大会常务委员会授权（香港、澳门）特别行政区法院在审理案件时对本法关于（香港、澳门）特别行政区自治范围内的条款自行解释。”

但是，考虑“一国两制”，特别行政区法院在审理案件时，需要对基本法所有条款作解释，以保障审判的进行。所以，特别行政区法院解释基本法的范围、效力与内地法院解释法律的范围、效力有所不同。基本法规定：“（香港、澳门）特别行政区法院在审理案件时对本法的其他条款也可解释。但如（香港、澳门）特别行政区法院在审理案件时需要对本法关于中央人民政府管理的事务或中央和（香港、澳门）特别行政区关系的条款进行解释，而该条款的解释又影响到案件的判决，在对该案件作出不可上诉的终局判决前，应由（香港、澳门）特别行政区终审法院提请全国人民代表大会常务委员会对有关条款作出解释。如全国人民代表大会常务委员会作出解释，（香港、澳门）特别行政区法院在引用该条款时，应以全国人民代表大会常务委员会的解释为准。但在此以前作出的判决不受影响。”

基本法的上述规定是借鉴了欧洲共同体法律解释制度的做法，所以：

第一，特别行政区法院一方面可对基本法赋予特别行政区自治范围事务的条款自行解释，另一方面可对基本法的其他条文解释，只是在最终判决时，该解释将影响判决的结果，由终审法院提请全国人民代表大会常务委员会解释，并以全国人民代表大会常务委员会的解释为准。

第二，法院的解释，不仅限于对基本法具体条文适用的解释，也涉及对基本法自治范围条文的内容、界限的解释。

（三）全国人民代表大会常务委员会解释基本法是全面的，可对基本法所有条文解释

有人提出，既然特别行政区法院可对自治范围内的事务进行解释，为什么全国人民代表大会常务委员会还可解释呢？

虽然全国人民代表大会常务委员会授权特别行政区法院对自治范围内的条款自行解释，但是从解释权的角度理解，全国人民代表大会常务委员会可对基本法的所有条款进行解释，包括对自治范围内的条款。只是解释中央管理事务和中央与特别行政区关系条款与解释自治范围内的条款在程序和方式上有所不同。

凡是全国人民代表大会常务委员会保留解释的条款，如遇需要解释时，可主动解释。凡是特别行政区法院自行解释的条款，全国人民代表大会常务委员会不作主动解释。原因是：第一，自行解释，意味着法院在无须请示全国人民代表大会常务委员会的情况下，可解释基本法条款。因为是自行解释，全国人民代表大会常务委员会就不能先于法院而作出解释，否则，就改变了自行解释的性质了。所以，只有在特别行政区要求全国人民代表大会常务委员会对其自治范围内的条款进行解释时，全国人民代表大会常务委员会才作解释。第二，从自行解释的条件和程序看，法院对基本法的自行解释必须是在审理案件时进行，对自行解释发生争议，只能在法院作出判决后出现。在此之前，不能由法院以外的机构进行解释，影响法院的独立审判。所以，全国人民代表大会常务委员会对基本法自治范围内条款的解释，也只能在法院判决后，经特别行政区的请求作出。全国人民代表大会常务委员会经特别行政区请求解释自治范围内的条款，不是干预特别行政区自治，因为对基本法行使解释权是基本法赋予全国人民代表大会常务委员会的职权，只要遵循不主动解释的程序就可以。第三，从全国人民代表大会常务委员会审查特别行政区立法会备案的法律范围看，也体现对特别行政区自治范围内的条款不主动解释的精神。澳门基本法第十七条第三款规定，全国人民代表大会常务委员会仅对“认为澳门特别行政区立法机关制定的任何法律不符合本法关于中央管理的事务及中央和澳门特别行政区关系的条款，可将有关法律发回，但不作修改”。反过来说，对立法会制定的法律，限于自治范围的事务，并不审查和发回。不审查，也就意味着不对基本法有关特别行政区自治范围内的条款主动解释。

（四）全国人民代表大会常务委员会对法院解释进行监督

有人提出，全国人民代表大会常务委员会对法院解释进行监督，是否干预了法院的独立审判？

基本法的解释权属于全国人民代表大会常务委员会，全国人民代表大会常务委员会又授权特别行政区法院对基本法解释。所以，在全国人民代表大会常务委员会与特别行政区法院之间存在一种授权与监督的关系，即授权者对被授权者解释基本法有监督权。如果法院解释基本法存有问题，全国人民代表大会常务委员会应可作出正确的解释。法院在以后的审理中，应以全国人民代表大会常务委员会的解释为判决的依据。这样的安排并不干预法院的独立审判。

第一，法律的解释权与审判权是两个不同性质的概念。解释权是通过对法律的解释，明确法律条款的真实含义、界限。审判权是解决具体的法律如何适用于案件，解决和排除纠纷。前者是法律自身的问题，后者是法律适用的问题。

第二，因为两者性质不同，就不存在解释权干预审判权的问题。法律解释机关作出解释后，如何将法律适用于个案，完全由法院自行决定，不受其他机关干涉。

所以，全国人民代表大会常务委员会只对特别行政区法院解释基本法进行监督，不对特别行政区法院审判权进行监督。因此，基本法规定，对在全国人民代表大会常务委员会作出解释前已经生效的法院判决无溯及力，即“但在此以前作出的判决不受影响”。

因此，基本法的解释制度既坚持了宪法规定的原则，又根据“一国两制”的需要进行了创新。

坚持原则体现在：第一，基本法的最终解释属于全国人民代表大会常务委员会，并具有最高效力。第二，法院在适用基本法时的解释，如与全国人民代表大会常务委员会解释不一致，以全国人民代表大会常务委员会的解释为准。第三，全国人民代表大会常务委员会对基本法的所有条款进行解释。第四，全国人民代表大会常务委员会对法院解释进行监督。

创新之处表现在：第一，全国人民代表大会常务委员会主动解释基本法限于中央管理的事务条款。第二，特别行政区自治事务的条款由法院自行解释。第三，扩大了法院对法律解释的范围，授权法院可以对中央管理事务的条款解释，只是要求在终局判决前，须提请全国人民代表大会常务委员会解释，并以全国人民代表大会常务委员会的解释为准。

综上所述，宪法是基本法的唯一立法依据，宪法应该直接适用于特别行政区，确立了基本法在法律体系中的特殊地位，构建了特别行政区的独特法律体系，基本法也创新了法律解释制度。

（本文为作者2009年在纪念澳门基本法实施十周年学术研讨会上的发言）

实施“一国两制”的三个基本条件

——观念、制度和人才的行动系统

为了说明正确的观念、有效的制度、优秀的人才对实施“一国两制”和基本法的重要性，以澳门为例加以说明。

澳门实施“一国两制”和基本法已经15个年头，对此作个总结，可以实事求是地说基本成功，符合“一国两制”维护国家主权、安全、发展利益和特别行政区社会稳定、经济发展宗旨的预期。

在维护国家利益方面，有三个实例可以说明。第一，特别行政区履行基本法的宪制义务，根据基本法第二十三条的规定，自行制定了维护国家安全的法律，禁止叛国、分裂国家、煽动叛乱、颠覆中央人民政府、窃取国家机密的行为，使国家的安全得到法律的保障，分裂国家的势力受到遏制。第二，特别行政区根据基本法的规定和全国人民代表大会常务委员会关于修改澳门基本法附件一、附件二的决定，顺利完成行政长官和立法会两个选举办法的修改，体现了尊重中央对特别行政区的管治权，对涉及中央管理和中央与特别行政区关系事务上的决定权。第三，在“一国两制”原则下积极开展特别行政区与内地的多领域合作，不论是经济领域的区域合作，还是法律领域的司法协助，均取得了良好的进展，有利于国家的发展，体现出“一国两制”的优势。

在保障特别行政区利益方面，比较好地解决了特别行政区居民普遍关心的社会稳定和经济发展的问题。如果将特别行政区成立前后的两个方面作一个比较，变化十分明显。第一，治安方面，回归前的社会治安不好，犯罪率高，严重治安案件多发，人心惶惶。回归后在特别行政区政府的努力和中央政府的支持下，一举扭转局面，澳门的社会治安得到良好改善。第二，经济方面，回归前澳门经济连续七年下滑，失业率高，悲观情绪弥漫。同样也是特别行政区政府及时调整经济政策，制定以旅游博彩业为龙头，适度发展其他经济的发展规划，在中央人民政府的支持和配合下，促进了澳门经济的腾飞。15年来，澳门经济得到了迅速的发展，2013年与1999年相比，澳门本地生产总值由502亿澳门元增长到了

4 134亿澳门元，年均增长16. 2% 。财政收入由169 亿澳门元增加到1 759 亿澳门元，年均增长18. 2% 。人均GDP 由1. 5 万美元上升到8. 7 万美元，增长4. 8 倍。澳门民生也逐步得到改善，失业率屡创新低，由1999 年的6. 3% 降至2013 年的1. 8% ，实现了国际标准下的充分就业要求。人均月收入中位数由4 900 澳门元升至12 000 澳门元，增长了近3 倍。政府将经济发展成果惠及广大居民，包括现金分享、公积金账户预算盈余特别分配款项、社会保障津贴、医疗券、住宅单位电费补贴、学生津贴、持续进修计划、豁免房屋税和部分印花税、减免职业税和额外退税等政策。澳门社会保障事业亦快速发展，养老保障基本覆盖全体澳门居民，社会保障支出由1999 年的1. 59 亿澳门元提高至2014 年的23. 11 亿澳门元，养老金由每月1 150 澳门元调升至目前的3 180 澳门元，多项社会保障津贴近年大幅调升。

澳门在实施“一国两制”和基本法方面取得成就，主要依赖于做好了三个方面的工作：让“一国两制”和基本法的正确观念成为社会的主流观念；坚定不移地维护、执行基本法确立的制度；形成实施“一国两制”和基本法的社会力量。观念、制度和人才三者之间互相依存、互相影响、互相配合，构成一个实施“一国两制”和基本法的行动系统。

一、正确的观念

对“一国两制”和基本法要有准确的认识，并形成社会的基本共识。观念是行动的指导，有了正确的观念，才有正确的行为，才有良好的结果。现今，“一国两制”和基本法实施中遇到的一些问题，根源在于观念上出错。一些人散布对“一国两制”和基本法的错误观念，制造思想上的混乱，干扰了人们的行为。所以，需要在认识上正本清源。今后一个时期，应该集中做好“一国两制”和基本法的核心观念的宣传教育工作。

（一）对“一国两制”理论中的基本问题应有正确的观念

“一国两制”由两个基本点构成，即“一国”原则和“两制”安排。对“一国”和“两制”的认识是否全面和准确将直接影响接受“一国两制”的政策和实践“一国两制”的自觉性。所以，这是一个关系“一国两制”能否实施的基础性的问题。

1. 在“一国”原则上，国家认同、身份认同、中央管治权和国家安全四个问题构成最核心的观念

（1）国家认同。

在国家认同上，有两个问题需要解决，即一个中国的观念和中华人民共和国的国家观念，不解决这个最根本的问题，“一国”无从谈起。

第一，一个中国的观念。正如基本法序言所说，港澳自古以来就是中国的领土，港澳与内地是一个共同的国家，根本就不存在港澳独立和分离出中国的问题。如果鼓吹港澳独立，就是分裂中国、否定“一国”原则。

第二，中华人民共和国的国家观念。正如基本法序言所说，是中华人民共和国恢复对港澳行使国家主权，而不是中国历史上的其他朝代。所以，“一国两制”中的“一国”，具体而言，是特指中华人民共和国。国家认同就是要接受中华人民共和国行使主权。否则，国家认同仅仅是抽象接受，具体否定，只有形式，没有内涵。

有了一个中国的观念，进而确立了中华人民共和国的国家观念，必然就会维护“一国”原则所要求的国家统一和领土完整。

（2）身份认同。

在身份认同上，常常需要面对三个问题：我是谁？我自豪吗？我要爱国吗？不同的认识对“一国”原则产生不同的影响。

第一，我是谁？也就是是否承认自己是中国公民的身份。一个连中国人的身份都不愿意接纳的人，根本上不可能认同中国。因为现今任何一个国家的国籍法都规定公民身份与国家不可分，只有拥有一个国家的国籍，才能成为这个国家的公民。换句话说，否定中国公民的身份也就是想割断与中国的法律联系。所以，身份认同是国家认同的基础。讲身份，首先是中国人的身份，其次，在中国人的身份下是港澳居民的身份。既不能颠倒两个身份的先后关系，也不能割裂两个身份之间的联系。将国家视为外来者，鼓吹所谓的“本土意识”，塑造想象的身份，自绝于中国人之外，最终是一种身份的幻想。

第二，我自豪吗？虽然在国籍法上是一个中国人，但为自己的身份羞愧，耻于与中国人为伍，必然导致不认自己的身份，正如邓小平先生所言，连身为中国人的自豪感都没有的人，不会相信自己能够管理好“一国”下的港澳地区，殖民主义的意识也不可能除去，当然不能做好“港人治港”“澳人治澳”。

第三，我要爱国吗？作为中国人，我们应不应该拥护国家的统一和国家对港

澳地区恢复行使主权，维护国家的利益？如果对这些最基本的爱国要求都加以否定，那么，让这些人行使高度自治权，不可能坚持“一国”的原则，维护国家的主权、安全和发展利益。要实现“港人治港”和“澳人治澳”，以爱国者为主体，接受中国人的身份，为中国人身份自豪，愿意履行维护国家利益的义务是最基本的要求。

（3）中央管治权。

在“一国”原则下的中央对特别行政区的管治权上，也有两个问题要解决：是否承认中央的管治权？是否服从中央的管治权？正确认识这两个问题，对坚持“一国”原则是重要的。

第一，中国恢复行使主权，主权当然是对国家领土范围内的事务享有管辖权，特别行政区作为国家的一部分，必然受主权管辖。如果不承认和接受中央对特别行政区的管治权，意味着国家既没有真正的统一，也没有真正恢复行使主权。承认国家行使主权，也就要承认和接受中央的管治权。

第二，国家行使主权不是一句空话，也不限于象征，是有实质的内容的。如，中央政府领导特别行政区政府，中央政府任命行政长官，全国人民代表大会常务委员会解释基本法等，当中央行使这些权力时，特别行政区应该服从并遵守和执行。如果排斥和限制中央依基本法行使管治权，或把中央行使管治权视为侵犯和损害特别行政区自治权加以反对，那么就违背了“一国”的原则。

（4）国家安全。

“一国”不仅要领土完整、主权统一，还要保障国家的安全和发展。是否应该保护国家安全、如何维护国家安全是必须解决的问题。国家实现了统一，就不希望也不允许国家再次分裂，为了防止和制止分裂国家、危害国家的行为发生，就必须维护国家的安全，并将此要求上升为法律，使之成为每一位公民的法律义务。如果国家安全可有可无，那么，“一国”原则就是没有保障的。

维护国家安全，当前最主要的任务就是防止和遏制分裂国家的行为。任何企图将特别行政区从中国分离出去的意图和行为均应受到限制和制止。

2. 在“两制”原则上，和平共处、互相尊重、互相合作、共同发展构成了最基本的观念

（1）和平共处，不是你死我活。

“两制”不同，存有差异，是客观的事实。“一国两制”不是要消灭不同制度的差异，而是要让不同制度和平共处，各自有生存和发展的空间，如果是想消灭差异，最简单的方法就是采取“一国一制”。如果对“一国两制”这个精神没

有理解，将“两制”变成你死我活的游戏，“一国两制”用不了50年就行不通了。

（2）互相尊重，不是对立和对抗。

正确处理不同制度之间的差异就应该学会互相尊重、理解对方，不能出现以一种制度的标准去衡量另一种制度的做法，相互之间搞对立和对抗。国家要维护特别行政区的高度自治、“澳人治澳”、保留原有制度等，特别行政区要尊重国家的主权和管治权。

制度之间是如此，居民之间的交往也是如此。不同社会背景下生活的居民，一定有他们的一些习惯和习俗，互相碰撞会有一些矛盾，并不奇怪。关键是要在互相尊重的前提下处理矛盾，而不是激化矛盾。否则，“两制”除了对立、对抗，没有一点好处，何必搞“一国两制”，自找麻烦呢？

（3）互相合作，不是永不往来和隔绝。

虽然两种制度不同，但是各有一定的长处和优势，“一国”的平台为“两制”提供了互相取长补短的机遇，如果因为制度不同，画地为牢，互相隔绝，任何一方的优势对另一方没有好处和意义，不同的制度只是消极的存在，没有积极的意义，对谁也没有好处，为什么还要坚持“一国两制”长期不变呢？所以，两种制度能够互相合作、互相存在才有意义和价值，只有通过互相合作，才能共同发展。

（4）共同发展是目标，国家好，港澳好。

通过和平共处、互相尊重、互相合作，达到共同发展的目标，实现“一国两制”的宗旨，即国家与特别行政区共同发展。

（二）对处理“一国两制”中的基本关系应有正确的态度

1.“一国”与“两制”关系

在处理“一国”与“两制”的关系上，坚持两个利益的兼顾。

特别行政区要维护国家的主权、安全和发展利益，支持国家的改革开放，从国家的发展中分享经济、社会发展的成果，大河水满小河流。同时，特别行政区发挥自身的优势，利用特殊的政策，用好高度自治权，发展经济，改善民生，维护社会稳定，促进经济发展。从而做到同心同德，利益兼顾，形成良性互动、互相合作、共同发展的局面。

2. 中央与特别行政区关系

在处理好中央和特别行政区的关系上，坚持两种权力（管治权与自治权）的统一。

中央的管治权有利于保障特别行政区的高度自治权，高度自治权有利于维护国家主权。特别行政区接受中央的领导，行政长官对中央负责，服从中央的管治。中央权威和管治权得到认同和维护。

中央支持特别行政区政府依法施政，保障特别行政区高度自治权。通过建立互相信任的基础，两种权力互相尊重和配合，不搞互相对立和对抗。

3. 行政与立法关系

在处理好行政与立法的关系上，坚持行政主导和立法监督结合。

在基本法的政治体制下，一方面要坚持行政主导，实现行政长官对中央和特别行政区负责。另一方面要做好行政机关与立法机关既独立工作，又互相制约，也互相合作，只有这样，政府才能有效施政，提供良好的公共服务，并且在立法机关的监督下，调整政策，改进工作。如果行政与立法互相对立、对抗，为反对而反对，政府一事无成，经济不能发展，民生不能改善，最终受害的是市民。

所以，只有准确认识“一国两制”，才能取得社会上的共识。社会有了共识，才能齐心协力实施“一国两制”和基本法，达到预期的目的。

要让“一国两制”和基本法的正确观念成为居民的共同意识，需要紧紧抓住最核心和最基本的观念不断地、反复地进行宣传、教育、说理，强化这些基本的观念。

首先，政府带头，从公务员开始，主要是对中高级公务员进行“一国两制”和基本法理论的教育和推广。为了使普及和教育有成效，应将基本法的知识作为公务员入职、培训及晋升的考核内容。

其次，社会配合，对学校和社团进行基本法理论知识的普及和教育，形成一定的社会氛围。

通过各种渠道和方式进行宣传和教育。形式多样，尤其针对青少年，可以用喜闻乐见的形式普及“一国两制”和基本法知识。

二、法律的制度

严格按基本法确立的制度运行，维护“一国两制”的秩序。

只有坚决维护基本法的权威、严格按基本法办事，才能维护“一国两制”的秩序。“一国两制”实施需要法治化，基本法就是“一国两制”的法律化。基本法是社会集思广益、集体智慧的结晶，体现了社会的最大公约数。因此，必须以基本法为一切行为的准则。如果连基本法都可以放在一边不顾，社会行为就失去了规范。如果连基本法规定的制度都可以不执行，在基本法之外另搞一套，社会就会动乱。笔者仅以基本法规定的选举制度为例说明。

1. 基本法规定的制度应敢于坚持

基本法附件一、附件二规定，如有需要，可以对行政长官和立法会产生办法进行修改。但是，任何修改都不能违背基本法关于政治体制确立的原则。如，符合“一国两制”的原则，保证行政长官能够对中央负责。符合行政主导的原则，不能影响行政长官拥有实权，立法机关能够与行政长官合作。符合利益兼顾、均衡参与的原则，尽可能地让不同阶层、不同界别的代表参与立法机关工作，平衡社会不同的诉求和利益。在坚持这些原则下完善民主的选举制度，扩大民主的因素，而不是一味地为了民主选举的形式而放弃政治体制的原则，忽视历史和现实的情况。所以，《澳门特别行政区立法会的产生办法》规定，在逐步增加立法会选举产生的议员比例时，保留澳门长期存在的一小部分委任议员。选举产生的议员采用直接选举和间接选举并举的方式产生，以符合多元利益和代表性的需要。

2. 符合社会实际的制度应维持稳定性

不宜让社会产生一种幻想，以为制度可以随意、无止境地修改。一个相对稳定的制度，才能形成一个相对稳定的社会。一些人将制度的发展视为一个线性的发展过程，由低级至高级的发展，有一个终极的目标，所以，将民主选举制度的循序渐进视为追求某一种形式。事实上，制度好坏不取决于制度本身的形式，而取决于制度是否符合社会实际情况，取决于能否达到制度设计的目的。所以，只有在现行制度不能达到目的时，才应该启动对制度的调整或修改。相反，制度仍然能有效发挥作用时，不应该改变制度，不能为改而改。否则，将打破现行制度下的各种关系平衡，制造新的社会混乱。因此，不能为一时之快、一时压力规定修改时间表，这样，只会更加被动和陷入危险。以澳门选举制度为例，基本法规定的直接、间接和委任产生议员的原则不宜改变，但具体产生方法可以调整。因为：

第一，基本法确立的制度有利于发挥爱国者的作用。

“一国两制”要以爱国者为主体治理特别行政区，如果制度上不能保障爱国者的治理，那么，“一国两制”难以实现。如，澳门立法会的选举制度，由直接选举、间接选举和委任混合，实践证明，这种制度既体现均衡参与，也有利于爱国爱澳者参政议政，有利于行政主导体制运行。经验也说明，同样是要求以爱国者为主体，但是在不同的选举制度安排下，未必能形成主体。所以，制度很重要，制度是保障。

虽然是相同的人，但制度不同，人的作用和结果也会大不相同。如，基本法确立行政主导体制，但是，因具体的公共支出制度不同，一种是要求政府每一笔公共支出均须经立法会批准，让一些议员有机会“拉布”，阻挠政府施政。另一种规定财政预算须经立法会批准，但具体执行财政预算时不需要每一次都经立法会批准，政府有相对的主动权。结果导致行政主导和行政效率完全不同。因此，要坚持基本法确立的制度，在实践中不断完善技术层面的规定。

第二，让爱国者充分发挥主导作用，有利于维护基本法确立的制度。

制度不会自己说话，制度是依靠人运行和维护的，说明人的因素很重要。如，同样是行政与立法之间需要制约和合作，但什么情况下制约、什么情况下合作，完全取决于人的因素、人的决定。如果立法会中有一些人为制约而制约，为反对而反对，那么，只会让行政与立法对立、对抗，不可能出现合作。如果对政府的态度取决于政府政策的对错，凡政策对的就合作、政策有问题就制约的议员占多数，行政与立法之间制约和合作的关系就会处理得比较好，政治体制就会顺畅运行。

因此，坚持按基本法规定的制度办事，有利于形成正能量。有了正能量也就能保障制度的正常运行。两者是互相依赖和互相促进的关系。一方面要加强制度建设，另一方面要加强爱国爱澳力量的培养。坚持立规则、守秩序、讲法治，从而形成一个社会有共同规则的局面。

三、社会的力量

形成实施基本法和“一国两制”的社会基础和政治力量，增强执行力。

爱国爱澳力量占据社会主流是澳门实施“一国两制”和基本法的保障。基本法靠人维护，制度靠人执行，当然，爱国爱澳力量成为主流并占据主导地位是决定性因素。

1．巩固和发展爱国爱澳力量

（1）重视公务员队伍建设。

澳门特别行政区的主要官员、公务员中的中高级领导、主管人员和工作人员以及立法会议员、司法官对“一国两制”和基本法有比较好的认同，形成了“一国两制”的基本意识，在工作实践中就能够以基本法为准则作出决定。总体而言，由于形成了一种意识，往往产生出比较自觉的行为。没有那种口是心非、阳奉阴违、说一套做一套的情况。正因为管治队伍中的绝大多数是接受和支持“一国两制”和基本法的正能量，才能维护“一国两制”和基本法。

（2）巩固爱国爱澳社团的能力。

在澳门历史发展中逐步形成了一大批爱国爱澳的社团，它们又凝聚了许多居民，成为社会的重要力量。第一，从历史上讲，澳门居民中的中国人具有爱国爱澳的传统，广大的居民拥护国家对澳门恢复行使主权，欢天喜地迎接回归。在1999年12月20日特别行政区成立的仪式上高唱国歌和敲锣打鼓欢迎中国人民解放军进驻澳门的热烈场面就是最生动的体现。第二，从认识上讲，澳门居民的爱国情怀是理性的，是建立在对“一国两制”的正确认识基础上的。澳门居民不仅热爱澳门，维护澳门自身的社会制度，而且也爱国，坚持“一国”的原则，维护国家的制度。第三，从现实利益上讲，为什么居民支持“一国两制”和政府依法施政？关键是有利于经济发展和社会稳定，有利于解决好经济和民生的问题，居民从中受益，从而吸引支持者形成力量。

这支力量无论在支持和维护“一国两制”、基本法方面，还是在支持、配合特别行政区政府依法施政方面都发挥了主力的作用。比如，不论在政府依据基本法第二十三条规定为维护国家安全立法时，还是在政治发展，制定完善行政长官、立法会产生办法时，都得到了爱国爱澳社团和会员们的大力支持，他们积极发表支持的意见，讲解和宣传法案的内容，让更多的居民了解和理解，最终立法会顺利地通过了法案。

（3）加强薪火相传的青少年工作。

青少年是“一国两制”和基本法实践的未来，没有他们将难以维系。特别行政区政府和社团对此都有清醒的认识，并把薪火相传作为重要的工作来抓。经过长期的工作，澳门青少年中大多数对国家有认同，对中国人的身份有认同，从而接受“一国两制”和基本法，支持政府依基本法施政。爱国爱澳社团还吸引了一大批有能力的青年人。青少年是一群思想活跃的人，敢于批评和提出意见，否定和抵触“一国两制”和基本法的言论，在澳门青少年中虽然有一点影响，但没有占据主要市场。青少年对“一国两制”和基本法实施中出现的问题还是比较客观、理性地发表意见。

2. 提升特别行政区政府的管理能力，壮大爱国爱澳力量

澳门能够形成一支比较强大的爱国爱澳力量，除了历史原因外，现实原因是：政府15年来努力促进经济发展和维护社会稳定，基本解决好了经济发展和民生改善的问题（开篇已有论述，这里不再重复），使得澳门居民看到了希望，享受了实惠，自觉地拥护基本法，坚定了走“一国两制”道路的信心。实践证明，政府施政的能力和效率、施政的得失直接影响爱国爱澳力量在居民中的影响力和凝聚力，因为爱国爱澳力量是政府施政的社会基础，实际上是一荣俱荣、一损俱损。所以，政府一定要做好依法施政，提供更好的公共服务；注意社会媒体、舆论的变化以及新媒体的影响；关注青少年价值观的变化；及时解决经济、民生发展中的问题。总之，要提升政府施政的能力和成效，让爱国爱澳力量支持政府理直气壮。

所以，观念上认同，利益上得益，政治信仰和实际利益相结合，形成爱国爱澳的政治力量，为“一国两制”保驾护航。今后，在巩固和发展爱国爱澳队伍问题上，一要安定人心，稳定现有队伍；二要争取人心，扩大队伍，吸引更多的年轻一代加入爱国爱澳的行列。

（本文发表于澳门《行政》，2015年总第109期）

论特别行政区实施基本法的宪制责任

——以澳门基本法实践为视角

党的十九大报告关于港澳的部分指出："保持香港、澳门长期繁荣稳定，必须全面准确贯彻'一国两制'、'港人治港'、'澳人治澳'、高度自治的方针，严格依照宪法和基本法办事，完善与基本法实施相关的制度和机制。要支持特别行政区政府和行政长官依法施政、积极作为，团结带领香港、澳门各界人士齐心协力谋发展、促和谐，保障和改善民生，有序推进民主，维护社会稳定，履行维护国家主权、安全、发展利益的宪制责任。"这段话是对港澳实施"一国两制"和基本法的经验总结，并且提出了履行宪制责任对实现"一国两制"的宗旨，即维护国家主权、安全、发展利益，保持港澳稳定繁荣发展的重要性。笔者结合澳门"一国两制"和基本法近20年的实践，发现"一国两制"和基本法的实施，能否做到坚定不移、不变形、不走样，关键因素之一是特别行政区宪制中的政权机关切实履行好宪制的责任。为了履行好宪制责任，有必要就特别行政区宪制责任的内涵、主体、职责和作用进行探讨。

一、特别行政区的宪制和宪制责任

什么是宪制？宪制就是一国的政治性构成，以及为促使一国得以构成和发生而必须以制度回应的核心政治问题。《牛津法律大辞典》指出："宪法是某一特定的政治社会政府的基本政治和法律结构，解决诸如国家首脑、立法、行政和司法机构，它们的构成、权力及关系之类的事项。"[①] 简言之，宪制就是解决国家重大政治问题的制度。这个制度由宪法规定，就成了宪法的制度。宪制由两个部分组成，一个是内容，包含有关国家的根本政治关系；另一个是形式，由国家的

---

① ［英］戴维·M. 沃克. 牛津法律大辞典. 北京：光明日报出版社，1989：201.

根本大法加以规范。

特别行政区的宪制就是由宪法和基本法规定的“一国两制”的根本制度。特别行政区的宪制，从内容上讲，以“一国两制”方针政策为内容，有关“一国”与“两制”，中央与特别行政区的重大政治关系。从形式上讲，以宪法和基本法的宪制性法律的形式对特别行政区制度作出规范。宪法第三十一条规定，特别行政区的制度由全国人民代表大会制定法律加以规定，基本法又是根据宪法制定，所以，特别行政区的宪制就是由宪法和基本法规定的特别行政区制度。国务院新闻办发表的《“一国两制”在香港特别行政区的实践》白皮书指出：“宪法和香港基本法规定的特别行政区制度是国家对某些区域采取的特殊管理制度。”这个制度的核心内容是，坚持“一国”之本，尊重“两制”差异；维护中央的全面管治权，保障特别行政区的自治权；维护国家的主权、安全、发展利益，保持特别行政区的稳定发展。

那么，宪制责任是什么？宪制责任就是宪制中的主体履行宪法与法律规定的责任，维护宪制中确立的政治关系的秩序，防止、制止和纠正破坏宪制秩序的行为。其由 3 个部分组成。第一，法定责任。宪制责任是由宪制性法律明文规定宪制主体维护宪制秩序的职责，所以，必须履行，不能选择性履行。第二，法定职权。宪制责任是宪制中的权力主体通过履行宪制性法律规定的职权履行责任。由于是行使法定职权，产生的效力具有强制性。第三，法定对象。宪制责任所要保护的客体和对象是法定的，由宪制性法律所规定，即宪制的秩序和宪制中的各种政治关系，目的是保障和维护宪制秩序的权威和宪制关系的和谐。

基本法确立了特别行政区的宪制，维护宪制必然要遵守和执行基本法。所以，特别行政区坚定不移地实施基本法就是最大的宪制责任。

二、特别行政区宪制责任的主体

宪制的责任主体离不开宪制本身，它是宪制的一个有机组成部分。澳门特别行政区的宪制就是特别行政区制度，在特别行政区制度中，除中央国家机关外，特别行政区行政长官和政府、立法机关、司法机关是特别行政区制度中的主体，当然也就是维护特别行政区制度的宪制主体。特别行政区的宪制责任的主体是由基本法规定的。根据澳门基本法第五十条第二项的规定，行政长官“负责执行本法和依照本法适用于澳门特别行政区的其他法律”；第七十一条第一项规定，立法会“依照本法规定和法定程序制定、修改、暂停实施和废除法律”；第一百四十三条第二款和第三款规定，法院“在审理案件时对本法关于澳门特别行政区自治范围内的条款自行解释”，“澳门特别行政区法院在审理案件时对本法的其他条款也可解释。但如澳门特别行政区法院在审理案件时需要对本法关于中央人民政府管理的事务或中央和澳门特别行政区关系的条款进行解释，而该条款的解释又影响到案件的判决，在对该案件作出不可上诉的终局判决前，应由澳门特别行政区终审法院提请全国人民代表大会常务委员会对有关条款作出解释。如全国人民代表大会常务委员会作出解释，澳门特别行政区法院在引用该条款时，应以全国人民代表大会常务委员会的解释为准。”澳门特别行政区立法会根据基本法的规定制定了《澳门司法组织纲要法》，该法第五十六条规定：“诉讼法律规定检察院在任何情况下行使监察《澳门特别行政区基本法》实施的权限。”据此，根据基本法和特别行政区的法律，行政长官、立法会、法院和检察院负有维护基本法实施的宪制责任，是宪制责任的主体。

虽然，澳门基本法第四十四条规定，“澳门居民和在澳门的其他人有遵守澳门特别行政区实行的法律的义务”，基本法是特别行政区法律中的宪制性法律，遵守特别行政区的法律，首先就要遵守基本法，维护基本法，这是特别行政区居民最重要的一项法律义务。义务和责任有相同之处，都包含着必须作出一定行为的要求，具有强制性的因素。但是，义务和责任之间还有一些差别，在宪制条件下，居民的义务主体与政权机关的责任主体的资格和权能的侧重点不同，责任主体强调的是行使行政权、立法权和司法权的公权力机关而非个人，通过行使公共权力而非个人权利达到维护宪制秩序的目的。因此，下面将重点讨论行政长官、立法会和司法机关的宪制责任。

三、特别行政区宪制主体的责任

行政长官、立法会、法院和检察院在特别行政区宪制中的法律地位不同，决定了它们的职权范围不同，所承担的宪制责任也不相同。

1. 行政长官的宪制责任

特别行政区制度有两个方面的内涵，首先是国家治理“一国两制”下的特殊地区的制度，决定了特别行政区的治理是国家治国理政的一个组成部分。同时，也是特别行政区管理高度自治的地方性事务的制度。作为国家治理的一部分，特别行政区直辖于中央人民政府。那么，中央人民政府通过什么样的渠道领导特别行政区，特别行政区又怎样对中央人民政府负责？根据“一国两制”的原则和要求，从特别行政区政治体制中的各机关的性质、特点、职权的实际出发，澳门基本法第四十五条规定：“澳门特别行政区行政长官是澳门特别行政区的首长，代表澳门特别行政区。澳门特别行政区行政长官依照本法规定对中央人民政府和澳门特别行政区负责。”第一，澳门基本法确立了行政长官在特别行政区内具有最高的地位，是唯一能够代表特别行政区的首长。第二，澳门基本法明确了行政长官负有全责，既对中央负责，也对特别行政区负责。所以，特别行政区的其他机关既没有行政长官的地位，也没有行政长官所承担的责任，行政长官在特别行政区宪制中占据最重要的地位。

基本法为什么要赋予行政长官这一宪制的地位？又为什么要求行政长官承担全责？因为特别行政区直辖于中央，必须有一个机关能够对中央和特别行政区负责。而能够承担全责的机关必然在特别行政区具有最高的地位，能够统领特别行政区，才能做到对中央和特别行政区全面负责的要求。什么样的机关能够做到这一点，并能完成基本法赋予的职责呢？可以对特别行政区的行政、立法和司法机关的特性及运作方式作一个比较分析，不难发现行政长官及其领导的政府可采用首长负责制，而立法机关只能实行集体负责制，司法机关也只能是独立行使职权的制度。只有首长负责制适应特别行政区对中央负责的要求。如果行政长官不能负起对中央和特别行政区的责任，中央人民政府可以直接追究行政长官的责任，直至免除行政长官的职务。

行政长官的宪制地位与行政长官的宪制责任之间是互相依存的关系。为了让行政长官负起对中央和特别行政区的宪制责任，要确立行政长官在特别行政区宪制中的最高地位和授予与之责任相适应的职权，做到有责有权、权责相适应和统一。为了确立和突出行政长官的地位，基本法规定行政长官由中央人民政府任免，行政长官领导下的政府的主要官员由行政长官提名，再由中央人民政府任命。中央人民政府对行政长官依法施政全力支持。同时，行政长官只有尽忠职守，履行好宪制责任，才能最终确立在宪制中的地位和权威。

根据基本法的规定，行政长官负有实施基本法的全面和主要的责任。基本法第五十条第二项规定，行政长官“负责执行本法和依照本法适用于澳门特别行政区的其他法律”。基本法的这项规定明确，第一，基本法在特别行政区的执行由行政长官全面负责。行政长官负责执行基本法的全面性体现为对基本法有关特别行政区自治事务的条款实施进行负责。对基本法有关中央管理的事务和中央与特别行政区关系的条款在特别行政区实施过程中遇有争议和违反时，提请全国人民代表大会常务委员会释法，维护基本法的权威。所以，行政长官不仅对行政机关实施基本法负责，而且对立法会制定的法律是否符合基本法也要负责，如认为立法会制定的法律不符合基本法，行使发回立法会进行重审的权力。对终审法院审理案件中解释基本法负责监督，如认为法院解释基本法出现了问题，行使提请全国人民代表大会常务委员会解释基本法的权力。第二，行政长官是负责基本法执行的主要和最终责任人。立法和行政机关需要履行维护基本法的宪制责任，但是最终的责任由行政长官承担。因为行政长官是唯一对中央人民政府负责的主体。

2. 立法会的宪制责任

立法会在特别行政区的宪制中是一个立法机构，主要负责立法工作。根据澳门特别行政区第13/2009号法律《关于订定内部规范的法律制度》第六条的规定，凡涉及居民的基本权利和自由及其保障的法律制度、居留权制度、选举制度、立法会自身的制度、公共行政人员的制度等只能由法律规定。所以，立法会的宪制责任主要是通过制定法律将基本法的原则规定具体化、机制化，做好基本法原则性规定的配套制度。然后，监督特别行政区政府的政策和具体工作是否符合基本法的规定。如果认为有违反基本法规定的行为，立法会通过行使职权的方式予以制约。比如，第13/2009号法律《关于订定内部规范的法律制度》第三条规定："法律优于其他所有的内部规范性文件，即使该等文件的生效后于法律。"这说明立法会制定的法律效力高于行政长官制定的行政法规。立法会可以通过制定法律纠正行政法规违反基本法的规定。

3. 法院和检察院的宪制责任

法院和检察院是特别行政区宪制中的司法机关。法院作为司法机关，负责在审理案件中对基本法的解释，承担具体、准确适用基本法规范，并在基本法规范具体适用过程中将基本法细则化的责任。比如，澳门基本法第七条规定："澳门特别行政区境内的土地和自然资源，除在澳门特别行政区成立前已依法确认的私有土地外，属于国家所有。"但是，澳门历史上遗留下来的有关土地"沙纸契"问题如何处理有不同意见，并由当事人诉诸法院，要求法院确认"沙纸契"的持有人享有土地私有权。澳门特别行政区终审法院在第23/2005号案的判决中对澳门基本法第七条的规定作出了清晰的解释，第一，私有土地所有权必须要在特别行政区成立前确认。"如果利害关系人在特别行政区成立后才提起确定其拥有土地所有权的诉讼，由于在特别行政区成立前未经依法确认属于私人的土地在特别行政区成立后均属国家所有，显然该诉讼请求不符合基本法第七条的规定。""有关诉讼在特别行政区成立之前已经提起，但到特别行政区成立时仍未有确切判决，也就是说仍未获得依法确认，有关利害关系人的请求就违反了基本法第七条的规定，同样不能成立。”第二，有人提出，诉讼请求所要解决的是宣告已经存在的一项权利，不是创设一项新的权利。所以，特别行政区成立后，法院应予宣告。但是，终审法院判决认为，“不管在理论上认为这种诉讼具有创设权利还是宣告权利的性质，在特别行政区成立后就再也不能获得确认，否则就违反了基本法第七条规定的特别行政区土地国有原则。”法院的解释明确了特别行政区成立前依法确认的准确含义，不论是对土地所有权的创设还是宣告，均不能在特别行政区成立后进行，从而对特别行政区成立后的土地所有权制度进行了具体化，落实了基本法的规定。澳门检察院行使法律的监察职能，发现有违反基本法和法律的行为可以纠正和制止。比如，澳门第2/99/M号法律《结社权法》第五条第三项规定：“在社团的成立文件、章程或该两者的修改在澳门政府公报刊登日起八日内，负责促成刊登之实体须将有关文件的副本一份送交检察院。”检察院审查社团的章程，如果认为该社团的宗旨不符合基本法的规定，可以撤销和中止社团的设立和运作。

四、特别行政区宪制主体的职责履行

1. 履行宪制责任必须有法必依

因为责任既包括权力，也包括职责。承担责任，就要用好职权。用好职权，才能做到尽责。只有权力和责任结合，才能完成宪制的责任。积极作为，就是要严格按照基本法的规定，做到有法必依，执法必严。近20年的澳门基本法实践充分证明了有法必依是履行宪制责任的第一个要求。

（1）行政长官的履职。

第一，积极推广宣传基本法，让“一国两制”和基本法深入人心，成为澳门社会的主流价值。澳门政府法务局专门开设了宪法和基本法的网页，刊登宪法和基本法的文章，宣传、普及宪法和基本法的基础知识，举办了进大学、中学的形式活泼、深入交流的“国事茶聊”的讲座和座谈。行政公职局开办了中高级公务员有关基本法的研习班，结合“一国两制”和基本法的实践，一边学习理论，一边总结实践经验，经过几年的努力，有800多位中高级公务员参加，基本覆盖了中高级公务员。澳门法律和司法培训中心开设基本法培训班，对普通公务员进行培训。在此基础上，举办了基本法研习提高班，用专题的形式学习和讨论

"一国两制"和基本法。同时，对即将进入法院、检察院的学员，开设基本法的必修课。澳门高等教育辅助办公室专门成立了宪法和基本法教育协调小组，统筹各高等院校开设宪法和基本法必修课和选修课，编辑相关课程的教学大纲。教育暨青年局将对国情教育和基本法学习的要求列入课程纲要。同时，在教师学习进修课程中，加入国情和基本法教育的内容，组织相关的学者，进入中小学给教师宣传中国传统文化、国家的情况和基本法的内容。在政府开办的公立大学先后设立了"一国两制"研究中心、宪法和基本法研究中心。特别行政区政府为研究和宣传、普及"一国两制"、宪法和基本法的理论尽到了责任。正是各级政府持之以恒地宣传和推广"一国两制"和基本法，澳门特别行政区绝大多数居民才认同和接受"一国两制"和基本法，形成了支持"一国两制"和基本法实施的比较牢固的社会基础。

第二，维护基本法的规定，严格依法施政。基本法对特别行政区制度作出了一系列的规定，也赋予了行政长官和特别行政区政府职权，在"一国两制"和基本法的实施过程中，必须履行职责，依法行使职权，维护基本法规定的权威。比如，基本法第五十条第五项规定，行政长官"制定行政法规并颁布执行"。在特别行政区成立之初的几年，对行政长官制定的行政法规的地位和效力产生了不同的理解，有意见不认同行政长官可以通过行政法规对回归前澳督制定的法令进行修改。争论的焦点涉及行政长官制定规范性文件的权力范围。对此，行政长官能够坚持基本法的规定，按照行政主导的原则，既直接依据基本法规定制定独立的行政法规，也依据立法会通过的法律制定实施法律的细则性行政法规，既不扩大也不缩小行政长官的立法权限。行政长官在制定规范性文件的权限范围内，对原有的法令能够及时进行修改，对完善特别行政区的法律起到了积极的作用。行政长官履行基本法职责的行为，也得到了立法会的认同和配合，由立法会制定的第13/2009号法律《关于订定内部规范的法律制度》明确了行政长官可以用行政法规修改原有的法令。再如，澳门基本法第七十五条规定："凡不涉及公共收支、政治体制或政府运作的议案，可由立法会议员个别或联名提出。"凡涉及公共收支、政治体制或政府运作的议案，只能由政府提出。这是基本法规定的政府专属提案权的制度。在基本法实施之初，有意见对专属提案权的制度提出不同理解，主张政府提出法案后，立法会议员可以提出任何的修正案，而无须政府的接纳和同意，并审议通过。如果这样，就会改变基本法有关政府专属提案权的立法原意。对此，行政长官坚持基本法的规定，与立法会协商，明确政府的专属提案权，应该包括随后的提案权。也就是说，议员可以对政府的提案作出修改的建议，但不能用议员的提案代替政府的议案通过。同样，立法会在自己的议事规则中明确规定，政府的专属提案权和随后提案权属于政府专享，不与议员分享。试想一下，如果行政长官不能够坚持基本法的规定，放弃或缩小法定的职权，行政主导的原则就很难落到实处，行政主导立法也就难以体现。再如，根据澳门基本法第九十五条的规定，澳门特别行政区可设立非政权性的市政机构。有一种意见认为，非政权性的市政机构应由选举产生。根据基本法的规定，市政机构是受政府的委托，为居民提供文化、康乐、环境卫生等方面的服务，并就负责的事务向政府提供咨询的意见。如果选举产生市政机构，它就与选民建立委托关系，而不是受政府的委托，显然不符合基本法规定的政府与非政权性机构之间的委托关系。最终，特别行政区政府在提出的设立非政权性的市政机构的法案中明确规定，以行政长官委任的方式产生市政机构成员。立法会经过审议通过政府的提案，制定了第9/2018号法律《设立市政署》。

第三，履行职责配合中央的管治权。特别行政区的政治体制由全国人民代表大会通过的基本法规范，特别行政区政治体制的发展也应该由全国人民代表大会及其常务委员会决定。根据澳门基本法附件一《澳门特别行政区行政长官的产生办法》和附件二《澳门特别行政区立法会的产生办法》的规定，2009 年及以后的产生办法可以修改。行政长官根据特别行政区政治体制发展的主导权和决定权在中央的原则，向中央提出启动两个产生办法修改的报告，经中央同意后，征求社会各界意见，并形成修改的方案。在中央同意方案的内容后，再由行政长官向立法会提出法案，并得到立法会的审议通过，制定了新的《澳门特别行政区行政长官的产生办法》和《澳门特别行政区立法会的产生办法》。这既维护了中央在特别行政区政治体制发展上的主导权和决定权，也能根据澳门的实际情况循序渐进地发展特别行政区的政治体制。

（2）立法会的履职。

立法会负有实施基本法的规定，建立和完善相应配套法规的责任。立法会积极作为的主要任务就是完善法律，配合基本法的实施。特别行政区成立以来，立法会制定的许多法律与基本法相关条文直接有关，对基本法的实施起到了保障的作用。

第一，在维护中央管治权方面进行了配套立法。比如，澳门基本法第十四条规定：“中央人民政府负责管理澳门特别行政区的防务。”为保证中央履行防务的职责，立法会分别通过了第 4/2004 号法律《军事设施的保护》和第 6/2005 号法律《订定规范中国人民解放军驻澳门部队协助维持社会治安和救助灾害的事宜》。又专门制定了第 3/2009 号法律《中国人民解放军驻澳门部队因履行防务职责而享有的权利和豁免》。这些法律的制定起到了对驻军履行职责的保障作用。

第二，在政治体制方面，通过配套立法健全了政治体制。比如，立法会通过第22/2009号法律《对行政长官和政府主要官员离任的限制规定》，规定政府官员在离任后的一定时间内，不得从事私人的营利活动，防止政府官员以权谋私，违反公平公正原则。制定了第15/2009号法律《领导及主管人员通则的基本规定》，规范了领导和主管人员的权力和责任。制定了第9/2009号法律《修改〈司法组织纲要法〉》，重新筹组了澳门的司法体系，确保了法院和检察院依法审判和法律监督职能的正常运行。制定了第8/2011号法律《财政储备法律制度》、第15/2017号法律《预算纲要法》，既保证立法会对政府财政的监督，又在立法会批准的财政预算范围内给予政府一定程度的处置权，无须每一个公共收支由立法会批准，提高政府施政的效率。制定第11/2000号法律《澳门特别行政区立法会组织法》和第3/2000号法律《立法会立法届及议员章程》，既保障立法会行使基本法赋予的职权，又不超出基本法的规定随意扩张自己的权力。

第三，在人权保障方面，通过制定法律保障澳门居民人权。比如，为了落实基本法有关教育方面的规定，立法会制定了第10/2017号法律《高等教育制度》、第9/2006号法律《非高等教育制度纲要法》和第3/2012号法律《非高等教育私立学校教学人员制度框架》，保障各类学校的办学自主和教学自由，履行办学的责任。再如，为了保障文化事业的发展，制定了第11/2013号法律《文化遗产保护法》。为了保障居民的生活，制定了第4/2010号法律《社会保障制度》和第14/2012号法律《公积金个人账户》等。为了保障居民的卫生和健康，制定了第5/2013号法律《食品安全法》和第5/2016号法律《医疗事故法律制度》。为了保障居民诉诸法律的权利，制定了第13/2012号法律《司法援助的一般制度》和第13/2010号法律《因执行公共职务的司法援助》。为了保障居民的出入境自由和旅行的自由，制定了第8/2009号法律《澳门特别行政区旅行证件制度》。

第四，在经济制度方面，为了保障澳门的金融、地产、旅游博彩等发展，制定了一系列法律。如第10/2013号法律《土地法》，第7/2003号法律《对外贸易法》，第16/2001号法律《娱乐场幸运博彩经营法律制度》和第5/2004号法律《娱乐场博彩或投注信贷法律制度》等。

（3）司法机关的履职。

司法机关负有实施基本法的制约责任。通过审理案件，解释基本法，判断行政和立法行为及居民行为是否符合基本法和法律。例如，国际法与澳门本地法律之间的关系，应属于宪制性法律规定的内容。但是，《澳门民法典》第一条第三款明文规定："适用于澳门之国际协约优于普通法律。"终审法院在第2/2004号案件裁判书中明确提出，《澳门民法典》规定国际条约优先于法律是违反基本法的，国际法在澳门的效力应由基本法规定。“基于明显的法律逻辑理由，简单的道理是，没有任何一项规范可以赋予一项或一组规范高于其本身的法源位阶，因此《澳门民法典》第一条第三款的这项规定没有任何效力。”确立了依基本法的规定决定特别行政区内部规范性文件之间的地位和效力的原则。又如，澳门中级法院在第20/2018号裁判书中明确指出，法院在审理案件时，对立法会的政治行为，如立法会依据其规则中止立法会议员的职务的决议不受法院的司法管辖。法院只管辖行政行为，判断其是否具有合法性。再如，终审法院对公民行使基本权利，如游行示威的行为，采取既保护居民的基本权利也限制居民滥用权利的立场。终审法院在第28/2016号案件判决中指出，“从第2/93/M号法律第八条第二款可以得出，虽然示威者有权在特别行政区的主要街道上游行，但警方可以作出限制，以便游行不占据街道和马路的所有通行空间。不排除治安警察局局长可以根据第2/93/M号法律第八条第二款的规定，以人和车辆在公共道路上通行的良好秩序为理由，决定示威路线的其中一段在人行道上进行，不占据行车道，尤其是当人行道的宽度和地形允许游行队伍平稳及安全通过时”。在另一个案件中，终审法院在受理政府以黑沙环三角花园的公共地方已安排给其他居民进行集会和示威活动作为拒绝基本团体以此地点为游行起步点的理由的诉讼中指出，“第2/93/M号法律没有把缺乏足够空间同时进行多项示威活动，作为在空间方面限制行使相关权利的原因”“事实上，行政机关只拥有法律规定的权力，这是行政法的基本原则（《澳门行政程序法典》第三十一条）。法律没有给予民政总署的机关以在所要求的地点存在其他示威或活动为由不允许进行示威或对其作出限制的权限。所以，被上诉机关不能根据法律没有订定的权力作出决定”。法院的判决既明确了政府的权限，也限制了政府的权力范围，保障了居民的权利。

2. 履行宪制责任必须违法必究

对违法行为必须制止和追究，做到违法必究，是履行宪制责任的第二个要求。

如某团体要举行“民间公投”，但特别行政区的宪制性法律并没有规定公投的制度和居民行使公投权利的安排。公投是居民集体行使一项公权力，而非个人权利，作为公权力的行使必须有法律的明文规定。凡无法律明文规定和授权即不可为。据此，民政总署依据基本法的规定，拒绝向举行“民间公投”的团体提供公共地方的使用。同时，政府个人资料保护办公室依据个人资料保护法的规定，收集居民的资料必须用于合法的目的，但“民间公投”的团体收集居民的身份资料用于不合法的目的，从而，禁止“民间公投”团体非法收集个人身份资料。但发起“民间公投”的团体不服政府的决定，随后向终审法院提起诉讼，法院在裁判书中明确，政府行使一切权力，都必须有法律的规定，符合合法性的原则。既然“民间公投”没有基本法和法律的规定，不具有合法性，政府对“民间公投”的行为就不能提供协助，否则，政府提供协助就等同于承认公投的合法性。所以，限制“民间公投”是政府的职责。最后，驳回了团体的诉求，政府和法院共同维护了基本法的规定和权威。

3. 履行宪制责任必须增强宪制责任的意识

宪制责任意识就是一种自觉的意识，主动、积极、严格地依照基本法办事。没有这种责任意识，很难做到自觉地执行和维护基本法的规定。相反，会影响基本法的具体实施。如上所述，因为澳门特别行政区政府有较强的宪制责任意识，在建立基本法的配套制度上作了很多工作，并取得了相当的成效。如果宪制责任的意识进一步加强，执行基本法的规定可以做得更好。比如，澳门基本法第九条规定：“澳门特别行政区的行政机关、立法机关和司法机关，除使用中文外，还可使用葡文，葡文也是正式语文。”对基本法的这条规定如何理解？又如何在澳门特别行政区实施？社会上有不同理解。有一种意见认为，澳门实行双语制，中葡文应该同时使用，同等效力，并以 1999 年 12 月 13 日由澳门总督制定公布的第 101/99/M 号法令（俗称双语使用通则）为法律依据。该法令第四条第一款规定：“法律及行政法规须以两种正式语文公布。”第六款规定：“不以两种正式语文公布法律或行政法规者，该法律和行政法规不产生法律效力。”但是，1999 年 11 月 30 日《全国人民代表大会常务委员会关于根据〈中华人民共和国澳门特别行政区基本法〉第一百四十五条处理澳门原有法律的决定》第五条规定：“采用为澳门特别行政区法律的澳门原有法律，自 1999 年 12 月 20 日起，在适用时，应作出必要的变更、适应、限制或例外，以符合中华人民共和国对澳门恢复行使主权后澳门的地位和基本法的有关规定。”那么，澳门原有法律中有关葡文的地位和效力的规定是否完全不变，还是需要适应化？对此，全国人民代表大会常务委员会决定在第五条第五款中规定：“有关葡文的法律效力高于中文的规定，应解释为中文和葡文都是正式语文；有关要求必须使用葡文或同时使用葡文和中文的规定，依照基本法第九条的规定办理。”全国人民代表大会常务委员会的决定非常清楚基本法第九条的规定并没有要求在任何条件下必须同时使用中文和葡文。所以，既然特别行政区不实行双语制，就必须对双语使用通则进行适应化。然而，由于没有及时对原有法律（包括双语使用通则）进行适应化的处理，一些人仍以双语使用通则为法律依据，不仅误读基本法第九条的规定，还要求在行政、立法、司法机关内推行同时使用中文和葡文的政策，使得特别行政区的语文政策变得模糊和不清晰，干扰了基本法第九条的正确实施。如果能够按照基本法第九条和全国人民代表大会常务委员会对澳门原有法律处理决定的规定，适时解决双语使用通则的适应化问题，以符合基本法的规定，完全可以避免这种情况的出现。可见，宪制责任的意识，对积极、严格执行基本法是何等的重要。因此，为了确保“一国两制”和基本法在特别行政区实施不变形、不走样，特别行政区的行政长官、立法机关、司法机关应该不断增强宪制责任的意识，完善宪制责任的制度，共同守护特别行政区基本法。

（本文为作者2019年1月在全国港澳研究会2018年年会上的发言）

中央对特别行政区管治权的三个维度

当我们谈论中央对特别行政区管治权时，就需要解决什么是管治权、管治权的法理基础是什么、管治权包括哪些具体的权力、中央如何行使管治权、中央管治权与特别行政区自治权是什么关系等一系列问题。回答这些问题，第一，必须放在具有普遍性的主权和治权的理论框架内分析，同时也必须放在具有特殊性的“一国两制”的理论之下进行叙述。第二，必须放到中央管治权与特别行政区自治权关系中分析。第三，必须放到中央管治权的法律规范和现实政治关系中分析。本文从主权与治权关系、中央与特别行政区关系、法律规范与现实政治关系的三个维度阐述中央对特别行政区的管治权。

一、主权与治权维度下的中央管治权

讨论中央管治权，首先要探讨中央管治权的一些基本概念和基础性的问题，其中至少应该包括中央管治权的含义、主体、内容和效力四个方面，并且加以明晰，筑牢中央管治权的法理基础。

1. 中央管治权的含义、主体和内容

(1) 中央管治权的含义。

要明确中央管治权的含义，可以从两个方面分析。

第一，从国家主权与治权的理论看，在宪法意义上，主权是国家不可或缺的要素，是国家的基本属性，也是国家的一项自然权利。主权包括了对外享有独立权，对内享有最高管辖权。[①] 凡是国家必有主权，而主权是国家之中的一种最高的权力，是国家最高意志的体现，主权发出的命令必须服从。执行主权的命令，

① 杨成. 利益边疆：国家主权的发展性内涵。转引自王铁崖. 国际法. 北京：法律出版社，1981：93－94.

按照主权的意志去管理国家就产生了治权，治权是由主权产生的，是主权行使的方式。所以，主权与治权不可分割。没有主权，就没有治权；缺了治权，主权就没有办法实现。

第二，从“一国两制”的理论看，中国恢复对港澳行使主权，首先，说明国家的最高权力和国家的最高意志完全不受限制地在港澳地区得以实现，彻底解决了过去在英国和葡萄牙管治港澳时无法实际有效行使主权的问题。其次，国家主权在港澳的实现决定了由国家自主决定行使主权的方式，即享有对港澳特别行政区的治权和决定治理港澳特别行政区的方式。需要指出，在中英、中葡关于香港和澳门问题的联合声明中所表述的中国恢复对港澳行使主权后对港澳采取十二条方针政策，不能错误地理解为是中英两国政府、中葡两国政府的共同政策，其仅仅是中国政府的单方面政策。从主权的逻辑上讲，中国政府恢复对港澳行使主权后，由主权派生的治权必然属于中国政府，如何对港澳进行管治（治权）是中国的内政，根本不存在中英、中葡共同管治港澳的问题。当英国试图用主权换治权时，遭到了邓小平先生的严词拒绝，“英国想用主权来换治权是行不通的。希望不要再在治权问题上纠缠，不要搞成中国单方面发表声明收回香港，而是要中英联合发表声明。在香港问题上，希望撒切尔夫人和她的政府采取明智的态度，不要把路走绝了……希望本月 22 日开始的中英第四次会谈，英方不要再纠缠主权换治权问题，要扎扎实实地商量香港以后怎么办，过渡时期怎么办。这对彼此最有益处。”①

中央对特别行政区的管治权由两个要素构成：第一，从主权意义上讲，管治权是国家主权的行使，根据国家主权和治权的理论及逻辑，主权在哪里，治权就覆盖到哪里。国家对港澳特别行政区享有主权，必然对港澳行使治权，如同治权覆盖国家的其他地区一样，没有特殊性，没有例外情况。第二，从治权意义上讲，管治权作为主权的行使可根据“一国两制”的方针政策，根据港澳的历史和现实的情况决定具体的内容和形式。国家对港澳的管治与对国家其他地区的管治可以有所区别，有一定的特殊性，包括行使管治权的方式和权限及授权特别行政区实行高度自治。管治权既要坚持主权的原则性，又要考虑治权的灵活性。所以，国家既对港澳享有主权，也享有治权。管治权就是对国家治权的一种表达方式。

---

① 邓小平关于主权与治权的重要观点. 中国评论，2014（12）。转引自中共中央文献研究室. 邓小平思想年编：1975—1997. 北京：中央文献出版社，2011：476.

（2）中央管治权的主体。

如上所述，国家行使对港澳的主权和治权是毫无疑问的。那么，谁代表国家行使主权和治权？根据宪法和基本法的规定，是国家的主权机关，具体是全国人民代表大会和国务院。全国人民代表大会是最高国家权力机关，国务院是国家的中央政府。全国人民代表大会决定设立特别行政区，制定特别行政区基本法，授权特别行政区高度自治。特别行政区直辖于中央人民政府，行政长官对中央人民政府负责。根据宪法和基本法的规定，管治权的主体是十分明确的。但需要指出，基本法中使用的“中央”“中央人民政府”和“中央人民政府所属部门”均是有特定和固有的含义的，必须依据宪法解释，绝对不能随意理解。“中央”是指宪法中的中央的国家机构。“中央人民政府”是指宪法中的国务院。“中央人民政府所属部门”是指宪法中的国务院的组成部门。三者是有区别的。因此，国家行使对港澳的主权是指中央行使管治权，国务院的组成部门对港澳特别行政区不直接行使管治权，基本法第二十二条规定：“中央人民政府所属各部门、各省、自治区、直辖市均不得干预香港（澳门）特别行政区依照本法自行管理的事务。”现在，有一种意见将“中央”“中央人民政府”和“中央人民政府所属部门”混为一谈，这是错误的。更有意见为了限制中央的管治权，将“中央人民政府所属部门”与“中央”和“中央人民政府”画上等号，得出可以立法限制中央的管治权的结论更是荒谬。

当我们谈论管治权的时候有必要区分“中央管治权”概念和“特别行政区管治权”概念。在“中央管治权”概念中，主体就是中央国家机关，对特别行政区行使主权和治权，没有其他主体。在“特别行政区管治权”概念中，主体是两个：一个是中央国家机关，行使主权和治权；另一个是特别行政区行政、立法和司法机关，行使自治权。“特别行政区管治权”由中央的治权和特别行政区的自治权构成。上述两个概念有区别，不能混淆，不能互相取代，使用时需要符合设置的条件和语境。

（3）中央管治权的内容：地域和事项。

中央对特别行政区的管治权内容可以分为两个方面。第一，地域管辖。中央对特别行政区的管治权效力及于特别行政区的行政区域。换句话说，特别行政区的全区域都在中央的管辖范围内，这是全面的，不是局部的。第二，事项管辖，可以分为两个方面。一方面，中央对特别行政区的管治事项可以分为中央直接管理的事务，在基本法中规定的“中央管理的事务和中央与香港（澳门）特别行政区关系”的事务，或者“外交、国防和其他依照本法规定不属于香港（澳门）特别行政区自治范围”的事务。虽然在基本法中上面两种表述不同，但内涵完全一致，规定也十分明确，中央管理的事务不局限于外交和国防，外交和国防只是中央管理的事务中较为重要的两个事务。所以，需要指出，将中央对特别行政区直接管理的事务限于外交和国防是错误的，是对基本法的误解。另一方面，中央对授予特别行政区自治权进行监督的事务。前者事务的决定权和处置权在中央。后者事务的处置权在特别行政区，表现为自行制定政策、自行立法、自行管理，但特别行政区自行制定的法律、政策等是否符合基本法的规定，最终监督权在中央。

2. 中央管治权的效力

根据上述国家主权和治权理论，以及“一国两制”理论，中央享有对特别行政区的管治权毫无疑问。但是，如何确保中央的管治权，如何实现中央管治权的实效是管治权中的一个重要方面和组成部分，需要认真研究。为此，一方面，需要将中央管治权法律化和制度化，另一方面，需要创造一些必要的条件保障中央依法行使管治权能够取得实效。

（1）中央管治权的法律规范。

在“一国两制”下，中央对特别行政区管治必须严格依据基本法进行。当我们分析中央管治权的时候，首先分析基本法的规范。基本法的规范就是对中央管治特别行政区的法律化。在特别行政区基本法中，对中央管治特别行政区的权力有具体规范。可以从基本法的规定列举如下权力：设立特别行政区，划分特别行政区区域；制定、修改和解释特别行政区基本法；领导特别行政区；中央人民政府直接行使国防、外交等事务的管理权；中央人民政府行使与特别行政区自治权相关的权力，如对行政长官的指令权、对特别行政区立法会制定的法律的审查权、对涉及特别行政区重要事项的决定权、对特别行政区司法管辖权的限制权、对特别行政区涉外事务的批准权或许可权等。[①]

所以，落实中央对特别行政区管治权的第一步，必须依法不折不扣地行使基本法明确规定的中央权力，只有这样，才能树立中央管治权的权威，否则，基本法规定的权力都没有充分行使，就谈不上落实中央对特别行政区的管治权。

（2）中央管治权的实际效果。

中央对特别行政区的管治权，除了基本法要有明确的规范外，更重要的是必须将法律规范变成现实生活中的事实规范。这是落实中央对特别行政区管治权的

---

① 骆伟建．论中央管治权及其制度的构建//完善基本法实施机制学术研讨会论文集．澳门：澳门理工学院“一国两制”研究中心，2016：30-32.

第二步，也是最重要的一步，只有这样，才能达到法律上和事实上两个方面的管治统一，即法律上的管治权清晰，事实上的管治权有效。所以，讲中央对特别行政区的管治，不能停留在法律层面，还要看事实层面，我们谈论和分析中央对特别行政区的管治权重点应该关注事实层面遇到的挑战和问题，这是今后落实中央管治权的重中之重。

因此，分析中央对特别行政区的管治权，必须运用两分法。认识中央对特别行政区管治权的内涵和特点，既要以国家主权和治权理论为基础，又要以“一国两制”理论为框架，才能认清中央对特别行政区管治权的原则性和灵活性。认识中央对特别行政区管治权的内容，既要看到中央直接行使的管理权，也要看到中央授权特别行政区自治权后对其进行监督的权力，才能全面而不是片面地认清中央对特别行政区的管治权。认识中央对特别行政区管治权的落实，既要分析基本法的规定是否清晰和足够，也要分析现实中是否将法律规范转化为事实规范，才能确保中央对特别行政区的管治是法律和事实的双重有效。

二、中央与特别行政区关系维度下的中央管治权

当我们在讲落实中央对特别行政区管治权时，不可避免地将涉及特别行政区的自治权。根据“一国两制”的理论和基本法的规定，中央依据基本法享有一系列的权力对特别行政区进行管治，同时，特别行政区也依据基本法享有行政管理、立法和司法的自治权，所以，必然发生中央管治权与特别行政区自治权的关系。如何处理好这对关系，直接影响中央管治权和特别行政区自治权。所以，分析中央对特别行政区的管治权必须放到中央管治权与特别行政区自治权的关系中进行，期望建立中央管治权与特别行政区自治权之间的和谐关系。

1. 中央管治权与特别行政区自治权需要互相配合

处理中央管治权和特别行政区自治权应该有三个思维。

（1）坚持互相尊重和配合的思维。

中央行使对特别行政区的直接管理权是需要特别行政区自治权配合的。而特别行政区的自治权行使也需要中央管理权的配合。如，中央负责与特别行政区有关的外交事务，特别行政区自行处理对外事务。两者虽然有分工，但是，需要互相配合。就以国家推出的“一带一路”倡议为例，一方面，“一带一路”倡议为特别行政区对外事务的发展提供了机会，特别行政区参与其中可以发展同沿线国

家的经济、贸易、文化等合作，并能够从中获益。另一方面，特别行政区利用“两制”之利，参与“一带一路”，可以发挥独特的作用，从而协助“一带一路”倡议的推广和执行。又如，中央负责特别行政区的防务，维护了特别行政区的外部安全，特别行政区不用担心外部的干扰，有利于特别行政区集中精力谋发展。而特别行政区主动配合驻军用地，立法保护军事设施，维护特别行政区的社会治安，支持了国家的防务。再如，行政长官的选举，特别行政区选举行政长官人选，中央人民政府任命行政长官，两者之间亦需要互相配合。假设选举产生的行政长官人选能够得到中央人民政府的信任和放心，中央会任命行政长官并支持行政长官的工作。相反，行政长官人选表明与中央对抗或不愿服从中央领导，那么，中央人民政府不可能任命，行政长官难以产生，政治冲突不可避免。这一切说明，中央管治权与特别行政区自治权可以而且必须互相配合，才能保证双方权力的行使能够取得有利于国家、有利于特别行政区的效果。所以，在中央管治权与特别行政区自治权的关系上要形成坚持互相尊重、互相配合的思维。

（2）树立依法行使权力的思维。

基本法是中央管治权和特别行政区自治权共同的法律基础。只要严格遵守基本法，依据基本法的规定行使管治权和自治权，就应该得到尊重和维护。所以，尊重法律规定，就不能用政治立场和意见代替法律规定。脱离基本法讲中央管治权与自治权关系说不清，理还乱，完全行不通。比如，全国人民代表大会常务委员会可不可以、应不应该解释基本法已经不是政治问题，而是法律的规定。但是，总有一部分人以不同的价值观为由去否定基本法的规定，以认同法院解释法律的做法为由，反对全国人民代表大会常务委员会解释基本法的法律安排，这种逻辑是荒谬的。如果可以用价值观不同反对和否定法律的规定，那么是否可以用同样的逻辑，认为世界上的所有国家司法终审权都保留在中央，不会授予地方法院，从而可以否定特别行政区终审法院享有司法终审权呢？想必反对全国人民代表大会常务委员会解释基本法的人并不会赞成以不同的法律价值观为由取消特别行政区法院的司法终审权。这就说明，以价值观的不同否定法律的规定是不符合法治原则的，必然导致同一批人对待基本法规定的理解和接受并不能始终如一坚持统一的逻辑，即依法办事。相反，符合自己认同的就要求遵守基本法的规定，不符合自己认同的就反对基本法的规定，这种选择性的认同和接受充分暴露了其自相矛盾性和不能自圆其说的荒谬性。如果可以由每一个人的政治立场或价值偏好去否定法律的规定，那么就谈不上依法行使权力。所以，我们必须抛弃以政治而非基本法看待、对待中央管治权和特别行政区自治权的错误思维。

（3）破除对立和对抗的思维。

“一国两制”是中央管治权和特别行政区自治权的共同政治基础。两者的共同基础是国家利益和特别行政区利益，而两种利益之间本质上是一致的、不矛盾的。

因为两者之间有共同的基础和利益，决定了两者之间可以互相尊重和合作，不应该是互相否定和排斥。虽然，管治权和自治权在处理一些互相关联的事务时可能产生不同的看法，甚至分歧，但并非不可调和，也非根本性的冲突，需要就事论事妥善处理，不能将分歧扩大化。如，互惠互利的经济合作，本质上对双方有利，在某些方面可能有矛盾。就以粤港澳区域合作为例，一方面，从国家的发展战略讲，三地合作对国家发展有利，对三地也同样有利。所以，国家行使管治权制定了粤港澳区域合作规划。另一方面，三地之间存在各自的地方管理权，在合作中追求各自的利益，会产生矛盾。那么，是在合作中解决矛盾，还是因矛盾放弃合作？当然应该采取积极的办法，通过合作，解决矛盾，达到共赢。所以，要从大局着手处理局部问题。只有互相尊重和合作，才能落实中央管治权和特别行政区自治权，促进合作和共同发展。而对抗的结果，要么两者的权力均不能实现，要么其中一方的权力受到损害。

2. 中央管治权既要依法支持也要依法监督自治权

当提及中央管治权包括对特别行政区自治权的监督权时，通常遭到一些人的反对，认为中央监督就是损害了特别行政区自治权。所以，有必要分析清楚监督权与自治权的关系。

什么是监督权？在权力制约关系下，享有制约权的一个主体对另一个主体行使权力的行为是否合法作出监督，监督权不是代替被监督者作出决定，是对被监督者作出的决定或行为进行监督，监督的本质是一种权力对另一种权力的制约。

什么是自治权？自治权是依法对自行处理范围内的事项作出决定或采取行动的权力，无须批准，但并不排除自治权所作出的决定和行为受一定的监督。因为自治权并非孤立存在，而是存在于中央权力制约特别行政区自治权的关系中，不能因为是自治权就可排除其他权力对其的监督，也不能因为受到其他权力的制约就认为损害了自治权。

中央为什么享有对特别行政区自治权的监督权？它的法理逻辑在于：第一，特别行政区基本法是中央和特别行政区行使特别行政区管治权的法律基础。中央依据基本法向特别行政区授予自治权，特别行政区必须依据基本法行使自治权。特别行政区是否依据基本法行使自治权或者自治权的行使是否符合基本法的规定，不能由特别行政区自身判断和决定，最终应由制定基本法、负责基本法解释的全国人民代表大会及其常务委员会判断和决定。第二，授权与被授权关系，决定了监督与被监督的关系。特别行政区的自治权是中央授予的，授权者有权监督被授权者是否按照授权者的要求和目的有效行使自治权。根据基本法的规定，中央向特别行政区授予自治权是为了维护国家的统一和领土完整，为了维护特别行政区的社会稳定和经济发展，如果特别行政区自治权的行使符合上述宗旨，并能达到宗旨的目的，中央就要支持和维护特别行政区的自治权，如果违背了上述宗旨，并且有损于国家利益和特别行政区利益，中央就要加以纠正。所以，中央作为授权者需要保留监督权，这样才能维护特别行政区基本法的权威，维护中央对特别行政区管治的权威，落实基本法的规定。正如邓小平先生所说：“切不要以为香港的事情全由香港人来管，中央一点都不管，就万事大吉了。这是不行的，这种想法不实际……但是，特别行政区是不是也会发生危害国家根本利益的事情呢？难道就不会出现吗？那个时候，北京过问不过问？难道香港就不会出现损害香港根本利益的事情？能够设想香港就没有干扰，没有破坏力量吗？我看没有这种自我安慰的根据。如果中央把什么权力都放弃了，就可能会出现一些混乱，损害香港的利益。所以，保持中央的某些权力，对香港有利无害。”①

基本法中是否存在中央对特别行政区自治权的监督权呢？答案是肯定的。基本法第四十五条规定，特别行政区行政长官依照本法规定对中央人民政府负责。“负责”一词，在《现代汉语词典》中表述为，担负责任，尽到应尽的责任，自然也就包含了受所负责对象对其行为的监督。所以，行政长官对中央负责就是要接受中央的监督。同样，基本法规定的特别行政区廉政专员、审计长对行政长官负责，包含接受行政长官的监督。特别行政区政府对立法会负责，包含政府接受立法会对政府工作的监督。此外，基本法规定了特别行政区立法会的立法权制定的法律是否符合基本法受全国人民代表大会常务委员会的审查，特别行政区法院在审理案件中对基本法的解释是否符合基本法受全国人民代表大会常务委员会的解释权监督，等等。

那么，中央监督权能否取代自治权呢？当然不会。这在基本法的规定中是作了明确区分的。我们以基本法第十七条规定为例进行分析。自治权与监督权不能混为一谈。特别行政区的立法权属于特别行政区自治权，只能由特别行政区立法会行使，并制定特别行政区的法律。所以，第一，立法权与监督权性质不同、程序不同。基本法规定特别行政区法律向全国人民代表大会常务委员会备案不影响

---

① 邓小平. 邓小平论“一国两制”. 香港：三联书店（香港）有限公司，2004：57-58.

法律的生效，明确了只要行使立法权，完成立法程序，法律就产生效力。备案只是进入监督程序，既然是监督就不是批准，不能影响法律生效。如果全国人民代表大会常务委员会认为特别行政区法律不符合基本法的规定发回特别行政区，虽然发回的法律立即失效，但无溯及力，体现了完成立法程序的法律已经产生法律效力，因监督发回不能否定依生效的法律所产生权利和义务的效力。第二，监督权不能代替立法权。虽然全国人民代表大会常务委员会在审查特别行政区的法律时，可以认为特别行政区法律不符合基本法发回，但不能直接修改，明确了立法权与监督权的界限，因为修改权是立法权的一部分，如果全国人民代表大会常务委员会可以修改特别行政区法律就等同于行使了特别行政区的立法权。基本法对特别行政区立法权与全国人民代表大会常务委员会审查权的这一套逻辑也是我们处理中央管治权与特别行政区自治权的逻辑。所以，从法律和事实上，自治权与监督权的职能是清楚的，界限也是清楚的，监督权不能也不会取代自治权。

因此，中央对特别行政区自治权的监督不仅是“一国两制”理论的逻辑，也是基本法的明确规定。否定中央监督权既不符合“一国两制”的理论，也违背基本法的规定，完全不能成立。

中央管治权在监督特别行政区自治权的同时，也要支持特别行政区依法行使的自治权。既要制约，也要配合。凡特别行政区自治权是严格依据基本法行使，对国家和特别行政区有利，则中央就要尊重和维护自治权，支持特别行政区依据基本法施政。这是中央政府始终如一的立场。如，2016 年的政府工作报告中指出，我们将全面、准确贯彻“一国两制”、“港人治港”、“澳人治澳”、高度自治的方针，严格依照宪法和基本法办事。全力支持香港、澳门特别行政区行政长官和政府依法施政。发挥港澳独特优势，提升港澳在国家经济发展和对外开放中的地位和功能。深化内地与港澳合作，促进港澳提升自身竞争力。我们相信，香港、澳门一定会保持长期繁荣稳定。在 2017 年的政府工作报告中进一步强调，严格按照宪法和基本法办事，确保“一国两制”在香港、澳门实践不动摇、不走样、不变形；全力支持香港、澳门特别行政区行政长官和政府依法施政，发展经济、改善民生、推动民主、促进和谐。

综上所述，中央的管治权对特别行政区是多功能的。第一个是管理功能，直接管理与特别行政区有关的事务。第二个是监督功能，对发现自治权的行使不符合基本法的情况进行纠正。第三个是支持功能，对特别行政区的依法施政给予支持。一句话，对中央管治权要全面认识，不能片面看待。只有这样，才能正确认识和处理中央管治权与特别行政区自治权的关系。

三、法律规范与现实政治维度下的中央管治权

中央管治权受到两个方面的干扰：第一是某些人挑战基本法的规定，意图否定基本法规定的中央管治权的效力；第二是某些人阻挠基本法的落实，意图让基本法规定的中央管治权在现实中落空。所以，如何将基本法规定的中央管治权转化、落实为事实上的管治权，是今天研究中央对特别行政区管治权的现实意义之所在，从而能够加强将基本法的规定转变成生活现实的条件和制度建设。

1. 中央管治权的地域管辖权受到的挑战

中央对特别行政区的地域管辖受到“城邦论”“港独论”的直接挑战和威胁。“城邦论”就是意图排除中央对特别行政区的管治，名义上还保留在一个国家中，但实质上搞完全自治，国家统一有名无实。“港独论”更是直接将香港从国家中分裂出去，连名义的国家都不要了，直接剥夺了中央对香港的管治权。总之，既分裂国家，破坏国家的统一，又直接否定了中央对特别行政区的地域管辖。虽然分裂国家的危害尚未实际发生，但是，损害中央对特别行政区的管治权具有现实的危害性，对此，立法限制和依法限制是必需的。这种限制不应该是口号式的，应该是法律的，明确规定禁止行为的界限，规定禁止行为的法律后果。首先，必须立法。没有法律就谈不上依法，无法可依就不可能禁止危害国家利益和特别行政区利益的行为。如果特别行政区没有禁止分裂国家、煽动叛乱、颠覆中央人民政府等行为的法律，又如何维护国家的统一和中央的合法权力呢？所以，制定维护国家安全的法律是落实“一国两制”和基本法的需要，是维护国家统一、安全的需要。其次，必须严格执法。特别行政区不仅要制定维护国家安全法，而且要执行维护国家安全法。执法应该包括两个方面。一方面是刑法，对触犯刑法的危害国家安全的行为要追究刑事责任。另一方面是刑法外的法律，对违反其他法律的行为，应该依照法律规定，通过行政措施加以限制，不批准、不允许成立危及国家安全的组织和社团，从事危害国家安全的活动。

因此，中央和特别行政区政府应该运用一切合法的手段对分裂国家的言行予以限制，要主动作为，不能消极不作为。

2. 中央管治权的事权受到的挑战

虽然，特别行政区基本法对中央的事权作出了明确的规定，但是，仍然有一

些人极力否定、限制中央行使基本法规定的权力。主要集中在两个关键性的中央权力上。

第一，全国人民代表大会常务委员会对基本法的解释权。一些人和团体反对和抹黑全国人民代表大会常务委员会解释基本法，将全国人民代表大会常务委员会解释基本法说成是破坏了特别行政区法治和司法独立。这不仅不尊重基本法的规定，而且还曲解、反对基本法的规定。还有一些意见是对基本法作出了错误的解释，影响了中央的权力。如，香港特别行政区终审法院在1999年“吴嘉玲案”判决中宣示：“特别行政区法院是否具有司法管辖权去审核全国人民代表大会或其常务委员会的立法行为（以下简称为‘行为’）是否符合基本法，以及倘若发现其抵触基本法时，特别行政区法院是否具有司法管辖权去宣布此等‘行为’无效。依我等之见，特别行政区法院确实有此司法管辖权，而且有责任在发现有抵触时，宣布此等‘行为’无效。关于这点，我等应借此机会毫不含糊地予以阐明。”法院的判决明显挑战了全国人民代表大会及其常务委员会的权力。在中央为维护管治权提醒特别行政区终审法院明确对全国人民代表大会常务委员会的职权的理解后，终审法院在随后的一个案件判决中声明：“我等在1999年1月29日的判词中，并没有质疑全国人民代表大会常务委员会根据第一百五十八条所具有解释基本法的权力，如果全国人民代表大会常务委员会对基本法作出解释，特别行政区法院必须要以此为依归。我等接受这个解释权是不能质疑的。我等在判词中，也没有质疑全国人民代表大会及全国人民代表大会常务委员会依据基本法的条文和基本法所规定的程序行使任何权力。我等亦接受这个权力是不能质疑的。”最终，特别行政区终审法院的立场明确回到宪法和基本法规定上来。虽然，法院已经认同了全国人民代表大会常务委员会的解释权，但一些人和团体至今仍然不认同和反对，所以，要维护全国人民代表大会常务委员会对基本法的解释权，除了继续宣传解释基本法的有关条款外，更要通过实际的解释行为让特别行政区社会习惯和适应基本法的规定。总之，既要说清法理，又要能够适时运用，才能让反对者认同和接受全国人民代表大会常务委员会解释基本法是特别行政区法治不可分割的一部分这种法律事实。

第二，中央对行政长官的任命权。有人在报章撰文称，将中央对行政长官的任命权说成是实质任命权，是对基本法的僭建，并质疑中央有“实质任命权”的说法是所谓“搬龙门”。这种观点一方面意图将中央的任命权变成程序性的权力，另一方面必然进一步否定行政长官对中央负责是一种实质性的负责，将其变为一种象征性、礼仪性的负责。这种意见显然不符合“一国两制”原则和基本法的规定及其逻辑。因为中央恢复对港澳行使主权是有实质意义的，不仅仅是象征意义。主权就具有实质的管治权，上面已经作了详细的论证，此处不再重复。从而，决定了中央人民政府领导特别行政区是实质性的领导，绝对不是形式上的领导。正因为是实质上的领导，特别行政区行政长官对中央人民政府的负责也就必然是实质上的负责，不是形式上的负责。而要保证行政长官对中央人民政府的实质上的负责，自然中央人民政府对行政长官的任命是实质性的，否则，难以保障行政长官真正对中央人民政府负责。这完全符合法律上的权力与责任相一致的原则。上述逻辑链中的每一个环节都是紧密相扣的，任何一个环节出现了问题就意味着整个体系的崩溃。所以，“僭建论”的说法根本不了解“一国两制”的内在逻辑，也曲解了基本法的规范。

中央政府的任命权要守住最后的防线，但守住防线是否意味着只能被动，不能发挥积极影响，如何看待现实中的中央人民政府对行政长官候选人提出标准，这是需要正确对待的。从行政长官产生的程序上看，选举和任命是两个相联系的阶段。选举是特别行政区选民的权利，任命是中央人民政府的权力。如果仅仅从程序上看，似乎两者是可以分开的，各自负责各自的事。但是，如果从任命的结果上看，两者是联系的、不可分的，否则，选举产生的行政长官人选不获中央人民政府任命，行政长官也产生不了。因此，应该将行政长官产生程序视为一个由两个阶段组成的整体，在这个整体中，选民与中央人民政府之间互相影响不可避免，中央提出行政长官候选人的标准无可厚非。

因此，中央对基本法赋予的权力一定要敢于使用、善于使用。

3. 中央管治权的效果受到的挑战

中央管治权在基本法中是明确规定的，只要中央人民政府坚持依法行使权力是不可能受到限制的，正如上述全国人民代表大会常务委员会解释基本法的权力，在一些人的反对中照样行使，中央人民政府对行政长官的任命权，在一些人的质疑中照样是实质任命。但是，在现实中，我们也看到，中央行使了基本法规定的权力，没有达到效果的情况也时有发生。比如，基本法第二十三条的立法在香港立法会没有完成。再如，全国人民代表大会常务委员会作出了香港特别行政区行政长官和立法会产生办法修改的决定，立法会同样没有落实。这是对中央管治权的最大挑战。

所以，解决和落实中央管治权不能仅仅依赖中央如何行使管治权，更要解决中央行使管治权后如何落实的条件问题。没有落实就等于没有结果。那么，谁来落实中央的管治权，自然要依靠特别行政区的行政、立法和司法权。没有它们的配合，中央的管治权无法取得效果。行政权由行政长官领导的政府行使，行政长官对中央人民政府负责，所以，从行政权角度看，中央管治权可以得到基本执行。但是，从立法权角度看，由于立法会的组成中一部分政治力量可以否决立法会的法案，难以保证中央管治权的全部落实。造成这种局面主要有两个原因，一是目前社会中的选民结构和政治取态，将一部分反对或限制中央管治权的候选人送入立法会。二是选举制度自身规定的局限，有利于某种政治激进势力代表进入立法会。经验告诉我们，行政长官和立法会的产生办法既涉及民主的方式问题，也涉及中央管治权的效果问题，绝对不能简单地从民主发展的单一角度和思维决定选举办法的修改和完善，必须从民主发展和中央管治两个方面平衡的角度和思维去处理。只有行政长官和立法会中以爱国者和保持与中央合作的政治力量占支配地位，才能将中央管治权由法律规定变成政治现实。

因此，中央一方面要继续争取人心，另一方面要在有利于中央管治和民主发展取得平衡下完善选举制度。只讲民主发展，不顾中央管治地一味追求选举制度的修改是危险的、不可取的。

4. 对中央管治权的判断存在的争议

当我们讨论中央管治权时，存在两种不同的意见。一种意见认为，中央管治权没有受到挑战，除“港独论”之外，都是属于管治权行使的方式之争。另一种意见认为，现实中的中央管治权受到挑战，不仅存在中央管治权行使的方法之争，更存在争夺管治权之争。那么，是否存在管治权争夺的问题呢？对此，不能回避这个问题，必须直面加以弄清楚，这是今后制定政策的基础。

第一，必须在“一国两制”的理论上说清楚。如行政长官选举，中央能否承受和接受一些政治势力的代表人物可以出任行政长官以及在立法会中占主导地位和多数席位？如果回答是否定的，中央就需要从管治权高度决定选举制度发展的进程，“全国人民代表大会8·31决定”需要坚持，中央不能超脱，需要适度介入。所以，在讨论中央管治权时无法回避这个基本问题，否则，没有可能对中央管治权的现状是管治过度还是管治不足作出正确判断。中央管治权需要特别行政区有一个和谐的社会，但是，社会和谐必须建立在一定基础之上，没有共识的基础不可能建立稳定和长期的和谐。中央提出特别行政区主要管治者必须是爱国者和得到中央信任，如果反对者不认同和接受这个基础，而中央又要坚守这个原则，那么，管治权之争不可能停止。

第二，必须对管治权之争的事实有正确的认识和判断。从中央决定恢复对香港行使主权起就在社会上引起争议，一股政治势力从“民主回归”“民主拒共”到抵制立法维护国家安全，搞所谓的“全民公投”“公民抗命”，直至发展到

“占领中环”“旺角暴动”的行为，最终提出“港独论”，主线始终是针对中央对特别行政区的管治权。对此，不能视而不见。这股政治势力不改弦更张，中央管治权之争也不可能停止。只有社会上的政治力量（其中包括爱国者和非“港独”主张的政治力量）能够共同抵制和反对这股破坏“一国两制”的政治势力，才能逐步营造和建立社会的和谐局面，改善中央行使管治权的环境，才能开创政治共识的新局面。

所以，中央实际有效行使对特别行政区的管治权是一项重要原则，也是一条不可逾越的底线。任何否定、限制、排除中央的管治权都是抵触“一国两制”和基本法的规定，不可能期望中央能够妥协和接受的。然而，中央行使管治权的方式，在“一国两制”下如何能够更好地处理与特别行政区自治权的关系则是可以探讨、协商的。

（本文为作者2017年在深圳大学基本法研究中心研讨会上的发言）

中央管治权及其制度的构建

中央管治权是“一国两制”和基本法理论和实践中的一个重要基础，什么是中央管治权？中央为什么有管治权？中央管治权包含哪些具体的权力？中央行使管治权和特别行政区落实中央管治权的制度和程序怎么构建？这些都需要探讨、研究和阐述。

一、国家主权和中央管治权的关系

论述中央管治权离不开国家主权，讲国家主权又不能脱离国家的形成和存在。从逻辑的关系分析，应该先讲国家，后讲国家主权，再讲中央管治权。

（一）国家管治权的正当性基础

基本法序言是我们理解国家对港澳拥有主权和行使管治权的基础。基本法序言清楚地表达了两层意思，港澳自古以来就是中国的领土，中国对港澳拥有主权。解决港澳的历史遗留问题，中国恢复对港澳行使主权。这就从源头上回答了中国国家主权与港澳的关系。

1. 国家的历史和现实提供的正当性

第一，中国作为国家存在历史悠久。

约公元前21世纪，启在中原地区建立了中国历史上第一个以“天下共主”为最高统治者的国家——夏王朝。[①] 夏、商、周是中国历史上的古代社会，形成了相应的国家。秦朝至明清是中国的封建社会，同时也建立了中央集权的国家。

---

① 中国社会科学院历史研究所简明中国历史读本编写组. 简明中国历史读本. 北京：中国社会科学出版社，2012：2.

清朝之后，中国进入了近现代社会，逐步建立了现代国家制度。先秦时期，“中国”是指华夏居天下之中，是政治中心或中原王朝。清初，“中国”作为统一的多民族国家的专称，具有主权国家的含义。辛亥革命后，“中国”成为具有近代意义的正式国家名称。[①] 中国作为一个国家，不是想象的共同体，是历史形成的客观的共同体，中国是中华民族的共同国家，作为历史事实和现实存在，是不容否定的，也是无法改变的。

第二，中国作为历史悠久的国家在当今国际社会得到公认。

中国作为国家的存在，得到了国际社会的普遍承认。列举两个事实加以证明。中国是国际社会最大的、最有影响力的、最权威的组织——以主权国家为单位的联合国的会员国和常任理事国。中国与世界上绝大多数的国家建立了外交关系，174 个国家承认中华人民共和国政府是中国的唯一的合法政府。所以，中国作为国家是举世公认的。

第三，与港澳历史问题相关的英国、葡萄牙也承认中国是港澳的主权国家。

由于历史的原因，英国和葡萄牙强迫当时的清政府签订了不平等的条约，占领了香港和澳门，并对香港和澳门实行殖民管治。清政府后的中国政府均不承认强加在中国身上的不平等条约，历来主张中国对香港和澳门拥有主权，在适当的时候恢复行使主权。

英国政府在 1984 年谈判香港问题时，承认中国拥有对香港的主权。葡萄牙政府早在 1976 年的葡萄牙宪法中承认澳门是葡萄牙暂时管辖下的中国领土，并在 1987 年谈判澳门问题时承认中国拥有对澳门的主权。正是英国、葡萄牙承认中华人民共和国是中国的唯一合法代表，是香港和澳门的主权国家，所以，中英、中葡签订了香港问题和澳门问题的联合声明，同意在 1997 年 7 月 1 日和 1999 年 12 月 20 日将香港和澳门交还中国。因此，香港和澳门作为中国不可分割的一部分，中国恢复对香港和澳门行使主权。这些也是客观的历史事实，是不可能被抹杀的，只能再一次证明，中国是一个国家，而且拥有对香港和澳门的主权。

因此，中国作为一个国家，其历史和现实提供的正当性不可动摇。作为一个国家当然拥有不可分割的主权，行使国家主权必然享有对国家领土范围内的事和人的管辖权。

---

① 中国社会科学院历史研究所简明中国历史读本编写组. 简明中国历史读本. 北京：中国社会科学出版社，2012：5-7.

2. 国家主权理论提供的正当性

国家主权理论认为：

第一，凡是国家，主权是构成国家的基本要素，这是普遍共识。宪法学和国际法学理论认为，构成国家的必备要素由一定的居民、确定的领土、政府和主权四个要素构成。[①] 在国际法上，现代国家最根本的属性是主权，指拥有充分的权力维护对外独立、对内忠诚和秩序以及在其领土内适用和解释法律制度的最高权和独立权。[②]

第二，国家主权的内涵是，主权对内是最终和最高的权力，不受限制地作出决定；对外是独立和排他的权力，自主地作出决定。

第三，作为主权的具体体现就是国家通过主权对国家领土范围内的事和人进行管辖。这种管辖在国家理论上就是管治权。国家拥有主权也就拥有对国家的管治权。主权是管治的基础，管治权是主权的具体体现。

第四，国家的管辖权只能在自己的领土范围内行使，所以，维护国家的领土完整和国家统一是主权及其管辖权的责任，没有主权或不能行使主权，等于失去了自己的领土。没有了领土，主权也就是空中楼阁。坚持国家主权也就必然要维护国家领土的完整，国家的统一也有利于国家主权的行使，两者相互依存。

所以，国家主权理论清楚地告诉我们，主权既是国家不可分割的要素，也是国家管理的唯一权力来源。

综上所述，无论是中国的历史和现实，还是国家主权理论，均为中国行使包括对港澳特别行政区在内的管治权提供了坚实的正当性基础。

（二）国家对港澳行使主权和管治权的正当性

1. 中国自古对港澳行使主权和管辖权

中国的历史证明，香港和澳门自古由中国管辖。自秦朝开始，香港地区就一直在中国中央政府的管辖之内，直到英国侵占香港以前，从未间断过。在汉朝，香港地区划归南海郡博罗县管辖。此后，一直延续到西晋时期。东晋将南海郡东部划出，另设了一个东莞郡，下辖宝安、兴宁、海丰等六个县。宝安县的辖地，

---

① 余先予. 国际法律大辞典. 长沙：湖南出版社，1995：3.

② ［英］戴维·M. 沃克. 牛津法律大辞典. 北京：光明日报出版社，1988：851.

包括今天的香港地区和深圳市、东莞市。隋朝又废东莞郡，将辖地并入广州府南海郡，宝安县也改为隶属南海郡，香港则仍归宝安县管辖。唐朝改宝安县为东莞县，香港又归东莞县管辖。明朝将东莞县滨海地区划出另设一县，名为新安县。自此，香港地区改属新安县管辖。[①] 澳门从秦朝开始属南海郡番禺县，晋朝属东乐县，隋朝属宝安县，唐朝属东莞县，南宋属香山县管辖。香港和澳门的历史证明了自古以来它们就是中国的领土，中国自古对香港和澳门行使主权，具有历史的正当性。

2. 中国对香港和澳门享有主权和管辖权也得到国际社会的认同

国际社会认同中国对香港和澳门拥有主权是基于中国对香港和澳门管辖的历史事实。1964 年，在莫斯科召开的“世界青年论坛”大会上，有代表提出，应依联合国宪章使香港、澳门“独立”，与某些殖民地的决议草案一同讨论。中国代表当即反驳，进行抗议，指出：香港和澳门是英国、葡萄牙帝国主义根据不平等条约强占的中国领土，中国人民一定要在适当的时候收回它们，要求给予这两个地方独立，实际上是要求这两个地方脱离中国。中国人民是不能同意的。1972 年 3 月 8 日，中国常驻联合国代表在致联合国非殖民化特别委员会主席的信中，重申上述立场，指出：“香港和澳门是被英国、葡萄牙当局占领的中国领土的一部分，解决香港、澳门问题完全属于中国主权范围内的问题，根本不属于通常的所谓‘殖民地’的范畴。因此，不应列入反殖民地宣言中适用的殖民地地区的名单之内。”联合国非殖民化特别委员会于同年 6 月 15 日通过决议，向联大建议从上述殖民地名单中删去香港和澳门。1972 年 11 月 8 日，第二十七届联合国大会通过决议，批准了该特别委员会的报告。所以，香港和澳门不具有国际法上的殖民地性质，不存在自决权，解决香港和澳门问题是中国恢复行使主权。

3. 中国恢复行使主权的正当性不容挑战

中国对香港和澳门拥有主权的历史正当性以及国际社会认同和接受中国拥有对香港和澳门主权的现实正当性，是顺利解决香港和澳门历史遗留问题的基础。最初，英国希望中国政府承认与英国签订的三个不平等条约，放弃对香港的主权。但是，遭到了中国政府的坚决反对。邓小平先生代表中国政府明确表示，“关于主权问题，中国在这个问题上没有回旋余地。坦率地讲，主权问题不是一

---

① 刘蜀永. 香港的历史. 北京：新华出版社，1996.

个可以讨论的问题。"[①] 虽然，历史上香港和澳门曾经被英国和葡萄牙占领，但并不意味着中国丧失了对香港和澳门的主权，仅仅是失去了行使主权的条件。最终，在中国政府严正立场下，英国政府放弃了主权的主张，转而讨论向中国交还主权，以及中国恢复对香港行使主权后的政策。

中英、中葡通过协商、谈判，能够解决香港和澳门的历史遗留问题，也是基于中国对香港和澳门历史上形成的管辖权的共识，才有可能达成英国、葡萄牙将香港、澳门主权交回中国，由中国恢复行使主权的共识。也只有在中国恢复行使主权及管辖权后，才能制定港澳回归后实行"一国两制"的方针政策。

4. 港澳作为中国的一部分、作为地方政府不能与中央分享主权

在国家内部，主权的权力由中央政府行使。在国际上，只能由中央政府代表国家。

解决港澳问题不存在由英国、葡萄牙政府将管治权移交港澳，所谓的"还政于民"。一些人在"人民主权"理论的内涵上还没有搞清楚就偷换概念，大谈地区居民享有管治本地区的固有权力，规定特别行政区的制度需要港澳居民授权，从而否定国家行使主权。那么，什么是人民主权呢？"人民主权"意指人民拥有国家主权，国家主权属于国家的全体人民。所以，它的主体和客体均指向国家而不是地方，地方管治权不能等同于国家主权，地区居民不能等同于国家的全体人民，因此，主权是国家的主权，人民是全国的人民，国家是以全体中国人民的名义行使主权和管治权。在以上的逻辑中，国家中的地方何来固有权力？地方没有固有权力又何来向中央授权？所以，在港澳地区试图用"人民主权"理论否定国家主权理论是用错了地方，是理论上的无知，也是一个天大的笑话。国家主权的正当性不是随便能否定得了的。

另外一些人对国家主权理论没有全面、准确认识的情况下就将主权与管治权进行分割，表面上承认国家主权，实质上否定国家主权，用自治权代替主权，将国家主权变成一种抽象的主权、没有实际管治权的主权。但是，国家主权理论告诉我们，拥有国家主权就拥有对国家的全面管治权，管治权的全面性是由主权的全面性决定的，主权管辖绝对不是限于国家部分地区，而是国家的整体和全部的领土范围。同时，由于主权和管治权在客观、事实上并不能分割，国家拥有主权必然拥有管治权，国家管治权源于国家的主权，管治权是主权的具体表现和内容。管治权的正当性是建立在主权的正当性基础上，由主权正当性提供的。所

---

① 邓小平. 邓小平论"一国两制". 香港：三联书店（香港）有限公司，2004：1.

以，主权有具体内容，包含了具体的管治权。正是国家拥有对领土范围的全面管治权，才可以根据国家的需要，中央政府可以将部分的管理权授予地方政府，形成了国家治理权的分工，从而有了地方的自治权。如果国家没有全面的管治权，何来向地方授权呢？因此，主权、管治权及其地方自治权之间的关系是我们理解中央全面管治权的基础，绝对不能割裂，更不能颠倒。

二、中央管治权的内涵和权力

明确了中央管治权的内涵，就能界定中央管治权的内容。

（一）中央管治权的内涵

管治权就是对国家事务的管理权。国家事务既包括全国性事务，也包括地方性事务。原则上，国家均可管理，所以，中央管治权具有全面性。

国家根据“一国两制”的政策，由中央人民政府负责管理全国性的事务，对地方性的事务授权特别行政区自行管理，从而形成了中央管治权的两种形式。一种是中央保留行使的权力，另一种是授权特别行政区后对自治权的监督权力。为什么中央享有对自治权的监督权呢？因为根据授权的理论，被授权者必须按照授权者的要求行使自治权。中央授权特别行政区，对特别行政区自治的要求是什么呢？目的又是什么呢？就是基本法序言所说的，为了维护国家的统一和领土完整，为了维护特别行政区的社会稳定和经济发展。特别行政区行使自治权是否符合这个要求，就需要接受中央的监督。

（二）中央管治权的具体权力

1. 设立特别行政区

港澳是中国的地方，国家对地方采取何种方式管理是属于中央管理地方的权力，可以采取普通行政区的方式，也可以采取特别行政区的方式，决定权在中央。国家根据宪法第三十一条的规定，采取设立特别行政区的方式管理港澳地区。全国人民代表大会分别于1990年4月4日和1993年3月31日通过设立香港特别行政区和澳门特别行政区的决定。同时，通过制定香港和澳门特别行政区基本法规定了特别行政区实行的制度。所以，特别行政区是国家行政区划体系中的一部分、一种形式。特别行政区制度首先是国家管理港澳地区的制度，其次才是港澳地区高度自治的制度。因此，设立特别行政区、实行特别行政区制度，充分体现了国家对特别行政区的宪制制度的决定权。

2．制定特别行政区基本法

依法治理特别行政区是国家的一项政策，也是国家依法治国的一部分。特别行政区的制度属于国家中的一项重要制度，规范特别行政区制度的立法权属于最高国家权力机关，即全国人民代表大会。所以，特别行政区的制度不能由特别行政区立法机关自行立法规定。因为特别行政区立法机关仅仅是特别行政区制度中的一部分，它的地位和职权由基本法决定，它是被特别行政区基本法决定的对象，不是决定特别行政区制度的主体。因此，全国人民代表大会分别于 1990 年 4 月4 日和 1993 年 3 月 31 日通过了香港和澳门特别行政区基本法。基本法在实施过程中遇有争议或需要明确含义时，全国人民代表大会常务委员会享有对基本法的最终解释权。基本法如需要修改，由全国人民代表大会修改基本法。对基本法的制定权、解释权和修改权充分体现了国家对特别行政区制度享有制宪（基本法）性的权力。

3．领导特别行政区

特别行政区作为国家中的一个地方行政区、一个地方政府，既不能脱离国家，也不能脱离中央的领导。基本法规定了特别行政区直辖于中央人民政府，行政长官对中央人民政府负责，绝对不是象征性的，也不仅仅是一种形式，而是实质性的领导和负责，包括中央领导行政长官，行政长官对中央负责。为了保障领导和负责的执行，中央需要掌握对行政长官以及行政长官领导的特别行政区政府中的主要官员的任免权。如果行政长官人选不能接受中央领导，不能对中央负责，那么，中央就可不予任命。如果行政长官任期内不能接受中央领导和对中央负责，则中央有权免除行政长官的职务，以体现国家对特别行政区的领导权。

4．中央政府直接行使的管理权

外交、国防作为一个国家的重要事务，既是一个国家的全国性事务，也是涉及国家对外交往和外部安全的事务，自然由中央政府负责管理，一个地方政府不能管理，也无能力管理。特别要指出，特别行政区的对外事务必须服从国家的外交政策，在不违反国家外交政策的前提下开展对外事务。同时，对外事务必须是在适当的领域，不能涉及以国家主权为单位的国际组织、国际会议和国际条约。

5. 中央政府行使与特别行政区自治权相关的权力

第一项，对行政长官的指令权。

特别行政区行政长官及其领导的政府享有行政管理权，在行政管理中，需要配合中央处理有关事务，如中央决定在特别行政区驻军，特别行政区政府需要作出相应的配合，提供土地，制定刑事条例处罚破坏军事设施的行为等。所以，基本法规定，中央人民政府在依据基本法管理有关事务时，可以向行政长官发出指令。行政长官依指令配合中央人民政府处理有关事务。指令权是中央领导权的一项内容，对行政长官有约束力。

第二项，对特别行政区立法会法律的审查权。

特别行政区立法机关享有立法权，但是，立法会制定法律必须以基本法为立法依据。那么，特别行政区的法律是否符合基本法，不是由立法机关说了算，而是由制定基本法的全国人民代表大会及其常务委员会决定。所以，全国人民代表大会常务委员会对特别行政区备案的法律享有审查权，对违反基本法有关中央管理、中央与特别行政区关系条款时，可将有关法案驳回，以保障基本法的实施。

第三项，对涉及特别行政区重要事项的决定权。

特别行政区实行特别行政区的法律，但是，在“一国”原则下，中央有权处理外交、国防等事务，为保障中央权力的落实，可依据基本法的规定，将部分全国性的法律适用于特别行政区。另外，当遇有战争或特别行政区发生危及国家安全的动乱时，中央有权决定进入战争状态和紧急状态，以维护国家的安全。

第四项，对特别行政区司法管辖权的限制权。

特别行政区享有独立的司法权和终审权，但是，根据“一国”的原则和中央管理的权限，特别行政区的司法管辖权不能管辖中央行使主权作出的如外交、国防等“国家行为”。如果涉及“国家行为的事实”，则需要由中央人民政府发出证明文件，并对法院有约束力。

第五项，对特别行政区涉外事务的批准权或许可权。

特别行政区可以处理对外事务，但是，外事必须服从国家的外交政策。所以，特别行政区签订国际条约要得到中央人民政府的许可，外国在特别行政区设立官方机构要得到中央的批准。

6. 中央向特别行政区的授权和再授权

中央行使国家的主权，根据“一国两制”的原则，决定特别行政区实行高度自治。为此，中央向特别行政区授予行政管理权、立法权、独立的司法权和终审权。根据特别行政区发展的需要，还可以再向特别行政区授予其他权力。这体现了国家的管治权属于中央，特别行政区的自治权来源于中央的授权。

综上所述，中央管治权中既有中央负责决定、负责管理的权力，也有对特别行政区行政管理权、立法权、司法权和对外事务权的制约和监督的权力。

为了保障中央的管治权，一方面要依法维护、依法行使中央的权力，另一方面对于企图削弱、限制、架空中央管治权的行为要依法反对，不能含糊和妥协。

三、中央管治权的行使和执行制度

我们知道和明确了中央的管治权，接下来应该构建中央管治权的行使和执行制度。首先，中央要行使好管治权；其次，中央行使了权力，需要特别行政区执行加以落实，否则，中央管治权也会落空。所以，中央管治权需要配套制度。因此，必须构建集中央管治权的行使和执行于一体的系统。

（一）中央管治权的行使制度

中央行使管治权，需要制度保障，需要程序规范。

1. 行政长官对中央的负责制度

中央领导特别行政区的权力是通过行政长官对中央负责实现的。所以，行政长官对中央负责必须制度化。制度不能因人而异，针对特定个人，而是应着眼稳定、规范，针对行政长官的职位，无论谁做行政长官都按制度办事，受制度约束。

在行政长官的负责制度中，包括了中央对行政长官的任命权、免职权和指令权。在三权之中，对免职权的研究不足。中央人民政府有没有免职权？澳门基本法第十五条规定，中央人民政府对行政长官有任免权，明确了有任命和免职的权力。香港基本法只规定了中央人民政府有权任命行政长官和在立法会弹劾行政长官后可以免除行政长官职务，以及有权免除主要官员的权力，但没有明确除弹劾外可以免除行政长官的权力。对此，如何理解？从基本法的体系和行政长官对中央负责的要求分析，中央应该有免职行政长官的权力。理由：第一，香港基本法第十五条规定中央有任命行政长官和主要官员的权力，第四十八条规定行政长官可建议中央人民政府免除主要官员职务。将两个条文联系起来分析，中央有权任命主要官员，也就有权免除主要官员的职务，那么，中央有权任命行政长官，也就应该有权免除行政长官的职务，即任命权包含免职权。第二，从行政长官对中央负责的要求分析，中央没有免职权，对行政长官不负责不能追究责任、不能免职，就不可能有行政长官对中央的真正负责。所以，免职权是行政长官负责制的题中应有之义。那么，在什么情况下可以免职？从理论上说，行政长官对中央负责，既负有法律责任，也应该负有政治责任。法律责任就是行政长官严重违法和渎职，经立法会弹劾，中央人民政府免除行政长官的职务，这在基本法中有明确规定。政治责任就是行政长官不履行基本法的义务，不接受中央人民政府的领导，不对中央负责，不执行中央的指令，损害国家利益和特别行政区根本利益，失去了中央对行政长官的政治信任，就可以免除行政长官的职务。对此，全国人民代表大会常务委员会在需要时必须进行基本法的解释，提供基本法的依据。

在行政长官负责制度中，中央还要搞好配套的述职和报告制度。因为行政长官是特别行政区的首长，既对中央负责，也对特别行政区负责。对中央负责的形式是向中央述职和报告，向中央汇报施政的成效，报告施政中的重大问题。向特别行政区负责的形式是向立法会作施政方针的报告，接受辩论和质询。从现实情况看，后者的制度化比较成型，前者有待研究和加强。比如，在述职制度中，述职应该包括哪些主要的内容，中央对行政长官的述职发表的意见后续如何处理等。再如，在报告制度中，应该明确哪些重大事项需要报告，对不同的报告事项采取不同的处理方式，有的属于了解情况，有的需要中央配合，有的需要调整政策，等等。

2. 全国人民代表大会常务委员会解释基本法的制度

全国人民代表大会常务委员会享有基本法的最终解释权，这是依法维护中央管治权的重要手段。用好这个解释权是依法治理特别行政区的关键之一。从解释权的制度看，其由两个方面构成，一方面是全国人民代表大会常务委员会的主动解释，另一方面是特别行政区行政长官和法院提请解释。从制度层面讲，在这两个方面都应该更加规范化和程序化。

全国人民代表大会常务委员会要不要解释、什么时候解释、怎么解释应该将法律因素放在第一位考虑，应该善于运用基本法的解释权，该解释时就要解释，需要解释的就解释，才能树立基本法的权威。否则，选择性解释会受到政治抹黑，影响全国人民代表大会常务委员会解释的权威性。

对特别行政区的提请解释，可以规范好行政长官负责执行基本法的职权，让行政长官用好这项职权，不要成为一种摆设。行政长官对施政中遇到的一些曲解基本法进而阻挠政府施政的行为，属于基本法需要明确含义的应该提请中央解释，用法律手段解决争议，用基本法规范行为，正本清源，这样也有利于基本法的实施。

3. 宣誓效忠国家和特别行政区的制度

为了维护“一国两制”，基本法要求行政长官、主要官员、立法会主席、立法会副主席、立法会议员、法官等效忠国家和特别行政区。宣誓效忠的制度对国家行使管治权相当重要。宣誓时要求效忠中华人民共和国或中华人民共和国特别行政区、拥护特别行政区基本法，是效忠主体履行职务的前提和必要条件，不愿意效忠中华人民共和国或中华人民共和国特别行政区，拥护中华人民共和国特别行政区基本法，就意味着丧失担任职务的资格和履行职务的权利。这项制度必须严格执行。

一方面，宣誓效忠既是政治伦理的要求，也是法律的义务。我们应该着重以法律义务来对待。不完整的宣誓、曲解含义的宣誓，属于戏弄法律行为，应该无效，不具备履行职务的条件。

另一方面，对宣誓后违背誓言的人也应该按基本法规定让其丧失履行职务的资格。我们必须认真研究处理的办法。比如，立法会出现有议员公然不承认特别行政区是中华人民共和国的一部分，不承认、不拥护特别行政区基本法，而立法会又不通过谴责让其丧失议员资格应该怎么办？如果没有补救办法，宣誓效忠等于空洞无用，效忠国家和特别行政区、拥护基本法的要求等于流于形式。所以，应该着手完善宣誓效忠制度的执行规范，让宣誓效忠制度真正发挥维护国家主权、维护基本法权威的作用。

（二）特别行政区执行中央管治权的制度

中央管治权除了通过中央自身行使给予彰显外，更是需要通过特别行政区执行中央的决定予以落实和体现。如果特别行政区不执行，中央也仅仅是行使管治权而没有实质结果。所以，中央的管治权需要构建执行的制度，这个制度应该包括以下几个方面。

1. 行政主导的制度

行政主导的体制就是以行政长官为权力核心，在行政与立法关系中，既存在互相制约，也体现行政主导立法，比如，立法会的主要职能是立法，而立法的主导权在于政府。香港基本法第七十四条、澳门基本法第七十五条规定，凡不涉及公共开支或政治体制或政府运作者，可由立法会议员个别或联名提出，凡涉及政府政策者，在提出前必须得到行政长官的书面同意。可见，重要法案的立法提案权和主动权掌握在政府手里。

行政长官在特别行政区政治体制中既是特别行政区的首长，又是特别行政区政府的首长。既对中央负责，也对特别行政区负责。所以，行政长官是中央管治权下的执行者，他能否切实履行基本法的职责，对中央负责，决定了中央管治权能否落实。从中可以体会到，行政主导的体制对解决好中央与特别行政区关系的重要性。实践告诉我们，行政主导的体制运作顺利，行政长官的主导作用发挥得好，中央的管治权就能落到实处。

行政长官在行政主导体制中的作用能否发挥，一方面取决于行政长官的作为，另一方面取决于立法会与他是否合作。如果立法会处处与行政长官对抗、对立，始终为反对而反对，则行政长官的作用就有限。香港和澳门的行政长官与立法会的关系处于两种不同的状态，行政长官的主导也就完全不同，中央管治权在特别行政区的落实效果也就不一样。

所以，要在特别行政区落实中央的管治权，不能削弱行政主导体制，只能加强和完善行政主导体制。而加强和完善的关键在于平衡行政与立法之间的关系。核心就是要争取立法会的多数能够与政府合作，成为政府重大政策的支持者，犹如英国式的议会制，政府由议会中的多数支持。那么，怎么才能做到这一点呢？就要搞好选举制度。

2. 选举制度

选举制度是行政主导制度的重要一环，也是行政主导体制成功的基础。选举制度影响选举结果，选举结果又影响立法会议员的组成结构，立法会议员的结构最终影响行政长官能否主导，这是一个环环相扣的系统。所以，不能孤立地看待选举制度，要放在行政主导体制中理解选举制度的重要性。

基本法设计选举制度时要求体现行政主导的原则、利益兼顾均衡参与的原则是完全正确的。澳门的选举制度具体体现了这两个原则，加上爱国爱澳力量占社会主导地位，所以，在立法会中多数议员能够配合政府依法施政。今后，澳门的方向是如何完善选举制度，绝对不能另起炉灶。同时，巩固和发展爱国爱港爱澳力量十分重要，是取胜的决定性因素。对此，应该认真研究和分析如何形成队伍的条件、如何培养人才的方法以及相关的策略。港澳的爱国爱港爱澳力量需要逐步形成主导地位，任重道远。

3. 特别行政区政府的治理能力的机制

特别行政区政府依法施政的能力越强，社会经济发展得好，居民民生问题解决得好，那么管理社会的效果就越好。如果特别行政区政府本身治理能力不足，不仅难以落实和执行中央的管治权，也难以争取居民对政府施政的支持，也就直接影响爱国爱港爱澳队伍的发展和壮大。

所以，特别行政区政府依法施政、科学决策、公正廉明、有效管理是治理能力机制中的四个最基本的要求，也是工作的方向，只要不懈努力，就可以逐步做到，形成这种机制。如果政府的治理能力提升了，管治效果提高了，相信也能大大提升执行中央管治权的能力。

综上所述，落实中央的管治权需要系统化考虑，需要构建中央和特别行政区互相合作的制度。唯有如此，方能有效。

（本文收录于《完善基本法实施机制研讨会论文集》，澳门理工学院“一国两制”研究中心，2016 年）

论中央与特别行政区关系中的信任基础、条件和机制

邓小平说：“对中华人民共和国、对中国政府没有信任感，那么，其他一切都谈不上了。”① 这一论断提出了两个基本的要点。第一，实行“一国两制”，由于两种制度不同，差异和矛盾不可避免。所以，相处于一国之中更需要信任。第二，两种制度互相信任的核心和基础是对国家的认同。本文就“一国两制”下为什么需要建立互相信任、如何建立互相信任、如何保障互相信任的问题进行探讨。

一、为什么需要建立互相信任

“一国两制”下，不同制度之间的矛盾是必然的，可以表现为不同的形式。比如在制度方面，近年来引起争议的有关普选制度、法律解释制度、人的权利自由制度上就存在客观上的差异。再如，文化与观念方面引起讨论的有关爱国主义、司法独立、司法协助原则，咨询方式上的认识和理解也各有各说。因此，要消除差异和不同，并不可行，也不符合“一国两制”，问题的关键是要防止因差异而引起冲突，要调和差异之间的矛盾，在差异中寻求共识。要做到这一点，相互之间的信任是必不可少的。

信任是防止冲突的基础，也是解决矛盾的基础。在“一国两制”下，需要建立稳固的互相信任的基础。建立互相信任就是建立共同的基础。

① 邓小平．邓小平论“一国两制”．香港：三联书店（香港）有限公司，2004：14．

二、如何建立互相信任

（一）坚持“一国”是信任的共同基础

1. 信任是建立在一个国家的共同基础之上的

信任的共同基础是什么呢？邓小平说了，就是爱祖国，即国家的认同。“一国”是基础，没有“一国”就没有“两制”。

第一，统一的国家是实行“一国两制”的目的之一。正如用“一国两制”的方式实现了国家的统一，那么更要通过“一国两制”的方式来巩固国家的统一。“两制”是服务于“一国”目的的，而不是破坏“一国”的理由。维护“两制”的界限，在于不能损害国家的统一。如果国家统一没有了，实行“两制”对国家而言又有什么意义呢？只有在实行“两制”有益于“一国”的情况下，“两制”才有存在的价值。所以，不论“两制”之间有什么差别，在维护国家统一这个根本上，必须保持一致。这就是“两制”的共同基础，也就是中央与特别行政区关系的共同基础。

第二，“一国两制”是国家的统一，不是制度的统一。因为国家统一，允许制度可以不同，统一就成了共同的基础。如果谋求制度统一，就是消灭“两制”，就没有共同的基础。

2. 增加彼此的信任，必须加深对“一国”的认同

没有国家认同，就谈不上信任。为什么要加强国家认同呢？

第一，“一国”的正当性。

“一国两制”的提出，就是为了实现国家的统一。香港、澳门自古以来就是中国的领土，因为历史的原因，香港、澳门被外国占领，结束外国在中国领土上的占领，实现国家的统一，是中华民族百年来的共同愿望。更重要的是，中国在实现现代化国家进程中必须解决国家统一的问题，它是必不可少的条件，分裂是实现现代化国家的障碍，必须扫清。所以，从历史和现实两个因素看，实现国家统一具有完全的正当性。

第二，“一国两制”的合理性。

考虑香港、澳门的具体情况，港澳同胞的意愿，采取保留这些地区原有的社会制度和生活方式不变的方式来完成国家的统一。这样，既实现了国家的统一，又维持了特别行政区的稳定发展，符合国家和特别行政区的根本利益。在“一国两制”的共同基础上，一个国家把两种制度结合起来，充分利用“一国”的优势，实现“两制”利益的最大化，提供共同发展的平台。

第三，国家认同的重要性。

正确地认识国家对执行“一国两制”是十分重要的。认同国家，维护国家统一，促进国家发展，这三点就是“一国”的意义所在。

（1）什么是国家认同？

国家认同是具体的，不是抽象的。国家认同就是对一个具体国家的认同，不是对抽象国家概念的认同。

“一国两制”中的国家认同，就是对中华人民共和国的认同。在法律上就是对宪法的认同。国家的概念是抽象的，但国家本身是具体的。如，国家概念中的政府是一个要素，至于政府如何产生，是分权还是集权，国家的结构是单一还是复合，对具体的国家而言，并非千篇一律，它们之间的不同，并不影响具体的国家作为一个国家而存在。

国家认同既包括对民族、地理、文化、制度意义上的国家观认同，也包括对宪法意义上的国家观认同，不能将两者对立，并作为反对国家认同的理由。比如，不能因为香港、澳门有西方文化背景，有西方制度的影响，就否定一个国家的原则，不接受国家认同。

“一国两制”中的国家认同，主要是指民族国家意义上的认同，因为邓小平先生提出“一国两制”，中心是中华民族的国家统一。维持国家分裂，就是出卖国家，就是民族罪人。“一国两制”中的国家就是中华民族形态的国家。在这一点上，总有人似是而非地提出以政治的价值标准决定是否对国家认同，按照他们的说法，如果国家的制度不符合某一种政治或意识形态理论或价值，那么就不能对国家认同。但是，他们完全忽视了“一国两制”下的国家认同，与“一国一制”下的国家认同是有区别的。以“一国一制”的思维方式对待国家认同，要求的是政治价值观的统一，但在一国中允许存在两种不同制度的情况下是没有可能的，因为两种不同制度的价值观是不同的。如果要求两种不同制度共同接受同一个政治价值观，那势必改变“一国两制”，变成“一国一制”。而以“一国两制”的思维对待国家认同，是超越政治价值观的，是以民族利益和国家利益为优先的。邓小平先生讲爱国，特别指出，不管信什么主义，只要拥护国家统一，就是爱国，爱国观排除了政治价值因素。[1] 所以，应该从“一国”看“两制”，对待国家认同。不能从“两制”看“一国”，对待国家认同。以“一国”为基础，可以有“两制”；如果以“两制”为前提，就不可能有“一国”。

所以，不能因为在政治价值观上与中央人民政府不同，就反对国家认同，这本身就是无视“一国两制”的现实。在“一国两制”下，不能以不同的政治价值观反对中央人民政府，“两制”的存在就是以认同不同的政治价值观为基础的，否定这个基础，就是摧毁“一国两制”。

因此，民族国家的统一是“一国两制”最底层的基石。维护民族国家的统一，建立统一而强盛的民族国家，是一个民族的任务，也是国家的责任。

（2）为何要国家认同？

有了共同的国家观，才有共同的“一国”观，才有共同的语言和基础，“一国”和“两制”、中央与特别行政区的关系才能建立在共同的信任基础上。

有了共同的国家观，才能建立对国家的信任感。不认同国家，何来对国家的信任？没有对国家的信任，哪会有和平共处、互相尊重、互相合作、共同发展？

有了共同的国家观，才有维护国家统一的责任感，对任何分裂国家的言行自觉地抵制，多做有利于国家统一的事，不做损害国家统一的事，国家才会有凝聚力。

（二）“两制”的互相尊重是建立互信的必要条件

如何才能做到两种不同制度之间互相尊重？邓小平先生在论述“一国两制”思想时就明确指出，两种制度不是我“吃掉”你，也不是你“吃掉”我。[2] “讲不变，应该考虑整个政策的总体、各个方面都不变，其中一个方面变了，都要影响其他方面。”[3] 所以，要摈弃对抗的思维，因为有一制总想改变另一制的想法，双方根本就谈不上信任，只有矛盾和冲突。两制可以和平共处，互相尊重，才能实现它们之间的共同利益，使双方利益最大化。

要做到两种制度互相尊重，当然有许多问题需要探讨。比如，过去讨论比较多的是从对待两制的理性态度上分析，提出要做到互相尊重，就要放弃偏见，不能用旧眼光看待不同制度之间的关系，不能以偏概全、一叶障目，要用发展的眼

---

① 邓小平. 邓小平论“一国两制”. 香港：三联书店（香港）有限公司，2004：14，17，19，21.

② 邓小平. 邓小平论“一国两制”. 香港：三联书店（香港）有限公司，2004：5，12，36.

③ 邓小平. 邓小平论“一国两制”. 香港：三联书店（香港）有限公司，2004：54.

光看待两制的发展。要做到互相尊重，不能有对抗的心理、对抗的思维，要有包容之心。但是，笔者认为，有一个问题不可回避，必须要研究，因为它决定着互相尊重还是互相对抗的选择，是一个基础性的问题，即特别行政区在“一国两制”下如何定位及扮演什么角色。定位和角色的不同，决定了用什么态度去处理不同制度之间的关系。

特别行政区的定位和角色，对国家而言主要是政治的还是经济的，有不同的看法。

特别行政区内的部分人主张，民主是“一国两制”成功的基础，特别行政区要成为民主示范，以影响国家的发展。所以，把特别行政区的主要价值定位于政治。这种认识随着内地经济的发展、特别行政区经济作用对国家的逐渐弱化尤其明显。综观近代中国统一的历史，以政治民主、经济发展为理由反对国家统一，反对中央行使主权是被反复使用的两个主要理由。当经济发展水平不能成为理由时，政治民主就成了唯一的理由。因此，为了实现这种价值，扮演相应角色，自然地反对内地的社会制度，不仅不会尊重内地的社会制度，而且总想改变它。所谓的“民主拒共”就是具体的体现。这种矛盾引起的对抗，彻底破坏了双方互相尊重和信任。然而，“一国两制”解决国家的统一，港澳回归，主要服务于国家四个现代化建设，国家需要特别行政区的经济贡献，从不将特别行政区政治价值作为争取目标。如果特别行政区的政治价值是国家的未来，实行“一国一制”不是更加容易吗？这是值得深思的问题。

两种制度在经济上的互动，是它们之间有共同的利益和需要，有相对的同质性，经济求同，对双方有利。但政治上求同，双方不接受。两者没有同质性，没有共同基础、共同的需要，强求一致，两制对立，冲突必起，一国必将破局。所以，这样从政治上定位特别行政区在国家中的角色，不利于“一国两制”的发展，只会让“一国两制”走进死胡同。当某些人或势力放下了民主先锋的包袱，是否有利于建立起两种制度的互相信任呢？不妨尝试。

三、如何确保互相信任

信任是一种诚信，是价值层面的，有很大的主观性。为使“一国两制”下的信任能够保持长久和稳定，除了加深和巩固对“一国两制”的认识、对国家的认同外，还需要有制度的保障。对促进信任要有具体制度，对破坏信任的行为要有具体的防范和制裁。制度的构建既是以信任为基础的，也是确保信任的必要安排。正如一个合同的订立，首先是基于双方的合意、双方的诚信，但是，为了兑现承诺，不会因为基于诚信，就完全没有履行合约的强制规定，相反，正是通过强制履行合约的规定，才保障了诚信。一旦不兑现诚信，就要承担由此引起的责任。

信任与制度之间是互为条件的。制度实施需要从信任出发，当运作中的问题是由缺乏信任引起时，就不应该否定制度本身。因为缺乏信任的基础，就算是法律作出了规定，法定的权力也会受到干扰，猜疑的一方总想限制另一方的权力行使，压缩合法的活动空间。相反，当双方互相信任时，就会彼此配合，事半功倍。而制度的作用就在于，一方面促进互相信任，另一方面对损害互相信任的行为给予纠正。所以，既需要信任，也需要制度，制度以信任为基础，制度以保信任为己任。两者缺一不可。

下面从信任的角度，就基本法的三个制度安排进行分析。

第一，中央人民政府对行政长官的任免与特别行政区选举行政长官的关系。

有人提出，既然特别行政区居民选出行政长官的人选，为什么要中央任命，是否多此一举？如果要由中央任命也应该是一种程序或形式，不是实质性任命权力。这种主张，从心理上分析是缺乏对中央人民政府的信任；从制度上分析，就是要弱化制度对信任的保障，变成徒有形式。如果换一个角度看，中央人民政府对特别行政区居民没有信任，是否会给特别行政区自行选举行政长官的选举权？基本法授予特别行政区选举行政长官的权力，就是对特别行政区居民的信任。但是，信任是有基础的，就是行政长官的人选要拥护“一国两制”，拥护基本法，效忠国家，接受中央领导，对中央负责。当特别行政区居民基于对中央的信任，在选举行政长官人选时，能够选出符合上述条件者，中央人民政府有什么理由不任命？基本法规定中央人民政府的实质任命权，不是为了任意否决选举产生的人选，而是为了对付一旦选举产生的人选与中央对抗，必须事先预防，从而回归到行政长官与中央互相信任这个目的上。这是必要的一项制度安排。因此，基本法的这一规定是建立在对特别行政区居民信任的基础之上的，只有当信任遇到破坏时，中央人民政府才会行使否决权。在这个机制运作时，首先要建立起互相信任。而要做到这一点，又必须对行政长官人选的标准有一个共识和认同，不是口头上的、阳奉阴违地表态，而是真实的、心悦诚服地接受。奉劝某些人放弃那种想法，他们在处理中央任命与特别行政区选举关系时，总是关注如何扩大特别行政区的选举权限，压缩中央任命的权限，不考虑寻求信任的基础。事实上，此路不通。中央不可能放弃最后的实质任命权，否则就是完全排除中央对选举的影响力，最终还是要面对中央的任命，因为这是中央保证行政长官对中央负责的唯一手段。如果出现对抗，只能是两败俱伤，社会付出更大的成本，对中央与特别行政区关系有百害而无一利。我们应该换一个角度思考问题，不是在权限上做文章，而是在坚持互相信任上下功夫，在此基础上选举产生的行政长官人选，中央自然接受选举结果，不可能产生对抗，最终是双赢。面对这两种不同的结果，希望“一国两制”能够成功的人，会作出正确的选择。所以，要转换思路，回归信任，看待制度的安排。未来选举办法的任何修改，都要有利于互相信任。不利于互相信任的都是不可取的。

第二，特别行政区立法会制定法律与全国人民代表大会常务委员会审查法律的关系。

特别行政区立法会根据基本法的规定，自行立法，可能涉及中央管理的事务及中央与特别行政区关系的事务，所以，同样存在一个互相信任的问题。以基本法第二十三条规定为例进行分析。基本法第二十三条规定，特别行政区应自行立法禁止任何叛国、分裂国家、煽动叛乱、颠覆中央人民政府及窃取国家机密的行为。基本法授权特别行政区自行立法，既是中央尊重特别行政区的法律制度，也是对特别行政区的信任。基于互相信任，特别行政区应该履行基本法的义务，制定实施基本法第二十三条有关国家安全的法律。2009 年澳门特别行政区体现互相信任，立法会顺利通过了维护国家安全的法律。但是，香港的某些人，反对履行基本法的义务，从根本上反对二十三条立法，实质就是要破坏特别行政区与中央的互相信任。我们可从 2003 年香港特别行政区中止二十三条立法的结果看，一旦破坏了互相信任，对实施“一国两制”是有利还是不利？对中央与特别行政区关系的发展是有利还是不利？对行使高度自治权是有利还是不利？答案是清楚的，绝对不利。这就迫使中央人民政府采取措施，重塑互相信任的基础和构建相应的制度。理由很简单，不会因有人破坏互相信任，我们就不要信任，相反，我们需要信任，所以，要建立和完善保障信任的制度。难道大家不应该从中反思，从中吸取经验、教训吗？

至于特别行政区立法会制定的其他法律，只要符合基本法就有效，充分体现中央对特别行政区立法会的信任。只有当立法抵触基本法有关中央管理的事务，以及中央与特别行政区关系的事务时，才行使发回权。中央并不事先审查特别行政区立法会的立法中有关自治事务的条款是否抵触基本法。试想，如果双方缺乏信任，特别行政区立法会干预中央管理的事务，中央干预特别行政区自行管理的事务，这个机制还能正常运作吗？

第三，特别行政区法院行使审判权与全国人民代表大会常务委员会解释基本法的关系。

基本法规定，特别行政区法院在行使审判权的过程中，如有需要，可以对自治条款进行解释，就是涉及中央管理的条款、中央与特别行政区关系的条款也可以解释，只有在终审判决前，需要提请全国人民代表大会常务委员会解释。这种安排也是建立在对特别行政区法院信任的基础上的。如果我们抽掉信任的基础，法院应该提请而不提请，结果会是如何呢？只能面对全国人民代表大会常务委员会的释法。某些人总担心全国人民代表大会常务委员会释法，不希望及反对提请全国人民代表大会常务委员会释法，将全国人民代表大会常务委员会释法说成是干预司法独立，总以怀疑、回避、提防的心理对待全国人民代表大会常务委员会依法解释基本法条款。其中原因虽然有不同法律文化的因素，一个是强调司法解释，一个是规定立法解释，但是有了互相信任，完全可以解决。相反，如果法院不信任全国人民代表大会常务委员会，却要全国人民代表大会常务委员会信任法院，这种不对等、不互相信任、不符合基本法的规定，当然行不通。所以，不改变这种心态，只能加剧冲突，无助于解决矛盾。因为当出现对基本法解释错误时，纠正错误的解释、正确阐明基本法的含义是全国人民代表大会常务委员会不能逃避的责任。

经过上述分析，我们可以看到，权力的行使要以信任为基础，没有互相信任，必然就想限制对方的权力，反对对方行使权力。这就是冲突的根源。信任是通过依法行使各自的权力与履行各自的义务实现的。因为授予权力是一种信任，赋予义务是一种约束，权利和义务的背后是一种信任。中央保证特别行政区行使自治权是一种信任的体现。特别行政区履行义务也是向中央兑现一种信任。不履行义务，总想限制中央的权力，就是破坏中央与特别行政区之间的信任机制。

事实证明，十年来，基本法规定的机制并没有滥用，并没有破坏互相信任。所谓全国人民代表大会常务委员会释法破坏司法独立、全国人民代表大会常务委员会释法破坏高度自治都是没有根据的。只要我们坚持“一国两制”，坚持依基本法办事，坚持互相信任，“一国”与“两制”的关系、中央与特别行政区的关系一定能够和谐地发展。

（本文发表于《“一国两制”研究》，2009 年第 1 期）

论中央全面管治权与特区高度自治权的有机结合

一、中央全面管治权与特别行政区高度自治权结合的基础

2017 年 10 月，习近平总书记在中共十九大报告《决胜全面建成小康社会夺取新时代中国特色社会主义伟大胜利》中指出："必须把维护中央对香港、澳门特别行政区全面管治权和保障特别行政区高度自治权有机结合起来，确保'一国两制'方针不会变、不动摇，确保'一国两制'实践不变形、不走样。"这一论述，十分清晰地将中央全面管治权与特别行政区高度自治权的有机结合视为实施"一国两制"方针政策的关键环节。

有机结合是指有关事物构成的各部分互相关联，具有不可分的统一性，在统一体中各部分并不对立和抵触，而是互相结合、互相配合，从而获得更好的效果。那么，中央全面管治权与特别行政区高度自治权能否有机地结合？有机结合的基础是什么？如何才能有机地结合？有机结合的意义和作用是什么？这些都有必要具体地论述。

1. "一国两制"方针是中央全面管治权与特别行政区高度自治权结合的政治基础

"一国两制"方针在香港基本法的序言中表述为："为了维护国家的统一和领土完整，保持香港的繁荣和稳定……根据中华人民共和国宪法第三十一条的规定，设立香港特别行政区，并按照'一个国家，两种制度'的方针，不在香港实行社会主义的制度和政策。"在澳门基本法序言中表述为："为了维护国家的统一和领土完整，有利于澳门的社会稳定和经济发展……根据中华人民共和国宪法第三十一条的规定，设立澳门特别行政区，并按照'一个国家，两种制度'的方针，不在澳门实行社会主义的制度和政策。"《"一国两制"在香港特别行政区的实践》白皮书指出："'一国两制'是指在一个中国的前提下，国家的主体坚持社会主义制度，香港、澳门、台湾保持原有的资本主义制度长期不变"，

“全面准确地理解和贯彻‘一国两制’方针政策，有利于维护国家主权、安全和发展利益，有利于保持香港长期繁荣稳定”。虽然基本法和白皮书中的个别文字有区别，但实质内容相同，就是既要维护国家的利益，也要维护特别行政区的利益。

“一国两制”方针作为中央全面管治权与特别行政区高度自治权结合的政治基础是实现中华民族伟大复兴的必然要求。正如两部基本法序言所言：“考虑到香港（澳门）的历史和现实情况，国家决定，在对香港（澳门）恢复行使主权时，根据中华人民共和国宪法第三十一条的规定，设立香港（澳门）特别行政区，并按照‘一个国家，两种制度’的方针，不在香港（澳门）实行社会主义的制度和政策。”第一，国家统一是历史的要求。因为港澳自古以来就是中国的领土，虽然在 19 世纪 40 年代之后被英国和葡萄牙先后通过不平等的条约占领，但是，强加在中国人民头上的不平等条约并不被中国历届政府和人民所承认，也没有割断港澳与祖国的联系。中华人民共和国成立后，中国政府主张在适当的时候解决中英、中葡之间的港澳历史遗留问题。在中国实行改革开放、建设社会主义现代化国家之际，国家提出恢复对港澳行使主权，港澳回归祖国，实现国家的统一。所以，国家统一是实现社会主义现代化强国的历史必然。第二，在国家统一后保持港澳的稳定发展是现实的要求。由于港澳与内地在经济发展水平上有差距，在生活方式上有不同，通过保持港澳社会的原有制度和生活方式基本不变，能够实现从英国和葡萄牙管治过渡到中国管治，做到政权顺利交接、平稳过渡，既实现了国家统一，又能保持港澳的稳定发展，这是有利于国家也有利于港澳根本利益的最佳方式。所以，保持港澳的稳定发展是建设社会主义现代化国家的现实要求。第三，实行“一国两制”是建设现代化强国的要求。实现和维护国家的统一，需要中央的管治权。港澳的稳定、发展和繁荣需要授权特别行政区高度自治。正确处理好中央管治权和特别行政区自治权的关系，才能维护国家的统一，保持港澳的稳定发展，才有利于发挥国家的优势，发挥港澳的所长，集全国之力，共同建设现代化国家。所以，这是中华民族伟大复兴的必然要求。

因此，“一国两制”方针决定了中央全面管治权与特别行政区高度自治权的任务和目标是相同的，既要实现国家的利益，也要维护港澳特别行政区的利益，从而决定了中央和特别行政区有共同的责任，即共同承担国家发展和特别行政区发展的责任。既然任务和目标一致，责任和义务共担，两者互相尊重、互相支持、互相合作就是必然的关系。

2. 宪法和基本法是中央全面管治权与特别行政区高度自治权结合的法律基础

中央全面管治权与特别行政区高度自治权可以有机结合，除了有共同的政治基础外，还有共同的法律基础。不论中央全面管治权还是特别行政区高度自治权，均来自于宪法和基本法的规定。宪法和基本法是中央全面管治权和特别行政区高度自治权的法律来源。宪法明确规定了中央的主权和治权，也规定了中央可以根据宪法第三十一条授予特别行政区高度自治权。在中央全面管治权与特别行政区高度自治权的法律关系中，基本法遵循权利和义务的统一性原则，并按照这个原则规范中央与特别行政区的权力和责任的关系。第一，在中央全面管治权与特别行政区高度自治权的关系中，一方在行使权力时，另一方要履行相应的义务。如，中央根据国家主权、安全和发展利益的要求行使对特别行政区的管治权，特别行政区就必须履行基本法第二十三条规定的义务，应自行立法禁止任何叛国、分裂国家、煽动叛乱、颠覆中央人民政府及窃取国家机密的行为，维护国家的安全。特别行政区在行使高度自治权时，中央人民政府就要保障特别行政区自治权，按照基本法第二十二条的规定，中央人民政府所属各部门、各省、自治区、直辖市均不得干预特别行政区依照基本法自行管理的事务。即中央行使管治权时要保障特别行政区的自治权，特别行政区行使自治权时要维护中央的管治权。第二，在中央管治权与特别行政区自治权的关系中，一方在行使权力的同时也要履行相应的责任。如，中央行使任免行政长官的权力，同时对行政长官依法施政要给予支持；行政长官行使特别行政区自治权时，要履行接受中央领导、对中央负责的责任。

正因为权利和义务、权力和责任是统一、不可分割及互相依赖的，这就决定了中央管治权与特别行政区自治权必须有机结合。

二、中央全面管治权与特别行政区高度自治权结合的逻辑和思维

根据“一国两制”方针和基本法的规定，中央依据基本法享有对特别行政区进行管治的一系列权力，同时，特别行政区也依据基本法享有行政管理权、立法权、独立的司法权和终审权，所以，必然发生中央全面管治权与特别行政区高度自治权的关系。如何处理好这对关系，直接影响到中央全面管治权和特别行政

区高度自治权的运行。所以，只有将中央的全面管治权和特别行政区的高度自治权有机结合起来，才能维护中央全面管治权与特别行政区高度自治权之间的和谐关系。而要维护中央全面管治权和特别行政区高度自治权的有机结合关系，应该坚持两个最基本的思维。

1. 确立依法处理中央全面管治权与特别行政区高度自治权关系的思维

基本法是中央全面管治权和特别行政区高度自治权共同的法律基础。只要依据基本法的规定行使管治权和自治权，就应该得到尊重和维护，在严格遵守基本法的基础上将中央全面管治权与特别行政区高度自治权相结合。

根据宪法和基本法的规定，中央全面管治权的主体是国家的主权机关，具体包括全国人民代表大会及其常务委员会、国家主席、中央人民政府、中央军事委员会。全国人民代表大会是最高国家权力机关，国务院是国家的中央政府。全国人民代表大会决定设立特别行政区，制定特别行政区基本法，授权特别行政区依照基本法实行高度自治。特别行政区直辖于中央人民政府，行政长官对中央人民政府负责。但需要指出的是，基本法中使用的“中央”“中央人民政府”和“中央人民政府所属部门”均有特定和固有的含义，必须依据宪法解释，绝对不能随意理解。“中央”是指宪法规定高于地方（包括特别行政区之上）的国家最高一级机关，即行使国家权力的中央国家机关，如全国人民代表大会和国务院等中央国家机关。中央管理的事务是指由中央国家机关管理的事务。“中央人民政府”是指宪法中的国务院。“中央人民政府所属部门”是指宪法中的国务院的组成部门。三者是有区别的。国家行使对港澳的主权是通过中央行使管治权来实现的，国务院的组成部门对港澳特别行政区不直接行使管治权，正如基本法第二十二条规定的那样：“中央人民政府所属各部门、各省、自治区、直辖市均不得干预香港（澳门）特别行政区根据本法自行管理的事务。”现在，有一种意见将“中央”“中央人民政府”和“中央人民政府所属部门”混为一谈，是十分错误的。甚至有意见为了限制中央的全面管治权，将“中央人民政府所属部门”与“中央”和“中央人民政府”画上等号，得出可以立法限制中央的全面管治权的荒谬论断。

根据基本法的规定，中央对特别行政区全面管治权的内容可概括为两个大的方面。第一，地域管辖。中央对特别行政区的管治权效力及于特别行政区的行政区域。换句话说，特别行政区的全部区域都在中央的管辖范围内，这是全面的，不是局部的。第二，事项管辖，这又可以分为两个方面。一方面，是中央直接管理的事务，即基本法中规定的中央管理的事务和中央与香港（澳门）特别行政区关系的事务，具体可分为外交、国防和其他依照基本法不属于香港（澳门）特别行政区自治范围的事务。虽然在基本法中上面两种表述不同，但内涵完全一致，规定也十分明确，中央管理的事务不局限于外交和国防，外交和国防只是中央管理的事务中较为重要的两种事务。所以，需要指出，将中央对特别行政区直接管理的事务限于外交和国防是错误的，是对基本法的误解。另一方面，中央对授予特别行政区的高度自治权进行监督的事务。虽然特别行政区可以对所负责的事务具有处置权，可依基本法自行制定政策、自行立法、自行管理，但特别行政区自行制定的法律、政策等是否符合基本法的规定，最终监督权在中央。

在“一国两制”下，中央对特别行政区的全面管治必须严格依据基本法进行。当我们分析中央全面管治权的时候，首先分析基本法的规范。基本法的规范就是对中央管治特别行政区的法律化。在基本法中，对中央管治特别行政区的权力有具体规范。可以从基本法的规定列举出如下权力：设立特别行政区，划分特别行政区区域；制定、修改和解释特别行政区基本法；领导特别行政区；中央人民政府直接行使国防、外交等事务的管理权；任命行政长官和主要官员。中央人民政府行使与特别行政区自治权相关的权力，如对行政长官的指令权，对特别行政区立法会制定的法律的审查权，对涉及特别行政区重要事项的决定权，对特别行政区司法管辖权的限制权，对特别行政区涉外事务的批准权或许可权等。① 同时，特别行政区对港澳的治理也必须依据基本法进行。全国人民代表大会授权特别行政区实行高度自治，享有行政管理权、立法权和司法权。特别行政区可以根据基本法的规定自行制定有关政策，制定相应的法律，进行司法管辖解决法律纠纷。

所以，中央全面管治权与特别行政区高度自治权的结合，必须不折不扣地行使基本法明确规定的中央管治权和特别行政区自治权。只有这样，才能落实中央全面管治权和特别行政区的高度自治权，做到两者的有机结合。

但是，在现实生活中，却存在一种不讲基本法的规定，脱离基本法规定讲中央全面管治权与特别行政区高度自治权的关系，对中央全面管治权和特别行政区高度自治权的关系造成了干扰乃至破坏。比如，全国人民代表大会常务委员会可不可以、应不应该解释基本法，以及全国人民代表大会常务委员会与特别行政区法院解释基本法的关系，香港基本法第一百四十八条（澳门基本法第一百五十三

---

① 骆伟建．论中央管治权及其制度的构建//完善基本法实施机制学术研讨会论文集，澳门：澳门理工学院“一国两制”研究中心．2016：30-32．

条）有明确和清晰的规定："本法的解释权属于全国人民代表大会常务委员会。全国人民代表大会常务委员会授权香港（澳门）特别行政区法院在审理案件时对本法关于香港（澳门）特别行政区自治范围内的条款自行解释。"但是，总有一部分人将法律问题变成政治问题，以不同的价值观为由去否定基本法的规定，以认同法院解释法律的做法为由，反对全国人民代表大会常务委员会解释基本法的法律安排，将全国人民代表大会常务委员会对基本法的解释与法院对基本法的解释人为地制造对立和矛盾，把全国人民代表大会常务委员会的解释说成是破坏特别行政区的司法权和司法独立，扭曲基本法的解释制度。如果我们不抛弃这种荒谬的逻辑，以价值观不同反对和否定基本法的规定，或者可以由每一个人的政治立场或价值偏好去否定基本法的规定，当然就谈不上依法行使权力，相反，可以不断地制造出一系列中央全面管治权与特别行政区高度自治权的矛盾。所以，我们必须抛弃以政治立场而非依基本法看待、对待中央的全面管治权和特别行政区高度自治权的错误思维。

2. 坚持中央全面管治权与特别行政区高度自治权互相尊重和配合的思维

中央与特别行政区的关系是领导与被领导的关系，特别行政区直辖于中央人民政府。所以，中央行使对特别行政区的管治权，特别行政区必须服从中央的管治。同样，中央授权特别行政区高度自治，当然也就要维护特别行政区的自治。特别行政区不仅要服从中央的管治权，而且应该在服从的前提下，采取措施积极配合中央管治权的行使。中央对特别行政区自治权的维护也需要具体转化制定相应的政策对特别行政区依法施政的支持。在此基础上，将中央管治权与特别行政区自治权有机结合。如，在中央外交事务与特别行政区对外事务关系上互相配合，中央的外交政策之一是要发展与葡语系国家的友好合作关系，特别行政区的对外事务必须遵从国家的政策，而且要采取配合的措施，利用澳门在历史上与葡语系国家的联系，提供平台促进中国与葡语系国家的经贸文化等方面的交往。同样，特别行政区依据基本法向特别行政区永久性居民中的中国公民发放特别行政区护照，中央人民政府通过外交途径协助特别行政区政府与有关国家商谈，并与外国签订互免签证协定，有利于特别行政区居民外出工作、学习和旅游。又如，中央负责特别行政区的防务，维护了特别行政区的外部安全，特别行政区不用担心外部的干扰，有利于特别行政区集中精力谋发展。特别行政区在服从和支持中央驻军的决定时，还要采取具体措施予以配合。向驻军批出必要的军事用地，通过本地立法保护军事设施，对破坏军事设施的行为处以刑罚，达到维护特别行政区的社会治安、支持国家的防务的目的。再如，行政长官的选举，中央对行政长官有实质任免权，中央的决定有最终法律效力，但是，在行政长官的产生过程中选举和任命之间需要互相配合。假设选民在选举行政长官人选时能够考虑候选人能够拥护“一国两制”和基本法，是爱国爱港爱澳者，也能够兼顾不同利益的要求，选举产生的行政长官人选能够得到中央人民政府的信任和支持，中央就会任命行政长官并支持行政长官的工作。相反，行政长官人选表明与中央对抗或不愿服从中央领导，那么，中央人民政府就不可能任命，行政长官就难以产生。所以，在中央全面管治权与特别行政区高度自治权的关系上要坚持服从中央的管治权，维护特别行政区的自治权。在此基础上，互相尊重，互相配合，保证双方权力的行使能够取得有利于国家、有利于特别行政区的效果。

在确立中央全面管治权与特别行政区高度自治权互相尊重和配合思维的同时，必须破除对立、对抗和排斥的思维。虽然全面管治权和高度自治权在处理一些互相关联的事务时可能产生不同的看法，甚至分歧，但并非不可调和，也非根本性的冲突，需要就事论事妥善处理，不能将分歧扩大化。如，互惠互利的经济合作，本质上对双方有利，在某些方面可能有矛盾。就以粤港澳区域合作为例，一方面，从国家的发展战略讲，三地合作对国家发展有利，对三地也同样有利。所以，中央行使全面管治权推出了粤港澳区域合作规划。另一方面，三地之间存在各自的地方管理权，在合作中会追求各自的利益，会产生矛盾。那么，是在合作中解决矛盾，还是因矛盾放弃合作？当然应该采取积极的办法，通过合作，解决矛盾，达到双赢。所以，要从大局着手处理局部问题。只有互相尊重和合作，才能落实中央全面管治权和特别行政区高度自治权，促进合作和共同发展。而对抗的结果，要么两者的权力均不能实现，要么其中一方的权力受到损害。

三、中央全面管治权与特别行政区高度自治权有机结合的制度安排

中央全面管治权与特别行政区高度自治权的结合，除了基本法有明确的规范外，更重要的是必须将法律规范变成现实生活中的事实规范，需要建立正确处理中央全面管治权与特别行政区高度自治权有机结合的制度，这是十分重要的一步。在现实中，中央全面管治权受到两个方面的干扰：一是某些人挑战基本法的规定，意图否定中央全面管治权与特别行政区高度自治权的结合；二是某些人阻挠基本法的落实，意图让基本法规定的中央全面管治权在现实中落空，反对特别

行政区高度自治权配合中央全面管治权。所以，如何从制度上将基本法规定的中央全面管治权与特别行政区高度自治权结合是必须解决的问题。只有这样，才能达到法律上和事实上中央全面管治权与特别行政区高度自治权的统一，即法律上的有机结合要清晰，事实上的有机结合要十分有效。讲中央全面管治权与特别行政区高度自治权的结合，不能停留在法律层面，还要落实在事实层面，我们谈论和分析中央全面管治权与特别行政区高度自治权有机结合最终一定要落实到具体的制度上和实际的效果上。这是今后将中央全面管治权与特别行政区高度自治权有机结合的重中之重。具体而言，需要逐步建立和完善维护国家安全、全国人民代表大会常务委员会解释基本法、中央人民政府任命行政长官、中央行使监督权等方面的制度，也需要制定和建立中央支持特别行政区全面发展的政策和制度。

1. 将特别行政区自治权与维护国家主权和安全相结合

在维护国家主权统一的制度上，特别行政区应该行使立法权，制定法律维护国家的统一和安全。现实中，中央对特别行政区的地域管辖受到“城邦论”“港独论”的直接挑战和威胁。“城邦论”就是意图排除中央对特别行政区的管治，名义上还保留在一个国家中，但实质上搞完全自治，国家统一有名无实。“港独论”更是直接将香港从国家中分裂出去，连名义的国家都不要了，直接剥夺了中央对香港的全面管治权。总之，以上错误言论既分裂国家，破坏国家的统一，又直接否定了中央对特别行政区的地域管辖。虽然分裂国家的危害尚未实际发生，但是，损害中央对特别行政区的全面管治权具有现实的危害性。对此，特别行政区立法限制和依法限制分裂国家的行为是必需的。这种限制不应该是口号式的、停留在口头上的，应该是法律的，明确规定禁止行为的界限，规定禁止行为的法律后果。首先，特别行政区应该依据基本法的规定，自行立法，维护国家的安全和统一。没有法律就谈不上依法，无法可依就不可能禁止危害国家利益和特别行政区利益的行为。如果特别行政区没有禁止分裂国家、煽动叛乱、颠覆中央人民政府等行为的法律，又如何维护国家的统一和中央的全面管治权呢？所以，制定维护国家安全的法律是落实“一国两制”和基本法的需要，是维护国家统一、安全的需要，也是特别行政区的基本法律义务。其次，必须严格执法。特别行政区不仅要制定维护国家安全法，而且要执行维护国家安全法。执法应该包括两个方面。一方面是刑法，对触犯刑法的、危害国家安全的行为要追究刑事责任。另一方面是刑法外的法律，对违反其他法律的行为，应该依照法律规定，通过行政措施加以限制，不批准、不允许成立危害国家安全的组织和社团，以防止其从事危害国家安全的活动。总之，将中央全面管治权与特别行政区高度自治权结合，共同防止和制止分裂国家的行为，维护国家的统一。

2. 将特别行政区选举权与中央人民政府任命权相结合

在行政长官产生的制度上应该将特别行政区选举权与中央人民政府任命权结合。有人撰文称，将中央对行政长官的任命权说成是实质任命权，是对基本法的僭建，并质疑中央有实质任命权的说法是所谓“搬龙门”。这种观点一方面意图将中央的任命权变成程序性的权力，另一方面必然进一步否定行政长官对中央负责是一种实质性的负责，将其变为一种象征性、礼仪性的负责。这种意见显然不符合“一国两制”原则和基本法的规定及其逻辑。因为中央恢复对港澳行使主权是有实质意义的，不仅仅是象征意义。主权就具有实质的管治权，从而决定了中央人民政府领导特别行政区是实质性的领导，绝对不是形式上的领导。正因为是实质上的领导，特别行政区行政长官对中央人民政府的负责也就必然是实质上的负责，不是形式上的负责。而要保证行政长官对中央人民政府实质上的负责，自然中央人民政府对行政长官的任命就是实质性的，否则，难以保障行政长官真正对中央人民政府负责。这完全符合法律上的权力与责任相一致的原则。上述逻辑链中的每一个环节都是紧密相扣的，任何一个环节出现了问题就意味着整个体系的崩溃。所以，“僭建论”的说法根本不了解“一国两制”的内在逻辑，也曲解了基本法的规范，更不能以此来限制中央人民政府的任命权。所以，《全国人民代表大会常务委员会关于香港特别行政区行政长官普选问题和 2016 年立法会产生办法的决定》明确指出，按照香港基本法的规定，香港特别行政区行政长官既要对香港特别行政区负责，也要对中央人民政府负责，必须坚持行政长官由爱国爱港人士担任的原则。这是“一国两制”方针政策的基本要求，是行政长官的法律地位和重要职责所决定的，是保持香港长期繁荣稳定，维护国家主权、安全和发展利益的客观需要。行政长官普选办法必须为此提供相应的制度保障。从而做到将特别行政区选民的选举权与中央人民政府的任命权相结合，既让选民基本满意，也让中央人民政府放心。

但是，全国人民代表大会常务委员会的决定并没有在特别行政区具体法律中落实。所以，解决和落实中央全面管治权不能仅仅依赖中央如何行使全面管治权，更要解决特别行政区高度自治权如何落实中央的全面管治权。没有落实就等于没有结果。那么，落实中央的全面管治权，自然要依靠特别行政区的行政权、立法权和司法权。没有它们的配合，中央的全面管治权无法取得效果。行政权由行政长官领导的特别行政区政府行使，行政长官对中央人民政府负责，所以，从行政权角度看，中央全面管治权可以得到基本执行。但是，从立法权角度看，由于立法会的组成中一部分政治力量可以关键少数否决立法会的法案，例如，否决了特别行政区政府根据全国人民代表大会常务委员会的决定提出的有关行政长官产生办法的法案，使行政长官产生办法不能按全国人民代表大会常务委员会的决定落实。造成这种局面主要有三个原因：一是目前社会中的选民结构和政治取态，将一部分反对或限制中央全面管治权的候选人送入立法会。二是选举制度采用的比例代表制计票方法的局限，有利于某种政治激进势力代表进入立法会。三是社会存在一些矛盾，如贫富差距扩大，青年人的发展机会和上升空间等受到限制，产生了一些不满。经验告诉我们，行政长官和立法会的产生办法既涉及民主的方式问题，也涉及中央全面管治权的效果问题，绝对不能简单地从民主发展的单一角度和思维决定选举办法的修改和完善，必须从民主发展和中央管治两个方面平衡的角度和思维去处理。只有行政长官和立法会中以爱国者和保持与中央合作的政治力量占支配地位，才能将中央全面管治权由法律规定变成政治现实。

3. 将全国人民代表大会常务委员会的解释权与特别行政区法院的解释相结合

在基本法解释的制度上应该将全国人民代表大会常务委员会的解释权与特别行政区法院的解释相结合。一些人和团体反对和抹黑全国人民代表大会常务委员会解释基本法，将全国人民代表大会常务委员会解释基本法说成是破坏了特别行政区法治和司法独立。这种说法不仅不尊重基本法的规定，而且还曲解、反对基本法的规定。在此回顾香港特别行政区法院对全国人民代表大会常务委员会解释基本法的立场变化，对说明特别行政区高度自治权对维护中央全面管治权是十分重要的。香港特别行政区终审法院在1999年“吴嘉玲案”判决中宣示：“特别行政区法院是否具有司法管辖权去审核全国人民代表大会或其常务委员会的立法行为（以下简称为‘行为’）是否符合基本法，以及倘若发现其抵触基本法时，特别行政区法院是否具有司法管辖权去宣布此等‘行为’无效。依我等之见，特别行政区法院确实有此司法管辖权，而且有责任在发现有抵触时，宣布此等‘行为’无效。关于这点，我等应借此机会毫不含糊地予以阐明。”[①] 法院的判决明显挑战了全国人民代表大会及其常务委员会的权力。在中央为维护管治权提醒特别行政区终审法院明确对全国人民代表大会常务委员会的职权的理解后，终审法院在随后的一个案件判决中声明：“我等在1999年1月29日的判词中，并没有质疑全国人民代表大会常务委员会根据第一百五十八条所具有解释基本法的权

---

① 转引自朱国斌. 香港特区法院的司法审查权. 二十一世纪，2011（4）.

力，及如果全国人民代表大会常务委员会对基本法作出解释时，特别行政区法院必须要以此为依归。我等接受这个解释权是不能质疑的。我等在判词中，也没有质疑全国人民代表大会及全国人民代表大会常务委员会依据基本法的条文和基本法所规定的程序行使任何权力。我等亦接受这个权力是不能质疑的。”① 最终，特别行政区终审法院的立场明确回到宪法和基本法规定上来，在以后的法院判决中多次重申上述立场，解决了有关基本法条文的争议。如，在 2016 年对香港基本法第一百零四条的解释中，高等法院法官也明确表示，全国人民代表大会常务委员会对基本法的解释，对香港所有的法庭均具有约束力，而且法庭应该落实解释。“释法解释基本法第一百零四条从起初的真正意思，其生效日期为 1997 年 7 月 1 日，故适用于所有案件。”② 法院的立场对维护全国人民代表大会常务委员会解释基本法的权力发挥了重要作用。所以，全国人民代表大会常务委员会对基本法的全面和最终的解释权与特别行政区法院在审理案件中对基本法的解释相结合，对维护基本法的权威是必不可少的。事实上，全国人民代表大会常务委员会也十分尊重特别行政区法院对基本法自治范围的条款所作的解释，从香港特别行政区成立以来，法院对基本法作了许许多多的解释，其中只有一项关于永久性居民的条款因行政长官提请全国人民代表大会常务委员会释法而被重新解释外，其余并未被否定。

虽然特别行政区法院已经认同了全国人民代表大会常务委员会的解释权，但一些人和团体至今仍然不认同和反对。所以，要维护全国人民代表大会常务委员会对基本法的解释权除了继续宣传解释基本法的有关条款外，更要通过全国人民代表大会常务委员会和特别行政区法院实际的解释行为让特别行政区社会习惯和适应基本法的规定。总之，既要说清法理，又要能够适时运用，才能让反对者认同和接受全国人民代表大会常务委员会解释基本法是特别行政区法治不可分割的一部分这种法律事实。

4. 将中央监督权与特别行政区高度自治权相结合

当提及中央全面管治权包括对特别行政区高度自治权的监督权时，通常遭到一些人的反对，认为中央监督就是损害了特别行政区高度自治权。所以，有必要分析清楚监督权与自治权的关系，认清“高度自治”不是“完全自治”。

监督权是在权力制约关系下享有制约权的一个主体对另一个主体行使权力的

---

① 转引自朱国斌. 香港特区法院的司法审查权. 二十一世纪，2011（4）.

② 参见香港司法复核案件 CACV224 - 227/2016.

行为是否合法作出监督，监督权不是代替被监督者作出决定，而是对被监督者作出的决定或行为进行监督，监督的本质是一种权力对另一种权力的制约。

自治权是依法对自行处理范围内的事项作出决定或采取行动的权力，无须批准，但并不排除自治权所作出的决定和行为受一定的监督。因为自治权并非孤立存在，而是存在于中央权力制约特别行政区高度自治权的关系中，不能因为是自治权就可排除其他权力对其的监督，也不能因为受到其他权力的制约就认为损害了高度自治权。

中央对特别行政区高度自治权享有监督权的法理逻辑在于，第一，特别行政区基本法是中央和特别行政区行使特别行政区管治权的法律基础。中央依据基本法向特别行政区授予高度自治权，特别行政区必须依据基本法行使高度自治权。特别行政区是否依据基本法行使高度自治权，或者高度自治权的行使是否符合基本法的规定，不能由特别行政区自身判断和决定，最终应由制定基本法、负责基本法解释的全国人民代表大会及其常务委员会判断和决定。第二，授权与被授权关系，决定了监督与被监督的关系。特别行政区的高度自治权是中央授予的，授权者有权监督被授权者是否按照授权者的要求和目的有效行使了高度自治权。根据基本法的规定，中央向特别行政区授予高度自治权是为了维护国家的统一、安全和发展利益，为了维护特别行政区的社会稳定和经济发展、繁荣，如果特别行政区高度自治权的行使符合上述宗旨，并能达到宗旨的目的，中央就要支持和维护特别行政区的高度自治权，如果违背上述宗旨，并且有损于国家利益和特别行政区利益，中央就要加以纠正。所以，中央作为授权者需要保留监督权，这样才能维护特别行政区基本法的权威，维护中央对特别行政区管治的权威，落实基本法的规定。邓小平先生对高度自治提出过两个基本原则：第一，不赞成“完全自治”的提法，“自治不能没有限度，既有限度就不能‘完全’。‘完全自治’就是‘两个中国’，而不是一个中国”。第二，高度自治不等于中央完全不能干预，“切不要以为香港的事情全由香港人来管，中央一点都不管，就万事大吉了。这是不行的，这种想法不实际。……但是，特别行政区是不是也会发生危害国家根本利益的事情呢？难道就不会出现吗？那个时候，北京过问不过问？难道香港不会出现损害香港根本利益的事情？能够设想香港就没有干扰，没有破坏力量吗？我看没有这种自我安慰的根据。如果中央把什么权力都放弃了，就可能会出现一些混乱，损害香港的利益。所以，保持中央的某些权力，对香港有利无害。”①

基本法中是否存在中央对特别行政区高度自治权的监督权呢？答案是肯定

① 邓小平. 邓小平论“一国两制”. 香港：三联书店（香港）有限公司，2004：57-58.

的。香港基本法第四十三条（澳门基本法第四十五条）规定，特别行政区行政长官依照本法规定对中央人民政府负责。“负责”一词，在《现代汉语词典》中表述为“担负责任，尽到应尽的责任”，自然也就包含了受所负责对象对其行为的监督。所以，行政长官对中央负责就是要接受中央的监督。同样，基本法规定的特别行政区廉政专员、审计长对行政长官负责，包含接受行政长官的监督。特别行政区政府对立法会负责，包含政府接受立法会对政府工作的监督。此外，基本法规定了特别行政区立法会制定的法律是否符合基本法受全国人民代表大会常务委员会的审查。特别行政区法院在审理案件时对基本法的解释是否符合基本法受全国人民代表大会常务委员会的监督，等等。

那么，中央监督权会不会取代自治权呢？当然不会。这在基本法的规定中作了明确的区分。我们以基本法第十七条规定为例进行分析。自治权与监督权不能混为一谈。特别行政区的立法权属于特别行政区高度自治权，只能由特别行政区立法会行使，并制定特别行政区的法律。所以，第一，立法权与监督权性质不同，程序不同。基本法规定特别行政区法律向全国人民代表大会常务委员会备案不影响法律的生效，明确了只要行使立法权，完成立法程序，法律就产生效力。备案只是进入监督程序，既然是监督就不是批准，不影响法律生效。如果全国人民代表大会常务委员会认为特别行政区法律不符合基本法的规定发回特别行政区，虽然发回的法律立即失效，但无溯及力，体现了完成立法程序的法律已经产生法律效力，因监督发回不能否定依生效的法律所产生的权利和义务的效力。第二，监督权不能代替立法权。虽然全国人民代表大会常务委员会在审查特别行政区的法律时，可以认为特别行政区法律不符合基本法而发回，但不能直接修改，明确了立法权与监督权的界限，因为修改权是立法权的一部分，如果全国人民代表大会常务委员会可以修改特别行政区法律就等同于行使了特别行政区的立法权。基本法对特别行政区立法权与全国人民代表大会常务委员会审查权的这一套逻辑，也是我们处理中央全面管治权与特别行政区高度自治权的逻辑。所以，从法律上和事实上，自治权与监督权的职能是清楚的，界限也是清楚的，监督权不能也不会取代自治权。

因此，中央对特别行政区高度自治权的监督不仅是“一国两制”理论的逻辑，也是基本法的明确规定。否定中央监督权既不符合“一国两制”的理论，也违背基本法的规定，完全不能成立。我们应该依照基本法的规定，将中央监督权与特别行政区自治权有机结合，一方面，中央对特别行政区依法施政积极支持，另一方面，对特别行政区出现偏离基本法规定的行为及时纠正，保证特别行政区始终按基本法管理。

5. 将中央全面管治权与支持特别行政区全面发展相结合

中央全面管治权在监督特别行政区高度自治权的同时，也要支持特别行政区依法行使的高度自治权。凡特别行政区高度自治权是严格依据基本法行使，对国家和特别行政区有利，则中央就要尊重和维护其高度自治权，支持特别行政区依据基本法施政。这是中央人民政府始终如一的立场。如，2016 年国务院政府工作报告中指出，我们将全面、准确贯彻“一国两制”、“港人治港”、“澳人治澳”、高度自治的方针，严格依照宪法和基本法办事。全力支持香港、澳门特别行政区行政长官和政府依法施政。发挥港澳独特优势，提升港澳在国家经济发展和对外开放中的地位和功能。深化内地与港澳合作，促进港澳提升自身竞争力。我们相信，香港、澳门一定会保持长期繁荣稳定。在 2017 年国务院政府工作报告中进一步强调，严格按照宪法和基本法办事，确保“一国两制”在香港、澳门实践不动摇、不走样、不变形；全力支持香港、澳门特别行政区行政长官和政府依法施政，发展经济、改善民生、推动民主、促进和谐。可见，中央支持港澳实施“一国两制”，发展经济，改善民生，繁荣稳定，融入国家的发展，共同分享国家的发展成果，是坚定不移的。

事实上，中央对特别行政区高度自治权的支持和配合，也促进了港澳社会的全面发展。如，为支持香港国际金融中心的发展，在香港开展个人人民币业务、发行人民币债券、开展跨境贸易人民币结算试点等，奠定了香港人民币离岸市场的先发优势。为支持香港旅游、零售业及内地港资企业发展，中央人民政府应香港特别行政区政府请求，逐步扩大“个人游”试点城市；为更多地惠及香港中小商户和基层市民，中央人民政府还允许香港居民在内地开办个体工商户；中央人民政府高度重视在内地的香港加工贸易企业的发展，积极支持和帮助内地港资企业转型升级。1997 年，亚洲金融危机爆发并迅速蔓延，港元受到国际投机势力狙击，香港金融市场动荡，与美元挂钩的联系汇率制度遭受冲击，金融体系受到严重威胁。中央人民政府郑重宣布，将不惜一切代价维护香港特别行政区的繁荣稳定，坚决支持香港特别行政区政府维护联系汇率制度，坚持人民币不贬值。在中央人民政府的支持下，香港特别行政区政府采取果断措施，维护了金融和社会的稳定。2008 年下半年，国际金融危机爆发后，中央人民政府高度关注香港受到的影响，当年 12 月即推出支持香港经济金融稳定发展的 14 项政策措施。2009 年 1 月，中央人民政府再次推出包括中国人民银行与香港金融管理局签署 2 000 亿元人民币货币互换协议在内的一系列政策举措。这对提振港人信心、增强抵御风险能力、刺激香港经济复苏发挥了积极作用。此后，中央在“十三五”

规划中明确提出，要扩大两地金融市场互联互通，支持香港发展成为全球离岸人民币业务枢纽和国际资产管理中心。2014 年及 2016 年开通的“沪港通”和“深港通”、2015 年落实的内地与香港基金互认安排，2017 年 7 月内地与香港债券市场互联互通合作正式开通，都是中央支持香港金融发展的里程碑式举措。在澳门特别行政区成立之初，社会治安不稳定，在中央人民政府的配合下，通过两地警务合作，很快就恢复了治安，良好的治安秩序让居民和游客放心。当特别行政区制定了发展旅游博彩的政策，大力发展经济时，中央推出了内地居民赴港澳个人游的措施，极大地促进了澳门经济的飞速发展，到 2016 年人均 GDP 增长了近 6 倍，人均 GDP 约达 7 万美元。当澳门发展空间受到一定限制时，中央照顾澳门的需要，将澳门大学新校区建在珠海横琴，并由特别行政区政府管理。此外，还对澳门的行政区域管理的范围进行扩充，将 85 平方千米的海域划归澳门管理。当澳门经济发展需要适度多元化时，中央推动粤港澳区域合作和大湾区建设。所以，澳门的发展倾注了中央的关心和无私的支持。

因此，中央的全面管治权对特别行政区是多功能的。一是管理功能，直接管理与特别行政区有关的事务。二是监督功能，对发现高度自治权的行使不符合基本法的情况进行纠正。三是支持功能，对特别行政区的依法施政给予支持。对中央全面管治权要全面认识，既要看到中央对特别行政区的管治一面，也要看到中央对特别行政区的支持一面。同样，特别行政区高度自治权对中央全面管治权也有双重功能。一方面，要配合中央的全面管治权，将中央对特别行政区的管理落实到特别行政区的生活中。另一方面，在中央全面管治权的支持下，依法治理特别行政区，保持特别行政区的稳定和发展。对特别行政区的高度自治权也要准确理解和把握，不能将“高度自治”视为“完全自治”，割裂与中央全面管治权的关系。

综上所述，正确认识中央全面管治权与特别行政区高度自治权的共同政治和法律基础，确立处理中央全面管治权和特别行政区高度自治权的正确思维，构建落实中央全面管治权和特别行政区高度自治权结合的具体制度，一定能够将中央全面管治权与特别行政区高度自治权有机地结合，做到全面、准确地实施“一国两制”和基本法，为实现社会主义现代化强国作出贡献。

（本文发表于《港澳研究》，2018 年第 1 期）

认识国情是正确实施“一国两制”的必要条件
——重温邓小平先生对“一国两制”的论述

认识“一国两制”需要全面、准确认识基本法的具体规范，因为基本法是根据“一国两制”制定的，也是“一国两制”的法律化。只有全面、准确认识基本法的规范，才能坚定不移地遵守和执行基本法的规范，最终实现“一国两制”的宗旨。所以，“一国两制”是基本法的精神和灵魂，基本法是“一国两制”的载体和肉身，两者缺一不可，互为一体。对“一国两制”和基本法的认识是完全必要的。

那么，我们应该如何认识“一国两制”和基本法呢？一方面，我们需要对基本法的具体规定认真理解；另一方面，要认识“一国两制”产生的背景和追求的目的，才能更好地掌握基本法的具体规范。美国的卡多佐法官认为，“法律的产生、法律的成长、法律的功能和法律的目的，这些术语看起来普遍抽象，高高在上，漠视现实，无法引起探索者的兴趣。但相信我，事实并非如此。正是这些普遍性和抽象性，指导法律思维，左右法官意志，在平衡产生动摇时决定疑难案件的结果。大体来说，每一个判决提出的问题都涉及一种有关法律起源与目的的哲学，这一哲学尽管非常隐蔽，实际是最终的裁决者。”① 所以，一定要认识“一国两制”和基本法产生的原因和目的。而要认识“一国两制”和基本法的产生原因和目的就要认识中国的国情和中国发展的目标，将“一国两制”和基本法放在中国国情中去认识和理解，才能避免“不识庐山真面目，只缘身在此山中”。只停留在港澳的高度，难以把握“一国两制”的全局；只有站在国家的高度，才能站得高，纵览“一国两制”的全局。而离开“一国”看“两制”，就会偏离正确的方向，认识不清港澳在国家中的地位和作用。

---

① ［美］本杰明·N．卡多佐．法律的成长：法律科学的悖论．董炯，彭冰，译．北京：中国法制出版社，2002：17．

一、中国的国情与“一国两制”的提出

邓小平说，“一个国家，两种制度”的构想是我们根据中国自己的情况提出来的，主要考虑历史和现实两个方面的情况。所以，认清港澳问题就要认识中国的历史，认识港澳的现实。

1. 中国近代史遗留的港澳问题

港澳问题是中国国情中的一个特殊的历史问题。理解港澳问题不能离开中国的历史。中国近代史的开端始于外国列强用武力打开中国国门，强迫清政府签订丧权辱国的不平等条约，英国和葡萄牙分别占领了香港和澳门，直到中华人民共和国成立，香港、澳门迎来回归的曙光。可见，港澳问题产生于中国的近代历史，所以，我们称港澳问题是历史遗留问题。港澳在中国近代史之前是中国的固有领土，一直受历朝历代的中国政府管辖。到了近代，国家落后，国运衰落，任人宰割，导致国家沦为半殖民地，导致中国政府不能对港澳行使主权。这是港澳问题的由来。

2. 中华人民共和国解决港澳问题

中华人民共和国成立后，中国人民站起来了，中国成为一个独立自主的国家。经过多年的国家建设和发展，奠定了国家的基本物质基础，形成了一定的国家实力，具备条件解决港澳历史遗留问题，恢复对港澳行使主权。在中国政府坚持主权不能讨论的原则和立场下，中国政府与英国和葡萄牙政府签署了中英、中葡关于香港和澳门问题的联合声明，顺利解决了港澳回归祖国的历史问题，彻底结束了在中国领土上的外来管治。这是港澳问题解决的结局。

因此，懂得了港澳问题与中国近代史和现代史的关系，就能认识港澳回归祖国是一种历史的必然，就能明白中华民族追求国家独立和统一的使命和责任。正如邓小平先生所说，“要懂得些中国历史，这是中国发展的一个精神动力”。[①]

3. 考虑两地差异，实行“一国两制”

中国恢复对港澳行使主权后，对港澳的管理采取什么样的政策，实行什么样

---

① 邓小平. 邓小平论“一国两制”. 香港：三联书店（香港）有限公司，2004：70.

的制度，需要考虑港澳的现实情况。由于历史的原因，港澳实行的社会制度与内地不同，经济发展水平和居民生活水平与内地也存在明显的差距，据统计，1997 年香港的 GDP 是 17 631 亿美元，占全中国 GDP 的 25% 。临近香港地区的内地发达省份（广东省）的 GDP 只有 938 亿美元。1997 年，香港人均 GDP 超过 27 000美元，个人每月收入中位数达 9 600 港元。而同期全国城镇居民人均年可支配收入仅为 5 160 元人民币。[①] 实现国家统一后必须照顾这些方面的不同和差距，所以，邓小平先生提出了“一个国家，两种制度”的政策，解决港澳问题。“我们采取‘一个国家，两种制度’的办法解决香港问题，不是一时的感情冲动，也不是玩弄手法，完全是从实际出发的，是充分照顾到香港的历史和现实情况的。”[②] 实行“一国两制”政策，第一，既可维护港澳的稳定发展，又能实现国家的统一。“不保证香港和台湾继续实行资本主义制度，就不能保持它们的繁荣和稳定，也不能和平解决祖国统一问题。”[③] 第二，既对国家根本利益有利，也对特别行政区的长远利益有利，是双赢局面，各方面都能够接受。如果采取一种社会制度消灭另一种社会制度的方法，“不能和平解决，只有用武力解决，这对各方都是不利的”。[④] 这就是实行“一国两制”政策的根本原因。

4. “一国两制”与国家现代化

中国在 20 世纪 80 年代开始实行改革开放政策，大规模地进行四个现代化的建设。在这个大背景下，港澳回归祖国，成为祖国大家庭的一员，既可以为国家的现代化作出贡献，也可以在国家现代化进程中分享发展的成果，从而既决定了特别行政区在国家中的角色和作用，也决定了“一国两制”必须为国家现代化服务。胡锦涛先生指出：“在我国改革开放的历史进程中，广大香港同胞、澳门同胞发挥了重要作用，作出了突出贡献。”[⑤] 港澳是国家与世界沟通的桥梁和窗口，利用自身的优势，为内地改革开放引进投资、技术以及先进的管理和服务经验，也为内地企业走向世界提供服务。中国改革开放之初，投资环境差，政策不完善，前景不明朗，外国资本观望，是港澳同胞率先到内地投资，有了良好的开端。港澳还是内地与国际市场联系的通道，内地的“引进来”和“走出去”相当长的一段时间是依赖港澳。港澳回归祖国后，通过“一国两制”的政策，利

---

① 1997 年国民经济和社会发展统计公报.

② 邓小平. 邓小平论“一国两制”. 香港：三联书店（香港）有限公司，2004：13.

③ 邓小平. 邓小平论“一国两制”. 香港：三联书店（香港）有限公司，2004：15.

④ 邓小平. 邓小平论“一国两制”. 香港：三联书店（香港）有限公司，2004：12.

⑤ 转引自高祀仁. 香港在国家改革开放中的地位和贡献. 求是，2009（1）.

用自身的优势，在中国发展战略中仍然可以继续发挥作用，共同建设国家，并在国家发展中，继续维持港澳的发展和繁荣，这就是实行“一国两制”政策的目的。

因此，我们了解了港澳的现实情况，就明白了对港澳采取与内地不同的制度，就是为了维护港澳的稳定和发展。历史告诉我们，港澳要回归，国家要统一。现实告诉我们，国家必须统一，社会制度可以不同。在统一的国家内，不同制度发挥各自优势，共同建设强盛的国家。

综上所述，我们知道了港澳的历史、它的前生今世，知道了实行“一国两制”的原因以及实行“一国两制”要达到的目的，那么，我们就应该尊重历史，维护国家的统一，坚持港澳是国家不可分割的一部分的原则，反对分裂国家的行为。同时，不忘“一国两制”的初心，坚定不移地维护国家的主权、安全和发展利益，维护港澳的稳定和发展。

二、中国道路与“一国两制”的实施

“一国两制”是中国现代化建设中的一个组成部分，也是中国特色社会主义道路的一部分，与中国的发展道路、中国的社会制度和中国的发展命运不可分割。所以，实施“一国两制”不可避免地需要对中国道路和国家制度有一个正确的认识，否则“一国”就难以落实。邓小平先生在提出“一国两制”时就明确地指出，必须对国家有正确的认识，对国家所走的道路要有信心，“如果现在还有人谈信心问题，对中华人民共和国、对中国政府没有信任感，那么，其他一切都谈不上了”。① 对中国的信任就是对国家选择的发展道路和制度要有信心。对中国道路和制度有信心，就需要对中国道路和制度有正确的认识。

1. 中华人民共和国改变了中国在国际上的形象

为什么要对中国道路和制度有信心？首先是因为中华人民共和国改变了中国在国际社会上的形象，让世界对中国有了新的认识和评价。邓小平说：“鸦片战争以来的一个多世纪里，外国人看不起中国人，侮辱中国人。中华人民共和国建立后，改变了中国的形象。中国今天的形象，不是晚清政府，不是北洋军阀，也

---

① 邓小平. 邓小平论“一国两制”. 香港：三联书店（香港）有限公司，2004：14.

不是蒋氏父子创造出来的。是中华人民共和国改变了中国的形象。”① 从而使中华民族能够立于世界民族之林，独立行使国家主权，不受外来欺负。

2. 中华人民共和国解决了港澳问题

港澳被英国和葡萄牙占领，是建立在不平等条约的基础上的，虽然中国历史上的历届政府都不承认强加在中国头上的不平等条约，但是没有能力解决港澳问题。只有在中华人民共和国政府手里才恢复了对港澳行使主权。邓小平说：“香港问题为什么能够谈成呢？并不是我们参加谈判的人有特殊的本领，主要是我们这个国家这几年发展起来了，是个兴旺发达的国家，有力量的国家，而且是个值得信任的国家。”② 这证明了中国的发展和逐步强盛是解决港澳问题的关键因素。

3. 提出“一国两制”是对中国道路和制度自信的表现

历史上解决国家统一问题基本上是采用“一国一制”，彻底消灭不同制度，以免受到其他制度的影响和干扰，以绝后患。但中国政府提出“一国两制”，允许不同制度共存于一国，不仅是一种智慧，体现中国传统文化中“和而不同”的思想、对待不同制度的态度，也是对自身制度的一种自信，不担心不同制度之间的竞争。邓小平先生说：“这个胆略是要有基础的，这就是社会主义制度，是共产党领导下的社会主义中国。我们搞的是有中国特色的社会主义，所以才制定‘一国两制’的政策，才可以允许两种制度存在。”③ 但是，总有一些人对中国道路和制度缺乏信心，担忧中国要崩溃。对“一国”前途不看好，总希望将“两制”脱离于“一国”，这是完全没有事实根据的杞人忧天。抱着这种离心离德的心态，不可能搞好“一国两制”。所以，必须解决对中国道路的信心问题。

为什么对中国道路和制度有信心？信心不是来自天真想象，而是来自国家发展的事实。中国改革开放，以经济建设为中心，在本世纪中期分三步实现国家目标。第一步是人民生活达到温饱水平。第二步是人民生活达到小康水平。第三步是人民生活达到中等发达国家水平。到那时，“不仅国家力量不同了，人民生活也好了。”④ 中国道路的核心是中国特色社会主义和民族复兴。那么，中国道路行得通吗？社会主义能实现中华民族复兴吗？邓小平先生的三步走目标完成得怎

---

① 邓小平. 邓小平论“一国两制”. 香港：三联书店（香港）有限公司，2004：13.
② 邓小平. 邓小平论“一国两制”. 香港：三联书店（香港）有限公司，2004：25.
③ 邓小平. 邓小平论“一国两制”. 香港：三联书店（香港）有限公司，2004：54.
④ 邓小平. 邓小平论“一国两制”. 香港：三联书店（香港）有限公司，2004：52.

么样？事实告诉我们，今天中国发展的实际情况符合邓小平先生的预设，而且还有所提前。改革开放39年来，中国成为全球第二大经济体，7亿多人口摆脱贫困，人均国内生产总值超过8 000美元。中国用几十年时间走完了发达国家几百年发展的历程，说明中国道路行得通，有成效。1978年，我国GDP为3 645.2亿元，财政总收入为1 121亿元，进出口总额为206.4亿美元。2002年，我国GDP首次突破10万亿元，为102 398亿元；2006年，我国GDP又突破20万亿元，为211 923亿元，折合2.7万亿美元。2002年，我国GDP分别相当于美国的13.9%、日本的37.0%、德国的71.8%，2006年上升到相当于美国的20.0%、日本的60.6%、德国的91.3%。2005年年底，中国GDP增加16.8%，超过意大利，成为世界第六大经济体。2006年，中国经济规模超过英国，成为仅次于美国、日本和德国的世界第四大经济体。2007年，中国GDP增速为13%，超过德国成为全球第三大经济体。仅仅3年之后，中国GDP便超越日本，成为“世界第二”。中国政府发布的2010年名义GDP为397 983亿元人民币（折合58 798亿美元），中国成为世界第二大经济体。2015年，中国的国内生产总值（GDP）达到676 708亿元。该数字已是2010年我国国内生产总值的1.7倍，所占世界GDP总量的比例也近1/6。

中国道路、中国模式正在引起世界关注和研究。基辛格认为：“中国发展模式对世界具有重要意义。”提出“北京共识”的雷默说：“中国的经济发展模式不仅适合中国，也是追求经济增长和改善人民生活的发展中国家效仿的榜样。”美国政治学家约瑟夫·奈认为：“更重要的是将来，中国倡导的政治价值观、社会发展模式和对外政策做法，会进一步在世界公众中产生共鸣和影响力。”①《增长的极限》作者兰德斯教授认为，中国政府能集中力量办大事。不迷信西方民主体制，是中国保持发展的核心因素。

综上所述，中国的发展道路正引领中华民族奔向光明的未来。中国道路不仅被实践证明可行，也引起世界的关注和重视，完全值得港澳居民引以为傲，树立对国家发展的信心，可以肯定地说，“一国”有希望，“两制”必定有前途。

三、国家发展与特别行政区前途

在“一国两制”下，特别行政区的前途最终取决于国家的发展和中国道路

① 孔根红．全球视野中的中国道路．求是，2012（21）．

的成功，国家的未来决定特别行政区的未来。国家好，特别行政区就会好。国家失败了，特别行政区一定遭殃。一些人离开国家发展谈特别行政区的未来，是没有前景的。国家与特别行政区的关系必须放到国家的发展战略中去认识，才能处理好国家与特别行政区的关系，才能保障“一国两制”的成功。

1. 五十年不变与国家发展的关系

“一国两制”五十年不变，五十年之后变还是不变，由什么因素决定？关键是由两个因素决定。

第一，“一国两制”是否成功。如果成功就不需要变。“核心的问题，决定的因素，是这个政策对不对。如果不对，就可能变。如果是对的，就变不了。”① 所以，“一国两制”变与不变的核心是由政策对与不对、执行政策的效果好与不好来决定的。政策是对的，执行效果是好的，“一国两制”政策就不会变。有些人在谈论五十年后怎么办时，不是关注五十年内是否将“一国两制”搞好，实现“一国两制”的宗旨，既维护了国家的主权、安全和发展利益，又维护了港澳的社会稳定和经济发展，而是妄想五十年如何与国家分离，这是完全错误的，既没有可能，也是对特别行政区的前途不负责。在“一国两制”下，国家与港澳是命运共同体，一损俱损，邓小平早就告诫我们：“试想，中国要是改变了社会主义制度，改变了中国共产党领导下的具有中国特色的社会主义制度，香港会是怎样？香港的繁荣和稳定也会吹的。”②

第二，取决于国家的发展。“为什么说五十年不变？这是有根据的，不只是为了安定香港的人心，而是考虑到香港的繁荣和稳定同中国的发展战略有着密切的关联。”③“到了五十年以后，内地发展起来了，那时还会小里小气地处理这些问题吗？”④ 所以，只要国家发展了，港澳的稳定、发展、繁荣就有保障。港澳应该用国家发展的眼光看待和处理与国家的关系，国家发展了，港澳从中受益，一荣俱荣。国家发展了，对港澳的支持力度将更大，处理港澳五十年后的问题将更大气、更灵活。

2. 互相合作，共同发展

“两制”的前途在于“一国”的发展。国家不发展，“两制”好不了。而

---

① 邓小平．邓小平论“一国两制”．香港：三联书店（香港）有限公司，2004：12.

② 邓小平．邓小平论“一国两制”．香港：三联书店（香港）有限公司，2004：54.

③ 邓小平．邓小平论“一国两制”．香港：三联书店（香港）有限公司，2004：64.

④ 邓小平．邓小平论“一国两制”．香港：三联书店（香港）有限公司，2004：18.

“两制”能够互相合作，发挥各自所长，必能共同推动国家的进步和繁荣。

首先，港澳居民要了解国家发展战略。中华民族为之奋斗的中国梦由三部曲组成。自鸦片战争开始，中国被迫走入长达百年的屈辱历史，各界仁人志士、团体纷纷为“救亡”而努力，中国梦是实现民族独立和民族解放的梦。中华人民共和国成立以后，中国梦就是满足人民群众日益增长的物质文化需求的小康生活梦。目前，中国梦是要实现中华民族的伟大复兴，达到中等发达国家水平的民族振兴梦。习近平主席说，我坚信，到中国共产党成立 100 年时全面建成小康社会的目标一定能实现，到新中国成立 100 年时建成富强民主文明和谐的社会主义现代化国家的目标一定能实现，中华民族伟大复兴的梦想一定能实现。中华人民共和国成立百年之时，也是港澳特别行政区成立五十年的前后之际，在未来三十年间港澳居民应该像过去一样，不仅不缺席为中华民族独立、为中华民族改革开放走向小康贡献力量，而且积极参与和投身到中华民族振兴事业中去。

其次，港澳要参与到国家发展的战略中去。“一国两制”下，两种制度要互相合作，走向共同发展。中国的发展战略需要港澳的参与，如，澳门搭建的“一个平台”即中葡商贸合作服务平台将为中国与葡语系国家经贸合作提供条件。国家提出的“一带一路”倡议为澳门参与国家对外发展提供空间。港澳参与国家的区域合作，既促进国家的发展，也可从国家发展中分享经济发展的成果。港澳坐上中国发展的快车，必将与国家共同繁荣。明白了这个道理，认清了这个发展趋势，必然抛弃“两制”互相对立、对抗论，“两制”互相隔绝论，参与到国家的发展中去。

综上所述，中国的百年发展战略正在顺利实施，并取得了阶段性成果，只要不断努力和坚持，一定能够实现伟大的中国梦。在这一进程中，港澳参与到国家发展战略中去，利用“一国”的大平台，充分发挥“两制”的优势，不仅能对国家作出贡献，也能从国家发展中分享成果，达到国家好、港澳好的双赢目的，到时，作为中华民族的一分子共享中华民族的荣耀。

（本文为作者 2017 年 3 月在澳门理工学院“一国两制”研究中心研讨会上的发言）

论基本法的爱国主义

澳门特别行政区实行“一国两制”和基本法，爱国主义当然应该以“一国两制”和基本法为基础、为核心。因为“一国两制”是澳门社会的基本价值，澳门不仅接受“一国两制”，而且实行“一国两制”，社会制度和人们的生活方式都是“一国两制”的体现。特别行政区基本法是“一国两制”的法律化，是依法治澳的依据、法治的核心，为社会和居民规定了行为规则。所以，只有以“一国两制”和基本法为核心内容的爱国主义教育，才能服务于“一国两制”的事业，保障基本法的实施。相信这是澳门社会和居民的最大共识，也是依法治澳的基本要求。

那么，什么是以“一国两制”和基本法为核心和基础的爱国主义教育呢?简言之，就是培养对国家认同、对国家支持、对国家奉献的态度。因为“一国两制”离不开“一国”，“两制”是在“一国”中的“两制”，所以，要坚持“一国”，落实“一国”的原则，就应该了解国家、认同国家、支持国家的发展。相反，如果对国家一无所知，不认同国家，不支持国家，显然是不可能搞好“一国两制”和落实好基本法的。

具体而言，基本法的爱国主义观应由以下几个方面构成。

一、国家的历史观

港澳特别行政区实行“一国两制”离不开正确的历史观。基本法序言中首先阐述了国家的历史观，只有正确地认识国家的历史、港澳的历史，才能理解港澳为什么要回归祖国，国家为什么恢复对港澳行使主权，以及港澳在国家中的地位。

(1) 基本法序言明确规定，港澳自古以来就是中国的领土。港澳作为中国的一部分不是近现代，而是自古以来，有着悠久的历史，不论是历史文献，还是考古发现，历朝历代的有效管治，都证明了这一点，无可辩驳，铁证如山。作为中国的一部分，港澳不可能也不允许从中国分离出去。作为国家的一部分，港澳从来不是独立的政治实体，只是国家的一个地方行政区域。所以，任何鼓吹从国家分离出去的所谓“本土化”，将国家对特别行政区的管治妖魔化为“殖民统治”的说法，都是十分错误的。

（2）基本法序言阐明，香港自1840年鸦片战争后被英国占领，澳门自16世纪中叶后被葡萄牙逐步占领。由于中国进入近代后，国家落后，国力衰落，遭到了外国列强的欺负，战败后被强迫接受不平等条约，将港澳割让给外国管治。这段历史中国人民应该记住，港澳是被外来势力强行夺取去的，不是内部分裂的结果。了解这段苦难的历史，记住落后挨打的教训，是为了激发我们奋发图强、保家卫国的爱国心。所以，将殖民管治奉若神明，并且还想回到殖民管治时代的想法是奴化的表现，与中华民族追求独立自主、当家作主的精神格格不入。

（3）基本法序言规定，中华人民共和国恢复对港澳行使主权。1840年鸦片战争以来，中华民族不屈不挠，为争取国家统一和独立进行斗争，从不承认外国强加在中国头上的不平等条约，始终坚持港澳是中国领土的一部分，在适当的时候要收回港澳地区。中华人民共和国成立后，特别是改革开放以来，国家不断发展，国力逐步增强，有条件、有能力收回自己的神圣领土，实现中国人民百年来的愿望。对此，每一个中国人都应该感到自豪。所以，我们应该共同建设国家，国家强大，人民富裕，国家好，港澳好。

以上历史观，充分体现了中华民族的优良传统：热爱祖国，矢志不渝；天下兴亡，匹夫有责；同仇敌忾，抗御外侮；维护统一，反对分裂。

二、国家的认同观

港澳回归祖国，国家在对港澳恢复行使主权后，实行的政策是“一国两制”。既然是“一国两制”，就必须确立“一国”的国家观，对“一国”认同，对“一国”接受。没有国家的认同观，就不可能搞好“一国”，没有“一国”也就没有港澳的“两制”。国家认同观应该包括以下内容：

（1）国家统一观。

基本法第一条规定香港、澳门特别行政区是中华人民共和国不可分离的部分，就是从法律上确立了国家统一。

中华人民共和国是统一的多民族国家，自秦始皇统一中国以来，历经几千年，其间虽出现过国家分裂，但最终维持了国家的统一，而且国家的统一始终占据中国历史发展的主流。

“大一统”是中华民族的政治理念，也是中华民族面对外敌入侵、国家分裂时，奋不顾身、前赴后继为民族独立、为国家统一奋斗的精神之源。

无论是历史上的，还是现实中的，一切分裂国家、卖国求荣的行为都遭到中国人民的反对、抵制和历史的唾弃，绝对没有好的下场。历史是无情的，现实同样如此。正如邓小平先生所说，如果中国政府不收回港澳，“就意味着中国政府是晚清政府，中国领导人是李鸿章！……如果十五年后还不收回，人民就没有理由信任我们，任何中国政府都应该下野，自动退出政治舞台，没有别的选择”。[①]

所以，维护国家独立和统一，既是政治家的责任，也是每一个中国人的神圣义务。今天，港澳已经回归祖国怀抱，如果还有人试图将港澳从统一的国家中分离出去，绝对不能允许。

（2）国家主权观。

统一的国家反映在地域方面就是领土完整，反映在管辖方面就是主权统一。国家的主权意味着对国家的所有领土拥有管辖权。主权对内是最高的，对外是独立的。

主权作为国家最重要的权力，由一个国家中的中央政府行使，以保障主权的统一性。如果主权不是唯一由中央政府行使，各个地方也可以行使主权，那么，国家必然出现地方割据，四分五裂，导致国家解体。主权不仅要统一，而且要保障主权的至高性，主权高于地方的自治权，自治权要服从国家的主权。

中央行使国家主权，在国际关系中，当然只有中央政府才能代表国家。特别行政区参加对外事务，只能以属于国家一部分的“中国香港”“中国澳门”的名义进行。

（3）国家制度观。

国家认同，不仅是认同国家统一、国家主权，还要认同国家的制度。“一国”不是抽象的，是由具体的国家制度构成的。

第一，国家的单一制结构。

基本法第十二条规定，香港、澳门特别行政区直辖于中央人民政府。中华人民共和国的国家结构制度是单一制。中央与特别行政区的关系具有从属性质，不是平等的关系。中央领导和监督特别行政区，特别行政区的行政长官对中央负责。

基本法第二条规定，全国人民代表大会授权特别行政区实行高度自治，享有

① 邓小平. 邓小平论“一国两制”. 香港：三联书店（香港）有限公司，2004：1-2.

行政管理权、立法权、独立的司法权和终审权。中央与特别行政区的权力关系是授权与被授权的关系，特别行政区的高度自治权源于中央的授权。

基本法第二章规定，中央行使外交、国防、任命特别行政区行政长官和主要官员、对行政长官发布指令、审查立法会法律是否符合基本法、决定全国性法律在特别行政区的适用、决定特别行政区进入战争状态和紧急状态、向法院发出国家行为的事实的证明文件、批准外国在特别行政区设立官方和半官方机构等权力。这些权力都是国家主权性的权力，体现了中央行使主权的原则。

第二，国家的管理制度。

国家行使主权，行使主权的国家机构根据宪法的规定设立。全国人民代表大会是国家的最高权力机关，全国人民代表大会常务委员会是其常设机关。国家主席是国家的元首，代表中华人民共和国。国务院是国家的中央政府、最高国家行政机关，领导全国的行政工作。中央军事委员会领导全国武装力量。它们分别与特别行政区发生联系。全国人民代表大会制定和修改特别行政区基本法，授权特别行政区高度自治，全国人民代表大会常务委员会解释基本法。国务院领导特别行政区政府。中央军事委员会领导特别行政区驻军。所以，对国家主权机构的法律地位、法定职权的认识，是国家认同不可分割的部分。

第三，国家象征——国旗和国徽。

基本法第十条规定，特别行政区除悬挂国旗、国徽外，还可以悬挂区旗、区徽。国旗、国徽作为国家的象征，具有重要的意义。它们寄托着国家的希望，体现民族的精神等内涵，了解和认识国旗、国徽，并且尊重国旗、国徽，参加庄严的仪式，能够激发国民对自己的国家、自己的民族的自豪感、荣誉感和归属感。特别行政区居民应该了解国旗、国徽的内涵和使用办法。

三、身份的认同观

在“一国两制”下的特别行政区居民，要认同“一国”原则，不可回避需要解决自己的身份认同问题。如果不把自己视为中国的公民，那么他不可能认同中国。也就是说，身份认同和国家认同是不可分离的。在特别行政区除了外国公民外，绝大多数居民是中国公民。身份认同包括以下内容：

（1）中国国籍。

由于特别行政区是中国的一部分，不是独立的政治实体，所以，特别行政区只有中国国籍。在法律上，身份认同与国籍不可分离。

中国公民意味着什么？基本法第二十四条规定，特别行政区居民中有中国国籍，有英国、葡萄牙国籍，有英国、葡萄牙国籍以外的其他外国国籍的人。一些人对自己的国籍存在模糊的认识，在现实中往往看到特别行政区中的一些中国国籍的居民为了否定自己的中国人身份，总是以持有某国国籍和护照来否定自己是中国人。对此，基本法是有明确规定的。根据基本法附件三内的《中华人民共和国国籍法》的规定，凡具有中国血统，出生在中国，具有中国国籍。不论过去在殖民管治下有什么样的国籍，均不能改变中国国籍的身份。

中国国籍与国家是什么关系？中国国籍的居民与外国国籍的居民在权利和义务上是不同的。国家对公民负有保护的责任，公民对国家也负有相应的义务。正因为有这种法律关系，所以，中国公民成为永久性居民的条件不同于其他的外国公民，更加宽松，如中国国籍的永久性居民所生子女不论在什么地方，均是永久性居民，且不受永久居住地的条件限制等。同时，中国国籍居民要履行效忠于自己国家、不能叛国的义务。

（2）受国家保护。

香港基本法第一百五十四条、澳门基本法第一百三十九条规定，特别行政区居民中的中国公民可以申领特别行政区护照，身在任何国家遇到困难时可受到国家的领事保护。国家会关怀本国公民，维护本国公民的合法权益，帮助本国公民解决具体的问题。

（3）参与国家事务的权利。

基本法第二十一条规定，特别行政区中的中国公民可依法参与国家事务的管理，其中包括国家最高权力机关——全国人民代表大会代表的选举。中国人民是国家的主人，参政议政是公民的基本权利，体现当家作主的精神。

（4）维护国家安全的义务。

基本法第二十三条规定了中国公民有履行维护国家安全的义务，不能叛国、分裂国家、煽动叛乱、颠覆中央人民政府、窃取国家机密。任何一个公民都不能作出有损国家利益的行为。

（5）宣誓效忠国家。

基本法第四章明确规定，行政长官、主要官员、立法会主席和立法会副主席、终审法院院长和检察长、行政会成员必须由中国公民担任。因为特别行政区是中国的特别行政区，作为“港人治港”“澳人治澳”的主体，且担任重要公职者，必须履行宣誓效忠国家的仪式，从而要遵守自己的誓言，约束自己的行为，忠诚地为国家、为特别行政区服务。

所以，身份认同要从法律上，权利、义务上认识清楚与国家之间的关系。

四、国家政策的了解和认识

基本法序言规定，实行“一国两制”的目的是维护国家的统一和领土完整，维护特别行政区的社会稳定和经济发展。要实现这个目的，特别行政区居民要了解和认识国家实行的一些基本政策。

国家实行“一国两制”的政策，一方面，国家行使主权，负责外交、国防等事务，作为特别行政区的居民完全有必要了解和认识国家的基本方针政策，比如，清楚地了解国家的外交政策，这样，特别行政区才能够在遵循国家的外交政策的情况下处理好对外事务。另一方面，“两制”在经济方面需要开展合作，互惠互利，共同发展。只有掌握国家的改革开放、经济建设的政策，才能抓住机遇，发挥自己的优势，在与内地的合作中，谋求特别行政区的发展。

以上所列举的内容是基本法爱国主义的最基本内容，是特别行政区居民应该认同和接受的基本教育。这些基本内容可以根据不同的年龄、对象采取不同的形式、语言，可以是形象生动的，也可以是以理论分析的方法进行推广、宣传和教育。

总之，在特别行政区进行爱国主义教育，从基本法的角度看，有充分的法律依据，完全合法；从“一国两制”的国策来看，十分必要，完全合理。合法合理的爱国教育，不仅特别行政区政府应该抓好和推广，特别行政区居民也应该接受和认同。唯有这样，“一国两制”的事业才能成功，特别行政区基本法才能不折不扣地落实。

（本文为作者2015年在澳门理工学院“一国两制”研究中心研讨会上的发言）

对爱国爱澳人才培养的一点思考

“一国两制”的方针政策和基本法经过澳门特别行政区 19 年的实践，充分证明是正确的，取得了举世瞩目的成就。只要我们坚持全面、准确地理解“一国两制”和基本法，坚定不移地实施“一国两制”和基本法，就能不断取得新成就。全面、准确理解和坚定不移实施“一国两制”和基本法都离不开人的因素。人如何去理解“一国两制”和如何去执行基本法，直接关系到“一国两制”和基本法的成效。可见，人的因素在一定条件下具有决定性作用。因此，培养爱国爱澳的队伍是“一国两制”事业的重要组成部分，也是“一国两制”和基本法实施的重要保障。

如何培养和巩固爱国爱澳的队伍？笔者建议从三支队伍着手，建立爱国爱澳的队伍。

一、青少年队伍

这是爱国爱澳的基础，也是爱国爱澳队伍不断发展和壮大的源泉。有了这支队伍，就能保证薪火相传。那么，如何形成这样一支队伍？主要是通过学校教育和社会实践两个方面去影响青少年。怎么才能搞好学校教育和社会实践？这是值得研究和探讨的。

总结过往的经验，建议学校教育和社会实践由三个板块的内容组成：

第一，中国历史和文化。针对特别行政区青少年接受中国历史和文化教育的现状，应该加强青少年对中国历史和文化的学习。一方面，通过学习和教育，让青少年了解中华民族灿烂的文明，树立文化自信。另一方面，了解国家的统一是中华民族的政治信仰和不懈追求的目标，虽然历史上出现过短暂的分裂，但最终走向国家的统一，这是中国历史发展的规律之一，从而培养维护国家统一的自觉性。在组织社会实践活动时，相应地组织学生观看祖国的物质和非物质文化遗产，同时参访历史上维护国家统一的民族英雄和历史事件的纪念地、纪念馆等。

第二，中华人民共和国的建设成就。根据青少年的思想特点，如果仅仅停留在对中华民族过去的文明的了解上，是不够的，对青少年的吸引力也不足。青少年更重视现在中华民族的发展情况，自己身处的现代中国的实际情况。所以，了解当今中国的发展情况是国情和爱国教育的重要一环。不仅要让青少年佩服中华民族的历史文明，也要让他们折服于中华民族的现代文明。让他们明白中华民族不仅能够创造历史的文明，而且正在创造现代的文明。特别是让青少年全面了解改革开放以来取得的举世瞩目的建设成就。在社会实践中，应该组织他们了解国家在经济、科技、国防等领域取得的进步和重大工程，让他们能够加强理性认识和民族自豪感以及社会责任感，从而树立对中国发展道路的自信。

第三，中华人民共和国的制度和国家的治理能力。按照青少年的思想特点，他们不仅会纵向比较历史和现代中国的发展情况，也会横向比较中国与世界上其他国家的发展情况。在一部分青少年的看法中，还会认为今日中国只有物质文明，但在精神文明的软实力上不行，国家治理不如他国，缺乏对中国制度的自信和认同，影响了他们对国家的正确认识。所以，在国情教育中应该增加对国家实行的制度以及国家治理的能力和现代化管理水平的了解和认识，树立制度自信。在社会实践中，让学生接触和了解北京、上海、广州、深圳等大城市的管理水平，如公共服务、智慧城市等。相信30年后建成的现代化强国是物质文明和精神文明的国家。

为此，在学校开展国情教育：首先，从课程设计上有专门和必修的科目。其次，编好一本相应的教材。再次，培训和组织好一支从事国情教育的教师队伍。最后，组织安排好社会参观访问的活动。通过教育和实践，达到使青少年了解国家、认同国家的目的。

二、公务员队伍

这是特别行政区的管治队伍，公务员队伍中的绝大多数由爱国爱澳者组成，才能保障“一国两制”下以爱国爱澳者为主体进行高度自治。

形成公务员的爱国爱澳队伍的重要性在于：

第一，将特别行政区的管理权掌握在爱国爱澳者手中。只有这样，才能保障坚定不移地实施“一国两制”和基本法，做到不变形、不走样，才能保证特别行政区对中央负责，处理好中央管治权与特别行政区自治权的结合关系，自觉地维护国家主权、安全和发展利益，促进澳门的稳定和发展。实践和事实已经证明，如果公务员队伍对国家不认同、不接受，那么，“一国”的原则不可能坚持，“一国”和“两制”的关系也不可能处理好。对公务员的爱国爱澳要求，核心就是对国家和特别行政区的忠诚，诚心诚意维护国家统一，拥护中央管治权，维护特别行政区的稳定和发展。

第二，影响青少年的爱国价值观。如果公务员队伍不能做到爱国爱澳，那么，学校对青少年的爱国爱澳教育不可能取得成功。青少年从社会看到与学校教育相反的情况，就不会相信学校教育，很大可能走向反面。所以，任用什么样的人做公务员，是一种政策的导向，是学校教育的一种延续。用人政策本身就是对爱国爱澳的最好教育。特别行政区政府的责任是必须培养爱国爱澳的公务员队伍，并发挥公务员在爱国爱澳方面的带头和示范作用。

如何培养爱国爱澳的公务员队伍？建议从录用、晋升和培训几个方面作出安排，确保目标的实现。

在招聘公务员时，要求应聘者了解“一国两制”和基本法的基础知识，认同和接受“一国两制”和基本法。中央统一招聘考试试卷中应包括一定数量的有关“一国两制”和基本法的知识。在公务员晋升方面，除了业务水平、工作态度和业绩外，要考核对“一国两制”和基本法的认同和具体表现，包括是否表里如一、言行一致。在公务员的日常培训中，加入“一国两制”和基本法、国情教育的内容。

只要建立一套行之有效的制度，是完全可以建立一支忠诚于“一国两制”和拥护基本法的公务员队伍的。

三、社团队伍

社团是联系青年、支持政府依法施政的纽带。澳门社团众多，具有广泛的群众性。社团也是吸引年轻人参政议政的重要组织。发展和壮大爱国爱澳的社团，实际上就是做好孵化器的工作，年轻人在社团工作中经受锻炼和成长，成为爱国爱澳的人才。因此，加强爱国爱澳社团的建设，核心要求应该是提升包容和团结社会大多数人的能力。包容的人越多，团结的人越多，孵化器的功能就越强。

为适应这种需要，社团的工作除了保持各自的特色之外，应该在吸引和适应年轻人参与方面，做好相应的工作，采用年轻人喜闻乐见的方式发挥他们的作用。第一，在社团的领导架构中，适当地安排一定数量的青年人担任。一方面，青年人直接参与社团工作的决策，在实践中学习和增强才干。另一方面，由于青年人参与社团的领导工作，他们更能够了解青年人的想法和活动的方式，帮助社团吸引更多的青年人。社团一定要有主动培养青年人的意识。第二，加强青年工作应该成为爱国爱澳社团的一个重要工作内容。不论什么类型的社团，都要开展青年工作，争取吸引和团结更多的青年人。第三，社团的活动方式可以生动活泼，以适应青年人的特点，在轻松活泼的气氛下，循序渐进地培养爱国爱澳的价值观。

社团培养人才方面应该发挥两个方面的作用。第一，培养政府管理人才，向政府输送人才。经过社团的锻炼，青年人能够比较好地了解民情民意，进入管治团队能够发挥联系和沟通社会及市民的特长，对政府制定更贴近民意的公共政策及争取市民参与和支持公共管理有益。第二，培养公民社会的参与人才。爱国爱澳的人才，一部分进入管治队伍，另一部分需要在社会上发挥作用。也就是政府管理和社会管理中均要由爱国爱澳的人才占据主导地位，两者之间要互相配合。政府在吸引爱国爱澳人才时，要注意保留一部分在社会领域发挥作用。对他们的作用要给予重视。同时，也应该创造条件，如培训才能，在增加新知识的学习方面给予关心。否则，爱国爱澳的青年人都去政府部门做公务员，社会领域就会出现空白，最终政府的管理不能得到社会的有力支持，也难有成效。

总之，将学校、社会和政府三个方面紧密联系起来，互相合作和配合，一定能够保持澳门特别行政区爱国爱澳队伍的优势，并且与时俱进，不断发展和壮大爱国爱澳的队伍，始终做到以爱国爱澳者为主体的“澳人治澳”。

（本文收录于《迈向澳门“一国两制”实践新征程——纪念澳门基本法颁布25 周年学术研讨会论文集》，2018 年）

基本法与特别行政区法治

在港澳特别行政区，大家都接受法治是社会的核心价值，都希望维护法治的社会。但是，在港澳社会中存在一个悖论的现象，某些人一边高谈阔论法治，一边却视法治的核心——基本法为无物，极具讽刺意味，也是一个奇怪的现象。那么，基本法是不是特别行政区法治的组成部分？讲法治是否应该依基本法办事呢？这两个基本问题不弄清楚，谈特别行政区法治就是无稽之谈。

一、法治的内涵

“法治”是什么？在社会中，法律是社会最高的规则，具有高于一切的地位，国家机关和个人均受法律约束，社会和国家是法的统治。美国思想家潘恩将法律形容为一个国家的国王。法治意指，所有的权威机构，立法、行政、司法及其他机构都要服从于某些原则。这些原则一般被看作是表达了法律的各种特性，如，正义的基本原则、道德原则、公平和合理诉讼程序的观念，它含有对个人的至高无上的价值观和尊严的尊重。

“法治”的要求是什么？在实质上，法律具有至上性、权威性，国家和个人必须服从法律。在形式上，依照法律的规定和程序行事，违反法律规范的行为均无效。

所以，法治主要由两部分构成。

第一，有完备的法律体系。没有法律就没有规则，没有规则就没有遵循，一个无所遵循的社会就是一个没有秩序的社会、一个混乱的社会。

第二，法律应该得到严格的遵守。依法治理社会，国家和个人服从法律，无论是国家机关执法还是公民守法，均要受法律约束。

二、基本法是特别行政区法治的基础和核心

1. 特别行政区的法律体系

澳门基本法第十八条规定，“在澳门特别行政区实行的法律为本法以及本法第八条规定的澳门原有法律和澳门特别行政区立法机关制定的法律”，具体而言，特别行政区的法律由基本法和适用于特别行政区的全国性法律、立法会制定的法律和行政长官制定的行政法规、被采用为特别行政区法律的原有法律所组成。所以，基本法是特别行政区法律体系中不可分割的一部分。

2. 基本法是特别行政区法治中最重要的一部分

基本法是特别行政区法律体制中的宪制性文件，是法律体系的基础和核心，是其他法律的立法基础。

基本法是法律，因为基本法：第一，由中华人民共和国最高权力机关（立法机关）行使宪法赋予的立法权制定。第二，由全国人民代表大会根据宪法制定，以宪法为立法依据。第三，由全国人民代表大会按照宪法规定的立法程序制定。第四，符合法律规范的形式要求，由序言、章节和条文组成。

基本法是特别行政区法律体系中的重要法律，具体表现：第一，基本法第七十一条规定，特别行政区立法机关必须依据基本法制定法律；第二，基本法第八条、第一百五十四条规定，特别行政区成立前的原有法律只有在不违反基本法的条件下才可以被采用为特别行政区的法律；第三，基本法第十一条规定，法律和其他规范性文件均不得与基本法相抵触。

所以，基本法是法律，而且是特别行政区最重要的法律。这个结论既符合宪法和法律的基本原理，也是法律实践的一项最基本的共识和常识。

基本法作为特别行政区法治的基础和核心，决定了在特别行政区，第一，讲法治不能离开基本法；第二，讲法治必须遵守基本法。

三、在特别行政区讲法治不能离开基本法

建立法治社会，第一要务必须有法可依。制定特别行政区基本法是依法治理

的第一步。

1. 将“一国两制”的政策上升为法律

制定基本法为依法治理特别行政区提供了依据。以法统治社会，首先要有法才有可能。没有法何来法的统治？为了实行特别行政区的法治，国家制定了基本法。在特别行政区的法治中，基本法就是实施“一国两制”的最大、最基本、最高效力的法律。

中国恢复对港澳地区行使主权，实行“一国两制”的方针政策，为保证“一国两制”方针政策的实施，国家制定基本法加以落实。将政策上升为法律，以基本法来治理特别行政区。澳门基本法序言第三段指出：“根据中华人民共和国宪法，全国人民代表大会特制定中华人民共和国澳门特别行政区基本法，规定澳门特别行政区实行的制度，以保障国家对澳门基本方针政策的实施。”这段话清楚地表述了制定基本法的目的。

基本法制定的程序和方法也体现了法治的精神。第一，公开透明。基本法从结构（草案）到基本法草案（征求意见稿）再到基本法（草案）三次向全社会公开征求意见，广泛收集各界人士的意见。基本法起草委员会的全体会议和专题小组会议均主动公开和介绍起草情况，让媒体公开报道，让居民完全知晓。第二，大众参与。为了吸引居民参与基本法的起草工作，由澳门社会成立了基本法咨询委员会，负责征求和收集各界意见。此外，民间社团还成立了各种基本法关注小组。社会各界发表过千份意见书，起草委员会吸收意见对草案作了过百处的修改。第三，科学严谨。遵循法学的理论，处理好体系和规范之间的关系。如，宪法、基本法与特别行政区法律的关系，在“一国两制”下有一些特殊性。既要坚持法学的一般原则，宪法是法律的立法依据，法律必须合宪；又要考虑“一国两制”中宪法与法律之间关系的特点，在宪法授权下允许作出不同的规定。基本法第十一条第一款“根据中华人民共和国宪法第三十一条，澳门特别行政区的制度和政策，包括社会、经济制度，有关保障居民的基本权利和自由的制度，行政管理、立法和司法方面的制度，以及有关政策，均以本法的规定为依据”的规范就是一个很好的例子。此外，基本法中还注意运用法律的概念和原则，如法无明文规定不为罪、罪刑法定、人身保护令等。第四，协商民主和表决民主结合。在草拟条文的过程中，先民主协商，委员们充分发表意见，不同意见可以保留、反复讨论，不采用简单表决办法解决分歧。只是待到最后需要通过时，才采取民主表决方法，以少数服从多数审议通过。

2. 必须全面和准确地理解基本法

依法治理必须讲基本法，讲基本法就必须做到正确地理解基本法。

（1）不能曲解基本法。

一些人歪曲基本法的规定，提出奇谈怪论，干扰基本法的正确理解。例如，在中央与特别行政区关系方面，基本法规定，全国人民代表大会授权特别行政区实行高度自治，享有行政管理权、立法权、独立的司法权和终审权。但一些人却否定中央授予特别行政区高度自治权，抛出中英两国授权论或者特别行政区权力固有论。基本法规定，基本法的解释权属于全国人民代表大会常务委员会，一些人却反对全国人民代表大会常务委员会解释基本法，将全国人民代表大会常务委员会解释基本法说成是干预特别行政区司法独立，等等。对上述言论不加以澄清和批驳，就不可能正确地理解基本法，自然也就不可能正确地实施基本法。要纠正任意歪曲解释基本法的这种言行，必须用基本法的规范以正视听。

（2）不能误解基本法。

只有准确地理解基本法，才能真实地掌握立法者的立法目的。否则，错误地理解法律规范必将阻碍立法目的的实现。例如，香港基本法第二十四条第三款（一）（二）两项所列“居民在香港以外所生的中国籍子女”中的居民是指成为永久性居民还是包括非永久性居民，具有实质的差别。如果理解为非永久性居民在香港以外所生子女也是永久性居民，那么，将有相当数量的人可以立即成为香港永久性居民，对社会造成极大的冲击。所以，全国人民代表大会常务委员会必须解释基本法，申明立法的原意和目的，以保障特别行政区的稳定和发展。全国人民代表大会常务委员会关于香港基本法的解释实际上达到了稳定特别行政区社会的目的。所以，要准确理解基本法的规定，把握法律规范的要求，为守法、执法树立清晰的标准。

3. 必须维护和坚守基本法的规范

回避和放弃基本法的规范，不可能有特别行政区完整的、真正的法治。一些人公然提出违反基本法规定的主张，必然导致取代或破坏基本法确定的制度。例如，在香港，一些人在行政长官产生办法上，要求在基本法规定之外建立所谓的“公民提名”的程序；在澳门，一些人在基本法之外创设发起所谓的“民间公投”制度。

那么，基本法又是怎么规定的呢？在香港特别行政区行政长官产生的具体办法上，香港基本法第四十五条和附件一不仅有规定，而且十分清楚。第一，由一人一票选举产生行政长官人选。第二，由提名委员会提名行政长官候选人。第三，提名委员会按照民主程序提名。第四，提名委员会须有广泛代表性。当立法机关制定相关具体法律时，必须符合上述规定。《全国人民代表大会常务委员会关于香港特别行政区行政长官普选问题和2016年立法会产生办法的决定》就是严格按照基本法作出的。相反，主张“公民提名”“政党提名”于法无据，抵触基本法规定。如果明显抵触基本法的规定，则可以通过具体立法加以合法化，那不是要求立法者带头破坏基本法？如果立法者都不守法，特别行政区还会有法治吗？所谓的“民间公投”，在基本法之外另搞一套法律制度，而这项法律制度没有基本法的法理依据，不仅挑战国家的主权原则和中央授权原则，而且公然违反法治，即在公权力领域之法无明文规定不可为的原则。

所以，离开基本法讲法治，不可能有真正的法治，相反是对法治的一种最大破坏。

四、在特别行政区坚持法治就要实施基本法

建立法治社会，第二要务必须有法必依。实施基本法是依法治理特别行政区的第二步。

基本法是特别行政区法律体系中的重要部分，按照法治原则，依法办事，首先需要确保基本法的实施。如果一边讲法治，一边阻碍基本法的实施，是对法治开了一个天大的笑话。

如上所述，基本法是严格按“一国两制”的方针政策制定，符合“一国两制”的要求。所以，只有严格执行基本法，“一国两制”才能落实。

1. 坚持基本法的价值观

要不要坚持依基本法办事，首先要明确应不应该坚持“一国两制”的价值观。一些人挑战基本法的实施，往往借口不认同基本法的价值选择，寻求在基本法之外另搞一套。

这里涉及法治中的一个基本问题，法律的价值如何评价？什么是良好法律的标准？

（1）“一国两制”价值的正当性。

基本法的价值就是“一国两制”。那么，“一国两制”价值的正当性在哪里？

第一，体现中华民族的意志。实现国家统一，完成民族复兴是中华民族一百

多年的愿望。正如澳门基本法序言所说，中华人民共和国政府恢复对澳门行使主权，“实现了长期以来中国人民收回澳门的共同愿望”。所以，“一国两制”是民心所归，民意所向。

第二，符合中华民族的利益。“一国两制”的根本宗旨是有利于国家主权、安全和发展利益，有利于特别行政区稳定和发展，符合国家利益，符合特别行政区利益，符合中华民族的利益。

所以，“一国两制”的正当性是无可置疑的。

（2）没有比“一国两制”更好的价值选项。

从比较方法看，有没有比“一国两制”更好的价值选项？事实上没有。在港澳问题上，“一国一制”和“两国两制”均不可行。“一国一制”忽视特别行政区的利益，不为特别行政区居民所接受。“两国两制”不顾国家利益，不为中国人民所接受。正如邓小平先生所说：“我们解决问题的办法要使三方面都能接受。如果用社会主义来统一，就做不到三方面都接受……三方面都能接受的只能是‘一国两制’，允许香港继续实行资本主义，保留自由港和金融中心的地位，除此以外没有其他办法。”① 只有“一国两制”才符合各方面的意愿和利益。

正义原则并非空洞和抽象的。正义是一种善，要求一种合理和公平的满足，保证人们合理需要和利益。所以，脱离了人民的意愿和利益，脱离了社会的实际，就谈不上正义，正义原则必须反映和符合社会中最广大人民的意愿和利益。“一国两制”符合人民的意愿和利益，体现了正义的要求。

2. 坚持基本法的逻辑

坚持“一国两制”的价值观，自然就要按“一国两制”的逻辑去认识和把握基本法的规范。

按法理，具体的规范均是按原则和价值要求构建的，是为实现价值和原则服务的，两者之间是内容和形式的关系，只有符合内容的要求，才是最适当的形式。我们必须进入“一国两制”的自身逻辑体系中去讨论具体的规范问题，不能抽象地认同“一国两制”的价值和原则，却在具体规范中加以歪曲和否定，也不能脱离“一国两制”的原则去讨论和评价基本法的具体规范。

现在一些人不从“一国两制”的原则去理解基本法的具体规范，相反，离开“一国两制”的框架和逻辑，试图另立标准，否定或改变基本法的规范。这就从根本上抵触“一国两制”原则和价值。

---

① 邓小平. 邓小平论“一国两制”. 香港：三联书店（香港）有限公司，2004：37-38.

例如，在行政长官选举和任命的关系中，中央任命是“一国”的要求和保障，中央享有实质任命权，才能确保行政长官对中央负责。“两制”是普选的基础，居民一人一票选举行政长官，更好地保障行政长官对特别行政区负责。所以，行政长官的产生程序是由“一国”和“两制”两个因素构成的，不能只要其一，不要其二。而且，必须将选举和任命两个因素统一。只有这样，才符合“一国两制”下对特别行政区选举的要求。但是，一些人设计的行政长官产生程序和办法总是背道而驰，千方百计地去掉中央的影响力和最后的实质任命权，将选举和任命对立起来，美其名曰“国际标准”。这里暂且不讨论有没有国际标准，关键需要讨论特别行政区选举应不应该按“一国两制”标准，还是其他标准。要正确地回答这个问题，需要清楚选举仅仅是一种形式，这种形式必须符合行政长官对中央和特别行政区负责的法律要求。形式好不好，不是由形式自己决定的，而是由内容决定的。形式必须适合内容，适合内容的形式就是好的。形式脱离内容，是没有意义的。当选举的形式不能适应“一国两制”的要求时，当然是不能考虑的。凡是符合“一国两制”要求的，都是可以采用的。所以，评价行政长官产生办法是否合理，只有一个标准，就是“一国两制”的标准，无须考虑其他标准。

同样，在中央授权与特别行政区高度自治关系中，高度自治也是有限度的自治，不可能是完全自治。因为“一国两制”的原则确立了中央行使国家的主权，国家恢复对港澳地区行使主权后，授权特别行政区自治，自治权来源于国家主权，自治权的范围也由国家主权决定。所以，自治权不可能是固有的，也不可能是完全没有限制的，固有的、没有限制的自治就等同于主权。如果将高度自治演绎成完全自治就没有了“一国”的主权原则，必然导致谋求分裂国家的独立诉求，所谓的“城邦自治”也好，“民主独立”也好，其本质就是不要“一个国家”。所以，一些人鼓吹的特别行政区“权力固有论”“还政于民论”，竭力否定基本法规定的由中央向特别行政区授权的规范，目的就是为政治独立制造理论。

3. 坚持基本法的正当程序

一些人往往为自己不遵守法律义务寻找美丽的借口，最常见的就是打着“恶法不是法”的幌子作出违法的行为。既然不是法，就没有必要遵守法律义务，还美其名曰争自由、争民主、废恶法。这种态度和理由，在法治社会是不能被接受的，也是不能被允许的。

法治社会有赖于社会中的每一个成员守法，法律才能得以实施，才能达到立法的目的。当人们在说法治是社会的核心价值之一时，既表达了居民接受法治的原则，也认同人人应该遵守法律的规则。法律面前人人平等，没有法外特权。不管用什么样的借口，只要不具合法性，作出违法的行为，就应该受到法律的制止和处罚，不能有例外。试想，如果我们容忍和接受违法的借口，谁还会遵守法律呢？法治与违法水火不相容。社会之所以接受法治，不仅基于对法治的信仰，而且基于社会实践的经验，社会的稳定发展完全得益于法治原则受到遵守。

退一步说，你可以不认同基本法，但是，在基本法没有修改前，也必须遵守基本法。这也是法治的基本要求。

为什么呢？法治原则既讲法律内容的正当性，也讲法律的正当程序。从正当程序讲，一个规范性文件是否属于法律，取决于它是否符合立法的程序，立法机关符合立法程序制定出来的规范性文件就是法律，对社会的所有成员均有强制约束性。至于法律的内容是否合理，应不应该修改，当然是一个可以讨论的问题。既然可以讨论，也就包括可以认为它是“恶法”，妨碍了自己的权利，可以争取修改法律的规定，废除法律不必要的限制。但是，修改法律也要遵循既定的立法程序，不能因为有人认为它是恶法，法律就自动失效。在法律修改前，还必须守法。这样才符合法治的两个最基本的条件，法律的内容和形式统一，既符合合理性、正当性，又符合正当程序。据以实现法治的“法律”不仅内容要善良，还应该具备法的形式，内容善良而不具备特定法律形式的规则无助于实现法治……唯有内容善良且具备法律形式的法律，才能成为法治的制度前提，才能成为人民福祉的有效制度保障。如果不讲法律的正当程序，不可能实现法治。一个法律制度若要恰当地完成其职能，就不仅要力求实现正义，还须致力于创造秩序。所以，采用不遵守法律或违法的方法争取权利或行使权利都是不可取的。

因此，要全面落实基本法的规定，不折不扣地守法和执法，就不能选择性地守法和执法。

例如，维护“两制”不能损害“一国”，如，中央尊重特别行政区的法律制度，将维护国家安全的法律授权特别行政区立法机关自行制定，但一些人却不履行维护国家安全的基本法的法律责任，反对维护国家安全的立法。这就破坏了“一国”与“两制”的和谐。

再如，维护高度自治，不能拒绝中央对特别行政区的领导。讲选举目标时，要求按基本法规定落实一人一票选举，讲选举办法和程序时却要踢开基本法的规定，否定提名委员会按民主程序提名行政长官人选的规定另立一套。这种自相矛盾的主张和诉求，就是典型的选择性讲法律，接受合意的法律规范，反对不合意的法律限制。一旦选择性讲法律，最终就陷入实质上反法治的宿命。

所以，法治得以实现，不论是权利还是义务，都要遵守才有可能。

（本文为作者2014年11月在第十届香港澳门基本法学术研讨会上的发言）

全国人民代表大会常务委员会释法与特别行政区法治

2016年11月7日，全国人民代表大会常务委员会表决通过了《全国人民代表大会常务委员会关于〈中华人民共和国香港特别行政区基本法〉第一百零四条的解释》，引起了香港一部分法律专业人士的质疑和反对，他们认为全国人民代表大会常务委员会释法破坏了特别行政区的法治，破坏了特别行政区的立法，破坏了特别行政区的司法独立。对于这三项指责能否成立，有必要进行法理和事实的分析，纠正一些偏见和不合法理的观点，为基本法解释制度的正常运作排除不必要的干扰。

一、全国人民代表大会常务委员会释法与法治的关系

有人说，全国人民代表大会常务委员会释法是破坏特别行政区法治，这个观点能成立吗？要作出正确的回答还得用法治的基本理论进行分析。法治的核心就是服从法律的权威，对公权力机关而言，就是要依法行使权力，法无授权不能为，法有授权也不能乱作为，这是法治的两个最基本的要求。

亚里士多德认为，“法治应包含两重含义：已成立的法律获得普遍的服从，而大家服从的法律又应该是良好的法律”。[①]《牛津法律大辞典》将法治表述为：“它是指所有的机构，包括立法、行政、司法及其他机构都要遵守某些原则。上述原则一般被视作法律特性的表达，如正义的基本原则、道德原则、公正和正当程序的观念。”[②] 即国家公权力机关要服从良好的法律原则。《布莱克法律词典》写道：“由最高权威认可颁布的，并且通常以准则或逻辑命题形式出现的，具有

① ［古希腊］亚里士多德. 政治学. 吴寿彭，译. 北京：商务印书馆，1983：199.

② ［英］戴维·M. 沃克. 牛津法律大辞典. 李双元等，译. 北京：法律出版社，2003：990.

普遍适用性的法律原则称为法治。”① 即国家公权力机关要依法办事。所以，法治包括两个含义：第一，法律要得到普遍的遵守，国家机关、社会团体和个人要服从法律的权威。第二，被遵守和服从的法律要体现公正性。

法治是治理国家的一项原则，法治的实施需要以法律制度为载体。因为依法治国需要有法可依，没有法律不可能做到法治，所以，法治离不开法制，需要有一个完备的法律体系，即法律制度。《牛津法律大辞典》将法律制度定义为：“从理论上讲，该术语是指某主权或由基本规范直接或间接赋予的权力的行使的一个直接或间接地为社会而制定的所有法律的总和。其是一个国家或社会的全部法律。”②

特别行政区的法治同样要体现法律的权威性和公正性，以及通过法律制度保障法治的实施。在界定特别行政区法治时必须回答两个基本问题。第一，特别行政区的法律制度是由哪些规范性法律文件构成的。第二，构成特别行政区法律制度之一的基本法是否具备公正性。

1. 特别行政区的法律制度

法律制度是由不同种类的规范性法律文件构成的。那么，特别行政区的法律制度由哪些规范性文件构成呢？香港基本法第十八条明确规定：“在香港特别行政区实行的法律为本法以及本法第八条规定的香港原有法律和香港特别行政区立法机关制定的法律。”据此，特别行政区的法律制度由三个方面构成。第一是基本法和适用于特别行政区的全国性法律。第二是特别行政区立法机关制定的法律。第三是香港原有法律被采用为特别行政区的法律。所以，基本法作为规范性法律文件毫无疑问成为特别行政区法律制度的一部分。而且，由于基本法不是一般的规范性文件，而是特别行政区一切法律的基础，香港基本法第十一条规定“香港特别行政区立法机关制定的任何法律，均不得同本法相抵触”，所以，基本法还是特别行政区法律制度最重要的一部分。

理解香港特别行政区法律制度，一定要正确认识基本法与普通法的关系。有人以香港实行普通法为由，将普通法等同于特别行政区法制，从而意图将基本法排除或游离于特别行政区法律制度之外，对普通法没有约束力，这是完全错误的理解。第一，基本法取代了原有普通法中的宪制性法律，成为特别行政区普通法体系的新的宪制基础。按照香港基本法第八条的规定：“香港原有法律，即普通

---

① ［美］布赖恩·加纳. 布莱克法律词典. 北京：北京市图书进出口有限公司，1990.

② ［英］戴维·M. 沃克. 牛津法律大辞典. 李双元等，译. 北京：法律出版社，2003：687.

法、衡平法、条例、附属立法和习惯法，除同本法相抵触或经香港特别行政区的立法机关作出修改者外，予以保留。"虽然香港特别行政区保留和继续实行普通法制度，但特别行政区普通法制度基本不变，不是完全不变。香港原有普通法中的宪制性法律必须改变，因为中国恢复对香港行使主权，就必须废除体现外国主权的、与香港基本法抵触的宪制性法律，由香港基本法取代《英皇制诰》和《王室训令》，并成为特别行政区普通法体系的基础和重要部分。第二，基本法决定特别行政区原有普通法体系中的哪些规范性文件及其具体制度可以保留，哪些不予保留。全国人民代表大会常务委员会通过的《全国人民代表大会常务委员会关于根据〈中华人民共和国香港特别行政区基本法〉第一百六十条处理香港原有法律的决定》中明确规定，香港原有的条例及附属立法抵触基本法，不采用为香港特别行政区法律；香港原有的条例及附属立法的部分条款抵触基本法，抵触的部分条款不采用为香港特别行政区法律；采用为香港特别行政区法律的香港原有法律，自 1997 年 7 月 1 日起，在适用时，应作出必要的变更、适应、限制或例外，以符合中华人民共和国对香港恢复行使主权后香港的地位和基本法的有关规定。[①] 所以，香港原有法律是否能够过渡成为特别行政区法律的标准之一，就是看其是否符合中国的国家主权和基本法的规定，凡抵触中国主权、抵触基本法规定的原有法律的均不能成为特别行政区的法律。因此，香港普通法体系中的哪些规范要变，哪些不变，并不是由普通法自身决定的，而是由基本法决定的。第三，基本法和普通法共同构成了特别行政区的法律制度，依据基本法对原有普通法的审查，将不抵触基本法的原有普通法采用为特别行政区的法律，从而与基本法一起构成了特别行政区的法律制度。换言之，既不能用香港特别行政区保留和适用普通法为理由不承认或反对基本法成为特别行政区法律制度的组成部分，又不能将普通法凌驾于基本法之上，来判断基本法的哪些规定可以接受，哪些规定不可以接受，更不能将属于特别行政区法律制度一部分的普通法扩大为特别行政区法律制度的唯一组成部分。因此，尊重特别行政区法治，维护特别行政区法律制度，就包括尊重和维护基本法的权威。用普通法反对基本法的宪制安排不是法律问题，是政治立场问题，本质上是用政治反对法治。只能说明这些反对意见在逻辑上的自相矛盾，一边说要维护法治，一边用政治立场去反对法律的规定。

2. 基本法是一部良法

构成特别行政区法律制度的基本法是否是一部良好的法律，是否应该得到尊

---

① 袁求实. 香港过渡时期重要文件汇编. 香港：三联书店（香港）有限公司，1997：115.

重和遵守？答案是肯定的。基本法以“一国两制”理论和政策为基础，是“一国两制”的法律化。“一国两制”既符合国家的主权、安全和发展利益，又符合特别行政区稳定和发展的利益，体现了包括香港同胞在内的全体中国人民的意愿和意志。“一国两制”既有历史的正当性，香港自古以来就是中国的领土，是不可分离的一部分，国家统一是历史的要求；又有现实的正当性，用“一国两制”实现国家统一符合国家和香港各方面的利益；还有法理上的正当性，符合中国的宪法，符合中英关于香港问题的联合声明，符合联合国关于香港不是国际法上的殖民地的决议。在解决香港历史问题上没有什么样的办法比“一国两制”更优胜。如果让香港从国家分离出去谋求独立，损害国家的根本利益。如果将香港的社会制度改变为与内地相同的社会制度，损害香港的根本利益，均不可能对国家和香港有利，所以，“一国两制”就是好的选择，为绝大多数人所接受。而基本法是“一国两制”的法律化，也就符合法治内涵之一的良法要求。

基本法作为保障“一国两制”实施的全国性法律，当然要求全国人民，包括特别行政区居民和一切机关必须遵守和执行。从政治意义上说，只有基本法得到遵守和执行，“一国两制”才能成功，从而实现国家和特别行政区的根本利益。从法治意义上说，只有中央和特别行政区依据基本法治理特别行政区，才能符合法治的守法和执法的要求。

3. 全国人民代表大会常务委员会释法符合基本法的规定

如上所述，符合法治还是破坏法治，关键之一是是否依法行事。判断全国人民代表大会常务委员会解释基本法是否符合特别行政区法治就看它是否依法，即全国人民代表大会常务委员会是有权释法还是无权释法？是依法行使解释权还是滥用解释权？

（1）全国人民代表大会常务委员会释法是特别行政区法律制度的一部分。

基本法成为特别行政区普通法的新宪制基础，必然给特别行政区普通法体系带来一些变化，其中包括法律解释制度的变化。香港基本法第一百五十八条第一款规定：“本法的解释权属于全国人民代表大会常务委员会。”既然基本法是特别行政区普通法体系的基础和重要部分，那么，基本法确立的解释制度也就是普通法体系不可分割的一部分，应该被尊重和遵守。

基本法为什么规定全国人民代表大会常务委员会对基本法享有解释权，就是要体现“一国两制”，既要符合宪法，符合“一国”原则，又要适合“两制”和特别行政区的实际情况。根据宪法第六十七条第四项的规定，全国人民代表大会常务委员会的职权之一是解释法律。基本法是国家的法律，所以，由全国人民代表大会常务委员会解释。考虑“两制”的要求，特别行政区法院在审理案件时有实际需要解释基本法，所以，基本法规定，全国人民代表大会常务委员会授权特别行政区法院在审理案件时可以对自治范围内的条款自行解释。因此，基本法的解释制度由两个主体构成，即全国人民代表大会常务委员会和特别行政区法院。两个主体之间是授权和被授权的关系，基本法解释权属于全国人民代表大会常务委员会，由全国人民代表大会常务委员会授权特别行政区法院对自治范围内的条款自行解释，最终以全国人民代表大会常务委员会的解释为准。由此可见，全国人民代表大会常务委员会解释基本法是特别行政区法律制度不可缺少的一个组成部分。

（2）全国人民代表大会常务委员会释法是行使法定的权力。

第一，根据基本法的规定，全国人民代表大会常务委员会解释基本法是法定权力，所以，既不存在无权解释，又不存在越权解释，是履行基本法的职责，行使基本法的解释权，阐明香港基本法第一百零四条立法原意和精神。这一点无可争议。

第二，全国人民代表大会常务委员会有权解释基本法，但是，是否存在滥用解释权呢？所以，必须搞清楚全国人民代表大会常务委员会对香港基本法第一百零四条的解释是否超出了其解释的范围或违反了解释的程序。首先，从解释的范围看，宣誓拥护特别行政区基本法，效忠中华人民共和国特别行政区，是属于“一国”的事务。因为基本法是全国性法律，是全国人民代表大会制定的法律，遇有争议时，不可能由特别行政区自行决定，最终应由全国人民代表大会常务委员会解释并确立明确的标准。其次，从解释的程序上看，基本法中有关中央管理的事务、中央与特别行政区关系的条款是中央主动解释的范围，不属于特别行政区自行解释的范围，也无须经过特别行政区提请解释的程序，全国人民代表大会常务委员会可以主动解释。

因此，从解释权力、解释范围和解释程序三个方面分析，全国人民代表大会常务委员会本次解释香港基本法第一百零四条完全符合基本法的规定，当然也就符合法治的要求。

法治的逻辑是，只有遵守法律、执行法律、维护法律的权威才有法治。不依法律办事，作出违反法律的行为就是破坏法治。全国人民代表大会常务委员会依法行使职权释法符合基本法，是法治的体现，不存在破坏法治的问题。相反，有法不依才是破坏法治。基本法明文规定全国人民代表大会常务委员会享有基本法的解释权，但一些人试图反对、阻止和剥夺全国人民代表大会常务委员会依据基本法行使解释的法定权力，才是破坏了基本法的解释制度，破坏了法治。违法不究是破坏法治的又一种表现。一些公然违反基本法的规定，宣扬“港独”的主张，亵渎基本法规定的庄严性的行为，如果不能及时制止、纠正并让这些行为得到应有的处罚，放任自流，才是对法治的破坏。所以，将全国人民代表大会常务委员会依法解释基本法、制裁违反基本法的行为说成是破坏法治，显然是混淆是非、颠倒黑白，陷入自相矛盾的混乱逻辑中。

二、全国人民代表大会常务委员会释法与特别行政区立法的关系

有人说，全国人民代表大会常务委员会释法等同于立法，修改特别行政区法律，将释法内容违章建立在特别行政区本地法律之上。还有人说，特别行政区宣誓条例已经有香港基本法第一百零四条的精神，无须由全国人民代表大会常务委员会释法。回答这些质疑，可从两个方面分析。

1. 全国人民代表大会常务委员会释法没有改变香港基本法第一百零四条的内容

法律解释“是要确定立法者真正的调整意志和调整目的”①，通过对法律条文的含义、内容、概念、术语的分析作出说明。而法律修改是对法律的部分内容进行删除、增加或变更。所以，法律解释只是将法律中的原有含义通过解释予以明确，不涉及拟定新的内容。法律修改是将法律中没有的含义通过修改予以增加新的内容，或者将已有的内容通过修改予以变更。解释不增减法律条文的内容，修改是增减法律条文的内容。所以，必须分清楚法律解释与法律修改的区别，绝对不能将法律解释和法律修改混为一谈。

为什么法律需要解释？就是因为对法律条文和规定的理解产生了歧义，“如果一则规定根据其文义和历史可能有多种含义，那么合宪性解释就有用武之地了。”② 解释的意义就在于消除对法律理解的分歧，统一对法律规定的认识，达到准确理解法律规定、严格遵守和适用法律的目的。

全国人民代表大会常务委员会对香港基本法第一百零四条的解释是否修改了香港基本法的内容呢？回答是否定的。全国人民代表大会常务委员会对香港基本

---

① ［德］伯恩・魏德士. 法理学. 丁小春，吴越，译. 北京：法律出版社，2003：318.

② ［德］伯恩・魏德士. 法理学. 丁小春，吴越，译. 北京：法律出版社，2003：335.

法第一百零四条中的“就职时必须依法宣誓”的含义作了四点说明。第一，宣誓是该条所列公职人员就职的法定条件和必经程序。不依法宣誓不得就任相应公职。第二，宣誓必须符合法定的形式和内容要求。宣誓人必须真诚、庄重地进行宣誓，必须准确、完整、庄重地宣读法定誓言。第三，宣誓人故意宣读与法定誓言不一致的誓言或以任何不真诚、不庄重的方式宣誓，属于拒绝宣誓。第四，宣誓必须在法律规定的监誓人面前进行。其中的关键是要真诚宣誓和准确、完整地宣读誓言。前者是宣誓人的态度，如果一个人对法律采取轻蔑的态度，意味着他不打算遵守法律。后者是宣誓人要遵守的行为规则的内容，如果一个人歪曲法律规则的内容，意味着他不愿意受法律规则的约束。所以，只有做到对法律的尊重、对法律规则的遵守，才能达到“依法宣誓”的目的。只要客观分析就会发现，全国人民代表大会常务委员会的解释，符合“依法宣誓”的应有之义，并没有扩张“依法宣誓”的内容和要求。任何一个理性的人都不可能认同和接受以亵渎的态度、不按誓词内容宣誓的行为是“依法宣誓”。否则，“依法宣誓”变成了儿戏，不是履行法律的庄严义务。

2. 全国人民代表大会常务委员会释法并不是解释特别行政区法律

反对全国人民代表大会常务委员会解释基本法的人说，本次释法是在解释特别行政区有关宣誓条例。这就涉及香港基本法第一百零四条中“依法宣誓”中的“依法”是指什么法。

从香港基本法第一百零四条的“依法宣誓”的文字看，这里的“法”是抽象的概念，是一般意义上的法，不是指向某一个具体的法律文件。所以，“依法”既包含了基本法，又包含了特别行政区的法律。从而，宣誓是否做到了依法，既要看是否符合基本法的要求，又要看是否符合特别行政区法律的要求。既然宣誓要符合基本法的要求，那么，基本法的宣誓要求是什么？是必须诚心诚意地宣誓还是可以虚情假意地宣誓？是必须庄重严肃地宣誓还是可以随意轻佻地宣誓？宣誓必须按基本法规定的誓词还是任意加插词句和任意改变内容？当出现不同理解，出现具体争议时，全国人民代表大会常务委员会对香港基本法第一百零四条作出解释，明确其含义，是完全必要的。所以，全国人民代表大会常务委员会的解释对象是直接针对香港基本法，而不是特别行政区的具体法律。

全国人民代表大会常务委员会解释了香港基本法第一百零四条，而与香港基本法第一百零四条相关的特别行政区法律的解释仍然由特别行政区司法机关负责。但是，由于受上位法决定下位法原则的约束，特别行政区司法机关在解释法律时必须符合全国人民代表大会常务委员会对基本法的解释。法治需要保持一个法律体系的和谐性，避免发生法律之间的矛盾和冲突。做到这一点，需要建立一个规则。第一，法律体系中必须有一个根本法，或者称为母法，对国家而言就是宪法，其他法律必须依据根本法来制定，不能与根本法抵触，凡抵触者则无效，从而保证法律之间的和谐。第二，如果宪法修改了，根据宪法制定的法律也要随之修改，随时保持与宪法的一致性。第三，维护法律体系的和谐性，就离不开合宪性的解释。德国法理学教授伯恩·魏德士指出："合宪性解释是体系解释的一种情形。它同样是以'法律秩序的统一性'与层级结构，也就是各种法律渊源的顺序等级为出发点。根据层级结构理论，下层规范的解释不能与上层规范相抵触。"①根据法理，基本法是特别行政区法律体系中的宪制性法律，当出现对基本法的规定或者其他法律是否符合基本法的规定产生歧义时，需要解释基本法。如果基本法作出了解释，明确了含义，那么，下位法的解释必须要符合基本法的解释，保持下位法与基本法的一致性。对此，绝对不能将司法机关的解释要符合全国人民代表大会常务委员会的解释说成全国人民代表大会常务委员会代行司法机关解释特别行政区法律的权力。

3. 全国人民代表大会常务委员会释法并不存在修改特别行政区法律的问题

如果全国人民代表大会常务委员会的解释对特别行政区下位法的理解产生影响，乃至引起特别行政区法律作出必要的修改或作出适应化的变更，也不能说是对特别行政区法律的修改或者是代特别行政区立法。因上位法解释引起下位法的修改是法治原则的要求，不能理解为上级机关代下级机关立法。当全国人民代表大会常务委员会行使基本法的解释权时，一方面，通过解释基本法的条款，明确了条款的含义，或者解决了条款理解上的争议，必然对被解释的法律条款直接产生影响。另一方面，由于基本法是特别行政区的宪制性法律，是特别行政区一切立法的基础，全国人民代表大会常务委员会解释基本法不仅对基本法被解释的条文有直接影响，而且间接地对特别行政区依据被解释的基本法条文而制定的法律产生影响。如果具体法律的规定与全国人民代表大会常务委员会解释的含义一致，则不用修改；如果不一致，就必须修改；如果含义不清楚，则以全国人民代表大会常务委员会的解释为准。这是由基本法作为上位法与特别行政区法律作为下位法的关系决定的，也是法治原则中的下位法必须服从上位法的规则使然。所以，按照法治原则，不会因为上位法的解释引起下位法的修改，被说成上位法修

① ［德］伯恩·魏德士．法理学．丁小春，吴越，译．北京：法律出版社，2003：335．

改下位法，从而要限制甚至反对上位法的解释。如果这样，等同于否定下位法服从上位法的规则，直接造成整个法律体系不能正常运行。

如果按照某些法律专业人士的理解，全国人民代表大会常务委员会解释基本法影响到特别行政区法律的跟随修改是干预了特别行政区立法，应该反对的话，那么，依此逻辑，因为有了特别行政区法律，基本法就不能解释了，因为基本法的解释会导致特别行政区法律的修改，这等同于废除下位法服从上位法的原则。但是，如果废除了这个原则，不仅直接的后果是否定全国人民代表大会常务委员会享有的对基本法的解释权和修改权，而且也直接损害了法治的统一性。所以，一旦颠覆法治的基本原则，会出现荒唐的逻辑和结论。

三、全国人民代表大会常务委员会释法与法院审判的关系

有人说，全国人民代表大会常务委员会释法是代替法院解释本地法律，破坏司法独立，告诉法院如何审判。回答上述质疑，需要论证基本法解释制度并不妨碍司法独立，全国人民代表大会常务委员会行使基本法的解释权并不干涉司法审判权。

1. 宪法和宪制性法律解释的功能和制度

宪法解释与法律解释有相同的一面，都是有权解释机关在宪法和法律实施过程中，对宪法和法律条文作出的理解和说明，明确法律规范的含义、界限。但是，宪法解释和法律解释也有不同的一面，特别是合宪性解释负有维护法律制度统一性的使命，“宪法作为根本法和母法，是一国法律体系保证统一性的基础。而这种统一性的维持，有赖于宪法解释对法律的违宪判断”①。所以，宪法或宪法性法律的解释（以下所使用宪法解释的概念均指具有最终和最高效力的解释），除具有一般的对法律释疑的功能外，还有判断法律是否具有合宪性的功能。这就决定了宪法解释制度的特殊性。

所以，宪法和宪制性法律由哪个国家机关解释更有利于维护宪法权威，维护法律制度的统一，可以有不同的选择。这种选择与政治抉择有关，当前世界上有三种代表性的宪法解释制度。第一种是立法机关解释宪法或宪制性法律，以英国

---

① 徐秀义，韩大元．现代宪法学基本原理．北京：中国人民公安大学出版社，2001：263．

思想家洛克的学说为理论基础。因为国家“只能有一个最高权力，即立法权，其余一切权力都是而且必须处于从属地位”“立法权必须是最高的权力，社会的任何成员或社会的任何部分所有的其他一切权力，都是从它获得和隶属于它的”①。英国宪法学家戴雪在《英宪精义》一书中写道：“巴力门对于一切法律可以创造，可以批准，可以扩张，可以收缩，可以裁减，可以撤回，可以再立，又可以诠释。”② 所以，确立了议会至上并且由议会制定和解释宪制性法律的制度。基本法解释制度基本上可以归于此类制度。第二种是普通司法机关解释宪法，以美国汉密尔顿的分权学说为其理论基础。因为立法机关应该接受司法机关合宪性的审查。“所谓限权宪法系指为立法机关规定限制的宪法规定。如规定立法机关不得剥夺公民权利的法案，不得制定有溯及力的法律等。在实际执行中，此类限制须通过法院执行，因而法院必须有宣布违反宪法明文规定的普通法律无效之权。”③ 所以，通过司法判决确立了普通法院解释宪法的制度。第三种既不是立法机关，又不是司法机关，而是专门机构，如宪法法院、宪法委员会解释宪法，以凯尔森的规范法学为其理论基础。因为一国法律体系是由宪法、法律、行政法规等从高到低排列构成，下位法要符合上位法，宪法是最高法，为了保障立法机关所制定的法律符合宪法，必须对立法机关的立法进行审查。但审查机关既不是制定普通法律的立法机关，又不是适用普通法律的司法机关，而是一个负责宪法实施的专责机关。以上三种理论产生出的三种宪法解释制度，虽然各自有所不同、有所侧重，但是，有一点是共同的，即均是从如何更好地维护宪法权威、维护以宪法为基础的法律制度统一的角度建立相应的制度。

因此，从宪法解释制度（或违宪审查制度）上说，不论采用哪一种宪法解释制度均不存在违背和损害司法独立的原则的问题。换言之，宪法的解释权或违宪审查权没有赋予司法机关，并不能得出司法不独立的结论。所以，指责基本法解释制度损害特别行政区司法独立是不能成立的。因为：第一，两者的权力性质不同，解决的是不同的问题。基本法解释权属于法律解释的范畴，明确法律的含义，解决法律须符合基本法，法律违反基本法则无效，维系法律制度统一的问题。而司法权属于法律适用的范畴，运用法律解决各种纠纷，司法独立是解决司法机关行使审判权不受任何干涉的问题。所以，不能将两者的权力画上等号，即

① ［英］洛克．政府论（下）．叶启芳，瞿菊农，译．北京：商务印书馆，1983：91、92.

② ［英］戴雪．英宪精义．雷宾南，译．北京：中国法制出版社，2001：118.

③ ［美］汉密尔顿，杰伊，麦迪逊．联邦党人文集．程逢如等，译．北京：商务印书馆，1982：392.

有最终解释权就应包含审判权，或者有审判权就应享有最终解释权。第二，将基本法解释权赋予全国人民代表大会常务委员会，将司法审判权给予特别行政区法院，采取两者权力分离而不是两者合二为一的模式，在法理上和制度上两者权力不存在互相干预。正如其他国家采用的立法机关和专责机关解释宪法的制度，宪法解释权与司法审判权一分为二，两者分属于不同的机关，宪法解释机关不行使司法权，司法机关不行使宪法解释权。所以，全国人民代表大会常务委员会和特别行政区法院各自行使不同的法定权力，互不否定，互不取代，互不干涉。第三，基本法解释权不影响司法独立。司法独立指的是司法机关在行使司法权的过程中保持独立，不受立法机关和行政机关的干预。所以，司法独立与司法权（审判权）紧密联系，不可分离。但是，全国人民代表大会常务委员会行使解释权是明确基本法条文的含义或审查立法机关制定的法律是否符合基本法，并不涉及司法领域中的审判权，也不对具体案件进行审判，因此，不影响司法独立。

综上所述，选择哪种宪法解释制度是立宪时的政治选择，决定基本法解释制度也是“一国两制”原则的选择。但是，一旦基本法作了规定，就是法律，大家就要遵守，任何人都不能因为政治立场不同而要求不服从法律的规定，这是法治所不容许的。如果任何人因为不接受法律的规定可以不服从法律，就没有法治社会了。我们可以举例说明。法国实行宪法委员会制度（宪法委员会不是司法机关），普通法院在审理案件时，遇到普通法律是否符合宪法的问题，并不能自行进行解释及进行合宪性审查，必须提交到宪法委员会进行解释。宪法委员会作出解释后，普通法院必须根据宪法委员会的解释进行审判，这种由宪法安排的解释制度，从没有被该国的法律专业人士视为宪法委员会干预了普通法院的司法独立审判加以反对。相反，法官、律师和案件当事人均会遵从。但是，在香港特别行政区却发生了某些法律专业人士反对基本法规定的全国人民代表大会常务委员会解释基本法的制度，理由竟然是干预司法独立，将宪制性法律的解释制度与司法独立对立起来，这足以说明，这些法律专业人士不讲法律，只讲政治，要么是违背了法律专业人士的职业精神，要么就是缺乏法律的理论知识。

2. 依法审判是司法独立的必要条件

司法独立是指司法机关在依法行使审判权时要独立，不受行政机关和立法机关干涉。所以，司法独立不是无条件的，是有前提条件的，关键是依法审判。

香港基本法第八十四条规定，“香港特别行政区法院依照本法第十八条所规定的适用于香港特别行政区的法律审判案件”，第八十五条规定，“香港特别行政区法院独立进行审判，不受任何干涉”，结合以上两条规定，司法独立与依法审判不可分，是有机统一的。如果离开了依法讲独立，那是司法独断和司法专制。在司法独立中，依法独立的含义是清楚的，即审判活动必须符合法律的规定。

按照依法审判的原则，特别行政区的法官在审理案件时，必须依据基本法和法律作出裁判。作为法官在审理案件中适用的依据，基本法条款遇有含义不明确有争议时，不属于法院解释而属于全国人民代表大会常务委员会解释的范围，全国人民代表大会常务委员会按照基本法赋予的解释权，对基本法作出解释并构成了基本法的一部分，那么，法官在依法审判时适用基本法的条款，当然包括遵守全国人民代表大会常务委员会就基本法该条款作出的解释，这是依法的要求和体现。这说明依法审判不能否定全国人民代表大会常务委员会依法对基本法的解释，相反，要遵守全国人民代表大会常务委员会依法作出的对基本法的解释。对此，特别行政区法官完全认同和接受这个原则。1999 年香港法院对“刘港榕案”的判决已经表明，全国人民代表大会常务委员会对基本法的解释是“全面且不受限制的”，所颁布的解释是有效的，对香港法院是有约束力的。本次有关香港基本法第一百零四条“依法宣誓案”的判决，高等法院法官也明确表示，全国人民代表大会常务委员会对基本法的解释，对香港所有的法庭均具有约束力，而且法庭应该落实解释。

立法机关制定法律，司法机关适用法律，只要依法行使权力，属于各司其职，不能视为互相干预。所以，法官遵守法律（包括对法律的解释）不能被说成是受到干扰，损害司法独立。因为法院依法审判的法律都是由立法机关制定的，如果因此被理解为立法机关干预了法院的司法独立，那么，要求排除干预的唯一办法就是排除立法机关对法律的修改和解释，结果就是用审判权否定或取代了修改权、解释权，这是绝对荒谬的，如果坚持要求这么做，已经不是司法独立，而是司法集权和专制了。因此，司法独立不能离开依法这个前提。

某些法律专业人士关于全国人民代表大会常务委员会解释基本法是干预法院独立审判的意见，一方面，反映了他们缺乏对法治的一以贯之的理解，说一套做一套，一边说要维护法治，一边反对全国人民代表大会常务委员会按基本法规定释法，剥夺全国人民代表大会常务委员会的法定权力，犯了自相矛盾的错误。另一方面，反映了他们缺乏足够的对法律专业知识的尊重，不是从法律理论、法律专业术语解释法律规定，而是以自己的政治立场曲解基本法的规定，将基本法已经明确规定的全国人民代表大会常务委员会享有对基本法的解释权，与特别行政区法院享有司法权（审判权）互相对立，制造全国人民代表大会常务委员会行使对基本法的解释权就是干预了特别行政区法院的审判权、损害了司法独立的假象，并演绎出为了特别行政区的司法独立就应该排除全国人民代表大会常务委员会对基本法享有解释权的谬论。

3. 全国人民代表大会常务委员会行使基本法解释权并不干涉司法审判权

根据基本法的规定，基本法的解释权与司法的审判权是两个不同的权力。因为是两个不同的权力，所以，两者是可以区分的，也是可以分离的。

基本法将解释基本法的权力交给了全国人民代表大会常务委员会，将审判权交给了特别行政区法院，依据基本法规定只要各司其职，就不会互相干预。在什么情况下发生一个权力干预了另一个权力呢？一定是其中的一个权力没有依据基本法规定行使权力和滥用权力，超出了基本法规定的限制。比如，全国人民代表大会常务委员会直接裁决某一个人的行为违反基本法进行处罚，就属于代行了法院的审判权。如果法院认为拥有审判权而拒绝全国人民代表大会常务委员会对基本法的解释，就是否定了基本法赋予全国人民代表大会常务委员会的解释权。只要依据基本法的规定行使解释权或审判权，就不会发生互相干涉和取代的问题。

有人质疑，全国人民代表大会常务委员会在法院审理案件时解释基本法是干预法院独立审判。这种看法也是站不住脚的。认真看看基本法的规定就明白了，香港基本法第八十五条规定“香港特别行政区法院独立进行审判，不受任何干涉”的同时，第十九条规定：“香港特别行政区法院在审理案件中遇有涉及国防、外交等国家行为的事实问题，应取得行政长官就该等问题发出的证明文件，上述文件对法院有约束力。行政长官在发出证明文件前，须取得中央人民政府的证明书。”第一百五十八条规定：“香港特别行政区法院在审理案件时需要对本法关于中央人民政府管理的事务或中央和香港特别行政区关系的条款进行解释，而该条款的解释又影响到案件的判决，在对该案件作出不可上诉的终局判决前，应由香港特别行政区终审法院提请全国人民代表大会常务委员会对有关条款作出解释。如全国人民代表大会常务委员会作出解释，香港特别行政区法院在引用该条款时，应以全国人民代表大会常务委员会的解释为准。”在基本法中，这三个条文之间并不是自相矛盾的，而是互相联系和共存的。只要按照基本法的规定处理，就不能将行政长官向法院发出的证明文件和全国人民代表大会常务委员会对基本法作出的解释视为干预法院的独立审判。同时，也要明白基本法这样规定的法理逻辑是基于解释法律的性质与修改法律的性质的区别。解释法律是发现、挖掘法律本身具有的含义和内容，不同于修改法律是在创造新的含义和内容。正因如此，全国人民代表大会常务委员会对基本法的解释并不是改变法律的原有规则、影响法院的审判，而是明确法律的原有规则，解决对法律含义理解上的争议。

解释权的本质和任务是要说清楚法律是什么的问题，通过解释明确法律条款的含义和内容，确定行为规则的标准。所以，任何对法律的解释都是抽象性的，适用于社会中的所有人，不是针对特定的个体。而审判权的本质和任务是法官运用法律规定解决具体的法律争议，用法律的规定去衡量一个人的行为是否符合法律确立的行为规则。如果符合规则就是合法的行为，受法律保护。如果不符合法律规则，则是不合法的行为，受法律的制裁。所以，审判权所涉及的对象不是抽象的，而是具体的，判决只适用于法律争议的当事人。

一方面，基本法对全国人民代表大会常务委员会的解释权与法院的审判权作了分工。基本法条款的含义和内容，由享有基本法最终解释权的全国人民代表大会常务委员会决定。虽然，全国人民代表大会常务委员会能决定基本法条款的含义和内容，但它不能因此行使审判权，参与到法律适用的具体个案中。虽然，法院不能最终决定基本法条款的含义和内容，但是，法院可不受干预独立地适用基本法解决具体法律争议。本次宣誓案件就是最好的说明。全国人民代表大会常务委员会只解释香港基本法第一百零四条中的“依法宣誓”的含义，并不判断宣誓人的行为是否符合“依法宣誓”的法律要求。宣誓人的行为是否符合基本法的要求，由法官依法进行裁决。这说明解释权不能代替审判权，审判权不能否定解释权，各自有各自的功能。所以，基本法分别由两个条文规定了审判权和解释权。澳门基本法第八十三条规定，法院独立进行审判，只服从法律，不受任何干涉。香港基本法第一百五十八条规定，本法的解释权属于全国人民代表大会常务委员会。

另一方面，基本法对全国人民代表大会常务委员会的解释权与法院的审判权的关系作了规定。第一，如果全国人民代表大会常务委员会对基本法作出了解释，法院在引用该条款时，应以全国人民代表大会常务委员会的解释为准。即在解释基本法条款上，法院要服从全国人民代表大会常务委员会的解释。第二，在全国人民代表大会常务委员会作出解释前法院已经作出的判决不受全国人民代表大会常务委员会解释的影响，即全国人民代表大会常务委员会的解释没有追溯力，不能否定法院的判决，即在法院依法审理案件上，全国人民代表大会常务委员会尊重法院的审判，不能推翻法院的判决结果。基本法是这样明确规定的，全国人民代表大会常务委员会也按基本法规定做到了。如 1999 年 1 月 29 日香港终审法院有关“吴嘉玲案”的判决，该判决对基本法第二十四条第二款第（三）项的“第（一）（二）两项所列居民在香港以外所生的中国籍子女”成为永久性居民的规定作了解释，认为只要是香港永久居民的子女，不论其是否在父母成为永久性居民后所生，都是永久性居民。香港社会对法院就基本法条款的解释引起了争议，所以，行政长官提请全国人民代表大会常务委员会进行解释。全国人民代表大会常务委员会于 1999 年 6 月 26 日通过了《全国人民代表大会常务委员会关于〈中华人民共和国香港特别行政区基本法〉第二十二条第四款和第二十四条第二款第（三）项的解释》，该解释指出，只有父或母成为永久性居民后在内地所生的子女才是永久性居民，纠正了法院对基本法的不正确理解，从而不能成为法院以后判案的先例。但是，法院判决的结果仍然有效，当事人依据法院的判决取得的永久性居民资格不被取消。

综上所述，全国人民代表大会常务委员会解释基本法不仅没有破坏法治，没有损害司法独立，没有干涉司法审判权，相反，还维护了特别行政区法治，确立了基本法的权威，纠正了违反基本法的理解和行为，保障了基本法的有效实施。

［本文发表于《澳门理工学报（人文社会科学版）》，2017 年第 4 期］

论言论自由与国家安全的关系

——面对分离主义的言行，政府有责任维护国家的统一

笔者认为，可以将言论与法律之间的关系分为三类：第一类是法律边界内的言论受法律保护。第二类是法律边界外的言论受法律限制。第三类是触犯法律的言论要受法律处罚，触犯刑法的言论受法律制裁。

一、言论自由受法律保护

澳门基本法第二十七条规定：“澳门居民享有言论、新闻、出版的自由。”特别行政区自行制定的法律，如澳门第 8/89/M 号法律（《订定视听广播业务之法律制度事宜》）和第 7/90/M 号法律（《出版法》）也规定了言论自由受法律保护。适用于澳门的《公民权利和政治权利国际公约》第十九条也规定：“（1）人人有权持有主张，不受干涉。（2）人人有自由发表意见的权利；此项权利包括寻求、接受和传递各种消息和思想的自由，而不论国界，也不论口头的、书面的、印刷的、采取艺术形式的，或通过他所选择的任何其他媒介。”所以，特别行政区的基本法、法律和适用于特别行政区的国际人权公约均规定了言论自由。

为什么言论是自由的？言论自由为什么要受法律的保护？言论自由的价值在于，有利于促进民主的发展，有了言论自由，居民从立法机关成员的选举政纲的争论中能够更好地选出自己认同的议员，并发表意见对其工作进行监督。有了言论自由，居民也能对政府决策进行建议、批评和监督。言论自由也有利于探索真理，通过不同意见的交流和讨论，寻找符合客观事物的规律。言论自由还有利于自我人格和自主性的发展，包括文学、艺术等创作。所以，言论自由是人的一项基本权利，作为一项基本权利，自然受到法律的保护。

二、违法的言论受法律的限制

虽然言论是自由的，但也不是绝对的自由。

1. 言论自由是有边界的

什么是“自由”？在法国《人权宣言》中表述为，有权做一切无害于他人的事情。托马斯·杰斐逊认为，个人的自由受制于他人的同等的自由。也就是说，自由不仅是个人的议题，也是社会中各个主体之间、彼此之间的相关责任。密尔在《论自由》一书中说，一个人的自由，以不侵犯他人的自由为界，才是真自由。如果侵犯了他人的自由，就是不自由。孟德斯鸠说，自由不是无限制的自由，自由是一种能做法律许可的任何事情的权利。从以上文献和学说中可以看到一个共同点，就是自由不能损害他人的权利和自由。从法律上说，就是不能做法律不允许的事。所以，《布莱克法律词典》将言论自由表述为：“宪法所保护的言论自由并不是在任何时候、在任何情况下都是绝对的。言论的种类是有明确定义和恰当限定的。对诸如猥亵、淫秽、亵渎、诽谤、侮辱、挑衅等言论的禁止和处罚就不会引起宪法问题。”

2. 法律的限制是言论自由的边界

法律通常是，一方面明确法律义务的具体要求，另一方面规定在行使自由的权利时要履行法律的义务。那么，法律应该规定什么样的义务呢？维护国家安全和公共秩序是否应该成为个人的义务呢？它有没有正当性呢？

第一，维护国家安全作为法律义务是国际人权公约的标准，也是特别行政区基本法的要求。

《公民权利和政治权利国际公约》第十九条有关言论自由中第三款规定：“本条第二款所规定的权利的行使带有特殊的义务和责任，因此得受某些限制，但这些限制只应由法律规定并为下列条件所必需：（甲）尊重他人的权利或名誉；（乙）保障国家安全或公共秩序，或公共卫生或道德。”从国际人权公约的规定中，我们看出一个共同点，就是因保障国家安全、公共秩序、公共卫生、道德、他人的基本权利和自由这五项理由时，可以对权利自由加以限制。

《欧洲人权公约》第十条有关表达自由的规定，列出了九种可以限制的情况：损害国家安全的利益；损害领土完整的利益；损害公共安全的利益；为防止无序或者犯罪；为保护健康或者道德；为保护他人的名誉；为保护他人的权利；为防止披露秘密获得信息；为维持司法机关的权威和公允。以上九种情况，基本上分为两大类，一类是属于个人利益的需要，另一类是属于国家和公共利益的需要。

澳门基本法第二十三条规定，特别行政区立法禁止叛国、分裂国家、煽动叛乱、颠覆中央人民政府和窃取国家机密的行为，居民必须遵守法律的规定。澳门基本法第四十四条规定："澳门居民和在澳门的其他人有遵守澳门特别行政区实行的法律的义务。"澳门基本法第四十条第二款规定："澳门居民享有的权利和自由，除依法规定外不得限制，此种限制不得与本条第一款规定抵触。"由此可见，澳门法律可以对居民的权利和自由作出限制，但限制要符合国际人权公约的标准。所以，基本法作出了居民行使权利时要履行法律义务、言论自由不能违反法律的规定。

第二，维护国家安全有充分的正当性。

仅就特别行政区而言，特别行政区实行"一国两制"方针政策，没有了"一国"，也就没有了"两制"，"两制"存在于"一国"之中。所以，坚持"一国"才能搞好"两制"。"一国"被分裂，也就破坏了"一国两制"，也就是损害了国家的主权和安全的根本利益，也损害了特别行政区稳定和发展的利益。所以，维护"一国"的正当性不容挑战。

3. 超出法律限制的言论不受法律保护

正如上述分析，言论自由之所以受法律保护，是因为言论对社会和他人有益无害。如果言论对社会有害无益，自然就不可能受法律保护。密尔说，当一个人的行为，其利害仅止于自身而不关涉他人时，他们都该完全不受法律和社会的束缚而自由行动；但只要个人行为的任何部分有损他人利益时，社会对此就有了裁夺的正当权力。所以，我们可以把言论分成两大部分。第一部分是处在言论自由的法律边界范围内的言论，自然受法律保护。第二部分是处在言论自由的法律边界外的言论，不仅不受法律保护，还要受法律的限制或制裁。

既然法律对言论自由的范围作出了限定，那么，凡是超出法律界限的言论就不属于言论自由的范围。既然不属于言论自由的范围，就不能受到法律的保护。也就是说，法律不可能保护损害或危害法律所要维护的公共秩序的言论，否则，法律之间就互相矛盾了。所以，危害法律的言论将受到法律的限制，甚至法律的制裁。这个逻辑是清楚的，也是完全正确并能够成立的。笔者对近期出现的分裂国家、主张特别行政区独立的言论进行分析，加以论证。

（1）分裂国家的言论抵触了法律的限制，不属于言论自由的范围。

澳门基本法第一条规定，澳门特别行政区是中华人民共和国不可分离的部分。这条规定的内涵十分明确，国家领土必须保持完整，绝对不能分离，这是实行“一国两制”政策的出发点和目的。第十二条规定，澳门特别行政区是中华人民共和国的一个享有高度自治权的地方行政区域，直辖于中央人民政府。这条规定的要求也一目了然，特别行政区作为国家的一个地方行政区域不能脱离中央的领导，从而实现国家主权统一，主权能够管辖所有的领土范围。为了确保国家领土完整、主权统一，第二十三条规定，特别行政区应自行立法禁止任何叛国、分裂国家、煽动叛乱、颠覆中央人民政府及窃取国家机密的行为。这从而规定了特别行政区政府有责任维护国家安全，居民有义务遵守维护国家安全的法律。基本法的这三个条文是递进关系，也是有机统一的。

所以，分裂国家的言论完全违反和抵触了基本法和法律，也直接损害了国家的根本利益，危害国家的安全，当然不属于受法律保护的言论。

（2）对违反基本法和法律的言论怎么处理？

在法治社会，处理违法的言论当然必须依法，坚持合法性原则。

第一，对违法言论分清不同情况和程度。

违法言论可以是违反民事法律、商事法律、刑事法律。违法言论侵犯的法律保护的客体和利益在程度上有轻重不同。如侮辱、诽谤的言论，轻者，违反民事法律，承担民事法律责任，赔礼道歉，赔偿精神损失；重者，违反刑事法律，承担刑事责任，受刑法的处罚。违法言论应该受到何种法律的限制、制裁，需要具体情况具体分析。

第二，对违法言论采取不同的处理方式。

就分裂国家的言论而言，其违法性，即违反基本法和法律是确定无疑的。违法性与合法性是对立的、不相容的。既然不合法，就不可能受到法律的保护和支持，只能受到法律的限制和制裁。

对违法的言论如何处理，需要根据言论违法性所造成的危害程度来决定。笔者认为，可以分为两个层次。

第一个层次是有严重危害性，达到了刑法处罚的构成要件，即进行法律制裁，如刑法处罚叛国、分裂国家的行为。

第二个层次是有危害性，但没有达到刑法处罚的构成要件，虽不能用刑法处罚，但可以采取其他法律措施加以限制和干预。以分裂国家的言论为例，其已经损害国家安全的利益，损害国家的公共秩序，具有危害性。既然有了危害性，国家和政府就不能放任不干预和不限制，任其扩大社会危害性。

根据法治的原则，特别行政区政府应该依法行使权力对分裂国家的言论进行限制。如果政府不加限制，任其自由发展，就是特别行政区政府违法，中央人民政府应该依基本法追究特别行政区政府的法律责任。

特别行政区政府依法限制违法的言论是合法性原则的要求。第一，根据合法性原则，政府行使权力需要有法律的明确规定，符合法定的程序。按照依法行使权力的原则，法律只赋予政府要保护国家的安全、限制危害国家安全的言行的职权，并不允许政府保护或放任分裂国家的言论。所以，政府必须依据基本法和法律对分裂国家的言论和主张进行干预，对主张分裂国家的人以分裂国家为主旨参加活动，如参选立法会议员，政府依法不承认其参选资格；如组织社团或设立公司，依法不予登记；如组织游行示威，依法不批准使用公共场所和道路。如主张分裂国家的人一意孤行，政府就应该采取措施加以取缔和解散。试想，如果政府承认主张分裂国家的人的参选资格、批准设立以分裂国家为宗旨的社团和公司等，不仅等同于认同分裂国家的言论和主张是合法的，而且提供条件帮助其实现这种言论和主张的权利，就是实施了共同的违法行为，背离了合法行使权力的原则。第二，根据合法性原则，政府行使法定权力所达至的目的必须是合法的。政府采取措施限制分裂国家的言论，保护国家，权力行使完全符合基本法和法律所追求的立法目的。反之，政府放任分裂国家的言论不管，才是违背基本法和法律的立法目的。所以，政府依法，就不可能容忍违法，依法和违法势不两立、不可兼容。

以上法理，在澳门有司法裁判为证。澳门特别行政区终审法院第100/2014号就“民间公投”的裁判，具体阐述了政府行使职权的合法性原则。如果居民行使的是法律上的权利，政府就有义务保障权利得以行使。如果居民作出的行为不属于法律上的权利，政府就没有义务确保或设定条件让其得以作出。政府不单没有这样的义务，更没有这样的条件。否则，政府将构成不法行为。事实上，《澳门行政程序法典》第三条第一款规定的合法性原则，是政府的活动应该遵循法律且在获赋予的权力范围内进行。所以，政府不可能创设条件，包括批准使用公共场所进行所谓的“民间公投”。这个裁判是值得借鉴的。

三、违法言论的危害性达到一定程度受法律的制裁

散布分裂国家的言论并诉诸暴力或严重非法手段实施行为将触犯刑法，被追究刑事责任。《澳门特别行政区维护国家安全法》第二条规定，以暴力或其他严

重非法手段，试图将国家领土的一部分从国家主权分离出去或使之从属于外国主权者，处十年至二十五年徒刑。所以，违法言论在一定程度和条件下可以是刑法意义上的行为，受刑法处罚。

社会应该密切关注分裂国家言论的动向，时刻保持警惕。一方面要晓之以理，让宣传分裂国家言论的人明白，其言论和行为违反法律，要承担法律后果，而法律是有强制力的，不是你可遵守或可不遵守，这是不能选择的，是必须遵守的。另一方面公权力机关要做好准备，一旦宣传分裂国家言论的人作出刑法禁止的行为，达到刑法制裁的程度，构成刑法处罚的要件，要毫不犹豫地惩罚，态度坚决，绝不姑息。这样才能维护国家领土完整、主权统一，遏制一切分裂国家的言行。

（本文未发表，写于2016年）

关于设立维护国家安全专责机构的看法

一、维护国家安全是“一国两制”的应有之义

（一）国家安全是“一国两制”的核心利益

我们可以从“一国”与“两制”的相互关系分析。“一国”是基础，基础动摇了，建立在“一国”基础上的“两制”就要崩塌。“一国”是根，根松动了，树就要倒了。维护“一国”的基础，就要维护国家的安全，国家被颠覆和分裂，也就没有了“一国”。所以，领土完整、主权统一、国家安全是“一国”的核心利益，绝对不能受到危害。这个道理是显而易见的。

（二）维护国家安全是特别行政区政府的宪制责任，也是澳门居民的法律责任

正因为国家安全是“一国两制”的核心利益，所以，维护国家安全就是特别行政区政府的宪制责任，也是澳门居民的法律责任。基本法明确规定，特别行政区政府应该立法维护国家安全，特别行政区居民应该遵守特别行政区的法律，自然包括遵守特别行政区制定的维护国家安全的法律。所以，特别行政区政府和居民履行法律的义务是责无旁贷的。

（三）国家安全是特别行政区发展的必要条件，也是特别行政区居民利益的保障

国家安全是国家生存和发展的基础，有了国家的安全，国家就能稳步地发

展，国家发展了，逐步走向国富民强，就有能力和实力为特别行政区的进一步发展提供条件，给予大力的支持，特别行政区居民的利益也能够得到更大的保障。事实也证明了这一点。国家经过40年改革开放，经济规模是世界第二大经济体，人民生活有了很大的改善，为澳门经济的发展提供了广阔的市场和推动力，如CEPA、自由行、区域合作等，这是有目共睹的客观事实。同时，国家实力的增强不仅为澳门居民在内地发展提供了条件，还为澳门居民在海外的利益提供了保障，澳门居民遇到的问题，都能够得到中国政府有效的海外领事保护。所以，国家安全与特别行政区发展及澳门居民利益息息相关。

二、维护国家安全需要有法可依、有法必依

第一，法治社会首先要做到有法可依。

制定维护国家安全法是有法可依的条件。有法才能做到依法，进而对违法行为进行追究。要做到依法维护国家安全就要做好立法工作。这是各国的普遍做法。美国早在1947年7月26日就通过了《国家安全法》，是开始国家安全专门立法最早的国家。英国于1989年公布了新的《官方保密法》，突出了保守国家核心机密的重点内容。联邦德国于1986年颁布了七项国家安全法规，包括情报合作法、联邦宪法保卫局法、联邦军事反间谍局法等。澳门特别行政区依据澳门基本法第二十三条的规定，于2009年制定了《澳门特别行政区维护国家安全法》，走出了第一步，值得充分肯定。

第二，法治社会必须做到有法必依。

有法必依包括两层含义：第一层是居民自觉遵守法律；第二层是政府严格执法，对违反法律的行为进行制裁。国家安全具有特殊性，需要专责机关来负责执法。这也是各国的通行做法。如，美国为了整合其多头分散的情报安全力量，在《国家安全法》中规范了美国国家安全机构的组织体制和职权范围以及协调其关系。英国于1989年颁布了《国家安全机构法》。韩国于1961年以美国中央情报局为蓝本组建了中央情报部，制定了《中央情报部法》。1980年，韩国将中央情报部更名为国家安全企划部，1981年再次对《国家安全企划部法》进行修改。修改后的《国家安全企划部法》主要规定了韩国国家安全企划部的组织、职权以及有效进行国家安全工作的必要保障。日本国会于2013年11月27日通过了国家安全保障会议设立法案。日本国家安全保障会议是以美国国家安全委员会为范本的机构，它将成为一个统筹有关日本外交、安全保障政策及国家战略的“司

令部”。2014 年 1 月在内阁官房下设立执行机构“国家安全保障局”。反观澳门特别行政区，目前并没有负责维护国家安全的专责机构，这对维护国家安全是一个漏洞，应该尽快补上，迈出设立机制的第二步。

三、澳门特别行政区设立维护国家安全的专责机构是必要的

（一）特别行政区设立高层次的维护国家安全机构是必要的

《澳门特别行政区维护国家安全法》立法已经有 9 年时间了，也应该是时候完善配套制度，设置高层次的专责国家安全的机构，从而完善维护国家安全的制度体系了。一个社会既要有维护国家安全的实体法，又要有维护国家安全的组织法，两者缺一不可。法律有赖执法部门的实施，否则国家安全不能得到真正的保障。澳门是中国的一部分，澳门也是国家安全中的重要一环。国家安全不能因为澳门这个环节而出现问题。澳门并非世外桃源，同样面临外部各种势力的渗透，威胁到国家的安全。所以，澳门需要为国家把好安全之门，设立专责部门有现实的紧迫性。

（二）设置一个集领导、协调、执行功能于一体的机构，才能更好地负起维护国家安全的责任

综观世界各国的国家安全机构的职能，基本有如下职能：（1）咨询和建议，向国家最高领导提出安全事务方面的综合意见。（2）安全形势研判与战略分析。主要包括对当前国家安全形势作出评估，审议现行的安全政策；确定国家安全的大政方针、原则、政策，制定中、长期安全战略。（3）统筹与协调。统筹的目的在于超越部门或局部利益，制定和实施连贯、一致、整体的国家安全政策和战略。协调的目的在于理顺各部门在安全政策的制定与执行上的分歧与冲突，有效利用资源。（4）情报综合与分析。可靠、及时、充足的情报是国家安全机关正确评估并形成安全决策的前提。（5）危机应对与处理。所以，如果没有一个高层次

的、综合性的机构，仅仅一个低层次的、单一性的部门是难以拥有上述职权的，也就难以胜任维护国家安全的任务。因此，澳门设立一个类似于其他国家或地区的维护国家安全委员会的机构是完全必要，也是完全合理的。

（本文发表于《澳门日报》，2018 年 8 月 9 日）

特别行政区的制度、权力及关系的解读

特别行政区制度是“一国两制”制度化的载体，作为约束国家、特别行政区、个人的行为规则的总和，是由一系列规范构成的。那么，构成特别行政区制度的规范中哪些属于基本规范？这些基本规范的关系又如何？这些问题迫切需要搞清楚。对特别行政区制度的研究应该从基本范畴研究开始，因为“基本范畴就是基本概念，是人的思维对事物、现象普遍本质的概括和反映。从不同侧面揭示了事物普遍联系和发展的基本环节，反映事物本质属性和普遍联系的基本概念，是理论思维的逻辑形式”。笔者认为，特别行政区制度中至少有两对不可或缺的基本范畴，即“国家层面制度”和“地方层面制度”，“中央权力”和“特别行政区自治权”，对这两对基本范畴进行系统分析和论述，有助于更好地理解和构建特别行政区制度。

一、特别行政区制度中的“国家层面制度”和“地方层面制度”的含义及关系

（一）特别行政区制度由“国家层面制度”和“地方层面制度”两方面因素构成

特别行政区制度是国家管理特别行政区所实行的制度。国家管理地方事务可以采用各种方式，其中划分行政区域、建立地方政府、授权地方治理是方式之一。如，宪法第三十条规定设立省、直辖市、自治区。另一种方式是宪法第三十一条规定的，在实行“一国两制”的地区设立特别行政区。由于行政区制度与特别行政区制度都是国家管理地方事务的一种制度，因此，它们之间既有共性又有特殊性。

从共性角度来说，它们都属于行政区的性质，是中央人民政府行使行政区划

权力而产生的。一方面由国家建立特别行政区制度，特别行政区直辖于中央人民政府，对特别行政区管理是国家管理制度中的一部分，特别行政区并不独立于国家管理制度之外。另一方面由国家管理该制度中属于中央管理和中央与特别行政区关系的事务。从这个意义上说，特别行政区制度首先属于“国家层面制度”。

从特殊性角度来看，行政区与特别行政区有区别，“特别”行政区实行不同于“一般”行政区的制度。从这个意义上说，特别行政区制度既有别于其他地方制度，又仍然属于“地方层面制度”。

因此，特别行政区制度是一体两面，既是国家层面的制度，国家采用特殊方式管理特殊地区，又是地方层面的制度，特别行政区实行不同于一般行政区的管理制度。

在这里也有必要提出，特别行政区制度与特别行政区内实行的制度是两个不同的概念。一些人往往把特别行政区制度理解或定义为特别行政区内实行的制度，所以，简单化地把特别行政区制度归纳为地方制度。其实不然，特别行政区制度与特别行政区内实行的制度之间的关系是，前者是大概念，后者是小概念，前者包含了后者，后者是前者的一部分，两者并不等同。

（二）特别行政区制度中的“国家层面制度”的含义

在特别行政区制度中，“国家层面制度”这一范畴应该包含如下内涵。

1. 特别行政区制度是宪法体制的一部分

宪法第三十一条规定：“国家在必要时得设立特别行政区。在特别行政区内实行的制度按照具体情况由全国人民代表大会以法律规定。”特别行政区制度包括特别行政区制度的建立和制度的内容是由全国性的基本法规定的，并非由特别行政区自身法律规定，是纳入宪法体制中的。所以，规范特别行政区制度的基本法的制定、解释和修改权属于全国人民代表大会及其常务委员会。

2. 特别行政区制度体现国家基本政治制度的内容和要求

特别行政区的制度受国家基本政治制度的约束，如人民代表大会制度是国家的根本政治制度，全国人民代表大会是国家的最高权力机关，所以，由全国人民代表大会向特别行政区授予高度自治权，特别行政区立法机关制定的法律须报全国人民代表大会常务委员会备案，接受审查，如有违反基本法中有关中央管理的事务及中央和特别行政区关系的条款，可将法律发回。再如，国务院是国家的最高行政机关，统一领导地方各级国家行政机关的工作，所以，特别行政区直辖于中央人民政府，行政长官对中央人民政府负责。因此，特别行政区的制度不可能脱离宪法规定的国家基本制度，实实在在是国家基本政治制度在特别行政区制度中的具体落实。

3. 特别行政区制度受国家结构形式的约束

中国实行单一制的国家结构形式，在单一制下，国家划分行政区，建立地方政府，分级管理。根据宪法的规定，国家建立普通行政区、民族自治区域和特别行政区。虽然行政区的形式不同，但是，都属于中央领导下的地方行政区，这一点是相同的，并没有改变国家单一制的结构，而是打上了单一制国家结构的烙印。

特别行政区制度由宪法规范，受人民代表大会制的政治制度和单一制的国家结构形式的约束，充分体现出“国家层面制度”的一面，特别行政区不能也无权改变“国家层面制度”。如果将特别行政区制度独立于“国家层面制度”之外，无论在法理上还是逻辑上都完全站不住脚，是错误的。如果试图将特别行政区制度割断与“国家层面制度”的联系更是十分危险的，容易产生特别行政区独立于国家的危险，对国家、对特别行政区有百害而无一利。

（三）特别行政区制度中的“地方层面制度”的含义

特别行政区制度中的“地方层面制度”这一范畴的内涵如下。

1.“地方层面制度”仅仅限于处理特别行政区自治事务

特别行政区作为特别行政区制度中的另一个主体，需要建立一整套制度，管理属于自治范围内的事务。自治范围内的事务属于地方性事务，决定了管理自治事务的制度具有地方性的属性。地方性的制度适应地方性的事务。

2.“地方层面制度”可以与内地的制度不同

为了适合“一国两制”的实际需要，特别行政区可以实行一套有别于内地的具体的社会制度，如立法制度、行政制度、司法制度及经济、文化和社会方面的制度。所以，澳门基本法第十一条第一款规定：“根据中华人民共和国宪法第三十一条，澳门特别行政区的制度和政策，包括社会、经济制度，有关保障居民的基本权利和自由的制度，行政管理、立法和司法方面的制度，以及有关政策，均以本法的规定为依据。”在这些制度方面无须与宪法规定一致，从而使特别行政区的具体制度能够符合澳门的地方性特点，既保留行之有效的原有制度的部分，又能根据“一国两制”的要求发展出新的制度，有利于澳门社会的稳定和经济发展。

特别行政区建立了一整套有别于国家实行的、适应管理自治事务的制度，体现了“地方层面制度”的一面。

（四）两个层面制度的关系

特别行政区制度中的“国家层面制度”和“地方层面制度”两个范畴的关系如下。

1. 特别行政区制度由“国家层面制度”和“地方层面制度”构成

特别行政区制度是“国家层面制度”和特别行政区“地方层面制度”的结合体，其是由“一国两制”决定的，“一国两制”下的“一国”是包含了“两制”的一国，而“两制”又是“一国”下的两制。“一国”与“两制”不能分割。所以，“一国两制”下的特别行政区制度就包含了“一国”和“两制”的元素。“一国”的元素体现在“国家层面制度”上，“两制”的元素反映在特别行政区“地方层面制度”上。

第一，从特别行政区制度的主体分析，首先，国家是特别行政区制度中的首要主体，它的代表就是国家主权机关，如全国人民代表大会及其常务委员会、国务院等。其次，特别行政区也是主体之一，其代表有特别行政区行政长官、行政机关、立法机关、司法机关等。

第二，从特别行政区制度的内容分析，既有国家层面制度的安排，如全国人民代表大会及其常务委员会制定、修改、解释基本法，审查立法会制定的法律，国务院领导特别行政区政府向行政长官发出指令等；又有特别行政区自身制度的安排，如社会经济制度、居民权利自由制度、行政主导的政治体制等。

第三，从特别行政区制度的事务分析，既有中央管理的事务，如外交，国防，任免行政长官、主要官员等，也有特别行政区自行管理的事务，如经济、社会、文化事务等。

2. 在特别行政区制度的统一体中，“国家层面制度”是基础

“国家层面制度”作为基础，体现在“国家层面制度”决定“地方层面制度”。也就是说，“国家层面制度”制约“特别行政区层面制度”。如，统一的国家决定了特别行政区是国家不可分割的一部分。特别行政区直辖于中央人民政府，中央人民政府领导特别行政区政府。特别行政区层面的制度不能抵触和拒绝“一国”的原则，凡是宪法中“一国”的规定，包括国家主权机构地位的规范、职能职权的规范、主权象征的规范均需在特别行政区制度中得到体现和落实。

3. “地方层面制度”在不抵触“国家层面制度”下可以灵活变通

特别行政区层面制度可以与内地的制度有所不同，在“两制”原则下，根据特别行政区的实际情况，采用有利于特别行政区发展和稳定的政策和制度，包括可以保留原有实行的制度，也可以建立和完善适合特别行政区自身需要的制度，中央给予尊重和配合。

4. 两个层面制度互相尊重、互相配合

两个基本层面制度虽有区别，但不是对立冲突的，只要坚守“一国”和“两制”互相尊重，它们之间应该是可以和谐共存的。否则，特别行政区制度本身在内部就分裂了，外部的冲突就不可避免。

二、特别行政区制度中的“中央权力”和“特别行政区自治权”的含义及关系

顺着以上逻辑推理，特别行政区制度既包含了“国家层面制度”又包含了“地方层面制度”，那么，在“国家层面制度”中就存在中央权力，在“地方层面制度”中就存在地方自治权力。

（一）三种权力的含义及关系

在论述特别行政区制度中的权力时，必须搞清楚“国家主权”“中央治权”“特别行政区自治权”三个概念的含义及关系。

第一，“国家主权”是国家的原始权力。它源自国家本身，是国家固有的权

力。国家的主权来源于全体人民。国家主权是一个国家最终、最高的权力，是其他国家权力的源泉。

第二，“中央治权”是由国家主权派生出来的管理国家事务的权力，其中包括对特别行政区事务的管理。国家拥有主权自然应有对国家的治理权，从而产生治权，国家治权覆盖全国。所以，主权决定有无治权，主权决定治权的管辖范围。

第三，“特别行政区自治权”属于国家治权的范畴，是国家治权的一部分，是具体管理特别行政区自治事务的权力，不具有主权的属性。因为特别行政区是国家的一部分，不是独立的政治实体，所以，没有主权。特别行政区自治权源于国家主权的授权，并对特别行政区的自治事务拥有管理权。

以上三种权力的关系是：

第一，主权是国家最高的权力，是其他一切权力的源泉，主权决定治权。

第二，治权可以分为中央治权和地方治权，国家如何行使治权、如何划分治权属于主权决定的事务。世界上的个别国家没有行政区划，不设地方政府，自然不存在地方自治权。大部分国家进行行政区划，设立地方政府，实行分级分区管理，自然赋予地方自治权。所以，一个国家的地方有无自治权、有多少自治权是中央主权和治权决定的。

第三，中国实行单一制国家结构，只有在中央授权后才有地方自治权力。惯常的做法是：（1）通过宪法授权。国家主权通过制定宪法作为授权的法律基础。（2）通过划分行政区域授权。主权决定建立地方行政区作为被授权的对象。（3）主权决定如何授权及授权的事项范围，其中规定中央保留的治权范围以及授权地方自治权的范围。

（二）“中央权力”与“特别行政区自治权”之间的关系

1. 主权是自治权的来源

（1）授权与被授权的关系。

澳门基本法第二条规定：“中华人民共和国全国人民代表大会授权澳门特别行政区依照本法的规定实行高度自治，享有行政管理权、立法权、独立的司法权和终审权。”为什么特别行政区的自治权需要中央授权呢？为什么特别行政区自治权不是特别行政区固有的权力呢？回答这些问题还是需要从根本上说起。

第一，中国恢复对香港、澳门行使主权。香港、澳门自古以来就是中国的领土，由于历史的原因被英国、葡萄牙占领。随着中国与英国、葡萄牙就香港和澳门问题签署联合声明，双方同意，英国、葡萄牙与中国政府进行政权交接，不是与香港、澳门进行政权交接。中国恢复对香港、澳门行使主权，香港、澳门回归到祖国怀抱后，国家实行“一国两制”，才有特别行政区高度自治。所以，特别行政区不存在固有权力。既然没有固有权力，就要通过授权才能享有自治权。

第二，国家设立特别行政区。中国恢复行使主权后，按照“一国两制”的基本方针政策，设立港澳特别行政区。因为没有特别行政区，中央授权就没有对象。所以，全国人民代表大会根据宪法，通过《全国人民代表大会关于设立香港特别行政区的决定》《全国人民代表大会关于设立中华人民共和国澳门特别行政区的决定》先后设立港澳特别行政区，从而为中央授权明确对象。

第三，国家通过基本法授权。国家在设立特别行政区的同时，制定特别行政区基本法，并通过基本法向特别行政区具体授权，明确了高度自治权的范围和具体的权力，高度自治权有了法律的基础和保障。

因此，由国家恢复对港澳行使主权，然后设立港澳特别行政区，再通过制定特别行政区基本法，向港澳特别行政区作出具体的授权。这个过程再清楚不过地说明，主权是自治权的来源。

（2）领导与被领导的关系。

澳门基本法第十二条规定：“澳门特别行政区是中华人民共和国的一个享有高度自治权的地方行政区域，直辖于中央人民政府。”这明确了特别行政区受中央人民政府的领导。为什么特别行政区要接受中央人民政府的领导和监督呢？

一方面，虽然特别行政区享有高度自治权，实行不同于内地的社会制度，但是，这一切都不能改变它仍然是一个地方行政区、一个地方政府的事实。作为地方行政区和地方政府当然要接受中央人民政府的领导，以体现国家主权的权威。

另一方面，中央向特别行政区授予自治权，自然也要对自治权进行监督，以确保自治权的行使符合授权的目的。如果自治权的行使违背了“一国两制”，损害了国家统一，特别是特别行政区的稳定发展，中央就要进行监督和干预。否则，自治权不仅凌驾于主权之上，还能对抗主权。如果这样，那么，“一国”原则怎么实现？授权的目的如何达到？

2. 主权决定自治权范围

根据国家主权原则和授权原则，基本法对“中央治权”与“特别行政区自治权”进行了划分。根据基本法的规定，从法理上可以分为三类事务，分属中央管理的事务、特别行政区管理的事务、内地与特别行政区关系的事务。

（1）中央管理的事务。

由中央负责处理，特别行政区配合。

澳门基本法第十三条规定：“中央人民政府负责管理与澳门特别行政区有关的外交事务。”

澳门基本法第十四条规定：“中央人民政府负责管理澳门特别行政区的防务。”

澳门基本法第十五条规定：“中央人民政府依照本法有关规定任免澳门特别行政区行政长官、政府主要官员和检察长。”

澳门基本法第十七条规定：“澳门特别行政区的立法机关制定的法律须报全国人民代表大会常务委员会备案……全国人民代表大会常务委员会在征询其所属的澳门特别行政区基本法委员会的意见后，如认为澳门特别行政区立法机关制定的任何法律不符合本法关于中央管理的事务及中央和澳门特别行政区关系的条款，可将有关法律发回，但不作修改。经全国人民代表大会常务委员会发回的法律立即失效。”

澳门基本法第十八条规定：“全国人民代表大会常务委员会在征询其所属的澳门特别行政区基本法委员会和澳门特别行政区政府的意见后，可对列于本法附件三的法律作出增减……在全国人民代表大会常务委员会决定宣布战争状态或因澳门特别行政区内发生澳门特别行政区政府不能控制的危及国家统一或安全的动乱而决定澳门特别行政区进入紧急状态时，中央人民政府可发布命令将有关全国性法律在澳门特别行政区实施。”

澳门基本法第十九条规定：“澳门特别行政区法院对国防、外交等国家行为无管辖权。澳门特别行政区法院在审理案件中遇有涉及国防、外交等国家行为的事实问题，应取得行政长官就该等问题发出的证明文件，上述文件对法院有约束力。行政长官在发出证明文件前，须取得中央人民政府的证明书。”

（2）特别行政区管理的事务。

由特别行政区自行处理，中央给予支持与合作。

澳门基本法第十六条规定：“澳门特别行政区享有行政管理权，依照本法有关规定自行处理澳门特别行政区的行政事务。”

澳门基本法第十七条规定：“澳门特别行政区享有立法权。”

澳门基本法第十九条规定：“澳门特别行政区享有独立的司法权和终审权。”

澳门基本法第十三条规定：“中央人民政府授权澳门特别行政区依照本法自行处理有关的对外事务。”

（3）内地与特别行政区关系的事务。

在“一国两制”下，内地与特别行政区之间的联系日益加强，交流和合作事务日益增多，有关内地与特别行政区关系的事务，在中央人民政府协调下，通过互相协商解决。如内地与特别行政区建立更紧密的经贸关系协议、粤港澳区域合作协议，等等。

（三）“中央权力”与“特别行政区自治权”的内涵和外延

1.“中央权力”内涵明确，外延抽象

基本法对“中央权力”采取内涵明确、外延抽象的方法界定。

内涵明确表现为：凡列举的中央权力，其属性是明白清楚的，比如外交权是涉及国家主权的事务，凡需要以国家主权资格参与的国际组织、国际条约、国际会议、国际交往由中央人民政府负责。此外，外交权与属于特别行政区的对外事务处理权，两者权限的内容是不会混淆的。比如国防权涉及特别行政区外部的安全，中央负责防御外部敌对势力的威胁和入侵；而特别行政区内部的安全和秩序属于治安的范畴，由特别行政区负责等，不一一列举分析。

外延抽象表现为：对中央权力范围采用开放的、抽象的方式规定，不采用限定范围的表述。如，基本法对中央权力的外延分别从正面肯定和反面排除两个方面表述。正面的表述方法是“中央管理的事务”（基本法第十七条中的规定）的提法。反面的表述方法是“不属于澳门特别行政区自治范围”（基本法第十八条中的规定）的提法。

基本法作出这样的规定是有道理的，符合中央权力保留原则。既然中央享有对国家事务的治权，中央根据特别行政区的需要授予自治权，而授权的行为也仅仅是将中央治权中的一部分授予特别行政区，没有授予的仍然属于中央保留的权力。基本法列举的各项中央权力，也仅仅是中央治权中的一部分，不是全部。所以，没有授予的权力就是保留的权力，也就没有必要去具体界定中央治权的外延。否则，可能会造成对中央保留权力作出不必要的限制。

2.“特别行政区自治权”外延具体，内容弹性

与此相反，特别行政区自治权外延是封闭的、具体的，以划清“特别行政区自治权”与“中央权力”的界线。如，基本法规定，特别行政区自治权限于地

方行政管理权、立法权、司法权和对外事务处理权，不能超出以上范围。否则，就超越了自治权的范围，侵犯了中央的治权。采取对特别行政区自治权外延具体划定的方法符合中央授权原则的要求，授权就必须明确被授权的外延。

但是，特别行政区自治权的内容是弹性的、可扩展的。只要不超出特别行政区自治事务的外延，自治权究竟包含哪些具体权力是可以灵活解释的。所以，基本法采用了“特别行政区自治范围内”的提法，对自治范围内的权力仅仅是列举，并不意味着没有列举的就不属于特别行政区自治权。如，特别行政区享有行政管理权，行政管理权具体包括哪些权力呢？曾经在起草基本法第十六条时试图列举，列出经济、文化、科技、卫生、体育等方面的权力，但是，没有办法列全，总会挂一漏万，最后放弃了这种努力，采用了“依照本法有关规定自行处理澳门特别行政区的行政事务”的表述。行政事务有哪些，可以随时调整充实，只要不超出自治事务范围就没有问题。

三、特别行政区制度与“中央权力”“特别行政区自治权”的关系

特别行政区制度是中央行使对特别行政区管理权和特别行政区行使自治权的基础，权力在制度框架内运行，制度通过权力表现出来，两者不可分。

（一）特别行政区制度决定了权力的配置

1.“国家层面制度”决定了“中央权力”的行使

如上所述，特别行政区制度首先是国家管理特别行政区的制度，中央对特别行政区的管治权，即谁行使中央管治权、如何行使中央管治权是由“国家层面制度”决定的。如，人民代表大会制度是国家的根本政治制度，决定了全国人民代表大会是国家的最高权力机关，全国人民代表大会及其常务委员会享有广泛的权力，在特别行政区制度中发挥重要的作用，包括向特别行政区授予高度自治权、审查立法会备案的法律、解释和修改基本法等。同样的道理，特别行政区尊重和服从全国人民代表大会及其常务委员会的权力，也就是承认和接受人民代表大会制度。

2. “地方层面制度”决定了“特别行政区自治权”的行使

谁行使自治权、如何行使自治权是由特别行政区制度决定的。基本法规定了特别行政区的政治体制是行政主导的体制。这个体制决定了特别行政区的首长和特别行政区政府的首脑——行政长官要有实权；决定了行政与立法之间既要互相制约，又要互相配合，从而规定了行政机关和立法机关的各自职权；决定了司法独立及其管辖权。所以，尊重特别行政区制度，就要尊重特别行政区的自治权，尊重行政长官、行政机关、立法机关、司法机关的职权。

3. 国家的政治制度和国家结构制度决定了中央与特别行政区自治权的配置

无论是中央的权力，还是特别行政区的自治权，它们之间的权力配置是由国家制度决定的。其中国家的政治制度决定了全国人民代表大会向特别行政区授权及其授权的范围。国家的单一制决定了中央对特别行政区的领导和监督。特别行政区制度决定了特别行政区享有高度自治权。所以，基本法中有关中央与特别行政区关系一章的规定，包括中央与特别行政区的从属关系，中央与特别行政区权力的划分（外交与外事、国防与治安、选举与任免、行政管理权与中央指令权、立法权与审查权、全国性法律与特别行政区法律、司法权与管辖权限制），保障高度自治与维护国家安全的规范，均体现了“一国两制”下的国家体制的要求。

（二）权力在特别行政区制度框架内运行

既然制度决定了权力的配置，那么，权力必然在制度内运行，不能脱离制度。所以，不论是中央负责行使与澳门特别行政区有关事务的权力，还是特别行政区行使高度自治事务的权力，均是在“一国两制”下的特别行政区制度内进行的。

1. “中央权力”在“国家层面制度”下运行并行使宪法和基本法规定的法定职权

外交权、国防权、任命权、监督权、决定权、指令指示权、批准权、许可权是中国宪法体制赋予中央的权力，作为宪法的权力，基本法必须依照宪法规定，作出相应的规定并给予保障。从而，中央根据宪法和基本法的规定，自行处理中央负责的事务，同时权力的行使也要符合国家的宪法体制。比如，当行政长官认为基本法实施中的争议需要解释时，是向中央人民政府提出报告，请求全国人民代表大会常务委员会解释基本法，而不是直接向享有基本法最终解释权的全国人民代表大会常务委员会提请。然后由中央人民政府向全国人民代表大会常务委员会提出解释基本法的议案，最后全国人民代表大会常务委员会根据中央人民政府的议案作出解释。在这一过程中，行政长官的请求权、中央人民政府的提案权、全国人民代表大会常务委员会的释法权三者的关系及程序符合中国的宪法体制。

同样，中央在尊重“地方层面制度”的前提下约束自己的权力。因为在特别行政区制度下，特别行政区享有高度自治权，所以，中央对特别行政区自治范围内的事务不干预。比如，立法权属于特别行政区，全国人民代表大会常务委员会对特别行政区立法备案的法律有审查权，如认为不符合中央管理或中央与特别行政区关系的条款可以发回，但不能修改。如果全国人民代表大会常务委员会直接修改就等于可以行使特别行政区部分立法权了。

2. 特别行政区自治权在“地方层面制度”下自行行使并不受外来干预

行政管理权、立法权和司法权是基本法赋予特别行政区的自治权，只要符合基本法就可对行政管理、立法、司法事务自行处理。比如司法权，特别行政区法院除国家行为不能管辖外，对其他的案件均可以管辖。特别行政区法院在审理案件时没有就中央管理的事务和中央与特别行政区关系的条款提请全国人民代表大会常务委员会解释，虽然全国人民代表大会常务委员会作出了不同于法院的解释，但是，法院的判决不受影响。这种安排符合特别行政区享有独立的司法权和终审权的制度，全国人民代表大会不干预法院的审判权。

当然，特别行政区行使自治权也要尊重“国家层面制度”，服从中央的主权和治权。法院不能因为拥有审判权而排除全国人民代表大会常务委员会行使基本法的解释权。因为法院审判权是“地方层面制度”的安排，全国人民代表大会常务委员会解释权是“国家层面制度”的安排，两者互相尊重，不是互相排斥。即使法院在审理案件中遇有国家行为事实时，法官也需要向行政长官提出请求，就该等事实问题发出证明文件，行政长官发出证明文件前要取得中央人民政府的证明书，并对法院有约束力。

所以，制度与权力是一体两面。不能要“中央权力”或“特别行政区自治权”，却不接纳特别行政区的制度。也不能接受了特别行政区的制度，却否定“中央权力”或“特别行政区自治权”。

综上所述，特别行政区制度以“一国两制”为基础，“一国”产生“国家层面制度”和“中央权力”，“两制”形成“地方层面制度”和“特别行政区自治权”。从而，“国家层面制度”“地方层面制度”“中央权力”“特别行政区自治权”构成特别行政区制度中的四个基本因素。四个基本因素的关系是：第一，“国家层面制度”决定了特别行政区“地方层面制度”，但特别行政区“地方层面制度”在不抵触“国家层面制度”的情况下，可以有所不同，体现地方性特点。第二，中央权力授权特别行政区高度自治并监督和保障高度自治。而高度自治权不能排除和对抗中央的权力。第三，制度（国家层面制度和地方层面制度）规限了权力（中央权力和特别行政区自治权）的行使，权力（中央权力和特别行政区自治权）的行使不能破坏制度（国家层面制度和地方层面制度）。它们之间应该互相尊重，而非互相否定；互相配合，而非互相冲突。

唯有这样，特别行政区制度才能确立，才能顺利运行，“一国两制”才能正确实施。

（本文收录于《“一国两制”理论与特别行政区制度研究》，上海社会科学院出版社，2013年）

论行政主导政治体制的合理性
——二元权力关系结构下的必然选择

一、政治体制的含义

（一）政治体制的内涵

什么是“体制”？体制是一套规则、组织体系、实施机制的总和。

政治体制就是规范政治活动的规则、组织体系和实施机制的总和。从形式和内容上说，政治体制的核心是要解决公共权力如何分配、如何组织和如何使用的问题。从目的上说，政治体制是为维护公共利益、维持公共秩序的目的，要求政治实体遵守的准则、规范。

在现实中，政治体制是形式、内容和目的的有机统一体。所以，构建政治体制必须注意两个方面：既要考虑如何分配、组织和使用公共权力，又要关注背后的动因和目的。分配、组织权力只是解决制定公共政策和公共管理的手段的问题，维护和实现公共利益才是目的。

（二）政治体制的价值

政治体制总以一定的价值结构为基础，制度体系应体现这种价值结构的要求。当我们确定了政治体制的价值目标和任务后，就要考虑如何实现目标和完成任务，核心就是要正确处理权力关系。特别行政区的政治体制同样不例外。

第一，特别行政区政治体制的价值基础是“一国两制”；

第二，政治体制要体现“一国两制”的要求；

第三，通过政治体制对政治实体的地位、组织、权力、责任、运行以及各种权力关系的规范、规则的运用，以实现“一国两制”的目的。

本文从这个逻辑出发，论述行政主导体制的合理性和必要性。

二、特别行政区政治体制必须符合“一国两制”的价值要求

（一）“一国两制”是特别行政区政治体制的价值基础

特别行政区政治体制需要符合“一国两制”，有利于“一国两制”的实现，这是基本法制定时已经确定的一项原则。澳门特别行政区基本法起草委员会的主任委员在《关于〈中华人民共和国澳门特别行政区基本法（草案）〉和有关文件及起草工作的说明》中指出，“香港和澳门两个特别行政区的基本法都根据我国宪法第三十一条和‘一国两制’的总方针以及国家对港澳的基本政策来制定”。落实到政治体制条文的起草也毫无例外地将“一国两制”作为基本原则之一，确保政治体制符合“一国两制”的价值观。

（二）“一国两制”对特别行政区政治体制的要求

“一国两制”作为政治体制的价值基础，对特别行政区地方政治体制的构建提出了新的要求。坚持“一国”的原则，就要明确中央在特别行政区政治体制中的地位、权力，就要解决国家主权（中央权力）与自治权之间的关系问题。体现“两制”的原则，需要解决自治权内部的行政、立法和司法权之间的关系问题，包括权力之间的分配和分工、权力之间的约束和监督。这是因为：

（1）特别行政区政治体制是国家政治体制中的一个组成部分。

作为国家政治体制的组成部分，特别行政区政治体制决定了如下四点：

第一，澳门政治体制与国家不可脱离，它是国家政治体制中的一个子系统。虽然实行的政治体制不同于国家的人民代表大会制，但不能错误地理解为与国家的政治体制无关，或独立于国家的政治体制。澳门是国家不可分割的一部分，特别行政区政治体制与国家的联系是由澳门特别行政区的地方性法律的地位和属性决定的。

第二，澳门的政治体制是地方体制。

第三，澳门的政治体制是由最高国家权力机关——全国人民代表大会通过基本法规定和建立的。

第四，澳门政治体制的自治权由全国人民代表大会授予。

所以，澳门的政治体制不可以与国家的政治体制割断联系，否则，“一国”的原则无法落实，“一国”的价值无法实现。

（2）特别行政区的政治体制作为国家政治体制中的一个子系统受制于大系统。

既然国家的政治体制与特别行政区的政治体制是整体与部分的关系，部分就要受整体的约束，这决定了特别行政区政治体制中的中央权力制约自治权。表现为：

第一，子系统中的行政长官及其领导下的政府直辖于中央人民政府。

第二，行政长官接受中央人民政府的指令，中央人民政府任命行政长官和主要官员。

第三，立法会制定的法律报全国人民代表大会常务委员会备案，接受监督审查。

第四，法院在行使司法管辖权时不能审理中央负责管理的事务，包括国家行为和国家行为的事实。

以上四点决定了澳门政治体制作为子系统需要明确中央在其中的地位和角色，确立中央的权力和权威，以维护国家主权的统一。子系统不可避免地要处理与大系统的关系，中央与特别行政区的权力关系也就构成了特别行政区整个政治体制中的一个基本关系。

（3）特别行政区的政治体制作为国家政治体制中的一个子系统有相对独立性。

就特别行政区本身而言，它是一个相对独立的子系统，不同于内地的政治体制。它在解决子系统内部的权力关系时有其独特性。在行政、立法和司法权力的关系安排上显示出两种不同制度的特征和需要。

允许子系统的相对独立性，就是为了让特别行政区更好地行使自治权，保障特别行政区稳定地和更好地发展。

总之，“一国两制”的目标是既要维护国家统一，又要促进特别行政区稳定发展，从而构成了特别行政区政治体制的两项基本任务，同样也是特别行政区政治体制需要服从的目标。这就决定了特别行政区政治体制：

第一，要处理好中央与特别行政区的权力关系；

第二，要处理好行政、立法和司法的权力关系；

第三，由于两种权力关系在同一个政治体制中交错在一起，处理两种权力关系必须整体考虑。

所以，我们要找到一个既能处理行政权、立法权和司法权关系，又能处理中央与地方权力关系的办法，需要制度的创新。

三、行政主导政治体制适应“一国两制”下的权力关系

在以“一国两制”为价值基础的特别行政区政治体制下应该如何安排中央与特别行政区的权力关系，行政、立法和司法的权力关系，以及两种权力关系的互动关系呢？

1. 三权分立理论不能成为特别行政区政治体制的理论基础

自有国家以来，历史上的政治体制围绕公共权力关系产生了有代表性的两种不同的体制模式。第一种模式是公共权力高度集中在一个人或一个机构手中，如君主专制。不论行政权、立法权还是司法权，最终统统由君主掌握。第二种模式是公共权力进行分权，将行政权、立法权和司法权分配给不同的机关掌握，并且互相制约，如三权分立的政治体制。

三权分立的政治体制被一些人奉为好的政治体制，视为普世价值、金科玉律。一切与三权分立不同的政治体制都被认为是不好的制度。所以，当基本法构建特别行政区政治体制时，曾有意见主张，将西方的三权分立理论作为特别行政区政治体制的理论基础，构建政治体制的系统安排。但是，这种意见并没有被采纳。“一国两制”的缔造者邓小平说：“香港的制度也不能完全西化，不能照搬西方的一套……现在如果完全照搬，比如搞三权分立，搞英美的议会制度，并以此来判断是否民主，恐怕不适宜……我们一定要切合实际，要根据自己的特点来决定自己的制度和管理方式。”① 为什么三权分立理论不能成为特别行政区政治体制的理论基础呢？

(1) 不适应“一国两制”的特殊性。

在“一国两制”下的特别行政区政治体制所要解决的公共权力关系与三权分立理论所要解决的权力关系是有所不同的。

首先，三权分立理论只回应一元结构下的横向权力关系，即国家层面的行政

---

① 邓小平. 邓小平论“一国两制”. 香港：三联书店（香港）有限公司. 2004：56－57.

权、立法权和司法权之间的关系，但是，特别行政区政治体制中同时存在中央与特别行政区的纵向权力关系，特别行政区内部行政权、立法权和司法权的横向权力关系，并且交织在一起，互相关联不可分离，共存于一个政治体制中。三权分立理论不能同时回应和解决“一国两制”下特别行政区政治体制的二元结构的权力关系。

其次，三权分立理论以权力之间的平等性为原则处理权力之间的关系，然而，特别行政区政治体制中的两种公共权力关系的属性是不同的，中央与特别行政区的权力是从属性的权力关系，而非平等属性的关系。三权分立理论不可能处理以权力从属为特征的中央与特别行政区纵向权力关系。

所以，在二元的公共权力关系中，如果只能处理其中一种权力关系，而不能处理另一种权力关系，那么，这种政治体制就不适应二元结构的公共权力关系，当然，就不是健全的政治体制。相反，既能处理中央与特别行政区的权力关系，又能处理行政、立法和司法之间的权力关系，那才是适宜的政治体制。

（2）实践也证明了三权分立理论不能处理纵向权力关系。

英国、葡萄牙，其本国政治体制称为三权分立，那么为什么在管治香港和澳门时，不将其本国的政治制度照搬至香港和澳门呢？他们一直认为自己本国的制度符合三权分立，是优越的，为什么不“施舍”给香港和澳门呢？显然，他们不会认为本国的制度不好，只是这种三权分立的制度并不适合管治香港和澳门。英国学者诺曼·迈因纳斯在《香港的政府与政治》一书中一针见血地指出，“《英皇制诰》主要强调的是需要维护女王陛下政府对这个殖民地的各项权益。凡授予港督的一切权力，他必须认识到他只能按照伦敦给予他的指示去行使这些权力，而且皇室明确有剩余权力为本港殖民地制定法律并有权驳回本港立法局通过的法例”。所以，必须将“权力集中于港督手里”是由英国的国家利益决定的。这清楚地说明了为了维护英国的国家利益，就要以英国国家利益为优先原则处理英国与香港之间的权力关系，并绝对保证英国国家权力的权威。所谓权力之间的制约是不合适的。一句话，三权分立的理论不能处理中央与地方的权力关系。面对这种二元的权力关系结构，三权分立理论在处理二元政治权力关系上是无能为力的。

2. 行政主导政治体制才是适合“一国两制”需要的体制

特别行政区政治体制面对的权力关系是：第一，有中央与特别行政区的权力关系，也有行政、立法和司法的权力关系；第二，有领导从属性的权力关系，也有平行的权力关系；第三，两种权力关系互相交织，互相影响，共处一体，形成同一个结构下的二元权力关系。那么，二元政治权力关系的结构在哪一个环节上交叉？又通过哪一个环节将两种不同的权力关系结合起来呢？这是该政治体制必须解决的核心问题。如何解决这个核心问题，是该政治体制成败的关键。

行政主导体制的核心就是将行政长官设计为上下（中央与特别行政区）左右（行政、立法和司法）连接的环节。行政长官是两种权力关系的交叉点。中央通过行政长官领导特别行政区，特别行政区通过行政长官对中央负责。澳门基本法第四十五条、香港基本法第四十三条规定，行政长官是特别行政区的首长，代表特别行政区。行政长官既要对中央人民政府负责，又要对特别行政区负责。为什么是行政长官而不是立法机关或司法机关作为连接点呢？

（1）从权力的特性和权力体系的关系分析。

从权力的特性分析，立法权是一种集体行使的权力，行使立法权采用的是合议制。从权力关系上分析，立法机关对同一性质的上一级权力机关都不构成领导和从属关系，更何况与其他不同性质的机关建立领导和从属关系。司法权是一种独立性的权力，只对法律负责，在司法机关体系内只有审级关系，没有领导和从属关系，对外也就不可能建立领导和从属关系。只有行政权的特性决定了可以采用领导和从属关系。行政权采用首长（个人）负责制，既对本级行政机关负责，又对上级行政机关负责。

（2）从中央与地方的权力关系分析。

特别行政区对中央负责，不是行政机关、立法机关、司法机关分别向中央负责，特别行政区作为一个实体应该由一个代表向中央负责，接受中央的领导和监督。行政机关、立法机关和司法机关均没有这种超然性，所以不能胜任向中央负责的任务。这就决定了从上述机关之外建立一个机关，并赋予它超越具体机关的地位和权力，那就是行政长官。这种权力安排就是行政主导政治体制的核心。

（3）安排行政长官作为交叉点是非常合理的。

纵向可以通过行政长官连接中央权力与特别行政区权力的关系，作为沟通的桥梁。横向可以通过行政长官连接行政、立法和司法的权力关系，作为协调的机制。对二元权力关系结构而言，行政主导政治体制是最合理的一种制度安排。通过行政长官的权力核心，承担起沟通和协调两种权力关系的责任。行政主导体制既能有效处理与中央的权力关系，又借鉴了权力分立的合理因素处理好行政、立法和司法的权力关系。

但是，有人说，行政主导政治体制安排符合中央与特别行政区的权力关系，然而，损害了三权分立的原则，不符合行政、立法和司法权力关系，因为在三权分立下不应该有主导的权力。其实，这种认识是片面的，既对三权分立理论理解不全面，又不符合政治体制的实践现状。西方的理论和实践也说明了这一点。

三权分立理论与权力主导并不互相排斥，恰恰是同处一体的。分权学说的创始人之一洛克在《政府论》中主张，“立法权，不论属于一个人还是较多人，不论经常还是定期存在，是每一个国家中的最高权力”。对于“最高权力，即立法权，其余一切权力都是而且必须处于从属地位”。然而，英国学者 M. J. C. 维尔在《宪政与分权》一书中描述的现实是，20 世纪在英国，“首先，内阁从一个与平民院大致同等的地位上升到领导并支配后者的地位，然后，首相权力的增长使他在权力上和威望上都远远高于内阁的其他成员”。“在美国，这个世纪中总统权力的巨大增长，以及法国第五共和国的宪法，都反映了同样的趋势，有同样的基本力量在运作，尽管这些国家的不同政治结构已经修改了所采用的方法和方法适用的细节”。美国学者迈克尔·罗斯金等在《政治科学》一书中就立法机关的衰落写道，“直到 19 世纪晚期，观察者开始注意到国会并未以人们所预料的方式运行。和洛克的预期相反，立法机关看起来像失去了对行政机关的制约权。绝大多数政治家都赞同这一趋势仍在继续而且正在加强”。“在世界范围内，权力一直在向行政机关倾斜，而立法机关在衰落”。美国学者莱斯利·里普森在《政治学的重大问题》一书中告诉世人：“洛克曾经在立法的最高权威基础上设想三种权力间的关系，孟德斯鸠和麦迪逊则倾向于三个部门的平衡……但是行政的优先权在 20 世纪还是很流行。”

不论是美国式的被理论称为狭义的三权分立制度，还是英国式的被理论称为“议行合一”的三权分立制度，都形成了行政权的主导现象。

在行政主导政治体制下，行政长官的主导并非集权和不受限制。行政长官领导下的政府要对立法会负责，同样存在着权力之间的互相制约。

现实告诉我们，实行什么样的政治体制关键取决于实实在在的权力关系，以及权力关系所形成的特点。权力关系中的主导现象是政治体制中的必然产物。所以，不同国度的不同权力关系，产生了不同的、有差别的政治体制。行政主导政治体制反映了“一国两制”下的权力关系，并且能处理好二元结构的权力关系，就是有合理性。

四、行政主导政治体制的创新性

如果我们将英国和葡萄牙管治下的港澳政治体制与特别行政区政治体制作一个比较的话，不难看出特别行政区行政主导政治体制的特色。

1. 历史上的港澳总督制

总督制偏重于处理中央与地方的权力关系，轻视行政、立法和司法的权力关系。这是由殖民管治的本质和殖民国家的利益决定的。我们可以从分析香港和澳门原来的宪制性文件（香港的《英皇制诰》《王室训令》，澳门1974年之前的多个葡萄牙“海外省”组织章程和1976年的《澳门组织章程》）加以说明。

第一，总督大权独揽。香港总督是英国的全权代表，由皇室授权，是香港的最高管治者，总揽行政和立法大权，是行政局和立法局当然的主席，主持两局会议。只是在中英谈判香港问题开始后的1985年，英国为了保护撤离后的利益，为了牵制中国行使主权，引入立法局的民选议员，逐步增加立法局的权力。同样，澳门总督是葡萄牙的代表，也是澳门的最高统治者，政务会议或立法会议是总督的咨询机构，由总督主持。在非殖民化后产生的《澳门组织章程》才给予立法会部分立法权。

第二，立法是行政的附庸。不论香港历史上的立法局还是澳门历史上的政务委员会或立法委员会在一个相当长的时期内均是总督的咨询机构，只是面临中国恢复行使主权之际，立法机构的地位才有所提升，权力才有所增加。

第三，司法终审权属于中央。香港法院的终审权属于英国枢密院司法委员会，澳门属于葡萄牙最高法院。

因此，总督制在处理二元权力结构下的中央与地方权力关系和行政、立法、司法权力关系时并没有兼顾两者关系的平衡性。

2. 现今的行政长官负责制

行政长官负责制除了本质上不同于过去的总督制，更重要的是在行政、立法和司法权力及其关系的安排上与过去也不同。基本法以行政长官为核心权力的行政主导制既注重处理中央与特别行政区的权力关系，又兼顾处理行政、立法和司法的权力关系。在两者结合的过程中，体现了既要符合“一国”原则的要求，又要照顾“两制”要求，包括高度自治的需要，并且在两者之间取得平衡。

（1）在中央与特别行政区权力关系方面。

既要确保中央对特别行政区的领导和监督，又要考虑行政、立法和司法的制约。

为确保中央对行政长官的领导和监督，行政长官由中央任命，接受中央人民政府的指令，对中央负责。

同时，在处理中央与特别行政区权力关系时兼顾特别行政区行政、立法和司法的权力关系。不能因为行政长官对中央负责，行政长官的行为就不受特别行政区立法和司法权的制约。相反，行政长官既对中央负责，又对特别行政区负责；行政长官也受立法机关的制约，向立法会作施政报告，政府要接受立法会的质询等。政府的行政行为也受法院的司法审查，如果违反法律可以被撤销。

（2）在行政、立法和司法关系方面。

既要做到行政、立法和司法的相互制约，又要发挥行政长官的主导作用。

行政长官可以拒绝签署立法会通过的法律，可以解散立法会，但是，立法会可以再次通过原法案，可以弹劾有严重违法的行政长官。

行政长官委任法官和检察官，法官可以审理与行政长官和政府的行政行为有关的案件。

同时，在处理行政、立法和司法关系时兼顾了中央与特别行政区权力关系的需要。不能因为立法会和法院对行政长官有制约权而否定行政长官的主导权，妨碍行政长官对中央的负责。比如，法院解释基本法存在的问题时，行政长官负有实施基本法的责任，可以提请全国人民代表大会常务委员会解释基本法。

因此，特别行政区行政主导的政治体制兼顾和平衡了中央与特别行政区权力关系和行政、立法、司法权力关系，既适应“一国两制”的现实需要，又进行了制度创新。行政长官有实权，但不能独断专行；立法会不是行政机关的附庸，可以监督行政机关，但不排斥行政主导及与行政机关配合。司法机关独立和享有终审权，但接受行政长官根据中央人民政府指令发出的证明文件，等等。

综上所述，行政主导的政治体制以“一国两制”的价值为基础，回应了“一国两制”下政治体制所包含的两种权力关系，即中央与特别行政区权力关系，行政、立法、司法权力关系，从而，通过政治体制的运行，既确保中央对特别行政区的领导权和监督权，维护国家的统一，又尊重特别行政区的高度自治权，行政、立法和司法互相分工、制约和配合，实现特别行政区的稳定和发展。所以，行政主导体制是适合“一国两制”需要的必然选择。它不同于港澳历史上的总督制，作为一种制度创新比较好地平衡了中央与特别行政区权力和行政、立法与司法权力之间的关系，体现了制度构建的合理性。

（本文收录于《特别行政区制度与我国基本政治制度研究》，中国民主法制出版社，2012 年）

澳门政治体制发展的历史启示

当我们要探讨澳门政治体制未来发展的时候，也应该了解澳门政治体制的历史，即过去的演进。了解过去，才能认清现状，把握未来。准确地说，要发现澳门政治体制发展进程中的规律和基本条件，从而指导澳门政治体制健康地发展。

澳门现代政治体制的发展，大致可以划分为三个阶段：葡萄牙“4·25 革命”和澳门组织章程时期；中葡关于澳门问题的联合声明与过渡时期；澳门基本法制定与特别行政区政治体制时期。

为什么澳门的现代政治体制是从 1976 年实施《澳门组织章程》开始的呢？因为《澳门组织章程》是为澳门实现有限自治，并建立与葡萄牙本土不同的政治体制而专门制定的一个宪制性法律，以适应澳门从葡萄牙的一个海外领地到葡萄牙管理下的中国领土的转变。在此之前，澳门被葡萄牙实行殖民管治，没有自治可言。依据这个法律，澳门才有本身相对的自治权和相对独立自成一体的政治体制。

一、葡萄牙“4·25 革命”和澳门组织章程时期

1974 年葡萄牙“4·25 革命”的意义，正如葡萄牙 1976 年宪法序言所言，“将葡萄牙从独裁、压迫和殖民主义下解放出来，是一次革命性转变，使葡萄牙社会揭开了历史上的新一页”。葡萄牙承认澳门是葡萄牙管理下的中国领土，亦即主权属于中国，暂时由葡萄牙管理，在主权与治权分离的情况下，澳门取得了特殊的地位。

1976 年颁布的《澳门组织章程》标志着澳门地区享有立法、行政、经济和财政自治，“这项法律开始生效后，对本地区的管治便转变为由这个‘本身章程’所规范了”①。

① 澳门法律翻译办公室：澳门的宪政制度及司法组织. 1995：23.

《澳门组织章程》是澳门宪制性的法律，所以，在澳门法律体系中占据最高地位。葡萄牙宪法与《澳门组织章程》的关系也说明了这一点。葡萄牙宪法法院认为，葡萄牙宪法并非全盘、自动地适用于澳门地区，也就是说只在特定情况下部分适用于澳门。“正如本法院根据有关学说所表达的那样，除非宪法本身明文规定，否则它不直接地、自动地约束澳门地区。这个地区有它自身的‘宪法’，真切地说就是有关的章程。因此，只有在该章程明示或暗示适用《葡萄牙共和国宪法》时，该宪法才在澳门适用。”① 《澳门组织章程》第二条规定：“（澳门地区）在不抵触共和国宪法与本章程的原则，以及在尊重两者所定的权利、自由与保障的情况下，享有行政、经济、财政、立法及司法自治权。”所以，葡萄牙宪法中有关权利、自由和保障的规定适用于澳门地区。澳门的政治体制以《澳门组织章程》为依据。

《澳门组织章程》第四条规定：“澳门地区的本身管理机关为总督及立法会，会同总督运作的尚有咨询会。”1990 年葡萄牙议会对《澳门组织章程》第五十一条作出修改，规定“澳门地区拥有本身的司法组织，其享有自治，并适应澳门的特征”。据此，澳门政治体制由总督、立法会和司法机关三部分构成。

1. 总督是政治体制的权力核心

总督是葡萄牙主权机关的代表，除法院外，代表总统、议会和政府。总督由总统任命和罢免。在政治上总督向共和国总统负责，总督既有与立法会分享的立法权限，又有属于他的行政权限。总督对立法会的权限有：委任部分立法会议员；向立法会提出法案；列席立法会会议并发言；签署和颁布立法会通过的法律；向葡萄牙总统建议解散立法会。总督对司法机关的权限有：任命法官和检察官。总督有政务司协助其工作。政务司的权限由总督通过训令方式授予。

2. 立法会在政治体制中的角色

立法会作为本地区的管理机关之一，享有立法权，包括绝对保留的立法事项和相对保留的立法事项。有监察本地区是否遵守《澳门组织章程》和法律，制定本地区的社会、经济、财政等政策，监督总督的施政等权限。

虽然，立法会与澳门以往历史上的立法委员会或政务委员会相比有很大的不同，立法会是相对独立的立法机关，而立法委员会是由总督主持，以咨询为主的性质。但是，与总督的地位和权限相比较，立法会仍然不是政治体制中的主导

---

① 澳门法律翻译办公室：澳门的宪政制度及司法组织．1995：28.

力量。

《澳门组织章程》第二十一条第一款规定："立法会由二十三名议员组成，均在有选举资格的市民中委任，组成方式如下：a. 七名由总督在当地社会上具有功绩及声誉的居民中任命；b. 八名以直接和普遍选举产生；c. 八名以间接选举产生。"据此，澳门历史上第一次有了选举产生的议员，迈出了民主选举的第一步。但是，选举的民主化是有限的，并且是多样化的。不仅不完全采用选举方式产生议员（选举和委任并用），而且选举产生议员的方式也是直接和间接并用。

3. 总督与立法会的紧张关系

从《澳门组织章程》的规定分析，澳门政治体制的特点是：总督是澳门政治体制的权力核心，虽然有了选举产生的立法会，但它不能成为另一个权力中心或取代总督的权力核心地位。当《澳门组织章程》建立起来的政治体制一运作时，新的制度就产生了冲突，立法会视自身为选举产生的机关，对抗总督权力，并试图掌握政治权力的主导，从而遭遇了1984年2月23日被总统解散的命运。这个历史事件可能早已被人们忘记或者淡忘，但是，剖析20世纪70—80年代总督与立法会的冲突及其解散的结果，可以给我们一些启发。

总督与立法会冲突的实质是立法会挑战总督的权力和权威。时任总督高斯达说："自1976年起，总督与立法会主席之间已出现非常强烈的政治斗争。"当时的冲突集中在政府公务员待遇、政府机关的组织、政府财政政策等几大问题之争。立法会要不断提高公务员的待遇，政府主张公务员的待遇与居民的收益及政府财政收入需要平衡，导致政府三次否决立法会通过的公务员加薪法案。政府希望对原有的政府组织架构进行重组，立法会却拖延或另起炉灶。政府要征收一种税项，立法会却豁免该税项。总之，要么政府的提案不被立法会接纳，要么立法会通过的法案总督不签署。解决冲突的机制就是解散立法会。在立法会被解散后，总督高斯达对葡萄牙《祖诺》周报记者解释解散立法会的原因时说，总督在任何范围都没有职权，而立法会拥有极大的职权，它还设法使这些职权扩大，以致总督几乎无范围可管理。立法会主席企图掌握决定性的权力以及在本地区的实权。解散立法会就是为了避免立法会在澳门获得全部的权力。

4. 从葡萄牙管治看澳门政治发展的某种历史轨迹

（1）从历史上看，澳门先是由葡萄牙人组成的议事会自治，然后到葡萄牙委派的总督制，经历了将地方自治变成中央治理的过程。

葡萄牙管治澳门的模式经历了如下阶段：1560年，居住在澳门的葡萄牙人自我产生委员会组织，处理社区内部事务。1583 年，居住在澳门的葡萄牙人成立议事会，对居住在澳门的葡萄牙人进行行政、政治和司法管理，重大事项交市民大会表决。1626 年，委派总督，总督开始夺取议事会的权力。1783 年，颁布《英皇制诰》，授予总督必要权力，以便主导澳门地区的政治生活，从而，使议事会丧失主导性的社会影响力。1835 年总督解散议事会，重选的议事会沦为市政厅，只限于处理市政事务。1844 年葡萄牙女王唐娜・玛丽娅二世颁令设立澳门海外省，由一个直属里斯本政府的总督管治。从此，对澳门的管治权由议事会最终转移到中央政府委任的总督手中。此后，葡萄牙制定的海外省组织法或澳门省章程均规定澳门地区的管理机关是总督和政务委员会（或立法委员会），总督是澳门地区的最高权力者，政务委员会由总督主持。这种管理模式直到 1976 年《澳门组织章程》公布才有了改变，在坚持中央治理的原则下兼顾地方有限自治的需要。

（2）在中央治理过程中兼顾地方有限自治，但以中央治理为主。

《澳门组织章程》开始了澳门地区有限自治的时代，需要处理中央任命的总督与立法会之间的关系。然而，两者之间需要有一个磨合期。在此期间，两者之间会出现矛盾甚至不可调和的冲突，比如，澳门立法会曾想主导澳门的政治，以地方自治对抗中央治理，最终被中央否定，遭遇解散的命运。这说明在中央治理与兼顾地方有限自治的关系中，中央治理为主导的原则是不能挑战，更不能否定的。而中央治理恰恰是通过总督具体实施的。

（3）为了实现中央治理的主导，对立法会需要有一定的约束。

首先，总督对立法会的制约，包括总督签署立法会通过的法律、将法律发回立法会重审、制定法令、建议总统解散立法会、提请葡萄牙宪法法院审议立法会制定的法律是否违宪等。

其次，立法机构内部代表不同利益的议员之间的制约，主要通过直接选举议员和间接选举议员之间的制约。从总督与立法会之争事件可以看出这一点。1984 年澳门第二届立法会被解散后，总督高斯达发表谈话说：“自从 1976 年以来就存在着以下现象，即占立法会大部分议席的葡籍议员与执行权之间缺乏对话，甚至两届立法会会期完结前严重冲突，都是由这些葡籍议员挑起的。”而当时起到平衡作用的是华人议员。所以，总督高斯达认为，立法会的代表性不足够，其决议仅能反映少数议员的立场，因此，必须解散现届立法会并予以重组，增加华人议员的数量，使之取得与葡籍议员相同的地位，以增强立法会中澳门居民的代表性。从这个立法会被解散事件中可以看出，立法会缺乏内部的制约，对行政权主导是极其不利的，要解决这个问题，最初是通过立法会内的葡籍议员与华人议员之间的制约，后来逐步有赖于直接选举产生的议员与间接选举产生的议员之间的制约。

委任议员是总督对立法制约的另一种形式。在总督与立法会之争中，委任议员站在支持总督这一边，发挥了一定的制约作用。

这说明，澳门政治制度作为地方政治制度，一方面，其民主选举制度是有条件的，不能威胁到中央的治理权力和权威，不能通过选举建立以议会权力为中心的议会制。正如在总督与立法会之争中委任议员申道恕所指出的，“推行的议会制是要使地区政府的组成以至它的倒台取决于立法会，这种西方民主模式完全不适合澳门的特殊性”。“在澳门推行议会制不仅不切合这里的居民利益，而且会出现一小群人打着‘民主’的旗号去控制澳门地区政治的危险”。总督高斯达也表示，为了坚持葡萄牙对澳门的责任，必须令总督明确地担负起作为葡萄牙主权机构在澳门的代表的责任。

另一方面，澳门地方政治体制与中央实行什么样的政治体制并没有直接关系，如葡萄牙的民主化都不影响澳门的政治体制根本结构。这是什么原因呢？葡萄牙本国实行的政治体制是民主代议制或者称为三权分立制，为什么在管治澳门时不将其本国的政治制度照搬至澳门，而要另行设计一套澳门政治体制呢？显然，他们不会认为本国的制度不好，只是这种代议制或三权分立的制度并不适合管治澳门。葡萄牙管治澳门时，在《澳门组织章程》中确立的总督制，则是政治的实际需要，即如何最有效地保证葡萄牙对澳门的管治，因此，民主不是葡萄牙国家的最高利益和最高的价值目标，相反，绝对保证葡萄牙国家权力的权威才是其核心利益，须以葡萄牙国家利益为优先原则处理葡萄牙与澳门之间的权力关系。“总督仍是澳门政治权力的核心，在澳门代表葡萄牙法院以外的所有其他主权机构——总统、议会和政府。换言之，葡萄牙在澳门的管治是通过授权总督来进行的，只有司法权除外。”基本上可以说，总督的权力核心地位明显，立法会权力有限，加上议员委任等限制，立法会在实际政治生活中仅是一个配角。

经过立法会解散一役，《澳门组织章程》建立的总督制基本稳定下来，立法会与总督也能够基本配合，中央通过总督实行对澳门的管治与澳门有限自治的关系基本理顺，直至 1999 年 12 月 19 日葡萄牙将澳门管治权移交中国政府，期间再也没有发生重大的政治危机。

二、中葡关于澳门问题的联合声明与过渡时期

1984 年 10 月，邓小平先生接见港澳同胞国庆观礼团时说，澳门问题的解决

也离不开“一国两制”，明确将用“一国两制”的方针政策解决历史遗留下来的澳门问题。1985 年 5 月，葡萄牙总统访问中国，与中国政府达成协议，在新闻公报中指出：“中华人民共和国政府和葡萄牙共和国政府经过友好磋商，决定于 1986 年 6 月最后一周在北京开始就解决历史遗留下来的澳门问题举行会谈。”经过四轮会谈，于 1987 年 4 月 13 日两国政府正式签署了《中华人民共和国政府和葡萄牙共和国政府关于澳门问题的联合声明》。中国政府在联合声明中阐述了国家恢复对澳门行使主权时对澳门的基本方针政策。其中一项重要的原则就是澳门原有制度基本不变。这项原则既要求澳门进入过渡时期后原有制度不能大变，要为政权顺利交接、平稳过渡创造条件，而且在澳门特别行政区成立后，也要维持原有制度基本不变，以利于澳门社会稳定、经济发展。所以，澳门政治体制结构在澳门过渡时期没有发生质的变化，仅有量的微变。

这个时期澳门政治制度变化主要体现在两个方面。

1. 立法会议员人数增加，比例不变

1976 年《澳门组织章程》确定澳门立法会议席总数为 17 席，直接选举、间接选举与委任议席分别为 6∶6∶5，确定了立法会由三部分议员组成的结构比例。

1984 年通过修改“选民登记”法令，对间接选举各界议席进行了调整。

1990 年 4 月葡萄牙国会第 13/90/M 号法令《澳门组织章程之修改》第十四条规定：立法会由二十三名议员组成，均在有选举资格的市民中委任，组成方式如下：a. 七名由总督在当地社会上具有功绩及声誉的居民中任命；b. 八名以直接和普遍选举产生；c. 八名以间接选举产生。将立法会议席由原来的 17 席增加到 23 席，其中，直接选举、间接选举与委任各增加 2 席，由此立法会的代表性随议席增加而相应地得到扩大。

这次立法会组成的变化有一个显著的特点，就是扩大议员的总数，但不改变议员组成的结构比例，而且议员人数按比例平衡增加。这种安排体现了一种构思：民主发展既要考虑数量，通过增加议员人数体现，又要关注均衡，维持三部分结构比例不变。这种选举制度的变化适应总督制的要求。议员数量的增加是逐步扩大民意的基础，结构比例的不变是巩固总督制行政主导的支持基础。从另一个角度看，民主的发展不能以牺牲总督制行政主导为代价。

2. 当选计票办法的修改

在选举规则上，澳门采用比例代表制。比例代表制强调比例代表性，即各政

治力量所得议席比例应尽量符合其所获选票占总选票的比例。在计票公式上，采用的是汉狄（D. Hondt）比例法。按比例计票法的规定，每组参选名单的第一位候选人获得全部选票，第二位候选人获得全部选票的1/2，第三位候选人获得全部选票的1/3，第四位候选人获得全部选票的1/4，其他候选人顺位类推。

但是，1991 年通过的第 4/91/M 号法律对计票公式进行了修改，规定“每一候选名单所获选票除以一、二、四、八及其他二的倍数”分配到按次序排列的各候选人，是谓“改良汉狄法”或“新汉狄法”。与之前计票公式相比，该公式增加了每张参选名单获取第 3 个及更多议席的难度，导致议席向各政治团体分散，客观上对较小政治派别的参选具有鼓励作用。实质上是要强化不同利益团体平衡参政，利益兼顾。

3．澳门过渡时期政治体制基本不变

上述两个变化，没有改变政治制度中的平衡参与和互相制约的原则。相反，进一步实践了这个原则。

《中华人民共和国政府和葡萄牙共和国政府关于澳门问题的联合声明》没有改变原有的政治结构，基本延续了原有政治体制的模式，同样保留了那些原则和安排。《中华人民共和国政府和葡萄牙共和国政府关于澳门问题的联合声明》附件一规定：“澳门特别行政区立法机关由当地人组成，多数成员通过选举产生。”立法会议席总数与结构维持至1999 年，并且因为平稳过渡和“衔接”的需要而实际上延伸至特别行政区第一届立法会。

三、澳门基本法制定与特别行政区政治体制时期

1988 年 9 月 5 日第七届全国人民代表大会常务委员会第三次会议通过了澳门基本法起草委员会委员名单，同年 10 月澳门基本法起草委员会召开第一次全体会议，开始了澳门基本法的起草工作。澳门基本法起草委员会政治体制小组在起草基本法条文时就有共识，政治体制要体现“一国两制”的原则、行政主导的原则和均衡参与的原则，在此基础上根据澳门社会的实际，循序渐进地发展民主选举。对此，澳门基本法（草案）在向社会征求意见时，也得到了认同。

1．澳门基本法确立了行政主导的体制

（1）行政主导的合理性。

澳门基本法规定行政主导的政治体制：第一，借鉴了原有的总督制；第二，顺应“一国两制”的需要。

行政主导政治体制就是以行政长官为权力核心，行政机关与立法机关互相独立、制约和合作，司法独立的体制。

为什么特别行政区政治体制要实行行政主导呢？这是由“一国”原则决定的，中央领导特别行政区是通过行政长官实现的，如果行政长官不能成为特别行政区政治体制中的权力核心，那么他无法承担对中央负责的责任。

行政主导从形式上看是特别行政区内部的行政与立法的关系，但透过形式看本质，也是“一国”与“两制”的关系、中央与特别行政区的关系。行政主导被破坏了，不能运作，势必影响中央对特别行政区的领导，削弱中央对特别行政区的监督。如果立法主导了，立法机关又不受中央的领导，将威胁到“一国两制”所要求的中央对特别行政区领导权的落实。

（2）实行行政主导需要制度保障。

实行行政主导必须解决行政长官和行政机关与立法会的关系问题。一方面，行政长官对中央负责，立法对行政的制约是有一定限度的，不能是西方议会制中的议会与政府的关系，由议会决定政府的去留。另一方面，行政长官对特别行政区负责，政府要接受立法会的监督和制约，做到依法行政。为了落实行政主导需要有支持行政长官施政的力量，为了保证政府依法施政需要有选举产生的立法会议员加强对立法会的监督，取消任何一个方面，都会造成政治体制的破坏，使它不能正常运作。所以，政治体制是关注两个方面，不是一个方面。不能用立法会的监督否定行政主导，也不能用行政主导去取代立法会的监督。应该在两者之间保持相对平衡。

行政主导政治体制也就决定了立法会产生的办法和行政长官产生的办法。

2. 关于立法会的选举和组成

在基本法起草时，有意见认为，立法会应该全部由选举产生。也有意见认为，应逐步扩大直接选举的比例。还有意见认为，应该根据《中华人民共和国政府和葡萄牙共和国政府关于澳门问题的联合声明》的规定维持立法会直接选举、间接选举和委任产生办法不变。最终基本法起草委员会的委员和社会人士达成的基本共识是，立法会议员产生办法和结构比例保持基本不变，但议员人数可逐步变化。特别行政区第一届立法会由 23 人组成，其中直接选举 8 人，间接选举 8 人，行政长官委任 7 人。第二届立法会由 27 人组成，其中直接选举 10 人，间接选举 10 人，行政长官委任 7 人。第三届立法会由 29 人组成，其中直接选举 12

人，间接选举 10 人，行政长官委任 7 人。

同时，澳门基本法并没有将普选作为澳门民主选举发展的目标。所以，澳门基本法附件二如需修改，不存在香港基本法附件二规定的如何落实普选目标的问题。

澳门特别行政区成立后，澳门民主选举在发展过程中，不仅要关注数量，也要注重提升选举的质量。所以，澳门选举法在修改时均把提高选举质量作为重要任务。澳门立法会选举制度由两部法律即《选民登记法》《立法会选举法》构成，按照澳门基本法和选举法的规定，选举取得了良好的进展。选民基数扩大，2001 年第二届立法会选举时，自然人选民 159 813 人，法人选民 625 个，2005 年第三届立法会选举时，自然人选民增至 220 653 人，法人选民增至 905 个。投票人数不断增加，在 2001 年第二届立法会选举中，共有 83 644 位选民在直接选举中投票，投票率达 52.13%，2005 年投票人数达到 128 830 人，投票率达 58.18%。参选人数增加，2001 年第二届立法会共有 15 个组别参选，2005 年第三届立法会参选组别增加到 18 个，候选人总数达 125 人。但是，选举中也存在比较严重的问题，主要是贿选。在 2001 年的立法会选举中，贿选举报不到 100 宗，而2005 年则增加到 423 宗，严重影响了选举的公平和公正。2008 年开始对上述两部法律进行修改，重点提升选举的质量。修改的主要内容有：取消选民证，防止他人收集扣留选民证用作贿选；提高法人选民的条件，社团成立三年后可申请界别或界别分组确认，确认后满四年申请取得法人选民资格。同时，对法人选民要定期评审，不符合条件者可以取消其法人选民资格。提高打击贿选的力度，对贿赂候选人或准候选人入罪，受贿者将功赎罪可免责，延长对贿选犯罪的追诉期，等等。在 2009 年进行的立法会选举中，贿选受到相当大程度的压制。

3. 关于行政长官的产生

行政长官的产生办法与原澳门总督产生办法有明显的不同，澳门总督完全由葡萄牙总统任命，而行政长官需要由澳门永久性居民组成的选举委员会选举，然后由中央人民政府任命。行政长官产生需要经过一个民主选举的程序。

这种安排既让澳门居民参与行政长官的产生过程，体现“澳人治澳”的需要，也体现了中央对特别行政区的领导，确保行政长官对中央负责，平衡地确保了“一国两制”的落实。澳门基本法附件一第一条规定：“行政长官由一个具有广泛代表性的选举委员会依照本法选出，由中央人民政府任命。”

同时，行政长官选举委员会的成员应该体现均衡参与的原则，所以，澳门基本法附件一第二条规定，选举委员会由工商、金融界，文化、教育、专业等界，劳工、社会服务、宗教等界，立法会议员代表、市政机构成员的代表、澳门地区全国人民代表大会代表、澳门地区全国政协委员的代表，共四个界别组成。

关于澳门特别行政区行政长官是否普选产生的问题，澳门基本法起草委员会政治体制小组第14次会议专门进行了讨论，会议纪要写道：“有意见（指向社会征求意见时收集到的意见）认为，应该将普选行政长官作为目标加以规定。委员们（政治体制小组成员）一致认为，普选有利有弊，它是否一定是个目标，存在争议。普选应该从澳门实际出发，草案目前规定行政长官通过‘选举或协商产生’并未排除将来澳门选择普选行政长官的制度。”政治体制小组在第九次全体会议的工作报告中也写道：“有意见认为应把普选行政长官作为目标加以规定。委员们认为，普选应从澳门实际出发，草案目标规定行政长官通过‘选举或协商产生’并未排除将来澳门选择普选行政长官的制度。”澳门基本法起草委员会接纳了政治体制小组的意见，在澳门基本法的文本中没有像香港基本法那样规定最终普选行政长官。所以，澳门基本法没有确定对行政长官要不要普选，是一个需要讨论的问题。如此，不能推定“普选行政长官已经是一个被确定的目标，只是如何制定时间表的问题”。相反，对澳门而言，首先要解决需要不需要普选行政长官这个问题，其次才是什么时候普选行政长官的问题。

4. 在特别行政区政治体制下循序渐进发展民主

基本法在借鉴原有总督制的基础上确立了以行政长官为权力核心的行政主导政治体制，在行政主导政治体制下，安排了行政长官产生办法和立法会产生办法。在行政长官产生办法上，既保留了中央人民政府任命行政长官的权力，又考虑了澳门居民一定程度的民主参与，规定了通过行政长官选举委员会方式选举产生行政长官人选的程序。在立法会产生办法上，既保留了直接选举、间接选举、委任三部分议员组成的办法，又规定了循序渐进增加选举产生的议员的名额。

四、启示：坚持行政主导，坚持民主与制约并重

纵观澳门以上三个时期的政治体制发展，虽然它们所处的历史背景和条件不同，所要承担的历史任务不同，政治体制的形式也各有特点，但可以发现它们之间的共性，主要体现在两个方面。

一是政治体制要坚持行政主导不动摇，因为它是处理中央与地方关系的有效制度，所以，无论是过去的总督还是现在的行政长官都要保持权力核心的地位，

要掌握实权，对中央负责，对澳门负责。同时，也要逐步完善立法会对行政的制约和监督，所以，立法会的产生办法有修改，议员的数量有增加，但是，修改和完善都以不能影响行政主导的有效运作为限度。

二是在逐步民主化的同时，民主制度中仍然要保持不同权力和利益之间的制约机制。制约机制可以包括不同的方面，采取不同的形式。比如，在立法会的组成和选举中，安排选举议员与委任议员、直选议员与间选议员的产生方式及比例，通过不同界别利益进行相互之间的制约。又如，在行政长官产生过程中，由澳门选举和提名行政长官人选，最终由中央人民政府任命。在提名与任命关系中体现相互约束。再如，民主的形式可以是选举提名，可以是直选，也可以是间选。

为什么要建立互相制约机制呢？不论是理论分析还是历史经验都证明了民主没有制约同样是危险的、有害的。如果有制约而不平衡也会有问题。澳门1984年立法会被解散以及在以后的时间里维持立法会组成和产生的方式基本不变就是一个最好的注脚。

［本文收录于《政制发展与“一国两制”理论探索（学术研讨会论文集）》，澳门理工学院“一国两制”研究中心，2012年］

论特别行政区政治体制与现实政治的关系

哈贝马斯对政治与法律的关系描述了一幅简图：社会的权力通过法律变成了合法权力，法律得到社会权力的支持变成了事实有效的法律。“为政治统治之实施提供合法性的不是法律形式，而仅仅是与合法地制定的法律之间的紧密联系。”① 法律现实主义学说在政治与法律之间的关系上认为，表述“法律的真相”就是讲述“社会现实的真相”的一部分，即法律是社会现实的反映，社会现实与法律之间存在不可分割的联系。简言之，法律让现实社会中的政治权力合法化，赋予政治权力以权威。而社会中的政治权力支持法律，让法律真实有效。从而，形成了政治与法律之间的决定与被决定、作用与被作用的密切关系。

笔者认同上述观点，认为将其运用到“一国两制”和基本法下的特别行政区政治体制与特别行政区现实政治关系中也是适合的。中国对港澳恢复行使主权，拥有了对港澳实际和事实上的全面管治权，从而享有了制定特别行政区基本法、规定特别行政区制度的立法权。全国人民代表大会通过特别行政区基本法的制定，将中央全面管治权和特别行政区高度自治权法律化，用法律形式保证了国家对特别行政区的主权和中央的全面管治权以及特别行政区的高度自治权。从主权到立法权再到法律规范全面管治权和高度自治权，是一个互为条件、互相配合的关系。

全国人民代表大会在制定特别行政区基本法、构建特别行政区政治体制时，受到当时社会的政治现实的条件限制，必须反映现实的政治关系，不可能脱离和超越政治现实的条件。而特别行政区政治体制确立后，能否正常和有效地运行，能否解决现实的政治问题，是受到政治现实的约束的。如果认同和支持政治体制的政治力量在社会中占据优势，则政治体制运行将会顺畅。否则，将会受到干扰乃至冲击。

所以，应该从政治与法律的关系中分析特别行政区的政治体制与现实政治的

---

① ［德］尤尔根·哈贝马斯. 在事实与规范之间：关于法律和民主法治国的商谈理论. 童世骏，译. 北京：生活·读书·新知三联书店，2003：31.

关系，从而解决当前有争议的两个问题：第一，如何评价现行特别行政区政治体制的作用？第二，如何准确判断特别行政区政治体制发展的条件和时机？

一、基本法规定的特别行政区政治体制需要解决的政治问题

特别行政区基本法在规范特别行政区政治体制时的首要问题，是需要搞清楚特别行政区的现实政治关系，在此基础上，提出解决的方案。

"一国两制"的根本宗旨是维护国家的主权、安全和发展利益，保持特别行政区的长期繁荣稳定。要实现这个宗旨，必须处理好"一国"与"两制"的关系，坚持"一国"的原则，尊重"两制"的差异，维护中央的权力，保障特别行政区的高度自治权。这是特别行政区制度的政治基础，也是特别行政区政治体制中最核心的关系。要处理好这个核心关系，必须解决好由此产生的四个具体的政治关系，即内地和特别行政区两种不同政治制度的关系，中央全面管治权与特别行政区高度自治权的关系，特别行政区行政权与立法权的关系，最终是承载这些制度和权力的主体爱国爱港者政治力量与其他政治力量的关系。从上述关系中可以抽离出政治关系中的三个主体和三种权力（权利）。

"一国两制"下的政治关系，主要由三个主体参与其中：第一是国家主权机关，主要是全国人民代表大会及其常务委员会和国务院。第二是特别行政区公权力机关，包括特别行政区行政长官、行政机关、立法机关、司法机关。第三是特别行政区居民。三个主体享有相应的权力和权利，有中央的主权权力和全面管治权，特别行政区的高度自治权（具体可分为立法权、行政权和司法权），特别行政区居民的参政权（如选举权、监督权等）。

所以，特别行政区政治体制面临三大政治问题。

1. 中央的主权权力和全面管治权的问题

港澳回归和国家统一，首要的目标是实现国家的主权统一，从而实现对国家的全面管治。如果不能达到这个目标，港澳回归和国家统一就没有任何实质意义，那就仅仅是一种形式象征。为此，国家统一后，设计特别行政区政治体制首先考虑的政治因素就是维护"一国"的原则，落实国家主权和中央全面管治权。由于历史的原因，中央在港澳回归前的一段时间没有实际有效地对港澳行使主权权力和全面管治权，需要探索港澳回归后如何行使全面管治权的问题。同时，港

澳居民也有一个如何适应中央管治的问题。

2. 特别行政区自治权内在的行政权、立法权之间的关系问题

中央授权特别行政区实行高度自治，授权后的高度自治权要接受中央的监督。为确保中央与特别行政区权力关系的正常化，既要做到自治权服从中央的全面管治权，又要维持特别行政区政治体制的稳定①和行政效率。那么，行政权和立法权谁应该主导？谁对中央和特别行政区负责？两者之间又应该如何制约和配合？这些都是特别行政区政治体制需要考虑和解决的另一个政治因素。

3. 特别行政区居民的参政权与中央全面管治权、行政主导权的关系问题

过去，在英国管治下实行总督制，香港居民没有选举总督的权利，立法局议员也是少部分实行选举。特别行政区实行“港人治港”，所以居民有选举权，可以选举行政长官和立法会议员。但是，回归前，香港居民中的相当部分对香港回归祖国抱着无可奈何的心态，对国家缺乏足够的认同感，对自己的中国人身份认同也较为模糊。回归后，这种情况不仅没有改变，还有加重的趋势。这种政治状况并非夸大，有事实根据，2016 年香港立法会选举结果反映了这一点（见下表）。

2012 年与 2016 年香港特别行政区立法会选举得票对比

阵营	得票数	2016 年得票占比/%	2012 年得票占比/%
本土派	235 903	10. 88	不适用
泛民派	957 158	44. 14	56. 24
中间派及其他参选人	103 334	4. 81	1. 10
建制派	871 016	40. 17	42. 66

在如此状态下，居民参政权的行使方式、立法会产生的方式等怎么才能做到由爱国者为主体管理特别行政区事务，防止影响中央的管治，避免出现与中央的对抗、对立，确实是特别行政区政治体制要深思熟虑解决的又一个政治问题。

---

① 邓小平说过：“中国恢复行使主权以后，香港人执政，香港也应该稳定。这是个关键。香港的稳定，除了经济发展以外，还要有个稳定的政治制度。”引自邓小平. 邓小平论“一国两制”，香港：三联书店（香港）有限公司，2004：64.

因此，理解和研究特别行政区的政治体制必须放到中央与特别行政区，行政与立法，居民与国家、特别行政区关系中进行，特别行政区的政治体制也必须能处理好这些基本的政治关系。

二、基本法规定的特别行政区政治体制的原则和制度安排

特别行政区基本法如何回应和解决上述政治问题呢？可以从基本法对特别行政区政治体制设计的原则上和制度安排上找到答案。

1. 基本法明确了特别行政区政治体制的原则

设计香港特别行政区政治体制时，面对上述三个基本的政治问题，基本法是怎么考虑的呢？姬鹏飞主任委员在向全国人民代表大会所作的香港特别行政区基本法起草委员会的工作报告中指出：“香港特别行政区的政治体制，要符合‘一国两制’的原则，要从香港的法律地位和实际情况出发，以保障香港的稳定繁荣为目的。为此，必须兼顾社会各阶层的利益，有利于资本主义经济的发展；既保持原政治体制中行之有效的部分，又要循序渐进地逐步发展适合香港情况的民主制度。”① 这些原则在特别行政区政治体制的地方性政治制度的特点上、行政长官与中央的关系上、行政机关和立法机关的关系上、行政长官和立法会的产生办法上、立法会对法案和议案的表决程序上得到了具体体现。

以上原则的确立充分考虑了香港的实际情况和政治现实：

第一，香港不是国家，而是国家的一个地方行政区。香港不能照搬其他国家和地区的政治体制模式，必须根据并符合香港自身的特点和香港的政治现实。首先，从法律地位看，特别行政区的政治体制不是国家层面的政治体制，只是国家政治体制下的一个地方政治体制。虽然它不同于国家的政治体制，但是，两者之间又存在不可分割的联系。比如，特别行政区政治体制中的行政长官由中央人民政府任命，对中央负责；立法会制定的法律要报全国人民代表大会常务委员会备案，接受是否符合基本法的审查；等等。其次，从香港的实际看，作为“一国两制”下的特别行政区制度，需要考虑“一国”原则和“两制”的要求，这是特别行政区最大的实际情况。特别行政区政治体制的设计不能只考虑特别行政区

① 袁求实. 香港过渡时期重要文件汇编. 香港：三联书店（香港）有限公司，1997：84.

“一制”的需要，处理好行政、立法和司法之间的关系，也必须考虑“一国”的要求，处理好中央全面管治权与特别行政区高度自治权之间的关系。

第二，保留原有政治体制中行之有效的部分，即行政主导，有效管理。行政长官要有实权，行政与立法互相制约和配合，司法独立。同时，对原有制度中缺乏民主的因素，可以循序渐进地发展民主制度。

第三，兼顾不同阶层、界别的经济和政治利益的原则。实行资本主义制度，一方面要保持工商界的利益，防止社会出现免费午餐的民粹化；另一方面要照顾其他阶层的利益，分享经济发展成果。所以，政治体制上双方均要有代表参政，制定符合双方利益的公共政策。

以上三项原则的确立为解决特别行政区面临的现实政治的关系问题提供了基础。

2. 基本法对特别行政区政治体制的制度安排

特别行政区基本法正是根据上述原则规定了特别行政区的政治体制，作出了具体的制度安排。

（1）特别行政区政治体制安排了中央与特别行政区的权力关系。

“一国”之下的地方性的特别行政区虽然享有高度自治权，但高度自治权要服从中央的全面管治权。特别行政区政治体制要以此为原则处理中央权力与特别行政区权力的关系。所以，基本法规定：

第一，行政长官接受中央的领导，对中央人民政府负责；中央人民政府任命行政长官和主要官员。

第二，立法会制定的法律须报全国人民代表大会常务委员会备案，全国人民代表大会常务委员会如认为法律不符合基本法规定的中央管理的事务和中央与特别行政区关系的条款，可将法律发回，发回的法律立即失效。全国人民代表大会常务委员会在征求特别行政区基本法委员会和特别行政区政府意见后，可将全国性法律适用于特别行政区。全国人民代表大会常务委员会决定特别行政区进入战争状态和紧急状态，中央人民政府可发布命令将有关全国性法律在特别行政区适用。

第三，特别行政区法院不能审理“国家行为”的案件。法院在审理案件时遇有涉及“国家行为”的事实问题，中央人民政府应行政长官之请就该问题发出的证明书对之有约束力。法院审理案件时对涉及中央管理的事务或中央与特别行政区关系的条款而又影响案件的判决并且是终局判决时，须提请全国人民代表大会常务委员会解释，在引用该条款时以全国人民代表大会常务委员会的解释为准。

第四，对基本法附件一行政长官的产生办法和附件二立法会的产生办法，如需修改，由全国人民代表大会常务委员会批准和备案，可以说中央对此享有主导权和决定权。

（2）特别行政区政治体制安排了行政、立法和司法权的关系。

在基本法起草时有两种意见。一种是主张加强行政主导，抑制立法权。另一种意见是扩大立法会的权力，主张立法主导，采用英式部长制，实则就是议会制。

在立法会的产生上，有主张全部由功能团体选举和间接选举的，有主张一人一票选举的，有主张直接选举和功能选举各一半的。有意见认为，立法会不必要全部由普选产生。

在行政与立法的关系上，有人建议，政府对立法会负责后面不能用冒号，内容要广泛，立法会有对行政长官和政府投不信任票的权力，可弹劾主要官员。有意见认为，行政长官除对中央和特别行政区负责外，也要对立法会负责。有意见认为，行政长官有解散立法会的权力，就应该给立法会对行政长官和主要官员投不信任票的权力。有意见认为，立法会议员提出公共政策的法案不需要得到行政长官的同意。

在选举行政长官的方式上也有不同的意见。有主张顾问局提名、选举团选举或全民选举的，有主张选举团产生提名团再由选举团选举的，有主张由立法机关选举行政长官的，还有主张由立法机关提名、全体选民选举的。（共四种方式：选举团选举；立法会提名，一人一票选举；提名团提名，一人一票选举；功能团体选举）

最后，经过讨论协商，基本法决定特别行政区政治体制选择行政主导。行政主导政治体制的特点是：

行政长官是政治体制中的权力核心。基本法规定，行政长官是特别行政区的首长，也是特别行政区政府的首长，对中央负责，也对特别行政区负责。行政长官不是由立法会选举产生，而是由一个专门的选举委员会选举产生。

立法会制度作为特别行政区政治体制的一部分必须采取适合特别行政区对中央负责、有利于行政主导的模式。根据基本法的规定，立法会不具有主导行政的地位。政府对立法会负责的主要范围是，执行立法会通过并已生效的法律，定期向立法会作施政报告，答复立法会议员的质询，征税和公共开支须经立法会批准。立法会无权对行政长官和主要官员进行不信任投票，让其下台。行政长官与立法会的制约关系是，行政长官可拒绝立法会通过的法案，可解散立法会。立法会可再次通过行政长官发回的法案，对行政长官的严重违法和渎职行为提出弹劾。立法会议员的提案权受到限制，凡涉及公共开支、政治体制和政府运作的法案属于政府的专属提案权。议员提出涉及政府政策的议案要得到行政长官的书面同意。立法会的表决规则规定，政府议案采用全体议员过半数通过的多数议决制，而议员议案、法案和对政府法案的修正案通过采用分组点票多数议决制，即分别由地区选举产生的议员组别和功能选举产生的议员组别过半数通过，从而体现特别行政区政治体制是一个适应“一国两制”需要、符合中央全面管治权和行政主导原则的地方性政治体制。

（3）特别行政区政治体制安排了中央管治、行政主导与居民参政的关系。

邓小平指出：“港人治港有个界线和标准，就是必须由以爱国者为主体的港人来治理香港……爱国者的标准是，尊重自己民族，诚心诚意拥护祖国恢复行使对香港的主权，不损害香港的繁荣和稳定。”[①] “参与者的条件只有一个，就是爱国者，也就是爱祖国、爱香港的人。”[②] 邓小平同时指出，香港当然是香港人管理事务，“这些管理香港事务的人应该是爱祖国、爱香港的香港人，普选就一定能选出这样的人来吗？……我们一定要切合实际，要根据自己的特点来决定自己的制度和管理方式。”[③] 所以，不能照搬西方的选举制度。

面对当时的政治状况——既要确保爱国爱港者在管治队伍中占主体，但选民的基础又不足以保障的困境，必须采用适合当时政治实际的行政长官和立法会的选举办法，形成特别行政区的选举制度。

为了保证实现中央的全面管治权、特别行政区的行政主导权和以爱国者为主体这三个方面的要求，特别行政区居民参政权的方式（主要是选举方式），必须与这三个要求相适应。为此，居民参政的民主形式需要有条件地、循序渐进式地发展，从而决定了行政长官产生的方式和立法机关的产生方式需要做好两个方面的平衡：一方面，在中央管治、行政主导与居民选举权之间的平衡；另一方面，在以爱国者为主体与其他人参与管理之间的平衡。所以，基本法规定，行政长官由一个有广泛代表性的选举委员会选举产生。最终达到普选产生，也有一个前置程序，即必须由一个行政长官提名委员会提名行政长官候选人，再由普选产生。立法会产生办法是地区选举和功能选举混合产生立法会的议员。

以上就是基本法对特别行政区政治体制的一些重要规定，这是对当时政治现

---

① 邓小平．邓小平文选：第三卷．北京：人民出版社，1993：61.

② 邓小平．邓小平文选：第三卷．北京：人民出版社，1993：74.

③ 邓小平．邓小平文选：第三卷．北京：人民出版社，1993：220－221.

实和政治关系作出的法律回应。然而，基本法一旦作出规定，又反过来维护和巩固了“一国两制”下的政治关系。

首先，特别行政区政治体制能够在“一国”原则下维护中央全面管治权与特别行政区高度自治权的基本关系。比如，中央人民政府依据基本法的规定，实质性地任命行政长官和主要官员，牢牢地掌握了对特别行政区的领导权。全国人民代表大会常务委员会依据基本法的规定，审查特别行政区立法机关制定的法律，行使对基本法的最终解释权，确保特别行政区法律符合基本法的规定，维护基本法的权威。特别行政区法院的司法管辖权限于自治范围的案件，不能审理“国家行为”的案件，保障了中央对直接管理事务的处理权。终审法院对“刚果金案”的裁决，就是很好的例证。

其次，特别行政区政治体制在行政主导原则下维护了行政与立法的基本关系。虽然一些立法会议员总想以立法主导取代行政主导，不断挑战和阻挠行政主导，比如，通过“拉布”阻挠政府提出的法案，拖慢行政效率。但是，立法会议员的权力受到基本法的限制，议员不能提出公共收支、政治体制、政府运作的法律草案，提出涉及政府政策的法律草案须得到行政长官的书面同意，始终不能如愿地取代行政主导。

最后，在利益兼顾、均衡参与原则下维护了不同选民及其代表之间的基本关系。按照基本法的规定，立法会议员既有通过地区直接选举的办法产生，也有通过功能组别选举的办法产生，从而不同界别、不同阶层的代表通过立法会分组点票制度互相制约，最大限度地防止或制止不理性或极端势力阻碍特别行政区政府依法施政，挑战中央全面管治权的行为。比如，立法会中的建制派议员多次否决了反对派议员提出的意图谴责和否定全国人民代表大会常务委员会就基本法有关条款作出决定的动议。

三、基本法规定的政治体制应该基本不变

基本法规定的政治体制已经运作了一段时间，是否还适应当前的政治现实？又如何面对现实政治的挑战？

基本法已经在香港特别行政区实施了 20 年，基本法所规定的政治体制，包括立法会制度，目前的实际情况是运行并不顺畅，受到了不少的挑战。所以，有意见认为，原因在于政治体制不符合民主的理想标准，没有一人一票的普选制度，使得一部分政治势力不能执政，只能充当反对派，采用“拉布”等极端行

为阻挠政府施政。解决问题的办法就是修改基本法，推行一人一票的选举制度，废除功能选举制度。

但是，笔者认为，在决定基本法附件一行政长官产生办法和附件二立法会产生办法要不要修改、何时修改、如何修改这三个关键问题上，必须考虑：第一，分析现实的政治实际、现实政治力量的各种关系；第二，对基本法规定行政长官产生办法和立法会产生办法时的政治实际与当下的政治实际究竟有什么变化进行比较分析。只有对上述两个方面作出正确的分析和判断，才能客观地作出要不要修改、如何修改的决定。如果脱离现实政治实际，仅从某种民主理论出发来回应挑战是不可取的。

1. 制定基本法政治体制的原则是否依然要坚持

第一，需要清楚基本法设计的特别行政区政治体制的原则是贯穿于“一国两制”实施始终的，还是阶段性的。

在特别行政区选择什么样的政治体制，是由“一国两制”的原则和政策决定的，所以特别行政区的政治体制必须要有利于“一国两制”的实施。凡是不利于、有损于“一国两制”实施的政治体制不可能存在。根据“一国两制”的原则，维护中央对特别行政区的全面管治权，维护以行政长官为权力核心、对中央负责的行政主导，以及由爱国爱港者为主体的管治队伍实行“港人治港”，是“一国两制”实施所必需的，体现这些要求的原则就是长期性的原则，与“一国两制”伴随始终。全国人民代表大会常务委员会正是按照这套逻辑，作出了“8·31”决定。该决定清晰地指出，“按照香港基本法的规定，香港特别行政区行政长官既要对香港特别行政区负责，也要对中央人民政府负责，必须坚持行政长官由爱国爱港人士担任的原则。这是‘一国两制’方针政策的基本要求，是行政长官的法律地位和重要职责所决定的，是保持香港长期繁荣稳定，维护国家主权、安全和发展利益的客观需要。行政长官普选办法必须为此提供相应的制度保障。”“2012 年香港特别行政区第五届立法会产生办法经过修改后，已经向扩大民主的方向迈出了重大步伐。香港基本法附件二规定的现行立法会产生办法和表决程序不作修改，2016 年第六届立法会产生办法和表决程序继续适用现行规定，符合循序渐进地发展适合香港实际情况的民主制度的原则，符合香港社会的多数意见。”全国人民代表大会常务委员会的决定说明，基本法有关政治体制的原则没有过时，仍然必须坚持。其根本原因就是，特别行政区政治体制要有利于实现中央对特别行政区的全面管治权，而不能危害中央的全面管治权。特别行政区的管治权必须掌握在爱国爱港者手里，而不能落入反对中央管治、对抗中央管治者的手里。这两点是统一的，也是政治体制中最核心的问题，只要实行“一国两制”，这个原则就不能动摇和改变。

第二，需要清楚是政治体制的目的决定政治体制的形式，还是唯形式不顾目的。

特别行政区的政治体制仅仅是特别行政区制度的一个组成部分，而特别行政区制度的设立就是要实现国家主权、安全和发展利益，实现特别行政区社会稳定和经济发展。因为“一国两制”有它的独特性，在特别行政区的政治体制中需要处理好“一国”与“两制”的关系、中央全面管治权与特别行政区高度自治权的关系、行政与立法和司法的关系。所以，如果将特别行政区政治体制的目的限于处理特别行政区内部的行政、立法和司法关系，是片面的，从而决定了只有既能处理好中央全面管治权与特别行政区高度自治权的关系，又能处理好行政、立法和司法关系的政治体制才是适合特别行政区的。政治体制的形式如果对“一国”利益构成危害，对中央的全面管治权造成损害，不利于爱国爱港者占主导地位，那么，就要受到限制，作出必要的调整。因此，是建立政治体制的目的决定采用何种政治体制的形式，而不是相反。这就是特别行政区不能照搬其他国家和地区民主形式的原因。对此，姬鹏飞主任委员在向全国人民代表大会常务委员会报告基本法起草工作时早有说明。他在工作报告中指出，行政长官和立法会产生办法修改的前提是：“这两个产生办法遵循的共同原则是，以香港的稳定和繁荣为前提，循序渐进地发展适合于香港实际情况的民主。”[①] 循序渐进发展是有条件的，以稳定发展为前提。不利于这个条件就不能发展。绝对不能把循序渐进变成无条件的。条件不具备就要巩固，条件具备就向前推进。

所以，只要“一国两制”的政策不变，维护国家利益和特别行政区利益的这个宗旨就不能变，与之相适应的政治体制只能加强和完善，不能另起炉灶，向相反方向改变和发展。

2. 基本法规定的选举制度的一些功能是否仍然需要

特别行政区选举制度的主要原则和内容由基本法规定的行政长官产生办法和立法会产生办法构成。基本法规定的行政长官产生办法最终达至由一个有广泛代表性的提名委员会提名后由普选产生的目标。其中提名委员会的提名程序是十分

---

① 姬鹏飞．关于提请全国人大常委会审议《中华人民共和国香港特别行政区基本法（草案）》及有关文件的报告//全国人大常委会香港基本法委员会办公室．中华人民共和国香港特别行政区基本法起草委员会文件汇编．北京：中国民主法制出版社，2011：9.

关键的一个法定程序，它的功能就在于确保行政长官候选人是爱国者，是能与中央合作、对中央负责的人。反对派极力反对并希望废除这个程序，也清楚这个程序的功能和目的。因此，在目前特别行政区政治生态中爱国者的力量与其他政治力量势均力敌的情况下，如果没有提名委员会这个提名程序，就冒进搞所谓“公民提名”“一人一票”是有高风险的，一旦产生出来的行政长官不接受中央的领导，不对中央负责，乃至对抗中央，将直接危害“一国两制”的实行。所以，绝对不能改变和废除这个提名程序。

特别行政区立法会由地区选举和功能选举产生。功能选举要不要保留，涉及功能选举的存在是否还有意义。回顾基本法起草时保留功能选举的政治实际，就是为了防止民粹化，当时流行的一句话就是香港不能搞免费午餐。怎么防止这种情况出现？就是要保留功能选举，用功能选举产生的议员平衡地区选举产生的议员，两者之间互相制约。当下，这种民粹倾向仍然存在，并且反对派主要循地区选举产生。所以，功能选举方式除了防止民粹化，还在一定程度上保障爱国者在立法会占相对优势，它的功能和作用依然有效。不仅如此，功能选举还是立法会对议员提出法案进行分组点票的基础，分组点票的功能就是要限制议员对行政主导的冲击及对行政的过度干扰。没有了功能选举，也就没有了分组点票机制。

所以，现行基本法有关选举的规定虽然与最终目标存在一定距离，但从总体上看，仍是利大于弊，仍然是基本适应政治实际的，是需要继续保留和固守的。只有在政治生态发生有利变化时，才能考虑循序渐进地发展民主制度。

3. 如何评价和应对特别行政区的政治生态

讨论这个问题，就是要拿捏好政治体制发展的时机和条件。如上所述，特别行政区的政治体制总体上对维护“一国两制”的宗旨、维护中央的全面管治权和特别行政区的高度自治权发挥了积极的作用，应予肯定，而不能随意地对现行政治体制作出修改。但是，也要看到现实政治生态中存在的问题。由于“一国两制”的实践是一个长期的过程，发展中遇到一些困难和问题也在所难免。目前，事关“一国”原则和利益的几个重大问题还没有得到很好的解决。例如，维护国家安全的立法至今缺位，国民教育举步维艰，国家认同严重缺乏，立法会和社会上还出现了“港独”的声音和势力，它们公然挑战国家的统一和中央的全面管治权。行政主导也没有完全实现，相当程度上受到了不必要的限制。立法与行政关系紧张，通过“拉布”方式使政府工作陷入瘫痪成了家常便饭。这些情况的发生，根源在于支持反对派的选举力量并不在少数，导致政治力量对比上爱国爱港者不占优势，反对派可以阻挡法案的通过。这是严峻的政治现实，我们必须清醒地认识到，改变这种状况需要一定的时间，必须做好长期打算的准备。

如何应对目前的这种政治生态？有人认为，通过普选可以满足部分选民的意愿，回应反对派的要求，就能改变目前的政治生态。但是政治现实并非如此。我们应该认真思考，今天政治上不同力量的对立本质，是因为采取民主方式不同的对立，还是由谁掌握管治权之争的对立？笔者认为，民主形式，包括选举方式，仅仅是表面上的争论，其背后的实质是争夺管治权。反对派寄希望于通过普选掌握对特别行政区的管治权，中央希望通过适当的民主方式确保以爱国爱港者为主体的力量掌握管治权。所以，在现实政治生态和格局没有大的改变之前，试图用发展民主的方式来改善政治困境，不能从根本上解决问题，只能加重争夺管治权的直接冲突。当下，反对派还不能坐大，恰恰是因为基本法确立的一些制度，包括选举制度中的行政长官选举方式、立法会议员产生方式、立法会分组点票等制度限制了他们。对于这些制度，我们不应该放弃，而应坚持和完善，通过制度构建，确保爱国爱港者占主导地位，从而保障中央对特别行政区的全面管治权。

故此，对特别行政区政治体制的坚持、完善和改革不能离开当下的政治现实。在当下的政治生态中，不同政治势力较量的情况和格局没有发生有利于爱国爱港力量的变化，说明改变政治体制（包括选举制度）的时机未到、条件未具备。因此，对基本法已经规定的政治制度不宜轻言改变，而应该坚持和完善。

（本文发表于《港澳研究》，2017 年第 3 期）

解读全国人民代表大会常务委员会决定中“适当修改”的内涵

《全国人民代表大会常务委员会关于澳门特别行政区2013年立法会产生办法和2014年行政长官产生办法有关问题的决定》（本文以下简称《决定》）规定：“一、澳门基本法附件一第一条关于行政长官由一个具有广泛代表性的选举委员会选举产生的规定维持不变，澳门基本法附件二第一条关于第三届及以后各届立法会由直接选举的议员、间接选举的议员和委任的议员三部分组成的规定维持不变。二、在不违反本决定第一条的前提下，2013年澳门特别行政区立法会产生办法和2014年澳门特别行政区行政长官产生办法，可按照澳门基本法第四十七条、第六十八条和附件一第七条、附件二第三条的规定作出适当修改。”根据全国人民代表大会常务委员会“适当修改”的“决定”，在征求澳门社会意见的基础上，特别行政区政府发表了《政制发展咨询文件》，提了修改澳门基本法附件一和附件二的具体意见，即行政长官产生办法将选举委员会人数由300人扩大至400人，立法会产生办法将直接选举和间接选举议员人数各增加两名或一名。然而，在对特别行政区政府《政制发展咨询文件》的建议发表意见时，人们往往关注“修改”，而忽视“适当”。笔者认为，应该完整、准确地理解和把握《决定》中的“适当修改”的内涵。

一、“适当修改”的原则

什么是“适当修改”？“适当修改”遇到的首要问题是以什么原则和标准来修改。对此，《决定》指出：“有关澳门特别行政区行政长官产生办法和立法会产生办法的任何修改，都应当符合澳门基本法的上述规定，并遵循从澳门的实际情况出发，有利于保持澳门特别行政区基本政治制度的稳定，有利于行政主导政治体制的有效运作，有利于兼顾澳门社会各阶层各界别的利益，有利于保持澳门的长期繁荣稳定和发展等原则。”这就为“适当修改”划定了框框，如果不符合澳门的实际情况，违反上述四个原则，那么一定不符合“适当修改”的要求。

因此，四个原则是“适当修改”的第一层内涵。

1. “适当修改”一定要从澳门的实际出发

澳门的实际可以从多个角度分析，但是有一点不容争议，就是实行“一国两制”的政策。所以，澳门的经济制度和政治制度都是建立在“一国两制”基础之上的，脱离了“一国两制”就是最大地脱离了澳门的实际。具体而言，“一国两制”对澳门的政治体制提出什么要求？澳门作为地方性政治体制，必须置于中央的领导之下，虽然有高度自治权，但不能脱离中央的领导。澳门政治体制服务于什么目的呢？就是要有利于维护澳门的社会稳定和经济持续发展。只有处理好了“一国”与“两制”的关系、中央与特别行政区的关系、政治与经济的关系，才符合澳门的实际需要。澳门基本法序言第二段开宗明义说清楚了实行“一国两制”、制定基本法、建立特别行政区制度就是为了维护国家的统一和领土完整、有利于澳门的社会稳定和经济发展。

2. “适当修改”要有利于保持政治体制的稳定

基本法规定的政治体制经过澳门特别行政区 10 多年的实践，证明对澳门经济发展和社会稳定发挥了积极的作用。以回归前的 1999 年与回归后 10 年里澳门社会和经济发展作比较，不难看出其中的重大变化，而这些变化正是由政治体制提供决策和执行保障的。

（1）GDP 持续增加。从实际 GDP 总量看，由 1999 年的 56 亿美元迅速上升至 2008 年的 173 亿美元，10 年里经济总量增加了 100 多亿美元，年均增长率达 12. 16% 。

（2）失业率平稳下降。从 1999 年的 6. 8% 下降到 2008 年的 3% 。

（3）财政金融稳健。2008 年财政总收入较 1999 年翻了 3 倍；同时，财政盈余也持续增长，1999 年仅为 3. 07 亿澳门元，2008 年在世界经济危机的背景下盈余仍大幅增至 251. 33 亿澳门元。

（4）外来投资、贸易额不断增加。2001 年以来澳门的外来直接投资（FDI）流量及外汇储备持续增长，尤其是 2005 年以来增长极为强劲，2007 年 FDI 流量达 131. 98 亿澳门元，为 2001 年的 10. 27 倍。2007 年澳门的外汇储备达1 062. 91 亿澳门元，为 2001 年的 3. 77 倍；澳门的进出口总额也保持稳步增长，名义增长率的年平均值达 7. 62% 。

(5) 民生持续改善。在经济发展的前提下，改善民生。如建立中央储蓄制度，进行现金分享，派发医疗券，补贴电费，提供进修资助，免收房屋税，调升敬老金、养老金和维生指数，给低收入家庭发放补贴，发放在读学生学习用品补贴等措施。

所以，澳门政治体制发展是要在保持稳定的原则下自我完善，而不是激进地大改大变，推倒原有的结构框架，影响社会稳定和经济发展。

3.“适当修改”要有利于行政主导的有效运作

澳门特别行政区行政主导的政治体制能否运作良好，关键取决于两个基本因素，即中央与特别行政区的关系和行政与立法的关系。特别行政区实行行政主导政治体制有利于处理好中央与特别行政区的关系，中央与特别行政区关系的核心是中央必须对特别行政区进行领导，特别行政区必须对中央负责，特别行政区对中央负责只有通过行政长官才能落实，行政长官有实权才能负责，这就是规定以行政长官为权力核心的一个基本原因。只有做到了中央领导和特别行政区负责的统一，才可能有中央支持特别行政区，内地与特别行政区的合作。同时，特别行政区实行行政主导政治体制需要在确立行政主导的前提下建立行政与立法之间互相分工、制约和配合的平衡关系。在行政与立法的关系上，行政能够主导，才能保证行政长官既对中央负责又对特别行政区负责。这就是规定行政长官为权力核心的另一个基本原因。试想，如果行政长官不能主导，他如何能够做到基本法规定的对中央负责、对特别行政区负责呢？

正因为行政主导运行良好，一方面，行政长官按照基本法的规定，接受中央人民政府的领导，对中央人民政府负责，与中央建立了良好的互相信任、互相合作的关系。中央大力支持澳门经济的发展，包括推出内地与澳门更加紧密的经济贸易合作协议、港澳个人游（自由行）政策以及粤港澳区域合作，这些政策的成效已经显现，并将取得更大的成果。另一方面，行政长官领导特别行政区政府依法施政，与立法会建立了既互相制约又互相配合的关系，对澳门社会实行了比较有效的管理，能够及时应对各种社会问题及世界经济、金融危机的冲击，使得澳门经济稳步发展。

澳门取得的举世瞩目的成就是与行政主导政治体制分不开的。如果行政主导政治体制受到破坏，中央与特别行政区关系紧张和对立，内地与特别行政区能够继续合作吗？中央能够一如既往地支持澳门发展吗？如果行政主导政治体制受到破坏，行政与立法关系对抗和拆台，特别行政区政府还能有效管理吗？澳门社会和经济发展的成果还能继续保持和扩大吗？当然，我们要看到特别行政区政府工作还存在问题，立法会需要继续加强对特别行政区政府的监督和制约，但是，必须看到特别行政区政府工作的成绩是主要的，“以民为本”的施政方针是符合澳门居民根本和长远利益的，通过完善施政，更加有利于行政主导政治体制的运行。

4. “适当修改”要有利于兼顾社会各阶层的利益

澳门社会存在不同阶层、不同界别的利益是客观的事实。既然有不同阶层、不同界别，自然就有不同的利益诉求。作为文明社会，不能只顾某一阶层或界别的利益，而忽视其他阶层或界别的利益，应该兼顾不同利益。而要兼顾不同利益，需要制度来保障，比如，在制定公共政策时，在分配社会利益时，需要不同利益的代表进行讨论，取得共识。那么，不同利益的代表如何进入体制内进行协商呢？比如，工商界担心劳工界的利益诉求没有制约，容易导致社会福利主义，从而影响经济发展。劳工界担心工商界的利益诉求没有制约，容易扩大社会贫富差距，从而影响社会的公平。中产阶层的利益诉求是希望工商界和劳工界不要各走极端，引起社会的动荡，更希望走中间路线，保持各方利益的均衡。所以，不同阶层和界别的代表在议事机构都是需要的，都有他们的作用。不管采用什么产生办法，只要能够实现参与协商过程中的利益主体的多元性、包容性就是适宜的办法。何况澳门的社团政治有传统，他们与特别行政区政府之间建立了协商和合作的关系，并且解决了许多社会问题，通过间接选举的方式让社团的代表进入体制内的协商进程是有益的。所以，采用混合的产生办法是最有利于兼顾不同阶层和界别利益的，事实也证明了这一点。如果仅仅为了追求直接选举的形式，不理兼顾不同利益的实质需要，就是舍本求末，搞错了手段与目的的关系，应该三思。

5. “适当修改”要有利于社会稳定和经济发展

一个制度是好是坏不能通过制度本身来检验，而要通过建立制度所要达到的目的来检验。不论“一国两制”也好，行政主导也好，还是兼顾不同利益也好，归根结底都服从和服务于一个终极的目的，就是实现澳门的社会稳定和经济发展。如果制度的设计使得我们离这个目的越来越远，而不是越来越近，制度的设计就有问题。如果它能帮助我们达到目的，就不失为一个适宜的制度。那么，如上所述，澳门社会的实践和具体的社会经济数据都说明了现行的政治体制是有利于实现这个目的的，应该在原有的制度基础上向前发展，而不是推倒基础重新来过。

二、“适当修改”的前提

当我们拿上述原则来检验澳门基本法规定的政治体制时，自然得出一个结论，“适当修改”是有前提的，即在两个“维持不变”的基础上向前发展。

全国人民代表大会常务委员会的“决定”首先明确了两个“维持不变”，即，行政长官由一个具有广泛代表性的选举委员会选举产生的规定维持不变，立法会由直接选举的议员、间接选举的议员和委任的议员三部分组成的规定维持不变。然后，提出在此基础上的“适当修改”。

1.“维持不变”的理由

那么，为什么要维持不变呢？因为两个产生办法是上述四个原则的基本制度的安排。一方面，原则和制度是决定与被决定的关系，有什么原则决定有什么制度。另一方面，原则和制度也是互相依存和促进的关系，没有原则的制度就是没有灵魂的躯壳，没有制度的原则就是没有躯壳的灵魂。原则是依靠制度保障的，原则一旦离开制度就无法落实。同样，制度一旦离开原则就失去了价值。所以，原则和制度应该互相促进。当我们讲原则的时候，就要坚持相应的制度。完善相应制度的时候，就不能天马行空离开相应的原则。《决定》指出，两个产生办法是四个原则的基本制度安排，就意味着两个产生办法不是临时的、短期的，而是长期的、稳定的，所以，要维持不变。

2.“维持不变”的含义

“维持不变”是什么意思呢？有意见认为，立法会由直接选举的议员、间接选举的议员、委任的议员三部分组成的产生办法不变，不等于不可以改变三部分之间的比例，甚至只要保留一名间接选举议员和一名委任议员都是可以的。这种理解不太符合《决定》的原意和精神。只要我们对《决定》进行逻辑分析就可以看到，《决定》是在肯定两个产生办法是符合四个原则的前提下，要求保持长期不变。这意味着直接选举、间接选举和委任的产生办法的三种形式不变，也包括了在三种形式产生的议员的原有比例不变的前提下增加选举产生的议员的名额。从而，就有了在“维持不变”的基础上进行“适当修改”的要求。所以，凡在《决定》中肯定的方面就不属于要变和修改的内容。不变是指向过去，修改是指向未来。应该以“肯定—发展”“过去—未来”结构来理解“适当修改”。

不变是对现存而言，以现存为参照。讲不变的时候是指已有的规定不能改变。讲修改的时候是指在现有的基础上发展。否则，《决定》要求在“维持不变”的前提下进行“适当修改”就没有意义了。

因此，“维持不变”是“适当修改”的第二层内涵。

三、“适当修改”的方向

《决定》不仅提出了“适当修改”的原则和前提，还提出了“适当修改”的方向，即增加行政长官选举委员会的名额，增加立法会选举产生的议员的名额。这一点在全国人民代表大会常务委员会副秘书长乔晓阳关于《全国人民代表大会常务委员会关于澳门特别行政区 2013 年立法会产生办法和 2014 年行政长官产生办法有关问题的决定（草案）》[本文以下简称《决定（草案）》] 的说明中作了清楚无误的表述。“在行政长官由一个有广泛代表性的选举委员会选举产生的规定维持不变的前提下，2014 年行政长官产生办法的修改方向是增加选举委员会委员名额；在立法会由直接选举、间接选举和委任三部分议员组成的规定维持不变的前提下，2013 年立法会产生办法的修改方向是增加由选举产生的议席名额……据此，《决定（草案）》第二条对此作出了相应的规定。”这就再清楚不过地说明了《决定》中“适当修改”的立法原意。因此，“适当修改”的方向是适当“增加”行政长官选举委员会的成员名额，适当“增加”立法会选举产生议员的名额，而不是相反，减少原有的名额，包括减少委任议员和间接选举议员的名额。“维持不变”与“增加”之间保持了逻辑上的一致性。“增加”既体现了“维持不变”的精神，又体现了“适当修改”向前发展的要求。所以，有意见主张减少委任议员和间接选举议员的名额显然不符合《决定》的规定。当我们讨论两个产生办法的“适当修改”时，应该遵循“增加”名额的方向进行理性的探讨。

因此，“增加”的方向是“适应修改”的第三层内涵。

只要我们将以上三层含义的内在关系想清楚、正确地理解了，就能把握“适当修改”的内涵，就能正确指导我们修改行政长官选举和立法会选举的产生办法。

（本文发表于澳门《行政》，2012 年第 96 期）

议员不得兼任外国的政治职位合法合理

最近，澳门特别行政区政府推出了修订《澳门特别行政区立法会选举法》的咨询文本，其中第四部分“完善议员的参选条件及兼任规定”中，对立法会议员的参选和任职条件提出改善方案，建议明确规定“于担任立法会议员期间内不得兼任其他国家政治职位据位人”，以避免出现“双重效忠”的问题。对此修改建议，笔者表示认同和支持，理由如下。

1．符合基本法对立法会议员效忠特别行政区的要求

效忠不仅仅是一种仪式、一个程序，宣读一下誓言就算完成了效忠，更重要的是，效忠作为一项法律的义务，有具体的内容、实质的要求。效忠不能停留在嘴上，而要体现在行动上。一句话，言行要一致。

所以，澳门基本法第一百零一条规定，立法会议员就职时需要宣誓，拥护中华人民共和国澳门特别行政区基本法，效忠中华人民共和国澳门特别行政区。效忠不是宣誓时的一时效忠，而是必须在任职立法会议员期间都要效忠特别行政区。只有这样，才能全心全意地为特别行政区服务。正因为效忠是立法会议员任职的必备条件，所以，澳门基本法第八十一条第四项规定，立法会议员违背誓言，放弃对特别行政区效忠，就会丧失其立法会议员的资格。

那么，我们怎么判断一位立法会议员的行为是违背了誓言、放弃了对特别行政区的效忠了呢？关键看议员有没有双重效忠的存在。澳门基本法第一百零一条的规定，完全排除了在立法会议员在效忠特别行政区的同时，担任其他国家的政治职位对该国家进行效忠的可能性和空间。因为议员的效忠是基于他任职的政治职位的需要，与普通市民不同，议员行使的是公权力，而不是私权利。公权力与国家利益或特别行政区利益相关，议员只有对国家或特别行政区忠诚，才能在行使立法权、制定法律、决定重大的政策中对国家或特别行政区负责。如果议员担任外国的政治职位，需要对另外一个国家效忠和负责，在参与立法和决策的过程中，势必发生政治利益上的冲突，难以保证议员为特别行政区利益服务，维护特别行政区利益。因此，效忠特别行政区是议员的一项不同于居民的特别的法律义

务，也符合政治伦理的要求，完全合理。

那么，什么样的情况构成了双重效忠呢？就是同时兼任不同国家的政治职位，并被要求对不同国家或政治共同体效忠。比如，既担任澳门特别行政区立法会议员，依法需对特别行政区效忠，又担任葡萄牙国会的议员，依法被要求对葡萄牙效忠。这就很清楚，产生双重效忠的原因是担任两个不同国家或政治共同体的政治职位。所以，要防止和排除这种情况的发生，唯一的办法就是禁止兼任不同国家或政治共同体的政治职位。澳门基本法深知这个道理，并将禁止同时兼任不同国家或政治共同体的政治职位贯穿始终。如，澳门基本法第九十九条第二、三款规定，澳门特别行政区有关部门可以聘请葡籍或其他外籍人士担任顾问和专业技术职务；上述人员只能以个人身份受聘，并对澳门特别行政区负责。这一规定的实质就是要排除他们同时有两个公职从而对两个政治共同体负责的情况发生，以保证他们在受聘特别行政区政府期间，只对特别行政区负责。《葡萄牙议员章程》第二十条也明文规定议员不得同时兼任外国的国家公职人员，就是出于同一个道理。

当然，在“一个国家”原则下，中央和特别行政区的公权力机关同属一个主权，在一个主权之下行使国家管治权和国家授权下的特别行政区自治权，所以，澳门居民中的中国公民参与国家事务的管理和参与特别行政区事务的管理可以同时并存。澳门基本法第三条规定，澳门特别行政区的行政机关和立法机关由澳门特别行政区永久性居民依照基本法有关规定组成。第二十一条规定，澳门特别行政区居民中的中国公民依法参与国家事务的管理。根据澳门基本法的规定，澳门特别行政区居民中的中国公民既可以做全国人民代表大会的代表，也可以做特别行政区立法会的议员。基本法第四章第七节有关宣誓效忠的规定也体现了这一精神。如，行政长官、主要官员等既对国家效忠，也对特别行政区效忠，两个效忠共存，并不互相排斥。这与澳门特别行政区居民参与外国政治活动和担任外国政治职位是两个不同性质的事。

然而，怎么确定澳门特别行政区居民中的中国公民身份呢？由于历史的原因，澳门特别行政区居民所持外国旅行证件的情况比较复杂，必须根据实际情况解决。对此，《全国人民代表大会常务委员会关于〈中华人民共和国国籍法〉在澳门特别行政区实施的几个问题的解释》中作出了灵活处理。比如，澳门特别行政区居民中的一些人，虽然持有外国旅行证件，因有中国血统，出生在澳门，只要没有放弃中国国籍，仍然是中国公民，也就有权参加国家事务的管理。这样处理，体现了“一国两制”对澳门特别行政区居民的包容性、对澳门特别行政区居民参与国家事务管理的权利的尊重和保护。

2. 便于有法可依落实基本法的规定

虽然，基本法有关效忠的规定，包含了不能双重效忠，从基本法的体系和逻辑解释，可以推理出不能兼任外国的政治职位。但是，基本法现行的条文，并没有从字面上、从规范上把这层意思直接表示出来，容易引起争议，不利于基本法的执行。为了避免争议，通过这次对立法会选举法的修改，明确规定立法会议员不得兼任外国的政治职位，可以弥补不足，从而使基本法的效忠规定更清楚、更规范、更准确，也就更有利于依法办事和具体操作，维护基本法的权威。

所以，一定要明白，选举法的这一修改是针对完善的法律制度，不是针对某一具体个人。法律的规范不是针对特定的个人，是针对所有的人，不论你是澳门特别行政区居民中的中国公民还是外国公民，只要是在立法会议员任职期间，就不能兼任外国的政治职位。这是一视同仁、法律面前一律平等，既不歧视某个人，也不给予某个人特权。这就是法律的公平和公正性。

《澳门特别行政区立法会选举法》的这一修改建议，不仅符合基本法有关宣誓效忠的立法本意，也能够对澳门基本法第八十一条第二项有关立法会议员不得担任法律规定不得兼任的职务作出具体的补充，既不得兼任，也包括不得兼任外国的政治职位。

综上所述，选举法的修改建议不但对基本法有关效忠的规定以及法律规定不得兼任的职务的规定作了完善和补充，而且使得基本法的条文和规范变得更明确了，利于执法。因此，可以从立法和执法两个方面证明这一修改建议的必要性和重要性。

（本文发表于《澳门日报》，2016 年 5 月 13 日）

论澳门基本法中的行政长官负责制

澳门特别行政区是以“一国两制”为理论基础设立的，经全国人民代表大会授权，依照基本法的规定实行高度自治，享有行政管理权、立法权、独立的司法权和终审权。高度自治下的行政长官总负责，行政机关、立法机关、司法机关之间相互制衡和相互配合的负责制模式，是澳门特别行政区基本法的又一特色。因此，基本法所确立的行政长官负责制可以说是“一国两制”、高度自治的产物。如：澳门基本法明文规定的行政长官对中央人民政府和澳门特别行政区负责（澳门基本法第四十五条）；特别行政区政府对立法会负责（澳门基本法第六十五条）；廉政专员对行政长官负责（澳门基本法第五十九条）；审计长对行政长官负责（澳门基本法第六十条）。有的虽然在基本法的条文表述中没有出现“负责”的字眼，但隐含了负责的内涵和外延，如：行政长官领导特别行政区政府（澳门基本法第五十条第一项），包含特别行政区政府主要官员对行政长官负责。本文将主要探讨澳门特别行政区基本法规定的行政长官负责制模式，对什么是行政长官负责制、为什么要实行行政长官负责制，以及如何落实行政长官负责制进行粗浅探讨，期望达到抛砖引玉之效。

一、什么是行政长官负责制

《现代汉语词典》对“责任”的解释：一是指分内应做的事；二是指没有做好分内应做的事，因而应当承担的过失。一般而言，“责任”一词有三层含义：第一层含义是指义务或职责，即有义务作为或不作为；第二层含义是指一定的行为主体须对自身的行为负责，即承担行为责任；第三层含义是指违背义务的行为要受到相应的追究和制裁。

（一）澳门基本法规定的行政长官负责制的特点

行政长官负责制是指以行政长官为核心在行使权力、履行职责时，必须向中央和特别行政区担保所负的责任处在最佳状态，接受中央的领导或监督，同时接受特别行政区立法会和特别行政区居民的监督，并有一系列保障负责的相应规范所构成的制度。

第一，行政长官负责制的主体可分为个人负责和集体负责。个人负责，如行政长官对中央人民政府和澳门特别行政区负责，特别行政区政府主要官员对行政长官负责，廉政专员对行政长官负责，审计长对行政长官负责。集体负责，如行政长官领导的澳门特别行政区政府对澳门特别行政区立法会负责。

第二，行政长官负责制的形式可分为单向负责和双重负责。单向负责，如行政长官对中央人民政府负责。双重负责，如行政长官领导的特别行政区政府对立法会负责，但立法会通过的法律是否符合澳门的整体利益，由行政长官对特别行政区负责。

第三，行政长官负责的性质可分为领导关系和监督关系。领导关系，如行政长官对中央负责，体现在执行中央政策上，接受中央的领导，执行中央人民政府就基本法规定的有关事务发出的指令（澳门基本法第五十条第十二项）；澳门特别行政区政府接受行政长官的领导（澳门基本法第五十条第一项）。监督关系，如自治范围内的事务接受中央的监督；澳门特别行政区政府接受立法会监督（澳门基本法第六十五条）。

第四，行政长官负责的保障机制包括：中央人民政府对行政长官和主要官员的任免权、对行政长官的指令权。全国人民代表大会常务委员会对特别行政区法律的审查权和对基本法的最终解释权。行政长官对立法会的法案发回权，对立法会的解散权。立法会对特别行政区政府施政的辩论权，对特别行政区政府的质询权，对公共利益的辩论权，对行政长官的弹劾权。

（二）澳门基本法规定的行政长官负责制的内容

1. 行政长官总负责

澳门基本法以“一国两制”为基础，从澳门的实际情况出发，设计了行政主导、司法独立、行政与立法互相制衡互相配合的行政主导体制。这种政治体制既不同于外国的议会制，又不同于内地的人民代表大会制，更不同于以前的总督制，而是具有澳门特色的行政长官总负责制。

根据澳门基本法第四十五条和第六十二条的规定，行政长官既是澳门特别行政区的首长，代表澳门特别行政区，又是澳门特别行政区政府的首长，领导澳门特别行政区政府。澳门特别行政区行政长官的上述双重身份，决定了行政长官总负责的内容，即一方面对中央人民政府和澳门特别行政区负责，另一方面领导澳门特别行政区政府对特别行政区立法会负责。

（1）行政长官对中央人民政府负责。

中央与澳门特别行政区的关系，是中央和地方的关系，是领导和被领导的关系、监督和被监督的关系。澳门特别行政区经全国人民代表大会授权享有行政管理权、立法权、独立的司法权和终审权。虽然澳门特别行政区享有高度的自治权，但权力来源于中央授权。行政长官对中央人民政府负责，表现为：

第一，在行政管理权方面，行政长官在处理对外事务时，对中央负责。澳门特别行政区可根据需要在外国设立官方或半官方的经济和贸易机构，报中央人民政府备案（澳门基本法第一百四十一条）；外国在澳门特别行政区设立领事机构或其他官方、半官方机构，须经中央人民政府批准（澳门基本法第一百四十二条）。行政长官在处理自治事务时，必须定期向国务院总理和国家其他主要领导人述职，将财政预算、决算报中央人民政府备案等。

第二，在立法权方面，行政长官虽然不能直接领导立法机关制定法律，但作为特别行政区首长的行政长官，负责执行基本法，对立法会的立法有监督权，对不符合基本法、不符合澳门整体利益的法案可以拒绝签署，发回重议。立法会制定的法律须报全国人民代表大会常务委员会备案。全国人民代表大会常务委员会对立法会制定的任何法律不符合基本法有关中央管理的事务和中央与特别行政区关系的条款的规定，可以发回立法会重新审议（澳门基本法第十七条第三款）。

第三，在司法权方面，澳门特别行政区法院独立进行审判，只服从法律，不受任何干涉。作为特别行政区首长的行政长官无权命令或指示法官审判，但在法院审理案件涉及国家行为的事实时，需要接受中央人民政府的指示。如：澳门特别行政区法院在审理案件中遇有涉及国防、外交等国家行为的事实问题，应取得行政长官就该等问题发出的证明文件，但行政长官须取得中央人民政府的证明书（澳门基本法第十九条第三款）。如果特别行政区对基本法的解释产生严重分歧，影响基本法的实施，行政长官负有执行基本法的责任（澳门基本法第五十条第二项），可提请中央对基本法作出解释。

同时，如果行政长官没有依基本法规定履行相应的责任，中央人民政府可以免去行政长官的职务。如果行政长官有严重违法或渎职行为而不辞职，根据澳门基本法第七十一条的规定，由立法会提出弹劾，报请中央人民政府决定。

（2）行政长官对特别行政区负责。

行政长官是特别行政区居民选出并由中央人民政府任命的，因此，行政长官除对中央人民政府负责外，还必须向澳门特别行政区负责。具体表现为：

第一，行政长官领导的政府对特别行政区立法会负责。如领导特别行政区政府执行立法会通过并已生效的法律，定期向立法会作施政报告，答复立法会议员的质询；特别行政区政府提出的财政预算案须经立法会审核、通过；特别行政区政府提出的预算执行情况报告须经立法会审议；特别行政区政府承担债务须经立法会批准。但特别行政区政府对立法会的负责是有限度的，特别行政区政府不是由立法会产生的，立法会无权罢免主要官员。

第二，行政长官对特别行政区居民负责。基本法规定了居民的权利和自由，作为特别行政区首长的行政长官负责执行基本法，要确保立法机关制定法律、行政机关执行法律、司法机关适用法律时严格按照基本法，最大限度地保障居民的基本权利和自由（澳门基本法第二十四条至第四十四条）。同时，行政长官领导特别行政区政府，需要创造各种条件，满足不断增长的居民的物质和精神生活的需要，让居民安居乐业。

2. 对立法机关的制约与配合

由于行政长官是特别行政区的首长，监督立法会通过的法律是否符合基本法。具体表现在：立法会通过的法案，须经行政长官签署、公布，方能生效（澳门基本法第七十八条）；行政长官对立法机关制定的法律有违基本法的，可以不签署法案，并发回立法会重新审议；立法会遇有澳门基本法第五十二条规定的两种情况（行政长官拒绝签署立法会再次通过的法案，立法会拒绝通过政府提出的财政预算案或行政长官认为关系到澳门特别行政区整体利益的法案、经协商仍不能取得一致意见）之一时，行政长官征询行政会的意见并向公众说明理由后，可解散立法会。

3. 廉政专员、审计长对行政长官负责

廉政公署是对特别行政区政府内部包括公共部门和公法人实行监察的独立机构，其主要职责是反贪与反行政违法。廉政公署独立开展工作，廉政专员是廉政公署的首长，为了体现行政主导的体制，廉政专员必须对行政长官负责，每年向行政长官作工作报告；廉政专员由行政长官提名并报请中央人民政府任命。

审计署的主要职能是监督审核特别行政区政府及有关机构的账目。审计署是独立的工作机构，审计长是审计署的首长，只对行政长官负责，每年向行政长官报告工作。审计长的任免与廉政专员相同。

4. 特别行政区政府主要官员、公务人员、行政会成员对行政长官负责

行政长官是特别行政区政府的首长，与特别行政区政府主要官员、公务人员的关系是领导与被领导的关系，特别行政区政府主要官员、公务人员在政策的决策和具体的行政工作上对行政长官负责，协助行政长官工作。行政长官对主要官员和公务人员作出的不符合基本法的行为，可以直接纠正。

行政会担负协助行政长官决策的职能。行政会由行政长官主持，行政长官在征询行政会意见后，作出重要决策、向立法会提交法案、制定行政法规和解散立法会。因此，行政会在协助行政长官作出决定时，应对行政长官负责。

为了保证对行政长官负责，行政长官对主要官员的任免有提名和免职的建议权，对行政会成员、公职人员有任免权。

综上所述，行政长官负责制是以行政长官为核心的总负责，辅以两个负责，即特别行政区政府、廉政公署、审计署、行政会及主要官员、公务人员对行政长官负责，特别行政区政府对立法会负责，从而保证中央对行政长官的领导和监督，实行行政长官与立法会互相制约，达到行政长官既对中央负责又对特别行政区负责的目的。

二、为什么要实行行政长官负责制

维护国家主权、统一和领土完整，是落实“一国两制”方针、贯彻实施基本法的前提，也是宪法和基本法明确规定的宪制责任和法律义务。实行“澳人治澳”、高度自治，是落实“一国两制”方针、贯彻实施基本法的关键，是保持澳门长期稳定发展的必然要求和目的。因此，维护国家主权、统一和领土完整，实行“澳人治澳”、高度自治，保障澳门长期稳定发展，必须建立负责机制。建立负责机制，目的是明晰负责主体，实现责任过错的有效追究。但由于各国或各地区的政治体制各不相同，因此负责的内容以及法理依据也不相同。

（一）“一国两制”的需要

澳门特别行政区是中华人民共和国不可分离的部分，直辖于中央人民政府。维护国家主权、统一和领土完整是“一国两制”的基本原则。澳门特别行政区行政长官是澳门特别行政区的首长，受中央的直接领导，对中央人民政府负责，这是国家统一的基本要求。如果行政长官不对中央人民政府负责，如何维护“一国两制”的原则？“一国两制”的构想岂不如同空中楼阁，无法实现？

为了维护国家主权，必须处理好中央与特别行政区的关系。在中央与特别行政区关系之间，行政长官是一个连接点，只有行政长官是特别行政区权力关系中的主导，能够做到承上启下、上通下达，中央才能通过行政长官对特别行政区实施管辖，特别行政区通过行政长官承担对中央的责任。因此，需要建立高度集中的行政长官负责体制，以避免政出多门。行政长官作为总负责人，对中央负责是全局性的。

（二）高度自治的需要

高度自治，即由特别行政区依基本法自行处理自治范围内的事务，特别行政区享有行政管理权、立法权、独立的司法权和终审权。高度自治权来源于中央授权，不是特别行政区固有的，正是基于授权原理，澳门特别行政区行政长官和主要官员由中央人民政府任命，行政长官和立法会产生办法的任何修改必须经过中央同意。由于澳门特别行政区是“授权自治”，因此应对授权者——中央负责。

行政长官由澳门具有广泛代表性的选举委员会选出，由中央人民政府任命，向中央负整体的责任。其根本原因是，虽然高度自治权是中央授予的，但中央人民政府不派官员管理特别行政区自治范围内的事务。且中央授予特别行政区高度自治权的范围极为广泛，是一般的地方政府甚至联邦成员政府都不能相提并论的。由于权力如此之大，如果没有一个总负责人，特别行政区内部各权力之间的关系无法协调，冲突和矛盾就会产生，影响“一国两制”和基本法的实施。如果设计成行政机关、立法机关、司法机关分别向中央负责将会造成互相推诿，最终可能出现无人负责的局面。所以，由行政长官对特别行政区全面负责，并代表特别行政区对中央负责，才能防止负责流于形式。

为了使高度自治的权力得以彻底落实，除了行政长官对特别行政区负责外，特别行政区立法、行政、司法机关都要各负其责，行政长官的总负责才能得以实行。虽然高度自治的权力来源于中央的授权，但中央不干预特别行政区自治范围内的事务，一旦发生行政与立法冲突，就必须建立新的机制，由特别行政区自行解决，如：澳门基本法第五十二条规定，行政长官可以以维护澳门整体利益为由，解散立法会，建立起由行政长官负最终责任的制度。

（三）行政主导的需要

特别行政区的行政主导体制是“一国两制”的实际需要。从“一国”来看，需要确保中央对特别行政区领导、特别行政区对中央负责。就制度而言，行政主导是当然的选择。特别行政区行政长官、政府主要官员由中央人民政府任命，对中央负责，对国家效忠，既能让中央放心，又能得到中央的支持。从“两制”原则来说，行政主导是政治体制发展的一种趋势，特别行政区也不可能例外，行政主导要比立法主导更能保持社会政局的稳定，提高行政管理的效率，从而促进社会经济的发展。

特别行政区行政主导政治体制克服了美国的行政权与立法权在法律上的过于分离产生的行政机关制约立法机关的手段不足，也解决了英国行政权与立法权合为一体产生的行政机关受制于立法机关的一些问题，产生了一种新的政治体制。

一方面，行政主导政治体制要求行政长官对中央负责，是实实在在的负责，如果不对中央负责，高度自治就等同于完全自治，特别行政区就可能成为独立王国，维护国家主权只是一句空话。

另一方面，行政机关、立法机关、司法机关必须各司其职，受行政长官的领导，或者受行政长官的监督、制约。事实上，立法机关议员的构成是多元的，立法机关通过的法律也是采用多数表决的方式通过的，在这种情况下，如果实行立法主导，立法机关的制度和运作方式难以做到对中央负责。因此，实行行政主导是确保对中央负责的选择，而行政长官负责制是行政主导的必然选择。

三、如何落实行政长官负责制

（一）行政长官对中央的负责是实质性的而非形式上的

在基本法的实施过程中，存在一种主张，总想让行政长官对中央的负责流于形式，反对实质性的对中央负责。有人认为，特别行政区既然实行高度自治，自行处理的自治事务还需要对中央负责吗？就算是基本法已经规定了负责，那也应该是一种形式负责、无实质内容的负责。

这种想法实际上是想排除中央对特别行政区的管治、中央对特别行政区的领导和监督，在实践中已经对基本法所规定的中央与特别行政区的关系造成危害。香港过去发生的事，值得借鉴。

第一，试图将中央对行政长官、主要官员的任命制度变成一种纯粹的形式和程序，剥夺中央的实质任命权。

有人认为，中央除外交、国防外，对特别行政区没有其他的实际权力，当行政长官在当地通过选举产生后，中央的任命只是走形式，主要官员的任命由行政长官提名并报请中央人民政府的任命同样是虚的，完全排除中央的决定权。在这种认识的支配下，行政长官产生办法是否修改、何时修改、如何修改都被视为特别行政区的自治事务，排除中央的参与。后果可想而知，中央既不能决定是否任命行政长官，又不能决定行政长官产生的办法，中央对特别行政区的领导、行政长官对中央的负责不就形同虚设了吗？这种主张是违反基本法的规定的，理所当然遭到全国人民代表大会常务委员会的否定。全国人民代表大会常务委员会在2004年4月6日通过了《全国人民代表大会常务委员会关于〈中华人民共和国香港特别行政区基本法〉附件一第七条和附件二第三条的解释》，对香港特别行政区2007年以后行政长官和立法会的产生办法中的一些有争议的问题作出解释，解决香港特别行政区内部的分歧。

第二，将中央依基本法规定行使职权视为侵犯特别行政区自治权加以反对。

这种想法认为，凡是特别行政区的行政、立法、司法事务，中央绝对不能触及和参与，哪怕基本法规定的中央应该行使的对特别行政区的领导和监督权，也一概反对。如，全国人民代表大会常务委员会解释基本法被视为干预司法独立。

按照基本法的规定，基本法的解释权属于全国人民代表大会常务委员会，后者对基本法享有最终的解释权。但是，考虑到法院在审理案件涉及基本法条款时需要解释，所以，全国人民代表大会常务委员会授权特别行政区法院在审理案件时对基本法有关自治范围内的条款进行解释，对基本法中有关中央管理事务及中央与特别行政区关系的条款也可解释，但在终局判决前，需提请全国人民代表大会常务委员会解释。法院的解释是授权解释，当法院的解释与基本法不符时，全国人民代表大会常务委员会作为基本法的最终解释者，有责任维护基本法的权威，保证基本法的正确实施，对基本法作最后解释。解释基本法是它的权力，也是它的责任。全国人民代表大会常务委员会的解释，并不是代替法院行使审判权，只是阐明基本法的含义，根本不存在干预法院审判的问题。打着维护法院独立的旗号，反对全国人民代表大会常务委员会解释基本法，实质上就是想剥夺基本法赋予全国人民代表大会常务委员会的权力，最终是要否定对中央的负责。

第三，把特别行政区政府与中央人民政府的沟通、咨询、协商视为出卖特别行政区高度自治。

基本法在处理中央与特别行政区的权力关系时，确立了一项原则，即中央与特别行政区互相之间需要沟通、咨询、协商。如，特别行政区在自行处理对外事务时，需要与中央协商，得到中央的协助或具体授权。特别行政区在发展经济、制定经济政策时，需要与邻近地区合作，也要与中央协商。即便是社会治安，都需要建立联系、通报、合作机制。事实证明，通过与中央的协商，在中央的安排下，特别行政区得到了支援，谋取了发展，对特别行政区有利，对国家有利，何乐而不为呢？特别行政区政府这样做是对中央负责的体现，我们应该明白，保持特别行政区的稳定、发展和繁荣是特别行政区的责任，也是中央的责任。如果特别行政区不能稳定、发展和繁荣，中央当然要干预。正如邓小平所说，干预不一定是坏事。不能笼统地担心干预，有些干预是必要的。要看此干预是有利于香港人的利益、有利于香港的繁荣和稳定，还是损害香港人的利益、损害香港的繁荣和稳定。

第四，干扰特别行政区履行对中央应尽的责任。

基本法第二十三条规定，特别行政区应自行立法禁止任何叛国、分裂国家、煽动叛乱、颠覆中央人民政府及窃取国家机密的行为……很清楚，特别行政区制定维护国家安全的法律是履行基本法规定的义务和责任，是对中央负责的具体体现。但是，一些政治势力公然反对立法，辜负中央对特别行政区的信任和对特别行政区原有法律制度的尊重，破坏了互相信任的基础，破坏了权利和义务、权力和责任的统一关系。如果可以视基本法规定的特别行政区义务为无物，那么对中央的负责怎么实现呢？

因此，试图虚化对中央负责的这种认识是十分有害的，它损害“一国两制”、“港人治港”、“澳人治澳”、高度自治。我们应该对此有清醒的认识。首先，它否定了中央与特别行政区的权力关系是授权与被授权的关系、监督与被监督的关系。特别行政区的高度自治权源于中央的授权，应该接受中央的监督，对中央负责。其次，它错将高度自治变成完全自治，不受中央约束。最后，它颠覆了权利与义务的统一，只要权利，不要义务，只讲自治权，不讲对中央的责任。

（二）行政长官对中央和特别行政区负责需要接受监督

在基本法的实施过程中，亦可以看到，社会要求行政长官对中央和特别行政区的负责应该受到必要的监督。所以，在坚持行政长官总负责、坚持行政主导的同时，不能放弃监督机制。

1. 加强中央对行政长官负责的监督

基本法中的行政长官对中央负责，只是原则性的概括，通过一段时间的实践，应该总结经验，逐步建立负责制的具体规范。

建议对行政长官向中央人民政府的述职制度，包括定期述职、述职的内容和范围、述职的形式、中央人民政府的评价、述职的公开性等规范化。通过规范述职制度，既可有针对性地制定支持特别行政区行政长官和政府工作的政策和措施，又可及时纠正工作中具有倾向性的问题，以免铸成大错，让述职成为对中央负责的一种正式的、庄重的制度。

2. 加强社会和立法会对行政长官负责的监督

行政长官负责制需要社会的监督，居民的批评、建议就是监督的具体体现。一方面，特别行政区政府设立的各种咨询组织、社会上的各种团体、新闻媒体，乃至于每一个居民，对特别行政区政府的施政都应该给予监督。另一方面，特别行政区政府增加施政的透明度，自觉地接受监督，形成双方的良性互动。在这个过程中，需要培养客观、理性的监督，不是谩骂式的、意气用事式的批评，更不应该为反对而反对。特别行政区政府需要检讨，居民也需要反省，共建责任和监督的和谐统一的制度。

社会的监督不可少，但权力对权力的制约和监督更需要加强。行政主导不是行政专权，也不是不受约束。行政主导要在监督下运行。按照基本法的规定，特别行政区政府受立法会的监督，对立法会负责。我们既不能随意扩大特别行政区政府对立法机关负责的范围，也不能放任特别行政区政府逃避立法机关的监督。监督的目的不是搞对抗，是为了更好地负责。基本法确立了负责和监督的制度，但是，这个制度如何运作是值得思考、需要摸索经验的。当前，社会比较关注的是特别行政区政府施政的公正和公平性、公共资源使用的合理性这两个焦点问题，相信这也是社会将长期关注的问题。对此，特别行政区政府如何向立法机关负责，立法机关如何进行监督，需要探讨具体的办法。我们已经看到，特别行政区政府正在为此自我完善土地的批给制度，包括建立旁听制、公开投标制等。对公共工程的批给，包括招投标程序的改革、社会效益的评价，都在完善过程中。而立法会也成立了相应的临时委员会跟进研究。实践证明，负责需要监督，监督促进了负责。

3. 加强责任政府的建设

澳门特别行政区以行政为主导，行政机关和公务人员扮演重要的角色。特别行政区政府须对行政长官负责，公务人员对行政管理相对人负责，最终和直接对澳门居民负责。负责制的最终目的之一，就是要建立一个以民为本、廉洁高效的责任政府。

特别行政区的责任政府应该能够吸引居民参与公共政策的制定，监督政府执行政策，对居民负责。所以，关键是明确责任。责任就形式而言可分为法律责任和政治责任。法律责任是指责任主体因违法而承担相应的法律后果，要求严格地依法行政。政治责任则不一定要违法才构成，只要责任主体在特别行政区政府工作中违反道德或政治上的约定、承担，均可构成政治责任。所以，要求特别行政区政府和官员有效地回应社会和民众的基本要求，并积极采取措施加以解决。在行使职责之前，要有所交代，向公众解释这么做的理由。在完成职责后，如出现差错或损失，应承担道义上、政治上的责任。所以，公共行政改革应该向着以下目标努力：

第一，消除政府部门之间的推诿。这几年特别行政区政府工作中存在的一些问题，居民意见比较集中的，都是发生在部门之间职责不明确、互相关联但又不愿负责的领域。所以，要建立政府部门之间的协调机制，消除官僚主义，消除多一事不如少一事、明哲保身不负责、不愿承担的习气。

第二，优化政府部门的工作程序，提供便民的优质服务。如果从居民对特别行政区政府工作的意见分析，比较多的问题并不是法律本身妨碍了工作效率，在许多情况下，从法律方面找原因仅是一种借口。以《澳门行政程序法典》为例，政府部门都依此法律办事，为什么有些公共服务部门工作效率高，有些就比较低，甚至没有结果？深入分析其原因，更多的是部门内工作程序、流程不合理，阻碍了工作的效率，再加上不负责任的工作态度，让居民感觉到办事难，产生对特别行政区政府的不满。所以，应该从内部优化工作程序开始，培养负责的精神，这样做将事半功倍。

第三，建立和切实执行奖惩分明的制度。我们不能采取无限上纲、动辄让官员下台的态度，但也不能姑息养奸、不处罚对工作不负责任的行为。我们不能说现行的法律制度没有奖惩的规定，但是，执行确实不足，引起了社会的反弹。对违法行政的行为，应毫不留情地追究法律责任。对负有领导责任而没有作为的，应该分不同情况进行相应的追究，包括调动岗位、降职、免职等处罚。只有这样，才能在政府部门和公务人员中建立起权力和责任相统一的奖惩制。

总之，通过特别行政区 10 年的实践，我们可以发现，我们应该继续坚持行政长官负责制，同时，也应该总结经验，不断完善行政长官负责制。

［本文收录于《腾飞的澳门：回归十年的回顾与展望》（政法卷），澳门理工大学出版社，2009 年］

论行政主导体制下的行政立法关系

一、研究和处理行政机关与立法机关的关系应该坚持两个基本点

1. 以保证行政活动合法、合理、有效为目的

行政机关与立法机关的关系是政治体制中的一个重要和基本的关系。这种关系主要体现在两个方面。第一，立法机关制定法律，行政机关负责执行法律。立法机关对行政机关的监督就是为了保障行政活动在法律范围内进行，做到依法、合法行政。第二，行政机关对社会进行管理，立法机关对行政管理进行监督。这样做是为了促进行政机关的活动能够合理、有效地实现社会的公共利益，做到行政管理的合理和有效。因此，立法机关对行政机关的监督就是为了使行政机关的活动能够实现合法、合理、有效，绝对不能偏离这个目的。

2. 以符合政治体制安排为前提

行政机关与立法机关的关系受政治体制的约束，不同的政治体制有不同的行政与立法关系。比如，人民代表大会制下的全国人民代表大会与国务院的关系是全国人民代表大会监督国务院，国务院对全国人民代表大会负责。英国的议会制下国会与政府的关系是政府对国会负责，受国会监督，国会可以对政府不信任，要求政府下台，但政府可以解散国会。美国总统制下的总统与国会的关系是，总统不对国会负责也不能解散国会，而国会对总统也无质询权、无不信任权因而不能要求总统下台。因此，必须在既有的政治体制下处理行政机关与立法机关的关系，不能抛开政治体制谈行政机关与立法机关的关系。否则，就变成重新设计政治体制的问题了。

行政机关与立法机关的关系会影响政治体制的运作。不论行政与立法的关系

如何，它终究是政治体制中的一部分，如果出了问题，政治体制运行就会困难，甚至停顿。比如，行政与立法冲突，就会出现政府的施政不畅——议而不决、决而不行，更严重的是使政府下台或议会解散，出现政治动荡、社会不稳，最终危及政治体制本身。

所以，研究和处理行政与立法的关系不能离开政治体制这个前提，也不能偏离有利于政治体制运行的目的。

二、立法会的监督权

1. 监督权的含义和界限

(1) 立法会的监督权是指立法机关对行政机关依法行使权力的行为进行监察与督促的权力。监督关系体现在不同主体和不同权力之间。如果同一主体（自身）行使同一权力就不是监督权，也就不存在监督的关系。因此，不要将监督权与立法权、决定权混为一谈。

立法会的监督权不同于它的立法权和决定权。如立法会制定法律，政府行使的是提案权，立法会行使审议、通过权，这种权力不是监督权，而是立法权，因而，立法会要由此负上政治责任。同理，政府提出财政预算案，由立法会审议通过，也是立法会的决定权，不是监督权。虽然，监督权可以渗透、配合立法权和决定权使用，或者两者交替使用，如，在立法过程中要求政府解释、回答质询。但是，两种权力的性质仍然是可以区分的，不能互相替代。批准权和决定权是自我实现的一种权力，而监督权是实现对其他主体权力制约的一种权力，如立法会对政府执行法律、执行预算的情况进行监督。

所以，不要把监督权强化为决定权，也不要将决定权弱化为监督权。要做到职权分明、各司其职。

(2) 立法会的监督权是一种公权力，立法会通过制约行政机关而获得基本法规定的监督权，议员因公职而获得基本法规定的质询权。所以，立法会的监督权作为公权力，必须由法律明确规定和授权，并具有强制性。这种监督不同于社会监督。社会监督是指居民的个人权利对公共权力的监督，如，居民对政府的批评式监督，社会监督不具有强制性的效力。

权力对权力的监督与权利对权力的监督之间的区别除了有无法律的强制力和法律的后果外，社会监督的范围和手段要远比权力监督的范围更广泛、手段更多样。政府的任何行为都可以成为社会监督的对象，社会可以采用不为法律禁止的各种手段监督政府。

所以，讨论立法会对政府的监督不要混同于社会监督，要求立法会像社会监督那样做到不受限制地对所有事项进行全面监督，既不符合政治体制的安排，也无能力做到，更不利于加强立法会的监督和制度建设。

2. 监督权中的质询权、辩论权、调查权

纵观世界各国议会的监督权，主要包含三个方面的权力，即质询权、辩论权、调查权。

质询权是议员对政府的政策和工作提出问题，要求政府改善。质询不同于咨询，不是了解问题，而是针对问题提出质问。质询权是议员个人的权利，质询不代表议会。所以，质询不需要议会同意。质询的对象主要指向政府总理和政府部长。质询的形式分为口头和书面两种。对一些质询可要求辩论，但有些质询不可辩论。质询的内容主要包括政府公共政策、社会重大事件、官员的行为。质询的后果可以导致议会辩论，在一些国家的政治体制下可以导致政府的下台。所以，有些国家法律要求质询需要一定数量的议员联署。

辩论权是议员与政府共同讨论公共政策的制定，通过辩论，监督政府的政策制定。辩论可以要求政府制定一项政策，也可以对政府拟议或制定的政策进行讨论。

调查权是由议会的专门委员会或成立的临时委员会对专门或特定的事项进行调查。调查对象为政府官员、社会组织。调查手段有听证、传唤、取阅资料等。

虽然，各国议会均有质询权、辩论权、调查权这三项监督权，但是权力却有大小之别。监督权的大小与政治体制的结构有关。在英国的议会制下，监督权是建立在政府由议会产生的基础上的，因此，议会对政府的监督权相对较大，议会有倒阁权，议员对政府官员有质询权。在美国的总统制下，由于总统不是由国会产生的，因此，国会对总统无罢免权，对政府官员也无质询权，但是国会有听证权，可以要求官员在听证时作出解释。

3. 讨论澳门特别行政区立法会的监督权，不能离开特别行政区的政治体制

澳门的政治体制与英国不同。基本法规定，立法会听取行政长官的施政报告并进行辩论，就公共利益问题进行辩论，立法会议员对特别行政区政府工作提出质询。虽然立法会监督权中的质询权、辩论权、调查权与上述国家议会的监督权

的名称相同，但具体的形式和内容不同。由于特别行政区政府并非由立法会产生，特别行政区政府对立法会负责有范围的限制，立法会不能对特别行政区政府投不信任票要求特别行政区政府下台，立法会的质询、辩论、调查也不能导致主要官员的罢免。两者监督权的法律效力和后果明显不同。虽然特别行政区政府不是由立法会产生的，但需要向立法会负责，立法会享有对特别行政区政府的质询权等，特别行政区政府也应该自觉接受立法会的监督。基本法的这种安排与行政主导的政治体制有关，既要受立法会监督，体现权力之间的制约，又要实现行政主导，监督需要有适当的范围，监督的权力也要有限度。

4. 加强立法会监督权不等于扩权或重新分权

立法会的监督权需要加强，但不能将监督权变相扩展为控制权和管理权。

控制权实质是批准权，当立法会行使控制权时，原本对行政管理的行为进行监督，就变成了对行政管理行为的批准。这时，由于立法会的角色发生了变化，从监督者变成了决定者，它不再是监督别人，而是应该受他人监督，因为决定者本身同样面临着是否有滥权的问题需要接受监督。

管理权是亲力亲为处理行政事务，如果立法会将监督权变成管理权，亲自处理行政事务，对自己管理的事务当然也就不适合自己监督，何况立法会的运作方式也不适合管理。

所以，加强立法会对行政机关的监督，应着重在监督上下功夫，如果离开这个中心，不适当地增加其他权力，或者将监督权改变为其他权力，不仅不能加强监督，反而削弱了监督，甚至产生新的不受监督的情况。从整个政治体制上说，这就变成了没有监督者，是十分危险的。

因此，立法会监督的角色定位一定要清晰。比如，主张立法会不仅要决定财政预算，而且要求执行财政预算过程中的每一项支出都要经立法会批准，从权力的属性上说已经不是监督权的范围，而是决定权的范围，是要求重新对行政权与立法权进行一次权力再分配。核心问题不是特别行政区政府要不要接受立法会的监督，而是特别行政区政府现有权力应该不应该转移给立法会。从本质上说，这涉及制度安排，需要慎重考虑。

5. 加强监督权，重在用好基本法已经规定的权力

基本法规定立法会和议员有质询权、辩论权、调查权。当前应该探讨如何改善运行中的问题。

关于质询权，应该在质询的质量上下功夫，提高水平，包括议员的质询和特

别行政区政府的回复两个方面。议员问题问得好是提高质询质量的基础，这需要做好调查研究工作，有事实，有理据。在这个基础上要求特别行政区政府答复不能敷衍了事。为此，立法会可以考虑订定一定的条件，如属重大事件、社会普遍关注的问题、有一定数量议员联署的质询，可以进行质询的辩论，取得监督的效果。

关于辩论权，要本着公共利益的原则，提出公共利益政策的辩论。澳门有不少社会关注的公共政策是可以辩论的，适当增加次数是可以做到的。但是，立法会应该形成一种文化，议员也应该自律，尽量避免提出谋取团体政治利益或取悦部分选民偏好的辩论议题，因为对这种辩论议题议员之间本身也不易达成共识，最终妨碍了立法会辩论的进行。

关于调查权，对社会关注的政府行为的重大事件，确有需要就应该行使调查权，查明原因，吸取教训，制定措施，防止再犯。

三、立法会监督的对象

（1）政府行为受监督。

根据澳门基本法第六十五条的规定，特别行政区政府对立法会负责，政府的行为自然受立法会监督。澳门基本法第七十一条规定了立法会的职权，立法会可对行政长官的施政报告进行辩论，对公共利益问题进行辩论，弹劾行政长官。澳门基本法第七十六条规定，立法会议员有权对政府的工作提出质询。所以，特别行政区政府的工作受立法会的监督。

（2）行政长官作为特别行政区政府首长的行为（或领导特别行政区政府的行为）受监督。

行政长官代表行政权作出的行为，属于行政活动的范畴，如，决定特别行政区政府的政策，发布行政命令，代表特别行政区政府处理对外事务等行为，应该受立法会的监督。

（3）行政长官还有另一个重要的身份，他是特别行政区的首长。

作为特别行政区的首长，其行为受不受立法会监督呢？比如，行政长官负责实施基本法的行为，签署立法会通过的法律的行为，行政长官提名主要官员的行为，委任部分立法会议员的行为，任免行政会成员的行为，任免司法官的行为，执行中央人民政府就基本法规定的有关事务发出的指令的行为等。基本法并没有赋予立法会对行政长官行使上述职权进行监督的权力。所以，不能笼统地讲立法会对行政长官进行监督，否则，就会扩大立法会的监督范围，不符合基本法的规定。虽然如此，并不妨碍社会的监督，居民、团体可行使权利对行政长官行使权力进行监督，如批评、发表意见等。

四、立法会监督的形式

议会的监督主要有两种形式。一种是主动式，又称巡警式，即立法机关如同巡逻的警察一样，积极主动地审查行政机关的行为，以查明其是否违反授权目的，并对违法的行为采取一定的补救措施。另一种是被动式，又称报警式，即立法机关无须主动审查行政机关的行为是否违反授权的目的，而是通过建立一套规则、程序以及非正式的惯例，赋予单个公民和有组织的团体一定的权利，使他（它）们可以审查、检举、揭发行政机关的违法行为（包括预期违法行为）和其他目标偏离行为，立法机关或其他国家有权机关根据公众的报警而采取一定的补救措施。这两种形式各有长短，前者主动，但未必有能力事事监督；后者被动，但针对性强，监督相对有效。

结合澳门立法会的情况，以哪一种形式为主？如何具体运用这两种形式？

巡警式监督和报警式监督的倾向明显不同，巡警式监督要求事前监督，所以容易导向参与行政权的决策，结果有可能出现立法会监督的角色要么减弱要么消失。报警式监督属于事后监督，重在对行政决策过程的监督，而不是参与决策，始终保持监督者的角色，有利于实现权力分工、互相监督的原则。所以，笔者主张以报警式监督为主、巡警式监督为辅。当前，立法会对特别行政区政府的监督确实需要加强，但不能因此走向了另一个极端，在社会不断要求加强立法会对特别行政区政府监督的时候，导致立法会过度采用巡警式监督。如果特别行政区政府不接受事前监督，就被指责为不尊重立法会，逃避立法会监督，引致行政与立法的对立，这样做，长远而言，对改善行政与立法的关系并不会有益。

当然，做好报警式监督（事后监督），特别行政区政府务必要作出努力，在态度上，要主动和自觉地与立法会沟通，接受立法会监督；在做法上，要提高决策和施政的透明度，让议员和居民有充分的知情权与表达意见的参与权；在对监督结果的处理上，要及时纠正过错，承担相应的责任。

五、立法会监督的关注点

1. 监督的共同基础和目的——为了公共利益

行政权与立法权的区别，在政治体制中仅仅是分工不同、角色不同。但是，服务社会的任务相同。虽然它们之间存在监督与被监督的关系，但是其目的都是实现公共利益。

所以，监督的出发点和归宿应该以公共利益为依归，既不是为议员个人或集团利益服务，又不是争取立法会自身的利益。一旦偏离公共利益这个目标，监督就难以取得效果，争议也就会不断。假设议员的质询是为了一已的利益，那么就不会得到社会和公众的支持，从而影响立法会对特别行政区政府的监督效果。

同样，对选民交差式的监督、为监督而监督，追求质询的数量、轻视质询的质量，也达不到监督的目的。

2. 监督的定位与取态——为了改善政府的工作

立法会对特别行政区政府的监督，挑刺少不了，忠言逆耳不可避免。这是正常的，为的是惩前毖后，不是为了置人于死地。只有这样，监督者与被监督者之间才能建立自觉的合作关系。

对澳门特别行政区而言，特别行政区政府与立法会之间的监督，由于不是执政党和在野党的竞争关系，因此立法会对特别行政区政府的监督不是对抗，而应是制约，通过制约最终互相配合。对此，特别行政区政府不应认为立法会监督是搞对立，立法会也不应利用监督搞对抗。双方要有基本的立场和认识，监督是为了更好地施政为民，不是为了互相取代、轮流执政。特别行政区政府不必担心监督有损权威，议员也不要对特别行政区政府的过失幸灾乐祸。笔者认为，特别行政区应该、也更有条件建立制约式监督，而不是对抗式监督。对抗式监督是博弈的零和游戏，一方赢，一方输，轮流执政。制约式的监督是双方共赢，特别行政区政府在立法会监督下改进工作，提高效率，为居民提供更好的服务，而立法会在监督中发挥了纠错的功能，起到了保障依法行政、保障居民合法权益的作用，确立了政府应有的公信力和地位。因此，在制约式的监督过程中不宜采用竞争式监督的一些不适合澳门行政立法关系的夸大问题、无限上纲，攻其一点不及其余等手段。

所以，立法会的监督只要始终坚持为了公共利益、为了改善政府的工作这两个关注点，就会取得良好的成效。

（本文收录于《基本法与澳门特别行政区的第二个十年》，澳门基本法推广协会，2010 年）

论行政立法关系中的监督权

澳门社会呼吁立法会加强对特别行政区政府的监督，立法会及其议员也要求监督特别行政区政府，特别行政区政府本身也认为应该接受立法会的监督。看似三个方面都认同和接受监督，但是，对监督是否有一致的理解，是否有同一的标准，事实上并没有形成共识。所以，出现了对监督各种各样的理解。如，社会上的一种理解是，只有立法会能够否决特别行政区政府的决定才算得上是监督，不能否决特别行政区政府提出和实行的政策，就是没有监督。立法会议员中也有类似的理解，认为特别行政区政府的政策需要立法会批准，才称得上监督，如公共工程批给应该在立法会同意后才能执行，否则，就是没有监督。特别行政区政府则有自己的理解，认为向立法会解释或释疑就是接受监督，如回复质询、听取立法会意见后调整或修改政策就是接受了监督。因此，面对上述纷争，如果不先解决对“监督权”的理解，即什么是监督权、监督权的内涵是什么、监督权的具体内容有哪些，以求共同认识，那么在实践中就无法解决立法会监督权的问题，无法改善立法会对特别行政区政府的监督，也无法改善行政与立法之间的关系。没有统一的标准，也就没有共同的话语，自说自话，当然难以寻求共识。大家认同特别行政区政府需要立法会监督，基本法也规定了立法会的监督权。那么，我们要的是什么样的立法会监督？回答这个问题，就要从“监督权”这个最根本的问题讨论起。

一、“监督权”的定义

1. 关于“监督权”的不同解说

关于什么是立法会的监督权，在学理上确实有不同的理解，主要存在“广义监督权”与“狭义监督权”之分。

（1）蒋劲松在《发达国家议会监督权的“六大看点”》一文中介绍说，发达国家议会对这个问题大体上持两种看法。一种是将监督权与立法权严格区分开来。英国议会就持这种观点。立法权旨在决定政府的政策；监督权则用来对政府实施法律的活动进行调查和督促。另一种看法是将立法工作与监督工作统一起来。比如，德国议会的监督权已经有意识地渗透立法权。质询、议员与部长进行的热点问题一小时辩论、调查委员会的调查等当然都体现了议会的监督权；议会对政府法案所进行的审议活动也不是单纯的立法活动，而是被赋予了监督的含义。刘德学在《论行政主导体制下立法会的监督制约职能》一文中指出：“从比较法上看，不论是采取‘议会内阁制’的国家，还是采取‘总统制’或‘半总统制’的国家，其议会所承担的职权都可以分为两大类，一为立法方面的职权，二为监督方面的职权，尽管不同国家在议会活动中对此所作区分不同，但无论如何，从议会在政治体制中的职能和作用出发，都可以分为立法职权和监督职权。因此，对于立法会所享有的监督制约职权的范围，如果采取实质的标准，将监督制约理解为议会对政府的行政活动采取宪法规定的牵制或控制措施的可能性，就可以将立法权限之外的其他职权都包括在监督制约权限的范围之内。听取施政方针的报告与辩论、公共利益问题的辩论固然属于监督制约权限的范围，而对政府工作的质询权、听证权、弹劾权，甚至是处理市民的请愿权均可归结到监督制约职权的范围之内。”

所以，广义监督权主张，立法机关除立法权之外，其他权力都属于监督权。

（2）马岭在《议会预算议决权的性质分析》一文中介绍说，有学者将议会的财政权放在立法权中加以论述。也有学者认为它属于议会的监督权，如将议会议决预算、决算等权力视为一种财政监督。还有学者将其定性为决定权，如议会对于政府所提预算有决定之权力，则为预算议决权，认为预算权是与立法权和监督权并列的，同时也是独立于它们的议会三大职权之一。还有学者认为议会的财政权具有立法权和监督权的双重属性，它既有立法权的性质——因为国家财政预算与征税方案一般采取特别立法的形式，又有监督权的性质——因为议会对行政预算和拨款的控制也意味着对行政权力本身的控制。但是，马岭认为，当今世界各国议会的权力除了立法权、监督权、任免权之外，还有一项为“重大问题决定权”。决定权不像议会立法权那样属于事先确定抽象规则，也不像议会监督权那样属于事后进行具体监督，既不是对政府权力行使前的约法三章，又不是对政府权力行使后的验收检查，而是自己直接行使权力——直接对某一具体的重大事务作出决定。

所以，狭义监督权主张，立法机关除立法权和监督权外，还有决定权，监督权不能包含其他权力。

2. 关于“监督权”概念界定的标准

那么，应该采取广义监督权还是狭义监督权的说法呢？笔者认为，在决定采取哪一种说法前需要处理两个问题。

（1）“监督”与“制约”概念的区别。

从权力分立的角度说，立法机关的权力都是用于对政府的制约，均可视为制约的权力。但是，制约的权力又可以分为若干性质不同的具体的权力。比如，立法权与监督权，虽然两者都属于制约权，但立法权不能等同于监督权，反之亦然。所以，从逻辑关系上讲，立法权、监督权也不能等同于制约权。制约权是大概念，即属概念。立法权、监督权是制约权下的种概念。监督权是制约中的一项权力。制约权是抽象的权力，监督权是具体的权力。如立法会的职权均可以理解为对政府的制约，但制约的权力并不能都归为对政府的监督权。所以，对“监督权”不应该从制约的意义上理解和界定。

（2）“广义监督权”概念与“狭义监督权”概念的区别。

广义监督权的概念和狭义监督权的概念可以同时存在。但是，“广义监督权”的概念，即将“批准权”“决定权”包括在“监督权”之中，并不能否定“狭义监督权”概念的存在，原因是只要进行深入的分析，就会发现，广义监督权是一个抽象的概念，一旦要求具体列出监督权的内容，按照广义监督权的定义就必须说出“批准权”“决定权”“质询权”“辩论权”“调查权”等。然而，这些权力之间是有差别的，基本可以分为两类。一类是一个主体行使自身的权力对另一个主体行使的权力进行监督，是在两个主体之间形成的权力关系，如“质询权”“辩论权”“调查权”。另一类是单一主体无须依赖其他主体同意或合作，可自行解决问题的权力，如“批准权”“决定权”。它们之间的差别是，作为“监督权”，既不能决定监督对象可否行使权力，又不能否定监督对象行使权力。“监督权”不能决定事项本身，但可以监督所决定的事项是否好坏。监督权是对另一主体作出的产生效力的行为的监督。监督权是对政府事项的监督，不是对自己事项的监督。而“决定权”“批准权”则可以对自己事项作出有效力的决定。所以，“监督权”与“立法权”或者“批准权”“决定权”不仅在提法上有区别，内容上也是不同的。

笔者认为，“监督权”与“决定权”至少有如下区别。

第一，主体不同。“监督权”是一个主体对另一个主体所作出的制约的行为。监督权涉及两个不同主体之间的权力关系，是他律。而“批准权”“决定权”是一个主体自身作出的行为，是自身如何行使权力的问题，是自律。

第二，性质不同。“监督权”是一种双方合作性质的权力，由于不是自己作出决定，而是监督他人作出决定，因此需要被监督主体接受、认同才能产生实际的效果。而“批准权”“决定权”是一种排他权，无须其他主体接受或同意，就能自主地对事项单方面作出处置。

第三，效力不同。“监督权”不能直接改变或否决另一个主体制定的政策。而“批准权”“决定权”直接决定政策是否通过、执行的命运。

第四，责任不同。“监督权”并不承担政策失误的直接责任，充其量是承担监督不力的间接责任。而“批准权”“决定权”需要承担直接的决策失误的责任。

（3）采用“狭义监督权”概念更有实际意义。

为解决行政与立法关系，采用狭义监督权概念更有实际意义。广义监督权概念偏重于从行使权力的目的角度解释监督权，狭义监督权概念是从权力性质角度解释监督权。前者容易导致监督权界线的模糊，因为从目的角度看，甚至可将为政府行为确立规则的立法权也视为对政府的监督。然而，“议会的监督权主要是针对政府的，但议会主要针对政府的权力除了监督权以外，还有决定权（表现为议会决定，政府执行），所以我们不能仅仅因为预算议决权是针对政府的就认定它属于监督权。”① 采用狭义监督权概念，能够比较精准地限定监督权的范围，清楚地区分决策（立法权、决定权）与监督（监督权）的差别。因为决策权与监督权是两种不同性质的权力，既不能互相取代，又不能互相否定。

可以用下图表示制约、监督、质询之间的关系：

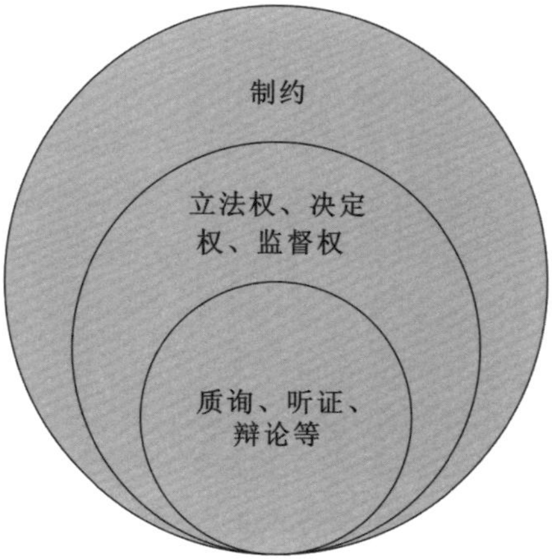

① 马岭. 议会预算议决权的性质分析. 2012-07-20［2020-09-03］. http://www.aisixiang.com/data/55612-2.html.

二、监督权的作用和目的

基本法规定了立法会享有监督权，它希望立法会行使监督权发挥什么作用?达到什么目的?就此，也有不同的理解和期望。

关于立法会监督权的作用和目的，经常可以听到一种议论，认为立法会对特别行政区政府监督不力或缺乏监督。其论述如下：第一，举例说明特别行政区政府的政策包括公众意见比较多的公交优先计划可自行推行，公共工程不经立法会审议特别行政区政府可以批给等。总之，特别行政区政府单方面作出决定，不受立法会限制。因为不受限制，所以，就没有监督。第二，分析立法会监督不力的原因是，立法会没有对这些事项的批准权力，监督无能为力。第三，解决立法会监督权方面的问题就是应该赋予立法会对这些事项的审议和决定的权力。这种议论提出改善立法会监督权的意见，就是扩大立法会的决策权，如批地、公共工程、专营合约等。将监督权的作用定为否决或批准特别行政区政府的决策。其实，这是对监督权的作用和目的的一种误解，对监督权赋予了不恰当的期望。

我们应该将监督权的作用回归本位。

(1) 监督权的作用在于纠错和问责。

监督权的作用：第一，事前监督，防止政府滥用权力；第二，事后监督，纠正决策和工作失误；第三，追究失误的责任，发挥监督的效力。纠错是对政策进行纠正，或补救，或完善。问责是对政策重大失误者进行责任追究。纠错和问责这两个方面是各国议会对监督权作用的普遍认识。研究法国议会的一位专家写道：“借用肯尼司·威尔爵士（Sir Kenneth Wheare）的话来说，现代议会最重要的角色是，‘让政府循规守矩’。民主人士仰仗议会来保证行政机构时刻受到监督，没有滥用权力。”

衡量立法会是否做好了监督，不能简单化为一个等式，即政府接受立法会意见就是实现了监督，不接受立法会意见就是没有监督。其实，监督权的性质决定了监督并不是以政府服从立法会意见为唯一结果，如果政府对立法会监督只能唯命是从，那么，政府与立法会的关系就变成了服从关系，而不是监督关系。立法会行使监督权，表明了立法会对所监督的事项有自身立场和看法，但立法会的看法并不能与正确画上等号。所以，监督有三种可能的结果：第一种是政府接受监督，改进政策。第二种是政府坚持已经制定的政策。第三种是立法会接受了政府的政策解释。只要合理，监督的三种结果都是可以接受的。但是，立法权、决定权与之不同，澳门基本法已经明确规定，特别行政区政府要执行立法会通过的法律，立法会一旦通过法案，包括财政预算法案，特别行政区政府就必须执行，没有其他选择。这就是监督权与决定权、批准权的最大分别。

（2）监督权不能取代决定权。

如上所述，监督权与批准权、决定权的主要区别在于监督权是监督别人的决策，批准权、决定权是自己作出决策。如果将监督权的作用与决定权的作用混为一谈，将出现逻辑上的错误。加强立法会的监督权就是扩大立法会的批准权和决定权。特别行政区政府接受立法会监督，就是要交出政策的决定权。显然，这个结论是不妥当的。事实应该相反，加强立法会监督权不是重新分配权力，将监督权变为决策权。特别行政区政府接受监督也不意味着放弃决策权。加强立法会的监督权，不应该引起立法会与特别行政区政府之间决策权力的此消彼长。否则，行政与立法之间不是监督的问题，而是扩权和限权的问题。

（3）对审核通过预算权的理解。

我们在讨论立法会监督权的作用和目的时不能回避一个问题，即立法会的三届主席所提出的问题。曹其真主席提出，立法会对政府的财政监督仍然相对薄弱，对政府收支状况以及重大公共工程的开支监督因没有有效机制而无法进行。立法会既然有权批准政府的财政预算案，包括当中每一开支项目的具体通过，就完全有权对项目应否及为何追加开支加以批准控制。刘焯华主席表示，目前澳门（特别行政区）政府只需立法会通过财政预算总数，在执行过程中可以不经立法会直接修改预算，将一个项目预算经费挪到另一个项目，只要总数不变。所以，应该修改《预算纲要法》。贺一诚主席指出，政府涉及数千万元的重大开支交立法会审议，但预算批准后，项目之间的挪用就成为最大漏洞，超支难以控制。过去两位主席再三强调专款专用，预算不足可再向立法会申请，不可以挪用，只要规定一个项目用一个资金，问题将迎刃而解。三位立法会主席所提出的问题，实质上是立法会应不应该享有对预算执行过程中所作修改的批准权。从权力的属性讲，这已经不是监督权的范畴，属于批准权或决定权的范畴。如果以加强监督权的名义来解决这个问题，不仅理由成为争议的问题，而且在实践中会困难重重，行政与立法难以达成共识。因为如果将监督权包罗万象，把什么权力都装进监督权这个篮子，为了监督就可以享有批准和决定的权力，那么，政府必然担心政策的决定权会不会因此受到不断地压缩，徒增政府的忧虑。

所以，应该回归问题本身，讨论澳门基本法第七十一条第二项立法会职权“审核、通过政府提出的财政预算案”是否包括审核通过预算执行过程中对预算的调整。

虽然在这个问题上，特别行政区政府与立法会的立场有所不同。但从澳门基本法规定的角度看，留有一定的探讨空间。目前的意见可以归纳为三种解决办法。第一种是明确预算执行达到一定金额的项目由立法会审核批准。第二种是预算项目资金挪用于其他项目由立法会审批。第三种是预算执行需要变更时特别行政区政府应向立法会报告，把接受质询、辩论作为一个必要的程序。前两个方案是要明确审批权限属于立法会，第三个方案是要加强立法会监督权的使用。笔者认为，这些方案都是可以探讨的。既可以从权限划分上探讨解决办法，明确权限归属和范围，又可以从监督程序上进行完善，设定必经的审议程序，从而达到监督的目的。

三、加强监督权的措施

1. 加强立法会监督权，政府应该主动配合

曹其真主席认为，讲立法与行政之间的配合，从来都是双向的而不是单向的。毫无疑问，立法会应服从并服务于行政主导的大局，着重维护行政长官及其领导的特别行政区政府所具有的权威与职权，全力配合政府施政，但另一方面，特别行政区政府也要尊重立法会享有的职权，着重维护立法会应有的独立性和法律地位，主动配合立法机关的工作。做好立法会的监督工作，特别行政区政府应该主动接受监督，改变被社会认为与立法会配合不足、消极接受监督的印象，秉持合作态度，加强政策制定和执行过程中与立法会的合作，接受监督。

特别行政区政府应该做好三个环节的工作。第一，事前沟通，即在向立法会提交重大议案、法案前，与立法会通报情况，非正式交换意见，通过沟通吸收有益的意见。第二，事中沟通，在立法会审议政府政策时，特别行政区政府应该详尽介绍政策背景和政策意图、目的，提供立法会审议讨论时所需要的资料，并做好政策的解释工作，争取立法会支持。第三，事后沟通，特别行政区政府在必要时对执行政策和法律的效果、遇到的问题通报立法会，总结经验，有利于特别行政区政府与立法会继续合作。

2. 加强立法会监督权，必须善用监督权

立法会的监督工作主要集中在两个基本方面。

（1）对特别行政区政府决策方面的监督。

对特别行政区政府施政方针政策的辩论和对公共利益问题的辩论是监督政府决策的主要手段，立法会应该善于运用。邓志强议员认为，立法会加强对特别行政区政府的监督需要考虑将立法会“就公共利益辩论实行制度化”。给议员加强对特别行政区政府监督和反映民意的好渠道，亦代政府官员向立法会讲清楚政策和施政的制度。所以，对施政方针的辩论和对公共利益问题的辩论可以探讨一些新的形式，检讨现行的议事规则有没有需要改进的地方，考虑采用更有利于达到辩论实际效果的方法，不应满足于为辩论而辩论，通过辩论能够帮助特别行政区政府作出正确的决策。

（2）对特别行政区政府执行政策方面的监督。

第一，要提高质询的质量。虽然立法会的质询数量逐年增加，但仍然不尽如人意，其原因是多方面的，但不可回避的一个问题是，质询的质量应该提高。什么是好的质询，议员们应该思考。努力提升质询的水平，指出政府工作中的问题要有事实根据经得起检验，要有充分的理由经得起辩论，要指出改进的条件和可能经得起实践。如果质询的问题不虚不实，可以作多种理解，通常达不到让特别行政区政府改进的目的。如果质询仅仅是简单的批评和指责，没有建设性办法，那么，不会产生实际的效果。

第二，加强对特别行政区政府的问责。权责相符是政府依法行政的原则，如果滥用权力则要承担相应的责任。问责是立法会监督中的应有之义。现在最需要的是取得共识，什么事和行为应该问责，什么不应该问责，弄清楚问责的标准。这一点特别行政区政府和居民都应该思考和探讨。问责不能简单化，问责也不等于让官员下台。问责的首要目的是提高官员的责任心，其次才是承担责任、追究责任。问责的标准应该是客观的，所谓客观，就是能够用事实证明过错，不能采用主观的价值判断。社会的利益是多元的，每一项政策总是反映和保护某种利益，或者是对多元利益作出一种平衡，但未必能得到一致的认同和接受。为此，在问责标准上，不宜以某种价值标准作判断，应该坚持客观过错标准。澳门在建立官员问责制度的初期，可以考虑从社会与公务人员能够取得共识的基础方面开始。一是按照依法行使职权标准，对违法滥用权力、滥用自由裁量权的行为追究责任。二是按照法定程序处理公务的原则，对程序过错行为问责。三是按照尽忠职守原则，对执行政策不力的不作为问责。总之，社会既要完善官员问责的制度和程序，又要有理性、健康的问责文化配合。

（3）加强委员会的作用。

如同一位专家所言，专门委员会使得议员可以对部长们提出一系列的质询和问题，比在质询会议或议会开会期间辩论提出的问题更加详尽。专门委员会可以要求相关政府部门或者专家提供书面信息，可以使议员们从行政机构的首脑那里获得信息，并且可以传唤政府首脑，要求其解释说明政策行为。事实上，澳门立法会在这方面也有成功的例子。曹其真主席在总结十年立法会工作时特别提到立法会成立的两个临时委员会，即公共财政事务跟进委员会和土地及公共批给事务跟进委员会就相关问题邀请特别行政区政府代表介绍情况、分析问题及采取措施，起到亡羊补牢的积极作用。所以，立法会应该在此经验的基础上，加强委员会的工作。立法会的委员会除了审议法案外，还可以考虑就一些专门事项进行讨论和听证，发挥监督特别行政区政府工作的作用。

（本文发表于《“一国两制”研究》，2014 年第 1 期）

完善澳门法院解释基本法的程序

一、解释权与解释程序的关系

澳门基本法第一百四十三条对基本法的解释权作出了明确的规定。

第一，规定了享有解释权的主体。首先，明确基本法的解释权属于全国人民代表大会常务委员会。其次，经全国人民代表大会常务委员会授权，法院也可以解释基本法。所以，全国人民代表大会常务委员会和澳门法院可以解释基本法。

第二，规定了澳门基本法解释权的分工。在确认全国人民代表大会常务委员会对基本法享有解释权，即对基本法所有条款可以进行解释的条件下，对哪些属于全国人民代表大会常务委员会主动解释、哪些属于法院自行解释、哪些需要法院提请全国人民代表大会常务委员会解释作出了规定。法院只能就自治范围的条款自行解释，凡涉及中央管理事务、中央与特别行政区关系的条款，需要提请全国人民代表大会常务委员会先行解释，法院必须以全国人民代表大会常务委员会的解释为准。

所以，基本法对解释权的规定是清楚的，对法院行使解释权的主体和范围也是清楚的。澳门的各级法院均可解释基本法，法院解释基本法只能限于自治范围的条款。涉及自治范围外的条款要提请全国人民代表大会常务委员会先行解释。但是，法院在行使解释权的时候遵循什么程序？对这一点，基本法本身并没有涉及。目前仅仅按普通司法诉讼程序进行。所以，产生了一些问题。解决这些问题，出路是设置法院解释基本法自治条款的特别程序。

设置基本法解释的特别程序有可能性和必要性。

从可能性讲：

第一，基本法留有余地。基本法只是规定了法院享有解释基本法自治条款的实体权利，并没有规范解释基本法的程序权利，这就为设置解释基本法的特别程序留有进一步规定的空间。

第二，特别行政区诉讼法律可以修改。《澳门司法组织纲要法》第十六条第三款规定：“诉讼法律规定澳门各级法院在何种情况下获赋予管辖权及行使《澳门特别行政区基本法》的解释权。”这说明法院如何行使对基本法的解释权由诉讼法律规定，所以，可以通过修改现行的诉讼法律，设置基本法解释的特别程序，保障诉讼程序中的当事人、参与者有相应的程序权利。

从必要性讲：

第一，保障诉讼当事人和参与者权利的需要。法院是在审理案件时对基本法进行解释，而案件审理中除了法官之外，还有法律纠纷中的当事人，刑民事案件中还有检察院参与。而基本法的解释将会影响案件的结果，涉及当事人的利益，涉及检察院对法院依法行使监督的职权。但在现行的普通诉讼程序中涉及基本法解释时，诉讼程序并没有赋予当事人和检察院相应的权利。所以，应该赋予他们参与解释基本法自治条款过程中的程序权利，如，享有提出解释基本法自治条款的上诉权。

第二，统一法院解释的需要。完善法院对基本法解释的程序，可以使法院解释基本法能够更加严谨和权威。在目前的普通诉讼程序中，各级法院均可解释基本法的自治范围条款，体现了灵活性。但是，在各级法院分散解释的情况下，如果出现了不同的解释，又没有最后统一解释的机制，将有损法院解释基本法的权威。而目前的诉讼程序就存在这个漏洞。所以，需要保留各级法院分散解释的情况下，遇有争议时最终能够由终审法院统一解释，是十分需要的。

二、法院与检察院的关系

《澳门司法组织纲要法》第五十六条规定：“诉讼法律规定检察院在何种情况下行使监察《澳门特别行政区基本法》实施的权限。”法律的这种规定让检察院对法院解释基本法自治范围的条款提供了合法性基础，也让检察院对法院解释基本法自治范围条款产生一定的制约作用。

然而，现行的澳门诉讼程序中并没有检察院对法院解释基本法享有具体的监察权的内容，这是一个缺陷。如，初级法院在审理一起民事案件中，对基本法有关自治范围的条款作了解释，如果没有上诉，法官的解释就是最后的解释，哪怕法官的解释是错误的，在司法诉讼程序上也没有办法纠正，上级法院或终审法院也没有办法介入。所以，要防止这种情况的发生。根据《澳门司法组织纲要法》的规定，应将检察院的监察基本法实施的职能具体化，即赋予澳门检察院在司法诉讼程序中，可针对法官解释基本法的异议，向上级法院提起诉讼的权力。对司法诉讼程序的这一修改，简单又易行。一方面，检察院提出上诉当然需要说明理由，也就为上级法院解释基本法提供不同的意见，让法官更全面地审视基本法的规定，作出正确的解释。另一方面，这种安排，既尊重司法诉讼程序由法院主导、最终由法院解释基本法自治范围的条款，又落实了检察院行使监察基本法实施的职能，是一种平衡的安排。

三、各级法院解释与终审法院解释的关系

目前的澳门司法诉讼程序不能保证终审法院在澳门法院系统内享有基本法自治范围条款的最后解释（终审法院的解释不妨碍行政长官按照基本法规定，在司法程序结束后，提请中央人民政府对基本法条款的解释）。虽然理论上终审法院在澳门的司法诉讼程序中应该有对基本法自治条款的最后解释权，但事实上，下级法院如果是终局判决又没有上诉，终审法院无法解释基本法自治范围的条款，使得终审法院在解释基本法程序中缺位，也不能树立终审法院解释基本法的权威，结果出现了一些矛盾的现象。

要纠正和避免这种现象，只有让终审法院对基本法自治范围的条款作最后的解释才能做到。所以，一方面，按照基本法的规定，各级法院在审理案件时可以解释基本法自治范围的条款，以利于案件的审理。另一方面，要保障法院系统对基本法自治范围条款的解释是统一的，而能够胜任统一解释任务的只能是享有特别行政区终审权的终审法院。所以，在澳门司法诉讼程序中应该规定，凡涉及法院在审理案件时对基本法自治条款作出了解释，而该解释实质影响案件判决的结果，可就解释争议上诉到终审法院，由终审法院对案件作出终审判决。换言之，第一，对基本法自治范围条款的解释作为上诉的缘由必须是实质性地影响案件判决结果的解释，而不是一般性的解释或说明，这样可以排除不必要的上诉或故意找理由拖延判决的上诉。第二，此种上诉就不受原先审判管辖的限制，可上诉到终审法院。由于法院涉及对基本法自治范围条款解释的案件不会多，对终审法院而言不会增加过多的工作，相反，这种安排却可保证终审法院在法院系统解释基本法自治范围条款的权威，是值得的。

其实，让终审法院在司法诉讼程序中行使对基本法自治条款的最后解释权的安排，也是世界上普遍的一种做法。在一些国家，如德国设立宪法法院、法国设立宪法委员会，均采用集中模式解释宪法和违宪审查，一般法院不能解释宪法和

违宪审查。这样做的目的就是要突出宪法解释的重要性，追求宪法解释的统一性，从而确立宪法解释的权威性。因为在某种意义上宪法解释是宪法的补充部分。在另一些国家，如美国，由联邦各级法院解释宪法，虽然是分散解释宪法的制度，但是，最终由联邦最高法院解释宪法和进行违宪审查。虽然制度不同，但原则相似，均体现了宪法解释的统一性和权威性的原则。

综上所述：

第一，根据澳门基本法的规定，法院可以对基本法自治范围的条款进行解释。

第二，根据《澳门司法组织纲要法》的规定，检察院对澳门基本法的实施享有监察权。

第三，由于各级法院均可解释基本法自治范围的条款，而普通司法诉讼程序不能保证争诉案件最终上诉到终审法院，并由终审法院解释基本法自治范围的条款，造成了不同法院对基本法自治范围条款解释的不一致。

第四，设置解释基本法自治范围条款的特别诉讼程序，赋予检察院就下级法院解释基本法自治范围条款的异议（是实质影响案件判决结果的解释）提请上级法院解释，落实基本法实施的监察权。同时，赋予司法诉讼中的当事人对下级法院解释基本法自治范围条款的异议（实质影响判决结果的解释），可上诉至终审法院。换句话说，凡涉及解释基本法自治范围条款争议的案件，均采取三审终审制。

第五，通过设置基本法解释的特别诉讼程序，达到一个目的——法院对基本法的解释必须统一，以维护基本法的权威。

（本文发表于《中国审判》，2016 年第 18 期）

巩固特别行政区政治体制的基础，把握民主选举发展的条件

“一国两制”和特别行政区基本法在特别行政区实施取得实效，为特别行政区今后的发展奠定了良好的基础。同时，伴随着“一国两制”和基本法的不断实践，需要研究新情况和新问题。例如，基本法（附件一《澳门特别行政区行政长官的产生办法》、附件二《澳门特别行政区立法会的产生办法》）是否修改及如何修改就是需要认真研究和取得社会共识的课题。对于这样一个影响国家和特别行政区发展的重大问题，应该在对各种条件进行客观、理性分析的基础上提出见解，才是有益的。笔者本着这一精神，发表一些看法。

一、政治体制的核心是权力之间的关系和安排

根据特别行政区基本法的规定，特别行政区政治体制就是要正确处理好中央与特别行政区权力之间的关系，处理好行政、立法和司法权力之间的关系。纵向的权力关系和横向的权力关系建立在什么基础之上？即特别行政区政治体制的基础是什么？这是首先必须回答的问题。从特别行政区基本法的逻辑出发，它是建立在“一国两制”基础之上的，这个大前提是不容置疑的。因为特别行政区基本法是“一国两制”的法律化，所以，必须在这个基础上分析和安排特别行政区的政治体制。

按照“一国两制”和基本法的逻辑，政治体制既要体现“一国”的原则，又要反映“两制”的要求。它强调的是两个基本点，不是一个基本点。

（一）“一国”原则基本点的逻辑

“一国”原则作为基本点，意味着：在“一国”之下，特别行政区的政治体

制是地方性自治的政治体制，不能与国家主权的政治体制平行，它们之间是一种从属关系。核心问题是要正确体现中央与特别行政区的权力关系。

1. 中央决定特别行政区政治体制中的权力关系

"一国"原则决定中央掌握国家主权，国家行使主权的结果之一是向特别行政区授予自治权。澳门基本法第二条规定："中华人民共和国全国人民代表大会授权澳门特别行政区依照本法的规定实行高度自治，享有行政管理权、立法权、独立的司法权和终审权。"所以，特别行政区政治体制中的行政权、立法权和司法权不是特别行政区固有的，是中央授予的。一方面说明，中央保留什么权力、特别行政区享有什么权力是由中央决定的，体现中央对特别行政区政治体制的主导权。另一方面说明，特别行政区政治体制中的行政权、立法权和司法权的关系也是由中央通过基本法确立的，如要改变也要由中央决定。

2. 中央领导或监督特别行政区政治体制中的行政权、立法权和司法权

中央授权原则，决定了中央对特别行政区的领导和监督关系。澳门基本法第十二条规定，澳门特别行政区直辖于中央人民政府。

特别行政区行使行政管理权时，澳门基本法第五十条第十二项规定，行政长官要"执行中央人民政府就本法规定的有关事务发出的指令"。行政长官要对中央负责，包括行政长官需要向中央人民政府述职。中央人民政府可以提出要求，特别行政区政府需要考虑，制定相应的政策，改善工作等。

特别行政区行使立法权时，澳门基本法第十七条规定："澳门特别行政区的立法机关制定的法律须报全国人民代表大会常务委员会备案。"如认为澳门立法会制定的法律不符合中央管理事务以及中央和澳门特别行政区关系的条款，全国人民代表大会常务委员会可将有关法律发回。

特别行政区行使司法权时，澳门基本法第十九条规定："澳门特别行政区法院对国防、外交等国家行为无管辖权。"如果对案件有管辖权，但涉及国防、外交等国家行为的事实问题，应取得行政长官就该等问题发出的证明文件，证明文件对法院有约束力。行政长官在发出证明文件前，须取得中央人民政府的证明书。

所以，特别行政区的行政管理权、立法权、司法权是不能脱离中央权力而存在的。

3. 中央任免行政长官和主要官员

为了确保特别行政区政府直辖于中央人民政府，受中央人民政府领导，中央人民政府享有对特别行政区行政长官和政府主要官员的任免权。特别行政区直辖于中央人民政府，一方面由法律规定的制度来落实，如，特别行政区法律、财政预算等要备案。另一方面，需要执行国家政策和指示的人承担责任，如有渎职，中央人民政府就应有处罚的手段，对不称职的人可以罢免。但这一切均应建立在中央人民政府享有任免权的基础上。所以，澳门基本法第十五条规定：“中央人民政府依照本法有关规定任免澳门特别行政区行政长官、政府主要官员和检察长。”既然行政长官需要中央人民政府任免，那么，行政长官产生办法必须由基本法规定，如需修改，须由全国人民代表大会常务委员会批准。

（二）“两制”原则基本点的逻辑

“两制”原则的逻辑要求，一方面，特别行政区的政治体制可与内地人民代表大会制不同，可以建立以行政主导为特征的政治体制。另一方面，要正确体现行政、立法和司法的权力关系，即互相分工、互相制约和互相配合。

1. 以行政长官为权力核心的行政主导

行政主导体制以行政长官为权力核心。澳门基本法第四十五条第一款规定：“澳门特别行政区行政长官是澳门特别行政区的首长，代表澳门特别行政区。”第六十二条规定：“澳门特别行政区政府的首长是澳门特别行政区行政长官。”根据基本法的规定，行政长官处在政治制度中的权力核心地位。他有双重地位，既是整个特别行政区的首长，又是特别行政区政府的首脑。作为特别行政区的首长，其地位高于立法、行政、司法机关，占据主导地位。作为特别行政区政府的首长，领导主要官员和所有的公务人员。

行政主导体制也以行政长官为总负责。澳门基本法第四十五条第二款规定：“澳门特别行政区行政长官依照本法规定对中央人民政府和澳门特别行政区负责。”所以，行政主导也是行政长官负责制。

从“一国”原则来说，在中央与特别行政区关系之间，行政长官是一个连接点，只有行政长官是特别行政区权力关系中的主导，能够做到承上启下、上通下达，才能实现中央通过行政长官对特别行政区实施管辖、特别行政区通过行政长官承担对中央的责任。

从“两制”原则来说，高度自治中的行政、立法权力运作过程，如果没有一个主导和总负责人，特别行政区内部各权力之间的关系无法协调，冲突和矛盾就会产生。如果设计成行政机关、立法机关、司法机关分别向中央负责将会造成互相推诿，最终可能出现无人负责的局面。所以，由行政长官主导，对特别行政区全面负责，并代表特别行政区对中央负责，才有利于“一国两制”的实施。

2. 行政与立法互相分工、制约与配合

首先，行政主导在行政与立法分工的基础上，要处理行政、立法之间的互相制衡关系。如行政长官有权解散立法会，但立法会可以弹劾行政长官；行政机关须对立法会负责，执行立法会通过的法律，向立法会作施政报告，答复立法会议员的质询。

其次，要处理行政与立法之间的互相配合关系。行政、立法除了互相制衡外，更重要的是互相配合，制衡不是目的，只是手段，通过制衡达到互相配合。只有各机关互相配合，才能正常运作，才会有高效率。制约中有配合，配合中有制约。

3. 司法独立

司法机关独立审判，不受任何干涉。但是，基本法第五十条第二项规定，行政长官“负责执行本法和依照本法适用于澳门特别行政区的其他法律”。如果涉及法律与基本法不符，从而引致法院对基本法解释的争议，行政长官可以提请全国人民代表大会常务委员会解释基本法，维护基本法的权威。

因此，特别行政区政治体制的基础是两个方面，不是一个方面。讨论特别行政区政治体制发展，不能只讲一个方面，忽视另一个方面。必须将“一国”和“两制”结合起来考虑和研究。

二、巩固政治体制的基础，
创造选举制度循序渐进发展的条件

基本法规定的政治体制的权力关系（中央与特别行政区权力关系，行政、立法与司法权力关系）是基础，如何产生行政长官和立法会的选举办法是受上述基础限制的，并为基础服务，不能本末倒置。换句话说，政治体制是大局，选举办法是其中的一部分，它必须与政治体制的全局相协调，而不是相冲突。所以，当

讨论选举办法的时候，不能动摇和危及政治体制的基础。从这个意义上说，选举办法的修改不仅仅是一个时间表的问题，关键是条件问题。笔者认为，有以下三个条件。

（一）中央在政治体制中的权力应该得到尊重

在现实社会中，基本法确立的政治体制的基础不时受到挑战，有的是观念上的，有的是行动上的，应该引起重视。如果中央在特别行政区政治体制中的权力不能得到尊重和落实，就会使中央权力与特别行政区权力失去平衡，破坏“一国”的原则。在讨论选举办法完善时，需要对某些说法或想法进行分析。

在某些人的想法中，总把选举当作抗拒中央管治特别行政区的武器，把修改选举办法视作与中央权力博弈的场所，总想把排除中央对行政长官选举的影响力、弱化中央人民政府的任命权作为修改选举办法的目标，更有人露骨地提出“民主拒共”的口号，这是非常有害的。在争取修改选举办法的过程中，公然挑战和对抗中央权力的权威性，提出所谓的“全民公投”“解放香港”“全民起义”更是危险。

笔者认为，选举办法的完善，必须建立在这样一个共识的基础上：中央的任命权与特别行政区的选举权之间是平衡的、互相配合的，通过选举方式产生的行政长官既能接受和服从中央的领导，对中央负责，令中央放心，又能为特别行政区服务，让特别行政区居民满意，得到居民的支持。所以，需要在选举制度中探讨建立平衡的机制。如果选举办法导致走上中央与特别行政区对立、对抗的道路，引起宪政危机，对国家和特别行政区是有害无益的，就应该舍弃和否定这种选举办法。因此，不是无条件地可以选择任何的选举办法，相反，必须选择符合“一国两制”下中央与特别行政区权力关系的选举办法。

（二）爱国爱澳的社会基础需要壮大

政治体制既涉及权力之间的关系安排，又涉及对行使权力者的安排。因而，特别行政区的政治体制需要爱国爱澳者掌握权力，就是邓小平所提出的特别行政区管治者要以爱国爱澳者为主体。

以爱国爱澳者为主体，最集中的体现就是行政机关、立法机关和司法机关中的主要职位必须由永久性居民中的中国公民担任。基本法规定，特别行政区行政长官、行政会委员、政府主要官员、立法会主席和立法会副主席、终审法院院长、检察长必须由永久性居民中的中国公民担任，并要求他们效忠中华人民共和国，体现中国对澳门恢复行使主权。所以，爱国爱澳者队伍的壮大和巩固是特别行政区政治体制不可缺少的组成部分。试想，如果特别行政区的行政管理权、立法权和司法权不是掌握在爱国爱澳者手中，那将会是什么情景？特别行政区如何维护国家主权统一和领土完整，特别行政区又如何服从中央的领导和接受中央的监督？如果特别行政区政治体制不能很好地满足这两个要求，那它就没有存在的理由。

恰恰在这个核心问题上，有人却将社会分为两大部分——所谓的“亲中派”和“民主派”。亲中不民主，民主不能爱国，将两者对立的目的就是要否定爱国原则，实质是损害政治体制的社会基础。如果这种说法和划分有市场，必然是社会的分化，选举变成了民主与爱国的对决，选举制度不是保证实现以爱国爱澳者为主体的管治，而是排除以爱国爱澳者为主体，完全背离了政治体制的目标。选举制度不是巩固政治体制，而是挖政治体制的基础，根本就是摧毁“一国”的基础。实现以爱国爱澳者为主体应该是选举制度的前置条件。

（三）行政主导要施行

行政主导是政治体制中的一个支柱，选举办法不应该导致削弱行政主导，而是要有利于实现行政主导，否则就是动摇政治体制的基础。

目前，行政主导的体制受到两个方面的挑战。一方面是来自选举的挑战，选举产生的立法会议员未必是行政主导的支持基础。另一方面是来自行政与立法权力再分配的要求，遭遇削减行政权的冲击。选举制度与行政主导体制构成了一对结构性的关系，处理不当会形成对立冲突、此消彼长的态势，不是必然互相配合的。

面对以上挑战，如果政治体制仍然需要坚持行政主导，那么，在选举制度上就应该有相应的安排，在行政主导和立法制约上取得平衡。事实上，这些问题均未得到很好的解决，需要继续探索。

所以，选举制度牵动政治体制，牵一发而动全身，必须慎重考虑，全面安排，在思想观念和认识上对政治体制的基础要争取共识；在政治体制的具体制度上要逐步完善；在确保政治体制运行的力量上需要提高能力和加强队伍建设，从而巩固澳门政治体制基础。当所需条件具备，也就是水到渠成之时。当务之急，需要巩固政治体制的三个支柱，解决其中遇到的问题，然后统筹安排选举办法的完善。

（本文收录于《国家“十二五”规划与澳门特别行政区发展》论文集，澳门基本法推广协会，2011 年）

澳门政治体制与选举制度发展

研究澳门特别行政区的政治体制，首先应该研究澳门特别行政区政治体制建立的基础，不同的基础决定了政治体制的不同建构。而不同的政治体制又决定了不同的选举制度和方法。但是，总有一种意见，舍弃政治体制的基础研究，机械地拿政治体制的上层建构比较，提出所谓的“国际标准”，指点特别行政区政治体制发展，这是本末倒置，不可能得出正确的结论，也没有实际的意义。笔者尝试从政治体制的基础与上层建构的关系、政治体制与选举制度的关系角度进行探讨，抛砖引玉，希望学者同仁关注和继续研究。

一、澳门特别行政区政治体制的基础是“一国两制”

澳门特别行政区的政治体制的基础是什么？这个基础对政治体制的构建又有什么影响？这是必须搞清楚的根本问题。

（一）特别行政区政治体制的基础是“一国两制”

特别行政区政治体制需要符合“一国两制”，有利于“一国两制”的实现，这是基本法制定时已经确定的一项原则。澳门特别行政区基本法起草委员会主任委员姬鹏飞在《关于〈中华人民共和国澳门特别行政区基本法（草案）〉和有关文件及起草工作的说明》中指出：“香港和澳门两个特别行政区的基本法都根据我国宪法第三十一条和‘一国两制’的总方针以及国家对港澳的基本政策来制定。”落实到政治体制条文的起草，也毫无例外地将“一国两制”作为基本原则之一，确保政治体制符合“一国两制”的价值观。

所以，“一国两制”是特别行政区政治体制的基础，无须多言。

（二）“一国两制”对澳门特别行政区政治体制构建的要求

“一国两制”作为政治体制的基础，对特别行政区地方政治体制的构建提出了新的要求。坚持“一国”的原则，就要明确中央在特别行政区政治体制中的地位、权力，就要解决国家主权（中央权力）与自治权之间的关系。体现“两制”的原则，需要解决自治权内部的行政、立法和司法权之间的关系，包括权力之间的分配和分工、权力之间的约束和监督。

1．“一国两制”决定特别行政区政治体制是国家政治体制中的一个组成部分

（1）澳门政治体制与国家不可脱离，它是国家政治体制中的一个子系统。

虽然澳门实行不同于国家的人民代表大会制的政治体制，但不能错误地理解为与国家的政治体制无关，或独立于国家的政治体制。澳门是国家不可分离的部分，特别行政区政治体制与国家的联系是由澳门特别行政区的地方性法律地位和属性决定的。

（2）澳门的政治体制是地方体制。

（3）澳门的政治体制由最高国家权力机关——全国人民代表大会通过基本法规定和建立。

（4）澳门政治体制的自治权由全国人民代表大会授予。

澳门基本法第二条规定：“中华人民共和国全国人民代表大会授权澳门特别行政区依照本法的规定实行高度自治，享有行政管理权、立法权、独立的司法权和终审权。”特别行政区政治体制中的行政权、立法权和司法权不是特别行政区固有的，是中央授予的。一方面说明，中央保留什么权力、特别行政区享有什么权力是由中央决定的，体现中央对特别行政区政治体制的主导权。另一方面说明，特别行政区政治体制的行政权、立法权和司法权的关系也是由中央通过基本法确立的，如要改变也要由中央决定。

所以，澳门的政治体制不可与国家的政治体制割断联系，否则，“一国”的原则无法落实，“一国”的价值无法实现。

2.“一国两制”决定特别行政区的政治体制作为国家政治体制中的一个子系统受制于大系统

既然国家的政治体制与特别行政区的政治体制是整体与部分的关系，部分就要受整体的约束，这决定了特别行政区政治体制中的中央权力制约自治权。中央授权原则，决定了中央对特别行政区的领导和监督关系。

（1）特别行政区行政长官及其领导下的政府直辖于中央人民政府。澳门基本法第十二条规定，澳门特别行政区直辖于中央人民政府。

（2）特别行政区行使行政管理权时，澳门基本法第五十条第十二项规定，行政长官要“执行中央人民政府就本法规定的有关事务发出的指令”。行政长官要对中央负责，包括行政长官需要向中央人民政府述职。中央人民政府可以提出要求，特别行政区政府需要考虑，制定相应的政策，改善工作等。

（3）特别行政区行使立法权时，澳门基本法第十七条规定：“澳门特别行政区的立法机关制定的法律须报全国人民代表大会常务委员会备案。”如认为澳门立法会制定的法律不符合中央管理事务及中央和澳门特别行政区关系的条款，全国人民代表大会常务委员会可将有关法律发回。

（4）特别行政区行使司法权时，澳门基本法第十九条规定：“澳门特别行政区法院对国防、外交等国家行为无管辖权。”如果对案件有管辖权，但涉及国防、外交等国家行为的事实问题，应取得行政长官就该等问题发出的证明文件，证明文件对法院有约束力。行政长官在发出证明文件前，须取得中央人民政府的证明书。

（5）为了确保特别行政区政府直辖于中央人民政府，受中央人民政府领导，中央人民政府享有对特别行政区行政长官和政府主要官员的任免权。特别行政区直辖于中央人民政府，一方面由法律规定的制度来落实，如，特别行政区法律、财政预算等要备案。另一方面，需要执行国家政策和指示的人承担责任，如有渎职，中央人民政府就应有处罚的手段，对不称职的人可以罢免。但这一切均应建立在中央人民政府享有任免权的基础上。澳门基本法第十五条规定：“中央人民政府依照本法有关规定任免澳门特别行政区行政长官、政府主要官员和检察长。”既然行政长官需要中央人民政府任免，行政长官产生办法必须由基本法规定，如需修改，须由全国人民代表大会常务委员会批准。

所以，以上决定了澳门政治体制作为子系统需要明确中央在其中的地位和角色，确立中央的权力和权威，以维护国家主权的统一。子系统不可回避地要处理与大系统的关系，中央与特别行政区的权力关系也就构成了特别行政区整个政治体制中的一个基本关系。

3. “一国两制”决定特别行政区的政治体制作为国家政治体制中的一个子系统有相对独立性

就特别行政区本身而言，它是一个相对独立的子系统，不同于内地的政治体制。它在解决子系统内部的权力关系时有其独特性。在行政、立法和司法权力的关系安排上显示出两种不同制度的特征和需要。

一方面，特别行政区的政治体制可与内地的人民代表大会制不同，建立了以行政主导为特征的政治体制。另一方面，要正确体现行政、立法和司法的权力关系，即互相分工、互相制约和互相配合。

（1）以行政长官为权力核心的行政主导。

行政主导体制以行政长官为权力核心。澳门基本法第四十五条第一款规定：“澳门特别行政区行政长官是澳门特别行政区的首长，代表澳门特别行政区。”第六十二条规定：“澳门特别行政区政府的首长是澳门特别行政区行政长官。”根据澳门基本法的规定，行政长官处在政治制度中的权力核心地位。他有双重地位，既是整个特别行政区的首长，又是特别行政区政府的首脑。作为特别行政区的首长，其地位高于立法、行政、司法机关，占据主导地位。作为特别行政区政府的首长，其领导主要官员和所有的公务人员。

行政主导体制也以行政长官为总负责。澳门基本法第四十五条第二款规定：“澳门特别行政区行政长官依照本法规定对中央人民政府和澳门特别行政区负责。”所以，行政主导也是行政长官负责制。

（2）行政与立法互相分工、制约与配合。

行政主导在行政与立法分工的基础上，要处理行政、立法之间的互相制衡关系。如行政长官有权解散立法会，但立法会可以弹劾行政长官；行政机关须对立法会负责，执行立法会通过的法律，向立法会作施政报告，答复立法会议员的质询。

要处理行政与立法之间的互相配合关系。行政、立法除了互相制衡外，更重要的是互相配合，制衡不是目的，只是手段，通过制衡达到互相配合。只有各机关互相配合，才能正常运作，才会有高效率。制约中有配合，配合中有制约。

（3）司法独立。

司法机关独立审判，不受任何干涉。但是，澳门基本法第五十条第二项规定，行政长官“负责执行本法和依照本法适用于澳门特别行政区的其他法律。”如果涉及法律与基本法不符，从而引致法院对基本法解释的争议，行政长官可以提请全国人民代表大会常务委员会解释基本法，维护基本法的权威。

因此，特别行政区政治体制的基础是两个方面，不是一个方面。讨论特别行政区政治体制发展，不能只讲一个方面，忽视另一个方面。必须将“一国”和“两制”结合起来考虑和研究。总之，“一国两制”的价值在于，既要维护国家统一，又要促进特别行政区稳定发展，从而构成了特别行政区政治体制的两项基本任务，同样也是特别行政区政治体制需要服从的目标。

二、澳门政治体制的结构性特点与行政主导

（一）澳门特别行政区政治体制的二元权力结构特征

构建澳门政治体制的决定因素是什么呢？不是主观意志，而是客观的权力关系。

在“一国两制”下，既有中央的权力，又有特别行政区的自治权，这就决定了特别行政区的政治体制：第一，要处理好中央与特别行政区的权力关系；第二，要处理好行政、立法和司法的权力关系；第三，由于两种权力关系在同一个政治体制中交错在一起，处理两种权力关系必须整体考虑。通过政治体制对政治实体的地位、组织、权力、责任、运行以及各种权力关系的规范、规则运用，以实现“一国两制”的目的。

因此，特别行政区的政治体制在结构上就是二元性的，即中央与特别行政区权力关系，行政与立法、司法权力关系，这是“一国两制”政策自身内在的逻辑所决定的。

（二）二元权力关系的结构产生了行政主导体制

1. 三权分立理论不适应二元政治权力关系

自有国家以来，历史上的政治体制围绕公共权力关系产生了两种有代表性的不同的体制模式。第一种模式是公共权力高度集中在一个人或一个机构手中，如君主专制。不论行政权、立法权还是司法权，最终统统由君主掌握。第二种模式是公共权力进行分权，将行政权、立法权和司法权分配予不同的机关掌握，并且

互相制约，如三权分立的政治体制。

三权分立的政治体制广为流行，一切与三权分立不同的政治体制都被认为是不好的制度。所以，当基本法构建特别行政区政治体制时，曾有意见主张，将西方三权分立理论作为特别行政区政治体制的理论基础，构建政治体制的系统安排。但是，这种意见并没有被采纳。“一国两制”的缔造者邓小平先生说：“香港的制度也不能完全西化，不能照搬西方的一套……现在如果完全照搬，比如搞三权分立，搞英美的议会制度，并以此来判断是否民主，恐怕不适宜……我们一定要切合实际，要根据自己的特点来决定自己的制度和管理方式。”为什么三权分立理论不能成为特别行政区政治体制的理论基础呢？因为它不适应“一国两制”的特殊性。

“一国两制”下的特别行政区政治体制所要处理的公共权力关系与三权分立理论所要处理的权力关系是有所不同的。

（1）三权分立理论只回应一元结构下的横向权力关系，即国家层面的行政权、立法权和司法权之间的关系。但是，特别行政区政治体制中同时存在中央与特别行政区的纵向权力关系，特别行政区内部行政权、立法权和司法权的横向权力关系，并且交织在一起，互相关联不可分离，共存于一个政治体制中。三权分立理论不能同时回应和解决“一国两制”下特别行政区政治体制的二元结构的权力关系。

（2）三权分立理论以权力之间的平等性为原则处理权力之间的关系，然而，特别行政区政治体制中的两种公共权力关系的属性是不同的。中央与特别行政区的权力关系是从属性的权力关系，而非平等属性的关系。三权分立理论不可能处理以权力从属为特征的中央与特别行政区纵向权力关系。

所以，在二元公共权力关系中，如果只能处理其中一种权力关系，而不能处理另一种权力关系，那么，这种政治体制就不适应二元结构的公共权力关系，当然，就不是健全的政治体制。相反，既能处理中央与特别行政区的权力关系，又能处理行政、立法和司法之间的权力关系，那才是适宜的政治体制。

2. 实践证明了三权分立理论不能处理纵向权力关系

英国、葡萄牙，其本国的政治体制被称为三权分立，那么为什么在管治香港和澳门时，不将其本国的政治制度照搬至香港和澳门呢？就是因为这种三权分立的制度并不适合管治香港和澳门。为了维护英国、葡萄牙的国家利益，就要以英国、葡萄牙国家利益为优先原则处理英国与香港、葡萄牙与澳门之间的权力关系，并绝对保证英国、葡萄牙国家权力的权威。一句话，三权分立的理论不能处理中央与地方的权力关系。面对这种二元权力关系结构，三权分立理论在处理二元政治权力关系上是无能为力的。

3. 行政主导体制才是适合“一国两制”需要的体制

特别行政区政治体制面对的权力关系：第一，有中央与特别行政区的权力关系，也有行政、立法和司法的权力关系；第二，有领导从属性的权力关系，也有平行的权力关系；第三，两种权力关系互相交织，互相影响，共处一体，形成同一个结构下的二元权力关系。那么，二元政治权力关系的结构在哪一个环节上交叉？又如何通过某一个环节将两种不同的权力关系结合起来呢？这是该政治体制必须解决的核心问题。如何解决这个核心问题，是决定该政治体制成败的关键。

行政主导体制的核心就是将行政长官设计为上下（中央与特别行政区）左右（行政、立法和司法）连接的环节。行政长官是两种权力关系的交叉点。中央通过行政长官领导特别行政区，特别行政区通过行政长官对中央负责。澳门基本法第四十五条规定，行政长官是特别行政区的首长，代表特别行政区。行政长官既要对中央人民政府负责，也要对特别行政区负责。为什么是行政长官而不是立法机关或司法机关作为连接点呢?

（1）从权力的特性和权力体系的关系分析。

从权力的特性分析，立法权是一种集体行使的权力，行使立法权采用的是合议制。从权力关系上分析，立法机关对同一性质的上一级权力机关都不构成领导和从属关系，更何况与其他不同性质的机关建立领导和从属关系。司法权是一种独立性的权力，只对法律负责，在司法机关体系内只有审级关系，没有领导和从属关系，对外也就不可能建立领导和从属关系。只有行政权的特性决定了可以采用领导和从属关系。行政权采用首长（个人）负责制，既对本级行政机关负责，又对上级行政机关负责。

（2）从中央与地方的权力关系分析。

特别行政区对中央的负责，不是行政机关、立法机关、司法机关分别向中央负责，特别行政区作为一个实体应该有一个代表向中央负责，接受中央的领导和监督。行政机关、立法机关和司法机关均没有这种超然性，所以不能胜任向中央负责的任务。这就决定了从上述机关之外建立一个机关，并赋予它超越具体机关的地位和权力，那就是行政长官。这种权力安排就是行政主导体制的核心。

（3）安排行政长官作为交叉点是非常合理的。

纵向可以通过行政长官连接中央权力与特别行政区权力，作为沟通的桥梁。横向通过行政长官连接行政、立法和司法权力。对二元权力关系结构而言，行政主导体制是最合理的一种制度安排。通过行政长官这个权力核心，行政主导体制承担起沟通和协调两种权力关系的责任，既能有效地处理中央与特别行政区的权力关系，又借鉴了权力分立的合理因素能处理好行政、立法和司法的权力关系。

在行政主导体制下，行政长官的主导并非集权和不受限制。特别行政区行政长官领导下的政府要对立法会负责，同样存在着权力之间的互相制约。

（三）二元政治权力关系要求行政主导体制有所创新

如果我们将英国和葡萄牙管治下的港澳政治体制与特别行政区政治体制作一个比较的话，不难看出特别行政区行政主导体制的特色。

1. 历史上的港澳总督制

总督制偏重于解决中央与地方的权力关系，轻视行政、立法和司法权力关系。这是由殖民管治的本质和殖民国家的利益决定的。我们可以从分析香港和澳门的宪制性文件（香港的《英皇制诰》《王室训令》，澳门 1974 年之前的多个葡萄牙“海外省”组织章程和 1976 年的《澳门组织章程》）中加以说明。

（1）总督大权独揽。香港总督是英国的全权代表，由皇室授权，是香港的最高管治者，总揽行政和立法大权，是行政局和立法局的当然主席，主持两局会议。只是在中英谈判香港问题开始后的 1985 年，英国为了保护撤离后的利益，牵制中国行使主权，才引入立法局的民选议员，逐步增加立法局的权力。同样，澳门总督是葡萄牙的代表，也是澳门的最高统治者，政务会议或立法会议是总督的咨询机构，由总督主持。在非殖民化后产生的《澳门组织章程》才给予立法会部分立法权。

（2）立法是行政的附庸。不论香港历史上的立法局还是澳门历史上的政务委员会或立法委员会，在相当长的一个时期内均是总督的咨询机构，只是在面临中国恢复行使主权之际，立法机构的地位才有所提升，权力有所增加。

（3）司法终审权属于中央。香港法院的终审权属于英国枢密院司法委员会，澳门法院的终审权属于葡萄牙最高法院。

因此，总督制在处理二元权力结构下的中央与地方权力关系和行政、立法、司法权力关系时并没有兼顾两者关系的平衡性。

2. 现今的行政长官负责制

行政长官负责制除了本质上不同于过去的总督制，更重要的是在行政、立法和司法权力及其关系的安排上与过去也不同。以行政长官为权力核心的行政主导体制既注重处理中央与特别行政区的权力关系，也兼顾处理行政、立法和司法的权力关系。在两者结合的过程中，体现了既要符合“一国”原则的要求，也要照顾“两制”要求，包括高度自治的需要，并且在两者之间取得平衡。

（1）在中央与特别行政区权力关系方面。

既要确保中央对特别行政区的领导和监督，也要考虑行政、立法和司法的制约。

为确保中央对行政长官的领导和监督，行政长官由中央任命，接受中央人民政府的指令，对中央负责。

同时，在处理中央与特别行政区权力关系时兼顾特别行政区行政、立法和司法的权力关系。不能因为行政长官对中央负责，行政长官的行为就不受特别行政区立法和司法权的制约。相反，行政长官既对中央负责，也对特别行政区负责，行政长官也受立法机关的制约，向立法会作施政报告。特别行政区政府要接受立法会的质询等；特别行政区政府的行政行为也受法院的司法审查，如果违反法律可以被撤销。

（2）在行政、立法和司法关系方面。

既要做到行政、立法和司法的制约，也要发挥行政长官的主导作用。

行政长官可以拒绝签署立法会通过的法律，可以解散立法会。但是，立法会可以再次通过原法案，可以弹劾严重违法的行政长官。

行政长官委任法官和检察官，法官可以审理涉及行政长官和特别行政区政府的行政行为的行政诉讼案件。

同时，在处理行政、立法和司法关系时兼顾了中央与特别行政区权力关系的需要。不能因为立法会和法院对行政长官有制约权而导致否定行政长官的主导权，妨碍行政长官对中央的负责。比如，法院解释基本法存在问题时，行政长官负有实施基本法的责任，可以提请全国人民代表大会常务委员会解释基本法。

因此，特别行政区行政主导的政治体制兼顾和平衡了中央与特别行政区权力关系和行政、立法、司法权力关系，既适应“一国两制”的现实需要，也进行了制度创新。行政长官有实权，但不能独断专行；立法会不是行政机关的附庸，可以监督行政机关，但不排斥行政主导及与行政机关配合；司法机关独立和享有终审权，但接受行政长官根据中央人民政府指令发出的证明文件；等等。

综上所述，政治体制是以“一国两制”的价值为基础，回应了“一国两制”下政治体制所包含的两种权力关系，即中央与特别行政区权力关系，行政、立法、司法权力关系，从而，通过政治体制的运行，既确保中央对特别行政区的领导权和监督权，维护国家的统一，又尊重特别行政区的高度自治权，行政、立法和司法互相分工、制约和配合，实现特别行政区的稳定和发展。所以，行政主导的政治体制是适合“一国两制”需要的必然选择。它不同于港澳历史上的总督制，作为一种制度创新，比较好地平衡了中央与特别行政区权力和行政、立法与司法权力之间的关系，体现了制度构建的合理性。

因此，澳门基本法对特别行政区的政治体制安排是由“一国两制”的二元权力关系决定的，是适宜的形式，所以，是长期的而不是临时的安排。

三、澳门政治体制决定选举制度

选举制度是政治体制的一部分，由政治体制决定，为政治体制服务。这是一个普遍的常识和规律。

近代选举制度是伴随着代议制产生的，没有代议制就没有选举制度。选举制度的变化是由政治体制及其发展的需要来决定的。从西方国家选举办法的变化，可以看出这一规律。英国选举制度中的多数代表制，选区划分不断调整，美国选举中的总统和国会分别选举，参众两院选举产生的办法不同，是由英国采取议行合一的议会制和美国采取三权分立的总统制的政治体制决定的。而法国 1958 年宪法规定总统与国会分别选举，德国战后的一人两票、多数代表制与比例代表制混合，是法国、德国改变了原有的政治体制引起选举制度改变的结果。选举制度又受到社会政治因素和政治力量对比的影响。如，一般而言，选举制度中的多数代表制是两党政治的产物，比例代表制是多党政治的产物。

基本法中规定的选举办法也是由政治体制所决定的，“一国两制”、行政主导、均衡参与的政治体制决定了现行的选举办法。从行政长官选举办法和立法会选举办法的内容可以看出，行政长官与立法会分别由选举产生，有利于行政长官的独立性和行政主导。行政长官通过一个选举委员会选举产生，有利于确保中央的任命，对中央负责。立法会通过直接选举、间接选举和委任产生，有利于兼顾各阶层利益和均衡参与。

所以，澳门特别行政区选举制度发展的定位和目标不能脱离政治体制。澳门选举制度要适应二元权力结构的政治体制。

正如上述分析，特别行政区的政治体制在结构上就是二元性的，这是“一国两制”自身内在的逻辑所决定的。如果运用二元性的权力结构对选举制度作进一步的分析，可以看到：选举制度中的权力主体有中央和选民；权力的内容有任命权和提名权之分；涉及的机关有特别行政区政府和立法会，它们之间存在互相制约和配合的关系。所以，澳门选举制度的发展应该适应这种二元性的权力结构及其关系。

（一）选举制度的安排要兼顾二元权力结构下的各方利益

如果在决定采取什么样的选举制度时，只追求满足二元权力结构中的其中一方，不论是中央权力还是选民的权力，不论是立法机关的权力还是行政机关的权力，均将打破二元权力的结构，从而造成权力之间的失衡。

在“一国两制”的政治体制中，有三种政治力量关系，即中央与特别行政区的关系、特别行政区行政与立法的关系、特别行政区政府与市民的关系，这三种关系均是由二元性构成的，是不能忽视的。

第一，在中央与特别行政区之间的关系上要体现“一国两制”，就要确保国家利益，确保中央对特别行政区的领导，确保行政长官对中央负责。选举制度的规定必须满足这“三个确保”的需要。当然，特别行政区在选举过程中，依据的是特别行政区的选举法，按选举法的规定，确保选民完全依自己的意志选举，实现公正、公平和廉洁的要求。

第二，在特别行政区行政与立法的关系上，要实现行政与立法互相分工、制约和配合。既要维护行政主导、有效管理，又要受到监督。选举制度要有利于行政主导，以及行政与立法之间的平衡。

第三，在特别行政区政府与市民的关系上，要兼顾各阶层的利益，确保各阶层均衡参与社会管理。特别行政区政府的管治要体现市民的均衡参与，政府的政策要反映市民的意愿，政府要受市民监督。

在处理政治体制中的以上三个基本关系时，基本法设计政治体制时提出了三项基本原则，即“一国两制”，行政主导、行政与立法互相制约，均衡参与。

比如，有意见主张，特别行政区的行政长官和立法会的权力应该源于选民，所以，要求行政长官和立法会议员均由普选产生，中央的任命也仅仅是一个程序或形式，并没有实质上的权力，从而确立它们的合法性。这种意见的基础就是追求权力的一元性，忽视权力关系中的另一元。它只考虑选民的权利，否定了中央的权力，变成民主化与中央管治势不两立，有选民选举权就没有中央授权或任命权。显然，这种对特别行政区选举制度的定位是有问题的。它将民主选举权与中央管治权对立。事实上，按照“一国两制”原则，民主选举权和中央管治权可以共融于选举制度的一体之中。如果将两者割裂，只要其中一个权力，否定另一个权力，都将是有害的。

（二）选举制度的安排要考虑二元权力下的各方平衡和制约

既然权力结构是二元性的，那么二元权力之间应该平衡和制约。唯有这样，才能保持二元权力结构的稳定性，也才能发挥二元权力结构的作用。所以，打破二元权力结构中的平衡和制约，终将破坏二元权力结构本身。

从这一原则出发，选举制度的发展应该分别去完善二元权力关系中的不同权力。第一元权力是中央，即要体现和保障中央在产生和任命行政长官中的权力和作用，以及行政长官实现对中央的负责。它的延伸是行政主导，规范行政与立法、司法的关系。第二元权力是选民，即选民通过选举提名行政长官人选，选举产生立法会议员。它的扩展是立法会能够制约特别行政区政府。

所以，特别行政区选举制度的完善需要从两个方面进行，一是加强中央的权威，二是扩大特别行政区民主选举的比重。两者都不能偏废，不能只要其一，不要其二。而当下一些人确实存在把政治体制完善仅限于民主选举，一味追求单一目标，不顾及如何加强中央的权威这个目标的想法和做法。

四、澳门选举制度发展的条件

当我们明确了选举制度的定位和具体目标后，就要具体解决达至目标的条件问题。

（一）选举制度发展的条件

选举不仅是时间表，更重要的是条件。选举不仅需要目标，还应该有一个过程。澳门的民主选举需要从自身实际出发，在维持政治体制基本不变的前提下发展选举制度。澳门政治体制发展是要在保持稳定的原则下自我完善，而不是激进地大改大变，推倒原有的结构框架，影响社会稳定和经济发展。

一个制度是好是坏不能通过制度本身来检验，而是通过建立制度所要达到的目的来检验。不论“一国两制”也好，行政主导也好，还是兼顾不同利益也好，归根结底都服从和服务于一个终极的目的，就是实现澳门社会的稳定和经济的发展。如果制度的设计使得我们离这个目的越来越远，而不是越来越近，那么制度的设计就有问题。如果它能帮助我们达到目的，就不失为一个适宜的制度。澳门社会的实践和具体的经济社会发展取得的成就都说明了现行的政治体制有利于实现这个目的，应该在原有的制度基础上向前发展，而不是推倒基础重新来过。

现行政治体制对选举制度完善提出三个条件和三重限制。

(1) 澳门的民主选举制度是地方性的民主，不是国家型的民主，受“一国两制”的规限。

在“一国两制”的理论下构建澳门的民主制度，不能照抄国家型的民主制度，也不能以西方民主为标准来推行和衡量澳门的民主制度。这是一个基本的前提和出发点。

作为地方性的民主，根据“一国两制”，澳门特别行政区的高度自治权来自中央的授权，中央的授权是澳门特别行政区自治权的正当性来源和基础，所以，在澳门特别行政区民主选举的意义并不是提供公权力的正当性，而是选择由谁具体行使管治权。因为自治权的正当性是由中央决定的，所以，行政长官最终由中央人民政府任命。因为要选择管治者，所以，行政长官和立法会由选举产生。这样，澳门选举制度不仅涉及特别行政区的事务，也涉及国家事务，需要处理好“一国”与“两制”的关系。行政长官由选举产生，需要中央的任命，以确保选民权利与国家统一的平衡。如果将选举与任命对立起来，势必要冲破“一国两制”的界限，当选举破坏这种平衡时，民主就危害到国家统一，民主对“一国两制”就失去了正当性。这是澳门民主形式不能逾越的一个边界。

行政长官选举中需要平衡中央放心与居民满意的关系，中央任命权与特别行政区选举权信任和合作的关系，中央领导特别行政区和行政长官对中央负责的关系。

在现实社会中，基本法确立的政治体制的基础不时受到挑战，有的是观念上的，有的是行动上的，应该引起重视。如果中央在特别行政区政治体制中的权力不能得到尊重和落实，就会使中央权力与特别行政区权力失去平衡，破坏“一国”的原则。

在某些人的想法中，总把选举当作抗拒中央管治特别行政区的武器，把修改选举办法视作与中央权力博弈的场所，总想把排除中央对行政长官选举的影响力、弱化中央人民政府的任命权作为修改选举办法的目标。这是非常有害的。

选举办法的完善，必须建立在这样一个共识的基础上：中央的任命权与特别行政区的选举权之间是平衡的、互相配合的，通过选举方式产生的行政长官既能接受和服从中央的领导、对中央负责、令中央放心，又能为特别行政区服务、让特别行政区居民满意、得到居民支持。所以，需要在选举制度中探讨建立平衡的机制。如果选举办法导致走上中央与特别行政区对立、对抗的道路，引起宪政危机，对国家和特别行政区是有害无益的，就应该舍弃和否定这种选举办法。因此，不是可以无条件地选择任何选举办法，相反，必须选择符合“一国两制”下中央与特别行政区权力关系的选举办法。

（2）澳门的民主选举要维护行政主导的有效运作。

澳门特别行政区行政主导的体制能否运作良好，关键取决于两个基本因素，即中央与特别行政区的关系和行政与立法的关系。特别行政区实行行政主导体制有利于处理好中央与特别行政区的关系，中央与特别行政区关系的核心是中央必须对特别行政区实行领导，特别行政区必须对中央负责，特别行政区对中央负责只有通过行政长官才能落实，行政长官有实权才能负责，这就是规定以行政长官为权力核心的一个基本原因。只有做到了中央领导和特别行政区负责的统一，才可能有中央支持特别行政区、内地与特别行政区的合作。同时，特别行政区实行行政主导体制需要在确立行政主导的前提下建立行政与立法之间互相分工、制约和配合的平衡关系。在行政与立法的关系上，行政能够主导，才能既保证行政长官对中央负责，又保证行政长官对特别行政区负责。这是规定行政长官为权力核心的另一个基本原因。试想，如果行政长官不能主导，他如何能够做到基本法规定的对中央负责、对特别行政区负责呢？

（3）澳门的民主选举要坚持有利于兼顾社会各阶层、各界别利益的原则。

澳门社会存在不同阶层、不同界别的利益是客观的事实。既然有不同阶层和不同界别，自然就有不同的利益诉求。作为文明社会，不能只顾某一阶层或界别的利益，而忽视其他阶层或界别的利益，应该兼顾不同利益。而要兼顾不同利益，就需要有制度来保障，比如，在制定公共政策时、在分配社会利益时，需要不同利益的代表进行讨论，取得共识。那么，不同利益的代表如何进入体制内进行协商呢？比如，工商界担心劳工界的利益诉求没有制约，容易导致社会福利主义，从而影响经济发展。劳工界担心工商界的利益诉求没有制约，容易扩大社会贫富差距，从而影响社会的公平。中产阶层的利益诉求则是希望工商界和劳工界不要各走极端，引起社会的动荡，更希望走中间路线，保持各方利益的兼顾。所以，不同阶层和界别的代表在议事机构里都是需要的，都有他们的作用。不管采用什么产生办法，能够实现参与协商过程中的利益主体的多元性、包容性就是适宜的办法。何况澳门的社团政治有传统，它们与特别行政区政府之间建立了协商和合作的关系，并且解决了许多社会问题，通过间接选举的方式让社团的代表进入体制内的协商进程是有益的。所以，采用混合的产生办法是最有利于兼顾不同阶层和界别的利益的，事实也证明了这一点。如果仅仅为了追求直接选举的形式，不理兼顾不同利益的实质需要，就会舍本求末，搞错手段与目的的关系，应该三思。

（二）逐步形成社会的共识条件

在澳门特别行政区，如何循序渐进地实现民主呢？我们的社会有什么样的矛盾需要解决，并需要创造什么样的条件呢？有两个方面需要考虑。

第一，在国家与特别行政区之间的关系上，必须进一步加强和提高市民对国家统一的认同，对中央人民政府领导的认同，对爱国爱澳的认同。形式上的回归，不等于人心的回归，只有人心回归，以上三个认同的社会共同价值才能够确立起来，民主选举的进一步发展就具备了必要的条件。如果“民主拒共”的口号还有不小的市场，社会中还存在通过选举抗拒中央对特别行政区领导的心理，也就说明三个认同没有成为社会的共同价值，或者没有获得社会多数的稳定支持，在这种条件下普选，如果产生的行政长官人选或立法会多数议员是他们的代表，势必将中央与特别行政区的关系推向紧张和冲突，对国家、对特别行政区、对包括特别行政区居民在内的中华民族的根本利益是灾难性的，严重起来将导致国家的分裂，统一受到破坏，“一国两制”不复存在。

第二，在特别行政区各阶层之间的关系上，对公共政策的选择，不同阶层、不同界别能够理性、包容、以公共利益为优先，而不是仅以自身利益为唯一选择，无论是参选人还是选举人都有这样的品格和认识，选举才是促进社会稳定和进步的重要手段，否则，选举不可避免地会出现不公正、不公平、不廉洁，有违选举的崇高目标。所以，需要提升参选人和选举人的素质。

除了提升选民个体素质的条件外，还需要提升社会整体素质。纵观世界民主选举的发展历史，这种社会整体素质，表现在社会成员中的绝大多数具备对社会共同体所需要的共同的价值理念、共同的目标、共同的利益能够达至基本共识的能力。反过来说，缺少社会共同体应有的共同价值理念、目标，利益分裂的社会，冲突的社会，不具备社会整体素质，选举不仅不能解决问题，反而还可能引发更大的冲突。如，早年的美国因民选的林肯总统限制了南方奴隶制的扩张，从而暴发了南北战争。当今一些国家因选举导致内战、种族屠杀甚至国家分裂，选举变成了一个生死战场，有你没我，选举不是选民选择政府的政策，而是决定社会的主流价值，决定社会制度的选择，结果以形式上的民主开始，以实质上的不民主结束。选举不是凝聚了社会的共识，相反，加剧了社会的分裂。不是促进社会的进步，反而阻碍了社会的发展。所以，只有在社会消除了结构性的社会矛盾的情况下，各阶层对社会发展、社会利益有一个基本共识，才会有真正意义上的民主选举，这就是民主选举的必要条件。所以，澳门既有提升选民个体素质的问题，又有完善社会整体素质的问题。

在上述基本原则达成共识以及基本条件形成后，具体到行政长官和立法会选举办法的问题，如行政长官提名委员会，立法会直接选举办法、间接选举办法，行政长官委任议员办法的完善，都是可以进行深入讨论并取得共识的。

（本文为作者2013年11月在中山大学港澳研究中心研讨会上的发言）

澳门民主：循序渐进，法治先行

澳门实行“一国两制”，澳门基本法既规定循序渐进地发展民主，又规定要依法治澳，政治体制的发展必须以基本法为依归。我们要实施基本法，就要正确处理好“民主”与“法治”的关系。

一、“民主”和“法治”的基本关系

1. 民主与法治各有其价值和取向

“民主”和“法治”有各自的价值内涵。民主的价值是要求公共权力属于人民，确定权力的正当性。法治的价值是要求公共权力行使的合法性，限制权力的滥用。法治既要约束权力者的意志，又要约束人民的意志。

“民主”和“法治”的取向也各有侧重。民主的取向是通过选举，更换管治者。如亨廷顿所说，“民主并不意味着问题必将得到解决……民主行为的实质是更换统治者”，民主本身具有“人治”的因素。法治的取向是依规则办事，实现法的统治、法律至上，不论是多数人还是少数人的意见均应在法律之下活动。法治是一种以法的统治为特征的社会统治方式和治理方式。如英国宪法学家戴雪所言，法治至少有三层含义：①人人皆受法律的统治而不受任性统治；②人人皆须平等地服从普通法律和法院的管辖，无人可以凌驾于法律之上；③宪法为法治的体现或反映，个人权利乃是法律之来源而非法律之结果。所以，法治将人治的因素减少到最低限度。

所以，“民主”和“法治”是两个独立的价值，不能混为一谈，也不能互相替代。

2. 民主与法治并不对立，需要互为条件

虽然“民主”和“法治”是社会的两个不同价值，但是，它们并不对立，

而是互为条件。对于民主与法治的关系，学术界主要从四个方面阐明："第一，民主和法治相互依存，不可分离……第二，民主和法治相互渗透，彼此补充……第三，民主和法治相互保障，彼此促进……第四，民主和法治相互制约，彼此平衡。"①

3. 民主与法治的结合在于法制化

虽然"民主"与"法治"可以兼容，但并非天然合一。如果民主与法治不能结合，就会出现两种情况。霍姆斯指出："有些理论家担心宪法上的约束会窒息民主。而另一些人则害怕宪法之堤会被民主的洪流冲决。尽管双方各持己见，但都一致认为在宪政与民主之间存在着深层的和不可调和的张力。的确，他们几乎认为：'立宪民主制'是对手之间的联姻，是一种矛盾修饰法。"② 所以，民主与法治需要一个结合起来的过程，它的唯一路径就是民主的法制化。

二、民主发展，法治先行

民主是个好东西，但是需要条件才能成为好东西。

（一）理论上的论证

（1）民主内涵的不确定性需要法制规范。

美国学者达尔在《论民主》中说："民主已被人们探讨了大约两千五百年，照理应该有足够的时间提供每个人或几乎每个人都赞同的一套有关民主的理念才对。然而具有讽刺意味的是，恰恰是民主所具有的这一悠久的漫长历史导致了在民主问题上的混乱和歧义，因为对不同时空条件下的不同人们来说，'民主'意味着不同的事物。"美国政治学者乔·萨托利则在《民主新论》中更加明确地写道，人们生活在一个"民主观混乱的时代"，因为"民主的概念注定会产生混乱和歧义"。毋庸置疑，"'民主'的定义几十年来一直是争议不休的问题"。不同的历史传统、文化渊源、民族宗教、经济社会、政治哲学、政治实践，乃至国家

① 赵震江，付子堂．现代法理学．北京：北京大学出版社，1999：377－378．

② ［美］史蒂芬·霍姆斯．约束与民主悖论//［美］埃尔斯特，［挪］斯莱格斯塔德．宪政与民主——理性与社会变迁研究．谢鹏程，译．北京：生活·读书·新知三联书店，1997：225．

外部环境、国际因素等都会对人们理解和解释民主概念产生至关重要的影响，因此，“迄今还没有一个关于民主的定义为人们普遍接受”。那么，怎样才能将各种各样对民主的理解转化为一个可操作的民主呢？看来从意识形态、价值观念层面是难以做到的，也没有可能。只有从法律层面，建立民主的法律制度，民主才有确定性和可行性。

（2）民主是个好东西，是从价值角度说的，但是，民主要真正成为好东西，是需要条件的。

因为从理论上说，民主可以成为好东西，也可以成为坏东西。民主可以成为“人治民主”，民主不受法律的约束，同样会产生多数人的暴政，事实上，西方式的民主确曾导致过“多数人的暴政”（托克维尔语）或“多人的专制主义”（孟德斯鸠语），一些所谓的民主国家出现了社会动乱、政治腐败（金钱收买）、经济危机、种族冲突、极端贫困、效率降低等。当然，民主也可以成为“法治民主”。由于法治民主强调在法律确定后，民主必须在法律的框架下运行，强调社会稳定是发展民主的前提，强调法治对自由的规范，强调政府管治的有效性，强调保障事关国计民生的重大经济及社会事务决策与执行的效率，从而，法治民主成为社会发展和稳定的积极因素。

（二）社会实践的经验

在实践民主的过程中，西方社会出现了两种形式。

一种是美国的“法治优位”模式。美国宪法采取共和制，而非民主制。立宪者对共和和民主作了非常清晰的区别，而且反复强调他们建立的是一个共和政体。共和制是法律至上，对政府的权力和人民的权利给予限制，强调分权和制衡。

另一种是法国的“民主优位”模式。民主不受法治约束，结果正如托克维尔指出的那样，法国大革命既是强大的又是脆弱的。说它强大，是因为它是一场民主革命；说它脆弱，则是因为它是一场缺失了法治的民主革命。它留给人们的启示是：没有法治的约束，民主是脆弱的，甚至会沦为暴政的工具。

经过历史的检验，“法治优位”模式明显优于“民主优位”模式。

有学者将世界上有民主无法治的模式（如拉丁美洲、非洲及第三波民主化的一些国家）和有法治少民主的模式（如新加坡）作比较分析，就社会的自由度、社会经济的发展水平和社会的稳定度、市民的幸福度而言，得出后者的表现优于前者的结论。

所以，民主离不开法治。民主要想成为好东西，必须法制化，即制度化。制度就是法制。

三、法治先行，从实际出发

民主的价值有普世性，但民主的形式绝没有普世性。实行民主的原则，不能照搬其他国家和地区的模式，一切从实情出发。

亨廷顿在《文明的冲突与世界秩序的重建》一书中关于不同的文化导致不同的政治选择进行了论述，认为西方民主政治是竞争政治，一如其自由竞争的经济。但政治竞争“不是日本文化，也不是中国或亚洲文化搞政治的方式。这会导致争议和混乱”。由衷推崇美国民主的托克维尔并没有把美国模式放之四海，他“决不认为，美国人发现的统治形式是民主可能提供的唯一形式”。从理论上说，既然世界的文化是多样性的，民主制度作为政治文化也就应该是多样性的。如果只有一种特定的文化才能形成西方式的民主，那么等于说西方民主没有普遍意义；如果若干不同的文化都可以成就民主，那么民主就不只是一种形式。

英国《金融时报》2001 年 3 月 1 日刊登了一篇对李光耀的专访。李光耀提出了一个总结性的论点：“我不认为通往民主的道路只有一条，也不认为只有一种民主。”从民主的实践上说，民主制度已经因国情的不同而各有精彩。

所以，不同的经济和文化，不同的政治信仰和政治结构，决定了达到民主的途径、方式可以不同。重要的是，民主制度如何能实现一个国家或地区的目的，以民为本，为人民谋求美好生活，才是各国各地区选择民主形式的根本出发点。因此，法治先行，民主法制化，应该从实际出发。

四、澳门民主发展需要走自己的路

经过以上分析，笔者认为，一方面，澳门的民主需要从自身的实际出发循序渐进，另一方面，澳门的民主应该从法治开始。

（一）法治民主需要符合澳门的实际情况

澳门最大的实际情况就是“一国两制”。

（1）澳门的民主制度是地方性的民主，不是国家型的民主，受“一国两制”的规限。在“一国两制”的理论下构建澳门的民主制度，不能照抄国家型的民主制度，也不能以西方民主为标准来推行和衡量澳门的民主制度。这是一个基本的前提和出发点。

澳门作为地方性的民主，根据“一国两制”，澳门特别行政区的高度自治权来自中央的授权，中央的授权是澳门特别行政区自治权的正当性来源和基础，所以，在澳门特别行政区，民主选举的意义并不是提供公权力的正当性，而是选择由谁具体行使管治权。因为自治权的正当性由中央决定，所以，行政长官最终由中央人民政府任命。因为要选择管治者，所以，行政长官和立法会由选举产生。这样，澳门选举制度不仅涉及特别行政区的事务，也涉及国家事务，需要处理好“一国”与“两制”的关系。行政长官由选举产生，需要中央的任命，以确保选民权利与国家统一的平衡。如果将选举与任命对立起来，势必要冲破“一国两制”的界限，当选举破坏这种平衡时，民主就危害到国家统一，民主对“一国两制”就失去了正当性。这是澳门民主形式不能逾越的一个边界。

（2）行政主导是澳门的政治体制，也是澳门选举制度需要确保的机制。行政主导从形式上看是特别行政区内部的行政与立法的关系，但透过形式看本质，它也是“一国”与“两制”的关系、中央与特别行政区的关系。行政主导破坏了，不能运作，势必影响中央对特别行政区的领导，削弱中央对特别行政区的监督。这是澳门民主形式不能逾越的另一个边界。

（3）兼顾社会各阶层的利益，保持均衡参与是澳门选举制度应该实现的目标之一。“一国两制”的精神就是和而不同，相互包容。西方文化信奉强权政治合理性，谁获得的选票多，谁当领袖，谁就有“合法性”。中国文化则主张兼容，实现均衡参与，民主选举的具体制度可以采用不同的形式。这是澳门民主需要确立的边界。

澳门从实际出发，在循序渐进构建民主制度时必须考虑以上三个条件。

（二）法治民主应该完善法律制度先行

法治先行不是在价值层面上优于民主，民主与法治有同样重要的价值，但是在操作层面上法治应该先行。打个比喻，民主与法治就好比水和渠的关系。水到渠成，如果没有渠，水就会泛滥成灾，水不是利而是患；如果有渠，水就是利。所以，人类需要的是水利工程。民主也好比市场经济，自由竞争，但是，市场经济也是法制经济，没有法制，犹如金融海啸失去控制，最终破坏经济。“没有法治的支持与约束，民主固有的缺陷必然使它夭折或发生蜕变；没有建立在法治基础上的民主无法正常运作并真正收到成效。”① 所以，我们需要的是法治民主。

澳门民主法制化的基础和依据是基本法，民主法制化不能违背基本法，不能违背“一国两制”原则、中央授权原则、行政主导原则。

讲澳门民主要循序渐进，总被片面地认为是时间问题，因而将循序渐进简单化为制定时间表的问题。其实，除了时间，更应该关注循序渐进的条件问题。不断地解决民主的法制化问题，就是在循序渐进地发展民主。

1. 民主制度不仅限于选举制度，选举只是重要的方面，不是唯一的方面

在循序渐进发展民主时应该针对影响民主政治发展的因素，做好相关的工作。

第一，经济。民主需要一定的经济基础。如果社会的经济和民生问题没有搞好，那么也不可能搞好民主。一份研究自 1960 年至 1985 年间的 125 个国家民主与经济增长关系的报告指出：“结果大致来说：一方面，经济增长、收入水平的提高对民主的作用是正面的；另一方面，民主对经济增长的作用则暧昧不明，且很可能是负面的。”所以，搞好经济民生工作，是搞好民主的必要条件。

第二，文化。民主需要市民的法律意识。一个社会的市民没有法治意识，就不可能有好的民主制度。选民只讲选举的权利而没有对社会的责任，就不能有公正的选举，金钱在选举中就会大有市场。市民也需要守法的意识，市民只要权利不要义务，社会就不可能有健康的民主，民主往往就会成为破坏法制的理由。所以，通过完善有关言论、新闻、集会、结社、游行、示威自由等法律，市民在守法中培养权利和义务的统一观。

第三，法律制度。民主需要制度和程序才能运行。相关的法律制度主要有两个方面。一是选举制度，解决由谁来行使管理社会的权力的问题。选举制度既有属于技术性的程序，又有属于政治性的平衡。一方面，通过不断完善技术性的程序，如改善选民登记、便利选民投票、打击贿选等，提高选举的质量。另一方面，选举要达到凝聚社会共识、避免社会分裂的目的，就要平衡利益，它涉及政治的稳定和社会的安定。否则，民主发展就会欲速则不达，背离它的目标。二是行政权、立法权和司法权正当行使的制度。只有在完备的法制下，民主产生的当权者才不会滥用权力为恶。

---

① 麻宝斌．论民主的法治前提．吉林大学社会科学学报，2001（5）：20.

2. 民主制度有赖于具体法律制度的构建

法制对民主是重要的，它是民主的制度化和程序化，完善以下方面的法律就是为民主的循序渐进创造条件和制度保障。

（1）政府行政管理方面的法律规范。

阳光政府和科学决策的制度建设，包括公共政策的决策制度、公共资源的使用制度、公共工程和土地的批给制度。法律规范好了这些制度，才能保障不管以什么方式产生的官员，都能执政为民、以民为本。

（2）立法监督方面的法律规范。

立法机关对政府工作的监督制度，按照基本法规定的行政与立法既监督又配合的原则完善，为民主监督下的政府依法行政提供保障。

（3）公务员和独立监察制度的法律规范。

建立完备的公务员制度，确保公务员严守法律、尽忠职守、以专业精神履行公务，才能将民主制定的政策有效实施。而完善反贪反行政违法的制度亦相当重要，能够对滥用权力、以权谋私的犯罪行为和行政违法行为进行独立的监督。有了中立的公务员制度，法制才能坚持；有了独立的专门机关监督，民主才能防止滑向滥权。

（4）司法公正和效率的法律规范。

保障司法的公正和效率是民主制度所必需的最后保障。没有司法的公正，司法不能维护法治，民主也会胡作非为。

（5）咨询制度和公众参与的法律规范。

改进咨询组织、咨询渠道，让咨询制度规范化是民主所必需的。没有咨询制度的规范化，民主一样成为盲人和聋人。

我们应该为完善法制、发展民主共同努力。

（本文发表于《澳门日报》，2010 年 11 月 17 日）

论澳门民主选举的限度

“民主是个好东西”这个定见已经被认为是一个真理，无须论证。民主的最主要形式是选举，所以，对民主选举制度提出设定限制容易被视为反民主，被视为是为不民主的东西进行辩护而受到诟病。但是，笔者还是希望澳门社会在讨论民主选举制度时应该辩明这个问题，从而有利于民主选举制度的健康发展，最终有利于澳门的社会稳定和经济发展。本文中讨论的澳门民主选举制度的限度，不是指民主选举本身的限度，如选举规则，而是民主选举形式需要受限的条条框框；不是基于民主本身的内涵，而是民主条件的因素限制。提出这样一个问题的目的，就是希望在讨论和选择澳门民主选举形式的时候多一个考虑的视角。而提出这个问题的合理性就是建立在澳门民主选举具有特殊性这个前提下，这个特殊性归根结底就是“一国两制”下的地方性选举。那么，澳门作为地方性的政治体制和地方性的民主选举将会受到什么限制呢？这就是本文要探讨的问题。

一、选举的普适性与特殊性的关系

提出澳门民主选举制度的限制命题是建立在民主选举普适性和民主选举形式特殊性的理论基础之上的。首先，它肯定和接受民主选举对公共管理和公共政策是需要的、有利的。其次，它提出了一个问题，民主选举是否可以不考虑具体的、特定的社会条件？民主选举的形式是否只有一种？关于民主的普适性，美国学者亨廷顿是这样说的：在20世纪80年代，民主作为政体的合法性在全球范围内已经得到认可。不过，有利于民主存在的经济和社会条件却并不在世界范围内普遍存在。对任何特定的国家来说，全球性的民主革命可能会产生有利于民主化的外部环境，却不可能在一个国家内部产生民主化所必需的内部条件。世界民主选举实践也说明，民主选举的形式是多样化的，需要从特殊的社会条件出发，寻找适合自己的形式才能成功。所以，一方面，普适性和特殊性不可分，民主选举需要通过具体形式得以实现。另一方面，两者又有区别，普适性不能否定特殊性，民主选举只有考虑了特殊性才能找到适合的民主选举形式。因此，一个地区民主选举制度的关键是要认清该地区的实际，创造具体的条件，建设适宜的制度，这样民主选举制度才有利于社会的稳定和发展。

二、“一国两制”的限制

澳门基本法第一条规定：“澳门特别行政区是中华人民共和国不可分离的部分。”第十二条规定：“澳门特别行政区是中华人民共和国的一个享有高度自治权的地方行政区域，直辖于中央人民政府。”所以，澳门特别行政区的法律地位在澳门基本法中已经作了明确的规定，澳门特别行政区是中华人民共和国的一个地方行政区域，当然，它的政治体制也是属于地方性的政治体制，进而澳门的民主选举也是地方性的选举，这是不容争议的事实。

“一国两制”理论的核心是“一国”，“一国”是“两制”的基础。

(1) 为什么“一国”是“两制”的基础呢?

第一，“一国两制”的提出，就是为了实现国家的统一。香港、澳门自古以来就是中国的领土，由于历史的原因，香港、澳门曾被外国占领。结束外国在中国领土上的占领，实现国家的统一，是中华民族百年来的共同愿望。更重要的是，中国要实现现代化必须坚持国家的统一，它是必不可少的条件，分裂是实现现代化国家的障碍，必须扫清。

第二，在用“一国两制”的政策实现了国家统一后继续实行“一国两制”，保持五十年不变，如果历史证明“一国两制”成功，那么一百年也不会变，目的就是保留香港和澳门原有的社会制度和生活方式不变，继续巩固国家的统一。

(2)“一国”是“两制”的基础意味着什么呢?

第一，在“一国”的原则下，香港和澳门地区不是独立的政治实体，不能从国家分离出去。

第二，在“一国”的原则下，国家的统一，不是统一到香港和澳门地区之中，而是香港和澳门地区统一到中华人民共和国中来，回归到“一国”。统一后的“一国”，虽然存在不同的社会制度，但国家的主体性依然存在，即以中华人民共和国的制度为国家的主体性。这个主体性，在“一国两制”下是不会改变，也不会动摇的，更不存在重新确立的需要。

第三，在“一国”的原则下，国家在对澳门行使主权时，授予澳门高度自治权，“澳人治澳”，不存在特别行政区有什么固有的权力，更没有所谓的“自决权”。在国际人权公约适用于特别行政区时，中英两国政府、中葡两国政府均同意声明，“民族自决权”的规定不适用于特别行政区。葡萄牙议会于1992年12月17日通过的关于两个国际人权公约延伸适用于澳门的第41/92号决议规定，“该两公约在澳门生效不影响1987年4月13日所签署之《中华人民共和国政府和葡萄牙共和国政府关于澳门问题的联合声明》之规定，尤其不影响在声明中所作‘澳门是中国的领土，中华人民共和国政府将于1999年12月20日对澳门恢复行使主权，至1999年12月19日止，葡萄牙负责澳门的行政管理’等声明。”所以，“澳人治澳”、高度自治受“一国”的限制，不能超出这个限制。

第四，在“一国”的原则下，中央人民政府行使国家主权的具体形式就是行使对特别行政区的治权。认为中央对特别行政区只有主权没有治权的看法是错误的。因为主权与治权不能分割，治权是主权的延伸和具体化，是主权行使的形式。有主权必有治权。在中英两国谈判香港地区问题时，中国政府反对英国政府提出的主权换治权，原因就是这个主张的实质是抽象肯定中国对香港地区拥有主权、具体否定中国对香港地区行使主权。因为中央既有主权又有治权，所以，在“一国两制”下，授权特别行政区高度自治，但不是完全自治。因而，中央对特别行政区的立法是否符合基本法有审查权，对行政长官有任免权和指令权，对法院管辖有限制权等，这些都是治权的具体体现。

上述分析和论证说明，“一国”是“两制”的基础，“两制”自然受“一国”的限制，“两制”包括选举制度不能超越“一国”的范畴，更不能破坏“一国”的原则。

三、中央授权的限制

(1)“一国”原则决定了中央对特别行政区政治体制的设立、发展、修改有主导权和决定权。

特别行政区作为一个地方行政区，其政治体制由全国人民代表大会通过基本法加以规定，并不能由特别行政区自行规定。所以，对基本法中有关特别行政区政治体制的规定，包括基本法附件一《澳门特别行政区行政长官的产生办法》和附件二《澳门特别行政区立法会的产生办法》，如需修改，由全国人民代表大会常务委员会修改，从而行使对特别行政区政治体制的主导权和决定权。也就是说，在中央没有授权的情况下，特别行政区本身无论在修改权方面还是修改程序方面都不能自行决定政治体制的发展，也不存在采用“全民公投”的方式决定民主选举制度的权力。

（2）“一国”的原则决定了特别行政区行政长官选举后需要由中央人民政府任命。

澳门基本法第四十七条规定：“澳门特别行政区行政长官在当地通过选举或协商产生，由中央人民政府任命。”据此，特别行政区选举的是行政长官的人选，需要经中央人民政府对行政长官人选任命后，才最终产生行政长官。所以，行政长官产生由两个阶段组成，缺一不可。那么，为什么行政长官需要由中央人民政府任命后才能产生呢？这是由“一国”原则决定的。特别行政区行政长官需要接受中央的领导，需要对中央人民政府负责。为了切实做到这一点，需要有制度保障。这个制度就是中央人民政府任命制。

我们从基本法的安排中可以看出，行政长官的选举不仅是澳门居民的事，也是中央的事。不能只讲选民的认可，而忽视了中央的认可。不能只说行政长官对特别行政区的负责，排除对中央的负责。如果将选举与任命对立起来，实质就是将“一国”与“两制”对立起来，那是十分危险的。有意见认为，澳门居民选举产生了行政长官人选，中央就应该任命，中央对行政长官的任命应该是形式上的，不能有否决权，言下之意中央有否决权就是反民主。将澳门选举变成不受任命限制的选举，势必要冲破“一国两制”的界限，当选举破坏选民权利和国家统一的平衡时，民主选举就危害到国家统一，民主选举对“一国两制”就失去了正当性。

我们知道，澳门的高度自治权来源于中央的授权，并非澳门本身所固有。所以，行政长官的认受性，不能只讲一个方面，要讲两个方面，即中央的认受性和居民的认受性。普选不能解决中央的认受性问题，邓小平说过，“管理香港事务的人应该是爱祖国、爱香港的香港人，普选就一定能选出这样的人来吗?”① 选择好的政治人物来管理香港，就不怕变，就可以防止乱。“即使搞普选，也要有一个逐步的过渡，要一步一步来。”② 邓小平的讲话体现了两点：第一，选举方式是手段，不是目的，我们的目的是选出爱国爱澳的政治人物来管理澳门。第二，中央为了对国家和特别行政区负责，对选举产生的行政长官人选需要进行任命，得不到中央认受的，是不会任命的。这说明不能把选举作为行政长官认受性的唯一标准，还须同时考虑中央的认受性。中央的认受性不是以得票多少为唯一标准的。所以，用民主选举理论否定中央的任命权，就是否定“一国两制”理

① 邓小平. 邓小平论“一国两制”. 香港：三联书店（香港）有限公司，2004：57.

② 邓小平. 邓小平论“一国两制”. 香港：三联书店（香港）有限公司，2004：57.

论，也等于否定了中央和特别行政区居民共同选择的“一国两制”的制度，这难道符合国家和特别行政区的根本利益吗？不符合国家和特别行政区根本利益的主张又何来正当性？

因此，在讨论行政长官选举办法修改时应该将选举和任命结合起来考虑，才符合“一国两制”的理论和制度设计的要求，绝不能偏离这个方向和损害这个制度的结构。

四、行政主导的限制

1. 行政主导的合理性

澳门的政治体制是行政主导体制。行政主导体制就是以行政长官为权力核心，行政机关与立法机关互相独立、制约和合作，司法独立的体制。

为什么特别行政区政治体制要实行行政主导呢？这是由“一国”原则决定的，中央领导特别行政区是通过行政长官实现的，如果行政长官不能成为特别行政区政治体制中的权力核心，那么他无法承担对中央负责的责任。

行政主导从形式上看是特别行政区内部的行政与立法的关系，但透过形式看本质，它也是“一国”与“两制”的关系、中央与特别行政区的关系。行政主导被破坏了，不能运作，势必影响中央对特别行政区的领导，削弱中央对特别行政区的监督，如果立法主导了，立法机关又不受中央的领导，就将威胁到“一国两制”所要求的中央对特别行政区领导权的落实。

2. 实行行政主导需要制度保障

实行行政主导必须处理好行政长官和行政机关与立法会的关系。一方面，行政长官对中央负责，立法对行政的制约是有一定限度的，不能是西方议会制中的议会与政府的关系，由议会决定政府的去留。另一方面，行政长官对特别行政区负责，特别行政区政府要接受立法会的监督和制约，做到依法行政。为了落实行政主导需要有支持行政长官施政的支持力量，为了保证特别行政区政府依法施政需要有选举产生的立法会议员加强立法会的监督，取消任何一个方面，都会造成政治体制的破坏，使它不能正常运作。所以，政治体制是关注两个方面，不是一个方面。不能用立法会的监督否定行政主导，也不能用行政主导去取代立法会的监督，应该在两者之间保持相对的平衡。

为了实现上述平衡，需要在制度安排上提供保障。这个制度安排就是澳门基本法规定的立法会由直接选举、间接选举和委任产生的议员组成。这个制度安排就是通过不同的产生方式，通过不同利益的代表，实现利益兼顾、均衡参与，形成相互之间的约束和合作，有利于行政主导作用的发挥。这个制度在特别行政区成立10多年的运行中也已经证明是行之有效的。所以，全国人民代表大会常务委员会在《全国人民代表大会常务委员会关于澳门特别行政区2013年立法会产生办法和2014年行政长官产生办法有关问题的决定》中作出“澳门基本法附件二第一条关于第三届及以后各届立法会由直接选举的议员、间接选举的议员和委任的议员三部分组成的规定维持不变”的决定。

有意见认为，立法会议员的结构违反民主理论，不能接受。那么，一个政治体制的构建是否只能建立在以民主价值为唯一的基础之上呢？宪政理论和实践均给出了否定的结论。美国宪法的制定者认为，联邦的稳定、各州的平等、权力的限制、防止多数对少数的暴政的“共和价值”与“民主价值”是同样重要的，都不能偏废，应该兼顾。美国宪法建立的国会两院制、总统间接选举、总统与国会分别选举产生、司法机关有违宪审查权的制度都体现了“共和价值”对“民主价值”的制约。所以，一个政治体制除了考虑民主的价值外，还要考虑法治、均衡、制约的价值，现实中不同的价值可以共存于同一政治体制中，因而，将民主价值凌驾于社会其他价值之上未必是适当的，将不符合民主价值的东西都归为坏东西来废除，肯定也是不正确的。

所以，从“一国两制”、中央授权、行政主导的逻辑出发，澳门民主选举制度的限制不可避免。这三个限制在西方的民主选举理论中并没有考虑，也不需要考虑。这就是两者的差别，这就是澳门民主选举的特殊性。当我们运用民主选举理论时，必须结合澳门的实际情况，脱离澳门实际行不通。民主选举的形式没有最好的，只有更适合自己的。

（本文收录于《“一国两制”与澳门特别行政区善治之路》，澳门基本法推广协会，2012年）

论选举制度对行政立法关系的影响

一、澳门现行选举制度对行政立法关系的影响

为了更加清楚澳门选举制度对行政立法关系的影响，有必要回顾一下历史。澳门现行的体制，包括选举制度、行政立法制度是对原有制度的扬弃，保留了原有制度中有益的部分，又根据“一国两制”的需要作了改善。因而，两者之间是有联系的，不能割裂。澳门在历史上发生的行政立法问题，今天同样面临，并有惊人的相似之处，研究历史，可以以史为鉴，帮助我们解决今天的问题。

根据以往葡萄牙管治下的《澳门组织章程》的规定，总督和立法会是澳门地区的两个自治机构，总督由葡萄牙总统委任，立法会由直接选举、间接选举和总督委任的议员组成。由于《澳门组织章程》规定的澳门地区政治体制是总督制，因此，总督对内对外均代表澳门地区，享有全部的行政权和部分立法权。立法会仅有保留的专属立法权。立法会对总督的制约是有限的，不能罢免总督。为了配合总督制，设计立法会议员由直接选举、间接选举、委任三部分组成，最初的比例是7∶7∶5，后改为8∶8∶7。正是这种选举制度产生了立法会的混合议员组成结构。

既然有了总督和立法会，两者之间就存在一定程度的制约和必要的配合。由于按照《澳门组织章程》设立的立法会是澳门历史上第一个相对独立的机构，不再是总督的咨询机构，因此，总督与立法会在运行之初并不协调，围绕着谁是澳门政治权力核心问题展开了争斗。立法会中直接选举产生的议员，自喻代表澳门当地葡萄牙后裔居民利益挑战总督，希望立法会成为澳门权力的中心，引起了行政立法关系的严重冲突。在化解这场冲突中，由于立法会中有间接选举产生的议员和总督委任的议员，总督借助他们的支持，提请总统解散立法会，渡过了政治困境。从此，再也没有发生澳门立法会挑战总督权力的事件，基本稳定了行政立法关系。可见，选举制度在调解行政立法关系中的重要性。

根据澳门基本法的规定，特别行政区行政长官、政府、立法会和司法机关是

特别行政区的自治机构，特别行政区实行行政主导体制，行政长官是权力核心。同时，行政长官、行政长官领导的政府与立法会之间是互相制约和配合的关系。借鉴澳门原有政治体制的经验，立法会保留了混合结构，议员仍由直接选举、间接选举和行政长官委任三部分组成。

事实证明，立法会的议员由直接选举、间接选举和委任办法产生，构成了立法会的混合结构，对稳定行政立法关系起到了重要作用。一方面，立法会由地区直接选举和界别间接选举并存能够兼顾社会不同利益。另一方面，这种利益兼顾使立法会成员多元化、利益诉求多元化，既能发挥立法会部分议员（或争取到大部分议员）对行政的制约作用，又能发挥立法会部分议员缓冲立法对行政的冲击的调和作用，从而有利于行政主导体制有效运行。

总之，有什么样的政治体制就会产生相应的选举制度，而选举制度又反过来巩固政治体制中确立的基本制度，包括行政立法关系。澳门现行的混合选举制度维护了行政立法关系的基本稳定。

二、澳门选举制度修改之争实质是围绕行政立法关系这个核心

正因为选举制度对行政立法关系产生重大影响，所以，前一时期，对澳门基本法附件一《澳门特别行政区行政长官的产生办法》、附件二《澳门特别行政区立法会的产生办法》修改的讨论，在澳门地区出现了旗帜鲜明、针锋相对的两种对立意见。

一种意见主张立法会应该采取全面普选的办法，取消间接选举和行政长官委任议员的办法，至少第一步应该让直接选举议员在立法会超过半数。其理由是，没有立法会全面普选，立法会就不能制约特别行政区政府，难以避免特别行政区政府腐败，官商勾结，利益输送，而有效制约特别行政区政府的办法就是普选。所以，将普选的功能定位于制约特别行政区政府，试图通过普选改变现行的行政立法关系。

另一种意见认同《全国人民代表大会常务委员会关于澳门特别行政区2013年立法会产生办法和2014年行政长官产生办法有关问题的决定》中提出的主张，澳门选举办法的修改应该符合四项原则，即有利于政治体制稳定、行政主导体系的有效运行、兼顾各阶层利益均衡参与、澳门社会稳定和发展。按照全国人民代表大会常务委员会的决定，选举办法修改不能损害按照基本法已经建立起来的行

政主导体制下的行政立法关系。

上述两种主张的实质性分别为，一个是试图通过普选改变目前的行政立法关系，另一个是希望在保持现行选举制度基本不变的基础上进行完善，继续保持和改善现有的行政立法关系。两者都看到了选举与行政立法关系之间的联系和影响，虽然主张不同，却都是追求相同的目的。

三、选举制度对行政立法关系产生影响的途径

研究行政立法关系可以从两个层面进行。一个是法律层面，即从法律规范研究行政权与立法权的范围和两者关系。另一个是事实层面，揭示现实的行政立法关系是怎样的。也就是说，法律规范是一回事，实际情况可能是另一回事，因为法律规范与实际情况不一致，所以，研究行政立法关系不能仅仅遵循法律的规范，也要根据实际情况而定。

（一）选举对法律规范的实质影响

行政立法关系通常由宪法法律规范，特别行政区的行政立法关系由基本法规范。影响行政立法关系可以有两种方法。

第一，修改基本法，主要通过改变双方的法定权力，重新规范行政立法关系。目前，就有意见主张重新分配行政长官与立法会之间的权力。但是，修改基本法有难度，短期内不可行。所以，就出现了没有基本法依据的、变相地扩大立法会权力的现象，如香港立法会自行扩权，给予自己对特别行政区政府和主要官员不信任投票等权力。由于没有基本法的法理基础，实际作用有限。在澳门也有部分立法会议员要求扩展立法会权力，如增加对特别行政区政府执行财政预算中的每一项公共支出项目的审批权等，也因没有基本法的明确规定，难以成事。

第二，在不改变基本法规定的行政立法权力的情况下，通过立法会组成人员的变化，形成对行政的掣肘，从而在事实上改变行政立法关系。这一点可以有实证的例子。比如，两个基本法均规定了行政主导，在法律上行政立法关系基本相同，但是，行政主导的实际效果和运行结果却有不同，香港特别行政区行政长官“有权无票”，行政主导处处受挫，澳门特别行政区行政长官“有权有票”，行政主导还能运行，根本原因是香港立法会的实际力量影响了基本法规定的行政立法的法律关系。

所以，在制度和权力安排后，并不一定能产生立法者的立法预期，法律和实际之间会产生落差。

这种情况在西方行政立法关系上也是常态。比如，英国在宪政上是议会主权，但是，政府是在议会中由多数产生的，法律上政府对议会负责。然而，只要政府掌控议会中的多数，那么，从实际运行看是政府掌控议会。美国同样有这个问题，如果同一政党掌握了总统和参众两院的多数，总统也就掌控了国会。

（二）选举对行政立法关系的具体影响

分析各国的实际情况，不论采取什么样的政治体制，行政立法关系是以制约为主还是配合为主，均受选举结果的影响。而选举结果又受选举方法的影响。如，英国采用的是多数代表制，这届英国议会中的自由党得到的选票数量与分配的席位并不匹配，从而影响了议会议员的组成比例。法国采用的是比例代表制，使政党得到的选票数量与分得的议席基本相当，议会由议员相对均衡构成。最终代表不同政党或利益的议员在议会中的比例不同，导致投票结果的不一样，直接影响行政立法关系的天平。

1. 选举与总统制的关系

如果选举的制度是分别选举总统和议会，有可能会出现民意基础的不一致，支持总统的未必同时支持议会，反之亦然。也有可能两者是一致的，既支持总统，又支持议会。当议会和总统的民意基础不一致时，立法往往以制约行政为主。当议会和总统民意基础一致时，立法可能配合行政为主，如美国式。总统与国会关系取决于总统与国会民意基础是否一致，关系到反对派是否占国会多数。从美国国债上限之争、医疗强制保险之争就可以看出国会能否阻止总统的法案取决于反对派在国会中是多数还是少数。所以，理查德·库珀指出：“总统和国会的权力截然分立，这种制度虽然有其自身的优势，但顺利通过预算提案绝对不在其内。”

2. 选举与议会制的关系

如果选举制度的安排是先选举议会，然后由议会选举政府，那么，事实上两者的民意基础是一致的，行政与立法基本是配合的。结果是议会行使权力的倾向是配合政府而不是反对政府，如英国式。首相与国会能很好地合作，只要政府掌握议会中的多数，政府的法案就能顺利通过。这一点连美国总统也羡慕。理查德·

库珀指出："在议会制下，总理或首相和各大部长由半数以上的议会成员选出。在提交预算时，要么议会投票通过，要么内阁会转而制定新的方案。"

3. 选举与半总统半议会制的关系

总统由普选产生，国会也由普选产生，政府再由国会产生。总统领导政府，政府对国会负责，如法国式。如果总统与国会的民意基础一致就可以合作。如果不一致，容易产生分治，引发政治动荡。总统与总理政见不同，选民基础不同，难免发生冲突，影响决策和执行。法国总理对此有深刻的体验。七位法国前总理公开表示，担任欧洲政界这个最不讨好的职务如同身陷"地狱"，离职后备感轻松。法国总理夹在任性的选民和高傲的总统之间，出了问题首当其冲挨批，有了成就却得不到赞扬。现任总理让-皮埃尔·拉法兰将这差事比作一部"巨型研磨机"。《世界报》记者询问七位前总理是否同意这一观点。结论是："没有人反驳。相反，（卸任后）他们的感觉犹如拳击运动员走下拳击台。"

虽然上述三种体制在形式上不同，但是有一点是共同的，即行政立法关系是配合还是冲突取决于立法机构组成人员中的多数与政府是否出于同一政治派别。

所以，我们可以看到，法律规范可以不变，实行的效果却可以大不相同。这说明选举确实对法律规范的实施带来了不确定因素和实际的影响。

四、澳门选举制度基本适应行政立法关系的需要

（一）行政立法关系的运行逻辑

选举要有利于行政立法关系，就先要明确我们需要什么样的行政立法关系，以及了解行政立法关系运行的逻辑。

从理论上说：

第一，理想的行政立法关系应该是既能制约又能配合的关系。

第二，制约和配合两者应该可以共存，体现平衡性。

第三，什么时候制约、什么时候配合取决于立法机关成员的选择。价值往往是一种抽象的要求，现实中都是具体的，即在一件具体的事项上是制约还是配合，因时因事而定。所以，法律的规定只能是抽象的，不能规范每一件具体的、还没有发生的事。什么时候制约、什么时候配合视情况选择运用，从道理上说，

政府决策正确的就支持，错误的就反对。

第四，公共政策的对错标准是什么、依据什么标准判断不容易取得共识，所以，实际上，是谁强势谁决定政策。这样，行政立法实际力量对比决定了最终的话事权。

第五，造成话事权优势的实际是两个基本因素。①政治制度的安排和权力职能的分配。当制度偏向重视效率、保障行政决策免受过多干扰时，必然导向行政主导的制度安排。当需要防止行政专权偏向立法监督、行政决策更多受制于立法制约时，这种偏向在规范制度时已经作好了选择。②选举制度及选举结果。不同的选举制度会影响选举的结果，不同的选举结果又会影响决定行政立法关系的话事权。

所以，法律的抽象规定在表面上总是持平的，但实质上存在倾向性，出现了是行政主导还是立法主导的问题。然而，当遇到具体事项时，对立法机关而言，只存在配合行政还是制约行政的选择，选择制约还是配合更多取决于立法机关成员的价值观念和价值取向，最终是他们的实际力量。

（二）基本法确定了行政主导的体制

特别行政区的行政立法关系，从制度层面讲是行政主导型，所以，要探讨选举与行政主导的关系。

1. 行政立法关系要符合行政主导

特别行政区的行政主导体制处理两层关系。第一层关系是中央与特别行政区关系。特别行政区对中央负责，接受中央领导。这决定了立法对行政的制约不能影响特别行政区对中央的负责。如果特别行政区立法机关要求行政机关对抗中央或消极对抗中央，而行政在立法制约下只能为之，那么，整个政治体制从基本点上就出问题了。在这一点上，如果行政与立法一致了，那么，特别行政区与中央就冲突了，这显然不符合“一国两制”。第二层关系是特别行政区内部的行政立法关系。由于这层关系受制于第一层关系，因此，立法机关对行政机关的制约一定是有限的，限于特别行政区内部的自治事务。

为确保行政主导，基本法一方面规范了行政长官的权力，让行政长官有实权；另一方面规范了行政对立法的主导性，落实行政长官对中央和特别行政区的负责。

2. 选举制度要适应行政主导体制

既然选举制度将影响行政与立法的关系，那么不能就选举制度改革选举制度，必须将选举制度放入政治体制的框架下进行改革，这样做有利于行政主导体制的有效运行。

虽然行政立法权力是法定的，不会随着选举结果的变化而变化。但是，权力行使的实际效果会因选举结果的变化而变化。因为法定的权力是死的，而运用权力的人是活的。运用权力的人采取什么态度、希望达到什么目的将直接影响如何行使权力。所以，我们能够看到法律上的权力与实际权力的分别，有时两者一致，有时两者分离。因为有这种效果，所以选举制度的改变要考虑对法定权力的影响，具体而言对行政主导的影响。

对澳门选举制度的完善应该注意以下几个方面：

（1）选举制度不能在实际上造成两个权力中心。

如果选举制度的结果制造了“两驾马车”，即一个权力中心是基本法上规定的行政长官，而另一个权力中心是选举后产生的立法会，或一个以立法会为基础的、由立法会中的多数组织的并对立法会负责的特别行政区政府，那么，行政长官与立法会的冲突就不可避免，难以调和。

基本法规定，行政长官和立法会分别由选举产生，特别行政区政府由行政长官组织和领导。如果像某些意见建议的，为了让特别行政区政府得到立法会的支持，应该由立法会选举中取得多数议员席位的政党组织特别行政区政府，实际上就形成了行政双首长制，那么，这个政府与行政长官如何处理关系？要么造成行政立法僵局，要么造成行政立法对抗，不仅不能解决行政长官与立法会的关系问题，反而更加混乱。所以，应该排除以立法会多数党为基础的内阁制形式。这种内阁制与行政长官对中央负责、与行政长官领导特别行政区政府的安排相矛盾。如果形成双首长制，实际结果是削弱行政长官的权力。

（2）不宜把扩大普选作为立法制约行政的唯一途径。

扩大普选并非立法制约行政的唯一途径，仅仅是可能或需要的条件。有人认为，扩大直接选举就等于扩大了立法对行政的制约，直接选举的议员对选民负责，选民要监督政府，议员不能不监督，这种口号式的说法在某种意义下可以吸引选民，但并不完全符合逻辑。在实践中，如果行政与立法机关均得到选民支持，形成了行政立法民意基础的一致性，还能指望立法机关为制约政府而制约政府吗？所以，普选并不构成监督、制约政府的唯一条件，两者没有必然关系或因果关系。只有在政府与立法机关的民意基础不一致时，选举的议员才成为制约政府的力量。既然直接选举、普选可以造成行政立法合流或分流两种不同的可能性，那么从立法制约行政角度看，没有必要将直接选举、普选作为选举制度完善的唯一选项。

（3）选举办法要有利于形成制约配合的平衡。

① 提倡制约、监督和配合的理念。理念的树立可以帮助理解制度的安排，可以指导我们正确地处理具体的事务，不要为反对而反对、为制约而制约。有了制约和配合平衡的理念，才有利于正确地行使权力，因为人的理解和要求才是处理事务的关键。

② 用制度落实理念。有了正确的理念仅仅是第一步，要认识到理念并不可能保证权力的各方能够做到或实现监督配合的平衡，原因不仅是利益不同（为某种利益而反对），而且有理解认识的差别（为坚持自己是对的、对方是错误的而反对）。而且，理念和自律可以做到一时一事，但不能保证时时刻刻、事事如此。我们不能把希望寄托在认识和自律上，比如，大家认为行政“应该”接受立法制约，但是，当行政由于在立法机关中拥有多数支持、没有“意愿”接受制约时，“应该”就没有办法落实。同样，立法“应该”配合行政，但是，当立法拥有反对行政的多数、没有“意愿”配合时，“应该”同样没有办法落实。所以，需要将理念建立在制度上。通过制度限制或排除认识的随意性（一方想反对而反对不成），确保制度包含的平衡性（双方可以互相配合）。

第一，立法会的选举应该产生制约行政的力量，这是不言而喻的。所以，不能否定立法会需要直接选举产生部分议员。立法制约行政好不好呢？要看以什么标准衡量。制约滥权当然好，制约效率就不好。没有一个执政者需要人为地制造一个反对派，制度设计也不会制造矛盾打架。制度设计只能因执政不善为反对派形成提供空间而已，直接选举能发挥这个作用。

第二，选举制度要有利于行政争取到立法配合。政府必须依法施政，以民为本，争取选民的支持，从而在立法会形成支持施政的多数。当然，行政在立法会中有支持基础固然很好，如果没有稳定的基础怎么办？因为造成这种局面的原因是多方面的，不一定是政府施政有什么过错，有的是短期利益与长远利益的矛盾影响了政府的支持度。所以，在实际中，行政要争取立法配合，其中之一就是必须有效防止立法会议员以捆绑式（在香港立法会里常见的一种现象）的方式采取一致行动，而只有分化了捆绑才能争取立法对行政的配合。

那么，怎么做到这一点呢？只有选举形式的多样性有利于形成议员代表利益的多样性，才有可能避免议员之间的捆绑。如上所述，任何直接选举的方式都可能产生两种情况，一是经过选举，形成行政与立法的社会基础一致的结果。那么，行政立法关系就可控，可避免冲突和危机出现。二是经过选举，出现行政与立法的社会基础不一致的结果。那么，行政与立法冲突产生，对立、对抗出现。由于选举结果对行政立法关系产生两种可能性的情况，因此，当立法会选举出现第二种结果时，就不能避免行政与立法的对立、对抗。要防止出现这种可能性，立法会部分直接选举、部分间接选举，才能达到选举议员之间的制约平衡和不能轻易捆绑行动的目的。

首先，选举制度采用比例代表制就比多数代表制容易形成立法机关成员的多样性，比较能保留不同阶层利益的代表。而多数代表制是赢者通吃，容易趋于单一性，只有胜者没有弱者留在制度内表达意见的机会。澳门立法会采取直接选举和间接选举并举的方式，已经从产生方式上制造了立法会成员的多样性，有的代表地区利益，有的代表阶层、界别的利益，再加上直接选举按比例代表制分配议席，形成了双重保障议员多样性的机制。

其次，直接选举和间接选举产生的议员所代表的利益倾向是有差别的，从而影响他们的投票行为。我们可以从现实和经验中看到，直接选举必然催生政党政治，政党以执政为目的，反对党一定是反对执政党的，否则他如何有机会执政呢？反对党也只能存在于立法机关中制约政府。为此，政党有政治立场，通常以全民利益代表自居，不会限定代表固定的或特定利益群体或阶层、界别的利益，今天可以与某个阶层结盟，明天可以与另一个阶层结盟，只要有利于执政的公共政策都会成为他们关心的对象，从而可能成为制约政府的事件。直接选举的议员本身是首先关注政治利益，其次才是具体的群体利益。而间接选举的议员由于以特定界别为基础选举产生，他们首先注重的是界别、阶层利益，是相对固定的，当公共政策影响了界别、阶层利益时则会反对。所以，他们是先关注具体、特定利益，再关注政治利益，形成的是社团政治。社团政治与政党政治的不同之处在于，一方面，他们的诉求并非以执政为目的，没有为执政而反对政府的动因。另一方面，当界别利益与其他利益冲突时，他们更会捍卫界别利益。哪怕界别组别是一人一票选举的，也不可能改变他们以自身界别利益为优先的本性，如果其代表违背了界别利益，就会失去界别选民的支持。这在澳门立法会运作中已经得到清楚的证明。如劳工界与工商界不可能在对立的利益议题上捆绑在一起，只能妥协。直接选举（以地区利益为号召）和间接选举（以界别利益为号召）必然形成不同的利益代表，关注不同的议题，有不同的诉求，要捆绑并非易事。所以，直接选举和间接选举均有存在的理由，从而在立法会内建立互相牵制的关系，为行政争取立法配合提供可能，至少可以减少行政立法关系陷入僵局的概率。这种安排与一些国家议会设立两院制有异曲同工之处。

因此，基本维持澳门的间接选举制度和比例代表制是有必要的，有利于巩固行政主导下的行政与立法之间的平衡关系。

（本文发表于《“一国两制”研究》，2012 年第 4 期）

从选举看选民、选举团体、政府之间的关系

虽然澳门特别行政区立法会选举的结果与执政无关，但是选举的结果从一定程度上反映了选民对政府施政的评价，是对政府执政依靠的社会基础和团体信任的检验。所以，选举与选民、选举团体、政府三者之间形成了不可分割的联系，它们之间也是一种互动关系。这种关系，构成了澳门社会政治生态的格局。这种格局又会影响行政机关与立法机关之间的制约和合作的关系，影响政府的施政方向、内容和效果。我们如何分析这种政治格局的形成、相互关系和影响呢？无非有两个方面，一个是选举政纲，另一个是选举结果。本文从选举政纲开始分析，以选举结果来验证。

一、选举对政治生态构成的影响

选举是由选民从参选人中选出自己的代表的过程。在选举过程中有两个主体，选民和参选人。选民根据自己的意愿和利益选择参选人，参选人用自己的政纲和表现吸引选民，两者是互动的关系。虽然政府并非选举中的主体，但是政府的施政会影响与政府有亲疏关系的参选人在选民中的认受性，间接影响选举的结果。所以，政府也是选举中一个重要的因素。

所谓政治生态，是指一个国家或地区政治的综合要素的总和，是政治生活现状、政治发展环境的集中反映。用生态学的基本理论和方法来研究政治组织结构、政治制度、政治发展与环境的关系，形成了一门政治生态学。在“一国两制”下，澳门的政治生态是怎样的呢？立法会的选举对澳门政治生态形成起了什么作用呢？这正是澳门社会十分关注的问题。

在西方国家，通过选举将政治势力分为两大块，即执政党和在野党。选民在不同政党之间进行选择。不同政党和支持他的选民形成了一种政治派别，不同的政治派别构成了国家的政治生态。澳门特别行政区有所不同，不实行政党政治。特别行政区行政长官和政府主要官员由中央人民政府任命，不存在执政与非执政

之间的政治派别区分。政治生态的格局主要是围绕政府这个轴心，与政府的关系进行划分而构成。通常有“建制派”和“非建制派”之分，有“执政联盟”和“反对派”之别。前者被视为政府施政的基础和依靠的政治力量，后者自称或将自己定位为政府的反对派。选民通过投票成为某个派别的社会政治基础。有一种观点将澳门政治生态分为“富商派”“传统派”和“反对派”。还有一种观点将澳门政治生态划分为“基层派”“工商派”“乡族派”“博彩派”“民主派”。笔者认为，上述划分不准确、不科学，应提出商榷。理由是上述观点违背了运用统一标准进行政治生态划分的基本原则。因为“基层派”“工商派”“乡族派”“博彩派”在政治生态中，他们的政治立场和态度都是属于“建制派”的，不能因为历史原因或职业行业原因或出生地域原因或所处阶层原因成为不同的政治派别。事实上，“基层派”“工商派”“乡族派”“博彩派”或“民主派”中的成员本身的背景就是互相交叉的，每一派中都少不了基层人士、工商人士、博彩业人士和乡亲人士，绝不是清一色的，他们之间的区别在于政治立场和态度之分，不在于出生地域、从事的行业或所处阶层的不同。

我们可以从参选团体的政纲和行动两个基本方面分析。

（一）从政纲分析

选举政纲集中反映参选团体对选民诉求的判断，是吸引选民的旗帜。政纲反映参选团体的政治立场，对自身政治主张的坚守，是今后行动的路线和目标。政纲也是对政府施政成效的评判。一个政纲的背后恰恰反映了选民、参选团体、政府三者之间的关系。

第一，政纲的相似性是吸引更多选民的需要。

我们可以看到，在本届澳门立法会选举中，参选团体的政治背景不尽相同，但在政纲中提出了许多相同的诉求。

首先，政纲诉求内容有相似性。经分析，本届立法会有20个参选团体，相同的诉求有：在民生领域中的住房方面提出增建社会房屋、经济房屋、“澳人澳地”房屋。在交通方面提出落实交通优先、检讨特别行政区政府与巴士公司合约，直接补贴市民，增发临时的士牌照。在医疗方面提出缩短就诊时间，增加医疗人员，兴建第三家公立医院。在食品方面提出打破市场垄断，降低物价。在教育专业方面提出加大教育投资，建立专业认证制度。在社会保障方面提出加强对老幼妇残资助，完善公积金、社保制度。在经济领域中提出保障本地居民就业，限制外劳。推行最低工资最高工时，行使集体谈判权。加强职工培训，扶植中小企业，发展文创会展，落实休闲旅游，推动负责任博彩。在公共事务领域中提出完善土地和公共工程批给制度，加强财政监察，反贪倡廉，建立官员问责制度，完善咨询方式和公务员中央招聘，推进法律行政改革，构建政府部门之间协调机制。

其次，政纲诉求的对象有一致性。政纲的诉求对象均指向政府，希望政府能在施政中解决上述提出的问题。所以，在政纲中提出了监督政府，希望政府能完善各项制度，落实民生和经济发展、官员问责等要求。

第二，政纲的差异性是突出自己形象、吸引基本选民的需要。

虽然不同的参选团体的政纲有交集点，但是，澳门本届立法会参选政纲中的差别也是明显的，主要集中在如何对待选举制度的发展、如何处理行政立法关系这两个基本方面的态度和主张不同。由此形成了不同的派别，有不同的诉求，不同的群体支持。政治生态中的政治派别也就有一定的鲜明特征。

参选团体的政治主张，首先表现为政治诉求的法理基础不同，其次表现为诉求的内容不同。在选举制度方面，“建制派”的参选组别明确提出，以澳门基本法为框架发展澳门民主，完善选举制度。在政纲中明确提出，以落实“一国两制”“澳人治澳”及高度自治方针和维护基本法为己任。立足于基本法框架，从澳门实际出发，推动民主政治发展，完善选举制度。在行政立法关系方面，明确提出，保持和完善行政主导政治体制，建立完善监督机制，促进行政与立法既配合又制约的良性互动。

“非建制派”的参选团体的政治主张均没有提到以基本法为法理依据。因为其主张已经突破了基本法的规定，不愿意受基本法的约束。如，要求取消立法会间接选举和委任议员。在行政立法关系方面，只主张立法会监督特别行政区政府，没有提出立法与行政配合、兼顾制约和合作的关系。有的甚至主张要以抗争的激烈手法对待特别行政区政府，同样不符合基本法关于行政立法互相制约和合作的立法原则。

所以，从政纲的角度看，用“建制派”和“非建制派”概括不同政治主张的参选团体还是比较恰当的。再从历史的角度分析，将“建制派”和“非建制派”四年前参选立法会的政纲与本届选举政纲的政治诉求内容作一个比较，不难看出两者基本一致。例如，在对待普选行政长官和立法会普选立场上，在行政立法关系要不要既制约又合作的态度上基本没有变化，说明澳门参选团体的政治主张和倾向有相对的稳定性。

（二）从政治行动分析

澳门政治生态的构成不完全由参选团体的政纲所决定，还要取决于参选团体的政治行动能力。在选举中能否得到选民的支持，能否当选立法会议员，能否在公共事务中有一定的话语权，并推动政纲中的主张实施，都取决于选举能否当选的结果。那么，选举结果的成因是什么？什么因素决定了选举结果而形成了澳门的政治生态格局？主要有三个因素。

1. 选民与政纲的关系

（1）政纲与选民利益的关系。

政纲的诉求是否真实反映了选民的要求，是否把准了选民的脉搏是十分重要的。在西方国家选举中，选民基本上是按照竞选人的政治主张来进行取舍和选择的。那么，如何理解选民的诉求呢？选民的诉求既有个人利益的需求，又有整体利益的需求，即使是选民的个人利益诉求本身也是多样的。所以，一个政纲如果满足了选民其中的一个利益诉求，却不能满足或损害了其他利益诉求，选民也会对参选人作出理性选择。不是政纲一味迎合某一种利益诉求就能赢得选票。

虽然，政纲一般会针对特定利益群体提出主张，吸引这部分选民。但是，若要吸引更多选民，就要有能体现选民们的整体利益的诉求。否则就会赢得一部分选民，失去另一部分选民。在本次立法会选举中可以看到，某些团体的政纲取悦一部分情绪偏激的选民，却失去了更多理性选民的支持，最终得票偏低，仅占选民总投票数的不足 4% 。

只有均衡兼顾选民利益的政纲，才能赢得多数选民的支持。

（2）政纲与整体选民的素质的关系。

选举能否胜出，最终取决于他们的社会基础有多大，是否符合多数选民的意愿。所以，多数选民的素质对选举的结果具有决定性影响。澳门选民中绝大多数是有政治底线的，他们认同“一国两制”和基本法，对旗帜鲜明地拥护“一国两制”和基本法的参选人是支持的。因为“一国两制”的实践证明，实施“一国两制”和落实澳门基本法能够给澳门社会带来稳定和发展，符合选民的整体利益。选举结果说明，政治格局中的“建制派”就是得到了大多数选民的支持，选民既认同他们的政治主张，又肯定他们脚踏实地地服务选民，最终得票率占选民总投票数的 70% 以上。

2. 选民与政府施政的关系

(1) 选民取态与政府政绩的关系。

澳门选举在某种意义上说，是选民对政府施政的一次评价，选民的投票实际上是在对政府施政认同或不满中进行选择。由于选举中的参选团体区分为“建制派”和“非建制派”，选民是通过投票选择“建制派”或“非建制派”的参选人以表达自己对政府的看法。因此，政府的施政越有成效，作为政府执政基础和团队的参选团体候选人就会得到越多选民的支持，这是一种正相关关系，反之亦然。正如一位参政人士所言，用政绩争取选民认同是最好的选举方式。本届立法会选举反映了特别行政区政府“以民为本”、关注民生和发展经济的施政重点取得了一定成效，得到大多数选民的认同和支持，为执政团队参选人胜出提供了条件。

(2) 候选人与政府的关系。

选民选择候选人参政，希望能够实现自己的诉求和利益。所以，选民不会仅仅需要一个代表自己利益发声的议员，更需要一个能够帮助自己实现利益的议员。这个因素在澳门特别行政区政治体制下尤为重要。由于澳门立法会选举不决定执政，而是通过立法会进行参政，因此，参政者如果不能与政府合作，为反对而反对，对选民的利益没有一点好处，那么大多数选民在投票时会考虑候选人有没有向政府争取制定政策的能力和政府是否愿意配合。本届立法会选举印证了这一点，既能监督政府施政又能与政府合作的参选团体获得大多数选民的支持。

3. 选民与社团的关系

(1) 选民的投票受两大因素影响。

一是参选人及其组别的主张。二是参选人及其组别过往的行动和表现。选民不仅听参选人说什么，还要看他们做的能力和结果。当然两者相比重在做了什么。即使是政纲的叙述，也可以区分不同的类型。有的政纲为服务选民而写，有以往为选民办过的实事为基础。有的政纲为标签自己而写，突出抗争形象。有的政纲为取悦选民而写，为选票需要而不计长远利益地许诺。当然，绝大多数选民心中自有一杆秤，不会因为谁说得好就把票投给谁。本届立法会选举的结果表明，凡得票比较高的参选团体都是在日常事务中做了大量实事的，而调子唱得比较高、流于空洞口号、实事做得又少的参选团体得票普遍很低。

(2) 社团动员和组织选民的能力。

选民的投票热情在相当程度上是由参选团体动员和组织起来的。在选举中可以发现，参选团体的政纲相似，过往的表现也不相伯仲，而选举得票的结果相差不少，其原因在于动员和组织选民的能力上存在差距。所以，在澳门社团政治的环境下，社际网络和人际关系在选举中的影响力不能被低估。这一点，参选团体都十分重视。如在选举政纲和选举动员中运用职业关系、乡亲关系、服务关系等吸引选票，如“新联盟”以为博彩业员工谋福利为旗号，“民联”和“澳粤同盟”以乡亲关系为纽带，取得了效果。

因此，选举结果是选民的实际感受、参选团体的社会判断、政府的施政效果互动的产物。

从本次选举结果分析，澳门政治格局的基本面变化不大，基本维持原有态势。“建制派”的社会基础有所扩大，总得票数比第四届立法会选举略有增加。“非建制派”维持上届地盘，但总得票数比第四届立法会选举略有减少。温和行动远比激进行动更能得到选民的接受。所以，激进行动的反对派不仅全军覆没，而且得票率偏低，反映了在澳门当前的社会环境下激进的主张并没有多大的市场。

澳门今后政治格局的发展，关键看谁能扩大选民的基础，谁能争取到新加入的选民的支持。从本届立法会选举得票率与上届立法会选举得票率比较分析得知，“建制派”与“非建制派”得票数比例基本维持稳定，只是内部不同组别的得票比例有所变化。从另一个角度看，似乎新增加的选民绝大多数并没有被吸引，“非建制派”寄予能够得到新增加青年选民支持的愿望落空。可以预期，未来四年将是双方为争取新的年轻选民工作的关键时期。

二、选举对行政与立法关系的影响

本届立法会选举所形成的政治格局，将对政府形成一种既加大监督力度又能确保合作的局面。不同政治立场的团体进入立法会势必对行政与立法关系产生影响，包括立法会议题，议员的投票、质询、监督，乃至议员的行为方式都会有影响。虽然立法会“建制派”和“非建制派”议席构成的比例没有实质性变化，“建制派”仍占立法会中的多数，可以保证政府政策的通过，但是，立法对行政的监督势必加强。政府会面临更大压力。从各参选团体的政纲就可看到，立法会加强监督政府是参选团体共同的要求，监督内容主要集中在官员问责、财政拨款、公共工程批给等方面。

1. 立法会加大制约政府力度是趋势

“建制派”议员虽然是政府的执政基础和团队成员，但他们毕竟是通过选举产生的，需要对选民负责。为应对“非建制派”议员的压力，在监督政府方面将会比过去更有所作为，否则将会失去部分选民的支持。但是，“建制派”议员在监督政府的过程中，需要研究和把握制约和合作的“度”。这个关系掌握不好，政府与执政基础之间的关系就成了问题，政府也难以有效施政，一旦出现这种局面，就会成为下次选举的不利因素。另外，“非建制派”会更加用力，穷追猛打紧盯政府，在本届立法会选举中，“非建制派”打出的监督政府的旗号还是赢得了不少选民支持。采用激进的方式制约政府的主张也得到一小部分青年选民的认同。所以，为了争取吸引更多选民认同，将催化“非建制派”的监督行动。因此，政府要有面对更多挑战的心理准备。

2. 政府主动接受立法会监督是良策

（1）主动配合，争取合作。

政府应该改变被社会认为与立法会配合不足、消极接受监督的印象。政府要主动接受监督，秉持合作态度，加强在政策制定和执行过程中与立法会的合作。比如，注意事前沟通，即在向立法会提交重大议案、法案前，向立法会通报情况，非正式交换意见，通过沟通吸收有益的意见。注意事中沟通，在立法会审议政府政策时，政府应该详尽介绍政策背景和政策意图、目的，提供立法会审议讨论时所需要的资料，并做好政策的解释工作，争取立法会支持。注意事后沟通，政府在必要时对执行政策和法律的效果、遇到的问题通报立法会，总结经验，有利于政府与立法会继续合作。

政府接受立法会监督既符合基本法，又是基本法对政府的要求。澳门基本法第六十五条规定，澳门特别行政区政府对立法会负责，其中就包括特别行政区政府要接受立法会监督。政府接受立法会监督不仅仅是一个政治态度，更是履行基本法的法定义务。政府依法施政，也就包括依法接受立法会的监督。政府接受立法会监督是对阳光政府和科学施政的检验，阳光政府就应该不怕监督，科学决策就经得起检验，公共政策通过监督，更利于获得支持和执行，体现出责任政府的精神。政府接受立法会监督也是在发挥执政团队的作用，凝聚执政团队的力量，让执政团队在制定政策、解决问题过程中积极参与，有所表现，有所作为，树立形象，扩大影响，吸引选民，巩固执政基础。

（2）改善施政，赢得支持。

立法会的监督主要体现在两个方面，一是监督政府政策，二是对失职的政府官员进行问责。

政府要经得起立法会监督，首先，要确保政府的政策和施政能够符合居民的合理、合法的要求，解决居民关心的经济、民生需求，尽可能地避免施政中的失误和过失。本届立法会选举中，参选团体政纲中对政府过往施政中暴露的问题所提出的批评，应该成为政府今后施政中重点解决的问题。当然，完善政府的政策不是无原则地一味迎合居民的物质要求，部分议员为争取选票提出对澳门长远发展难以为继或者将会产生出新的、不利于澳门长远和可持续发展的福利要求，是不恰当的，政府应该本着对澳门整体利益负责的态度，实事求是地制定政策。相信绝大多数居民是理性的，对子孙后代是负责的，能够理解政府的长远发展政策。通过本届立法会选举，政府今后的施政方向和主要工作是清楚的。社会的主流共识是重点关注民生、经济、行政和法律领域的事务。这些要求，与政府过去和未来的施政方向和内容是一致的，没有矛盾。今后的关键是政府如何具体落实和完成这些具体的工作。

其次，政府对立法会负责应对施政失误的相关责任人进行问责。问责是需要的，但如何问责确实应该搞清楚。否则，不利于政府施政，也不利于公职人员履行公务，导致多做多错、少做少错、不做不错的困局。所以，什么事和行为应该问责，什么不应该问责，关键在于清楚问责的标准。这一点，政府和居民都应该思考和探讨。问责不能简单化，问责也不等于让官员下台。问责的目的首先是提高官员的责任心，其次才是承担责任、追究责任。问责的标准应该是客观的。所谓客观，就是能够用事实证明过错，不能采用主观的价值判断。社会的利益是多元的，每一项政策总是反映和保护某种利益，或者是对多元利益作出一种平衡，但未必能得到一致的认同和接受。为此，在问责标准上，不适宜采用某种价值标准来判断和追究，应该坚持客观过错标准。澳门在建立官员问责制度初期，可以考虑从社会与公务人员能够取得共识的基础方面开始。第一，按照依法行使职权标准，对违法滥用权力、滥用自由裁量权的行为追究责任。第二，按照以法定程序处理公务的原则，对程序过错行为问责。第三，按照尽忠职守原则，对执行政策不力的不作为问责。总之，社会既要完善官员问责的制度和程序，也要有理性健康的问责文化配合。

只有这样，才能建立起行政与立法之间的良性互动，建立起行政与立法既制约又合作的关系。

（本文发表于《澳门研究》，2013 年第 4 期）

发展和完善均衡参与式民主制度

“利益兼顾，均衡参与”是澳门特别行政区基本法起草委员会制定政治体制的原则之一，根据这个原则，规定了基本法附件一《澳门特别行政区行政长官的产生办法》和附件二《澳门特别行政区立法会的产生办法》。2012 年 2 月 29 日《全国人民代表大会常务委员会关于澳门特别行政区 2013 年立法会产生办法和 2014 年行政长官产生办法有关问题的决定》承接了基本法起草时确立的原则，重申两个产生办法的修改要“有利于保持澳门特别行政区基本政治制度的稳定，有利于行政主导政治体制的有效运作，有利于兼顾澳门社会各阶层各界别的利益，有利于保持澳门的长期繁荣稳定和发展等原则”。那么，“利益兼顾，均衡参与”的原则与民主的理论是什么关系？是否属于民主理论的应有之义？按照均衡参与的原则，澳门基本法规定立法会由直接选举、间接选举和委任的议员组成，而间接选举是按照不同界别，即以经济标准为主划分的工商、金融界，以就业方式划分的劳工界，以特定职业为主的专业界和教育界，以活动性质划分的社会服务界、文化界和体育界，选举产生议员，这种按界别选举的制度是否属于民主的制度？这些问题确实非常值得研究。

一、民主理论和制度的发展历程

为了回应上述问题，实有必要对民主理论和制度进行梳理。

1. 什么是民主？

民主由希腊文 DOMOS（人民）和 KRATOS（权力或统治）组成。意思是，人民统治，按平等和少数服从多数的原则管理公共事务。

自古希腊的民主理论提出和民主制度诞生以来，鼓舞了后人对民主理论进行不断的探索，从古典民主理论到精英民主理论再到多元民主理论和协商民主理论，按照不同的民主理论要求，建立了各式各样的民主制度和程序，不断地推动民主制度的构建和完善。

2. 古典民主理论

最早的民主理论产生于古希腊，称为古典民主理论。古典民主理论的主要内容有：

（1）民主是多数人的统治。

雅典时期的政治家在一篇演说词中说：“我们的制度之所以称为民主制度，是因为权力不是掌握在少数人手中，而是掌握在全体人民手中，在解决个人争端的问题时，法律面前人人平等；当优先推荐某人去担任公共职务的时候，推荐他的原因不是由于他是特定阶级的成员，而是由于他所具有的真实才能。只要具有为国家服务的能力，没有人会由于贫穷而在政治上一文不名。”民主理论和制度所主张的是，众人之事，众人管理，人人平等。

（2）部分公民享有民主权利。

在雅典的民主制度中，享有民主权利的只是一部分公民，西蒙·霍恩布洛尔指出：“雅典民主，如果只看那些享有民主的人们的权利与特权，那么一切时代没有一个国家的参与比它的程序高，但被它排斥在外的人数也很惊人，奴隶、妇女、两次拥有海上霸权史的那些盟国的属民、外邦人。”亚里士多德也说：“我们不能把所有维持城邦所不可少的人都视为公民。”雅典的民主只是部分人的民主。

（3）采用公民直接参与决定的民主形式。

雅典民主制度采用公民大会形式，享有民主权利的公民直接参与决策。古希腊民主政体与现代民主政体的根本区别在于，它是参与性的，而非代议制的，雅典的公民自己参加公民大会，而不是选举代表参加。

（4）民主可能导致多数人的暴政问题。

人们在赞扬雅典民主制度的同时，也关注民主制度存在的问题。一些思想家认为，如果民主的多数不受制约就可能导致多数的暴民统治，民主与暴民之间没有天然的屏障。亚里士多德在《政治学》第三卷中对希腊的政治体制作出了描述，“存在三种正宗统治形式：君主制、贵族制和共和制，分别由一个人或几个人或多数人为了公共利益进行统治。这三种政体的变态政体相应是僭主政体、寡头政体和平民政体（民主政体），由一个人或几个人或多数人为自己的利益进行统治”。平民政体是“旨在维护穷人利益而非公共利益的政体形式”。亚里士多德提出了政体的好与坏的关键性差别取决于统治的目的是自己利益还是公共利益。中世纪的托马斯·阿奎纳也认为：“民主就是一种平民政体，其中普通群众依靠人数众多的力量而压迫富人，结果使全体人民都成为某种暴君。”塔尔蒙说，

“民主可能是潜在的极权主义”，“即使民主不是极权的，它也是压迫性的”。既然民主存在这种潜在的危险，就必须解决民主约束的问题，这样，民主才能成为好东西。

（5）解决民主问题的方法。

如何解决民主的约束问题呢？亚里士多德提出混合政体的理念，一个政体就应该包括君主制、贵族制和民主制的元素，君主制的优点是秩序和活力，贵族制的优点是有智慧，民主制的优点是诚实、善良。但是，任何一种单一的政体自身都不能保持稳定。无论统治者是一个人或少数人或多数人，都会贪婪地利用权力，使政体走向腐化、堕落。而混合政体的设计正是要把每一种标准的政体形式包容在一种政治制度之内，以防止种种反常的情形。“必须在民主制里掺杂君主制和贵族制。”总之，混合的政治体制能够形成利益兼顾、多元参与，有利于互相制约。

这种混合政体的理念在英国的政治体制中得到了体现，如保留了贵族院，保留了君主。美国也受此影响，在各州的宪法中，代表一人的是州长，代表少数的是参议院，代表多数的是众议院。美国拥有的完全不是民主，而是彻头彻尾的共和国——对于麦迪逊来说，共和国就是一个拥有代表体制的政府。以上这些尝试都是从政治制度及议会的结构上作出限制，以防止多数人的暴政。

3. 代议民主理论

在古典民主理论之后产生了代议民主理论。该理论认为，直接民主不可行，应该建立代议制度。

（1）直接民主不可行。

第一，直接民主形式不适用于地域广阔、人数众多的地方。美国的制宪者麦迪逊在《联邦党人文集》中认为，本义或真正的民主只适用于小地域：“在民主政体下，人民集会在一起，亲自管理政府；而在共和政体下，人民是通过代表和代理人组成、管理政府。所以，民主政体将限于一个小小的地区，共和政体则能扩展到一个大的地区。”第二，直接民主形式不适应现代社会组织，无效率。“在某些方面，民主未必是有效率的政治体制。”①

（2）实行代议民主制。

直接民主不可行，只能采用代议民主。提出代议民主理论的韦伯认为，民主

---

① ［日］猪口孝，［英］爱德华·纽曼，［美］约翰·基恩．变动中的民主．林猛等，译．长春：吉林人民出版社，1999：6．

不是人民的统治，而是政治精英的统治。现代代议制民主只是由选民选举政治领袖，由他们进行决策，“民主过程不过就是将精英合法化”（韦伯语）。

熊彼特同样认为，应该“舍弃民治，代之以由人民批准的治理”。“民主政治并不意味着人民真正在统治——民主政治的意思只能是：人民有接受或拒绝将要来统治他们的人的机会。”民主的实质不在于谁统治谁，而在于这个谁是否是合法选出来的。

所以，代议民主实质就是大众选择精英代表进行决策。

（3）竞争性选举形式。

代议民主的实质需要竞争性选举，由选民进行挑选。精英民主认为，轮流执政能解决专制问题。只要选民可以在两个明显不同的政党纲领之间作出选择，暴政的危险就可以得到制约。

（4）代议民主面临的问题。

在当前的民主实践中，代议民主理论广泛流行，并在民主的制度上得到体现。但是，代议民主存在如下问题，而且也没有解决古典民主面临的困境。正如密尔在《代议制政府》一书中所说：“代议制民主容易产生的危险有两种：代议团体及控制该团体的民间在智力上偏低的危险；由同一阶级的人构成多数实行阶级立法的危险。”第一种危险是出现顺从民众的民粹主义，由于代议民主离不开选举，选举离不开选民，得到选民支持的就上台执政。因此，出现了一种与精英民主理论预期相反的现象，不是精英领导民众，而是精英跟在民众后面，为了讨好选民，迎合选民的要求，助长民粹主义。比如，现代社会中的高福利主义成了许多国家发展的掣肘，而精英不愿意触碰，也不敢解决。代议民主出现的这个问题并没有达到精英民主所预设的目标，精英民主希望议员是政治家，而非政客。前者在听取民意基础上有承担、有远见、作决策。后者是随从民意，讨好民意，无须承担。现实对精英民主作出了讽刺。第二种危险是出现维护既得利益脱离民众的问题。由于选举中资本的介入，竞选中财力雄厚者极容易当选。曾于1896年帮助威廉·麦金利赢得美国总统大选的马克·汉纳说过：“要赢得选举，需要两个东西。第一是金钱，第二我就记不得了。”① 美国一位作家兼评论家也说：“无论民主制度在理论上怎么讲，在实践上人们有时倾向于把它定义为标准化的商业情节剧。”② 作为回报，当选者在决策时偏向财团，忽略民众的利益和要求，扩大了社会的贫富差距。如美国近年发生的占领华尔街运动，向社会提出了1%

---

① 费利佩·萨阿贡. 美国的民主癌症. 西班牙世界报，2000－08－16.

② ［美］贝克. 权力语录. 王文斌，张文涛，译. 南京：江苏人民出版社，2014.

的人占有99%的财富的问题。普林斯顿大学教授马丁·季伦思（Martin Gilens）和西北大学教授本杰明·佩奇（Benjamin I. Page）考察了美国30年间的1779项政策，就富人、利益团体、普通民众对政府决策的影响程度进行了评估。结果发现，在收入分布中处于第90个百分值的富人对政府决策的影响力最大；利益集团也有相当的政治影响力；普通民众对决策的影响力微乎其微。在当今这个政治无比昂贵的时代，候选人与赞助者间存在依靠关系，没有后者真金白银的赞助，前者就不可能在无穷无尽的选战中杀出一条血路。一旦金钱逾越出市场的边界，进入本不应参与的政治领域，谁控制了金钱，谁就能够决定最终上台的是哪名候选人。成功上台的政客又利用手中的权力回馈自己的赞助者。

即使是代议民主也没有从根本上解决多数人专横的问题。美国、英国出兵伊拉克也不符合社会的民意，但执政党控制议会多数照样决定出兵。美国《时代周刊》2007年5月28日的一篇文章中说，“美国入侵伊拉克前不久，任职时间最长的参议员、来自西弗吉尼亚州的罗伯特·伯德在议员席上说：‘这个议院大多数时候都沉默着，这是一种不祥的、可怕的沉默。没有争辩，没有讨论，没人打算为这个国家列出这场特殊战争的利弊，什么也没有。我们在美国参议院保持着被动的沉默！’”对此，美国原副总统戈尔在他的著作《戈尔的最后诱惑》中写道：“伯德提出的问题背后是我们无数人一直在问的大问题——今天，在美国人要作出重要决定的时候，理智、逻辑和真相所起的作用为什么会急剧减少？”他忧心忡忡地说：“美国民主正处于危险之中……我知道，不只我一个人觉得什么东西从根本上出了毛病。”

4. 多元民主理论

因为代议民主理论存在以上问题，所以，受到多元民主理论的挑战。

（1）多重少数的统治。

多元民主理论认为，社会上客观存在着各种利益集团，代议民主制度应该由不同利益的代表参与，通过互相博弈、互相制约来制定公共政策。所以，民主应该是多重少数人的统治。所谓“多重少数人的统治”是指每一个社团相对于全社会而言都是一个数量上的少数，然而正是这些多重少数相加就是社会的大多数。托克维尔在《论美国的民主》一书中认为，美国的民主制所依赖的三权分立体系，虽然是绝对必要的，但并不能够使一个国家既享受自由又拥有民主。他提出，一个有各种独立、自由的社团的多元社会，可以对权力构成一种社会制衡。多元民主理论的代表人物达尔认为，民主“旨在成功地在多数人的权力和少数人的权力之间，以及所有成年公民的政治平等和限制其主权之间，达成妥协”。

“我们只能区分各种不同类型和大小的群体，他们都以各种不同的方式试图推进他们的目标，当然常常至少部分以其他群体为代价”。多元民主理论的精髓就是以社会制约权力。

（2）多元民主的优势。

公共政策是在互相博弈中制定出来的。这些相互竞争的利益集团运用各自的资源去影响政府的决策。这种分散的权力中心和动态变化的竞争格局，可以防止权力的集中，并确保政治民主。

议员是各种利益的代理人，议会是各种利益讨价还价之地。在实际运作中，没有一个国家是单一的原则，都是混合的，既要有民主的委托元素，又要有代表的元素。代理的元素决定要受委托的选民利益驱动，代表的元素要考虑社会公共利益。多元民主的多样性有利于形成和实现公共利益。

多元民主理论既想克服多数人的暴政和民粹主义，又希望克服精英民主理论中由少数人统治、人民不能直接实现民主的悲观论断。

（3）多元民主面临的问题。

多元民主如何落实？即少数怎么能够进入议会？议会又怎么形成多重少数？若缺乏制度的保障，必然难以落实，所以，需要在现有的制度上构建新的制度安排。

5. 协商民主理论

在多元民主理论之后，提出了协商民主理论。

（1）协商民主就是协商后集体决策。

1980 年美国学者约瑟夫·比塞特首次使用协商民主的提法，之后，包括哈贝马斯在内的许多知名学者参与协商民主理论的研究。协商民主强调大家协商决定公共政策。“所有人都同意该观念涉及集体决策，而所有将受到这一决策影响的人都参与了集体决策，这是其民主的部分。同样，所有人还同意该观念涉及经由争论进行的决策，这些争论既来自参与者，又面向参与者，而这些参与者具备了理性和公正的品德，这是其协商的部分。”① 只有民主加上协商，才能达成大家接受的共识。没有在民主决定之前进行协商，少数服从多数可能变成多数对少数的压服。只有充分的协商，民主决定才是有意义的。

（2）协商民主的长处。

协商民主力图通过完善民主程序、扩大参与范围和强调自由平等的对话来消

① ［美］埃尔斯特．协商民主：挑战与反思．周艳辉，译．北京：中央编译出版社，2009：9－10．

除冲突，保证公共利益的实现，“它是对西方民主代议（或选举民主）、多数民主和远程民主的一种完善和超越”①。

民众广泛地参与协商，否定精英民主，也可防止专横，解决冲突，保证公共利益实现。但是，同多元民主理论面临的困境一样，怎样才能保障社会不同利益之间的广泛参与协商呢？

简单回顾民主理论的发展，从中不难发现，不同民主理论有一些共同的主张和追求。

第一，认同民主需要社会成员的共同参与。

不论是直接民主还是代议民主，民主是人民的统治，人民通过选举代表参与公共政策的制定。在决策的过程中需要不同利益代表之间的协商，求得共识。没有协商就没有真正的民主，“选举本身并不必然导致民主。如果选举普遍地缺乏意愿，缺乏形成一种能够超越以往敌意的公民能力概念的意愿，仅仅有选举并不能创造出一种民主的文化”②。

第二，承认民主制度是有弱点的，是需要完善的。

民主制度是人民参政的基本制度，但是，民主制度同其他制度一样，也存在一些问题。如民主形成的权力不受约束，多数人变得专横，势必导致两极化。

要么民粹主义倾向流行，形成福利主义。“政府不但必须承认自身责任的互相依赖性、关联性，还必须抵制危及子孙后代利益的短视专制——后者恰恰是我们民主体制最大的弊病。”③“我们知道，在左右两派轮流执政的国家里，作出推行重大改革的决定有多么困难，因为反对党可以轻易地把受改革冲击最大的社会群体动员起来，抵制执政党推行的改革政策。以意大利为例，养老金改革和打击逃税势在必行，这是全国上下基本都清楚的。但是，左翼势力不愿拿养老金开刀，右翼势力也绝不会真正打击逃税。”④

要么维护少数既得利益，造成贫富差距扩大，公意变成了寡意。正如福山所

---

① ［美］伊森·里布. 美国民主的未来：一个设立公众部门的方案. 朱昔群，李定文，余艳红，译. 北京：中央编译出版社，2009：总序.

② ［日］猪口孝，［英］爱德华·纽曼，［美］约翰·基恩. 变动中的民主. 林猛等，译. 长春：吉林人民出版社，1999：19.

③ 选自马里奥·蒙蒂2014年5月5日在巴黎就任法兰西人文院准院士时发表的演讲。英文原载美国《赫芬顿邮报》网站2014年5月13日，原标题为：Democracy's Conundrum：Reforms Take Time to Mature – But Voters Want Results Now，观察者网杨晗轶译.

④ 选自马里奥·蒙蒂2014年5月5日在巴黎就任法兰西人文院准院士时发表的演讲。英文原载美国《赫芬顿邮报》网站2014年5月13日，原标题为：Democracy's Conundrum：Reforms Take Time to Mature – But Voters Want Results Now，观察者网杨晗轶译.

说：“随着金钱和特殊利益进一步左右了美国政治，原本能通过普通百姓清理流氓政客的民主体制，近期失灵了。在我看来，这正是美国政治面临最大的挑战之一。”美国民主制度中存在的痼疾，使美国的政治健康状况比看上去更加虚弱。三权分立制度的设计初衷是通过政府权力间彼此制衡，最终更好地为公众服务。但今天，权力互相牵制形成了僵局，整个国家得不到必需的良好治理。任何一个旁观者都会轻易而惊愕地发现，美国的“社会不平等”与“政府不作为”是那样的密不可分。原本赋予宪政体系的权力被诸如政治行动委员会、智囊团、媒体、游说团体等组织榨取、篡夺。单单是社会不平等，还不足以毁灭民主制度，不平等加上金钱的越界，才对民主构成致命威胁。

第三，民主制度的关键是多元参与。

混合政体的主张、多重少数的格局、广泛协商的治理，这些理论无不表达了一种思想，即代议民主应该是多元参与、共同协商的民主。“西方民主概念的主要支柱是一种多元社会，它把利益的异质性展示出来。政治过程的基础在于制度化的政治关键和来源于选举的合法性。”① 问题是什么样的政治竞争能够实现多元化？政治是本质上不同的各种利益间的调和，不论这些利益是物质的还是道德的，但通常两者都有。“避免‘多数暴政’危险。这一想法的结果之一就是建立总统与议会的非直接选举制……对宪政体的精心设计和贯彻，目的在于限制君主和人民的权力，而不是为了带来民主和广泛的民众参与。”②

二、构建多元参与的民主制度

随着民主理论的演进，各国都在不断探索民主制度如何更加保障多元参与。从制度构建的演变看，民主选举的多样性和议会组织的多元性是多元民主制度的基本内容。

1. 从多数代表制发展到比例代表制

最初的选举制度是采用多数代表制，不论是简单多数还是绝对多数，都是赢

---

① ［匈］米哈利·西麦．民主化进程和市场//［日］猪口孝，［英］爱德华·纽曼，［美］约翰·基恩．变动中的民主．林猛等，译．长春：吉林人民出版社，1999.

② ［法］让·布隆代尔．民主与宪政//［日］猪口孝，［英］爱德华·纽曼，［美］约翰·基恩．变动中的民主．林猛等，译．长春：吉林人民出版社，1999：89.

者通吃，少数没有代表。所以，发展出了兼顾少数利益的比例代表制。由参加选举的候选人在达到最低得票比例的前提下，根据得票多少分配议席，保障一定少数的选民有自己的代表。密尔提出真民主与假民主的问题，假民主是由多数人的强制决定的，而真民主是由制度化了的代议制政府决定的。防止议会多数人的权力的滥用，议会也不能多数暴政。所以，选择比例代表制，让少数派在议会中占有一席之地。所有的公民都可以合法地要求在立法机关内拥有一定的代表权。

2. 从一人一票制到一人两票制

将多数代表制与比例代表制结合，成为混合制。如在德国，选民有两票，一票投给合意的候选人，另一票投给属意的政党。前者以简单多数当选，后者以得票比例当选。通过这种选举制度克服单一多数代表制和单一比例代表制的缺陷，目的是扩大代表性，更好地平衡各方利益。

除了选举制度的多样性外，代议机构在选举产生代表的同时保留部分的委任议员。在议会中保留少部分委任议员仍有一定的积极意义。如，欧洲的英国、意大利、爱尔兰、白俄罗斯，亚洲的新加坡、印度、文莱、泰国、哈萨克斯坦、尼泊尔、马尔代夫，非洲的肯尼亚、约旦、莱索托等，保留了议会中一部分委任议员，通过委任议员在选举议员之间的各方利益的博弈中起到平衡的作用。

3. 议会组织除了一院制外，也有两院制

议会中的两院通常反映或代表不同的利益，英国的上议院由世袭贵族组成，下议院由平民利益代表组成。美国的众议院代表全国利益，参议院代表各州利益。历史上还存在过地域代表制和职业代表制的议会两院制。总之，通过设立不同的议院，互相制约，尽量兼顾不同利益。

虽然民主的具体制度不同，形式各异，但是背后的理念和原则是尽可能做到多元的参与、多元的协商、多元利益之间的互相制约。民主的具体制度选择离不开以下因素。

（1）承认和接受社会利益多元性的存在。

社会利益是多元的，有工商利益，有中产利益，有基层利益。这是客观的存在，不能抹杀。如果民主制度不能兼顾多元利益，或导致只顾其中一方的利益，那么，民主就会出现问题。或者民粹主义损害一部分人的利益，引起一部分人的担心，如斯密所主张的，政府的主要任务是保卫富者、对抗穷人。美国宪法起草人之一麦迪逊的看法也是这样："一般生活艰苦……人的数目，一定会超过与贫穷绝缘的人。根据平等选举的原则，政权必然会落入前一种人的手中……应该组织这样的政府，使富裕的少数人得到保护，不受多数人的侵犯。”或者出现贫富差距，社会中的99%的人对1%的人占有财富的不满，导致对立和抗争。

（2）多元利益的博弈才能平衡。

多元利益参与博弈才能产生平衡的公共政策，民主制度追求的是公共利益。代议民主和资本主义两者本质上都是自由的个人选择体系。但问题是，这些选择存在于完全不同的领域，并且，没有任何理由使其中一个领域的选择与另一个领域的选择相吻合。前者涉及公共利益，后者关乎个人利益。

所以，要兼顾各方利益，追求民主的公益性而不是个性，民主需要实现“公意”。因为民主的“民”并非普通的你我他，而是以整个社会为主体抽象出来的那个“民”，其精神实质的主体是要求社会体制表达社会的整体利益，所有社会成员的整体才是民主的“民”。追求社会的公共利益，而不是一部分利益，是多数人的利益，即公益，而非众意。

（3）多元利益带入议会需要制度保障。

怎么将多元利益带入议会？现行的民主制度主要是两种形式，一种是多数决制度，另一种是共识决制度。“当人民意见不一致，又有相异的偏好时，政府又该回应谁的利益？解决问题的方法之一，即由‘人民的大多数’来决定，这是民主制度中多数决模型的基本要义……另一个解决的方法是，由‘尽可能的多数’来决定，此种‘尽可能的多数’即是共识决模型的关键。”①

两种模式的差别在于，第一，“‘多数决’的原则仅是‘最小的需求’，共识决模型试图将此‘多数’予以最大化，而不仅仅满足于决策上小幅度的‘多数’。”② 第二，“多数决下是排他的竞争的，且是互相的；共识决模型却是包容的、协商的，且是妥协的。”③ 第三，共识决民主比多数决优越。“共识决民主制度在许多方面都被认为比多数决民主制度更加民主。”④

根据以上分析，可以得出两点结论：

第一，多元参与的原则是民主理论中的一个核心原则，不容置疑。而一个制

---

① ［美］李帕特. 民主类型：三十六个现代民主国家的政府类型与表现. 高德源，译. 台北：桂冠图书股份有限公司，2001：2.

② ［美］李帕特. 民主类型：三十六个现代民主国家的政府类型与表现. 高德源，译. 台北：桂冠图书股份有限公司，2001：2.

③ ［美］李帕特. 民主类型：三十六个现代民主国家的政府类型与表现. 高德源，译. 台北：桂冠图书股份有限公司，2001：2.

④ ［美］李帕特. 民主类型：三十六个现代民主国家的政府类型与表现. 高德源，译. 台北：桂冠图书股份有限公司，2001：2.

度中的多元因素越多越有利于兼顾多元利益，而多元地参与，才能多元地协商，达成的共识也就越能为多数所接受。如果形不成多重少数，多元民主无法发挥作用。没有多元的参与，真正的协商也无法做到。

第二，民主的模式没有终结，我们上述列举的民主制度的安排，如选举中的间接选举和比例代表制、议会中的两院制等，都是对多元民主的一种尝试，但并没有终结。所以，不存在以哪一种模式为标准，并以此判断是否民主的问题。相反，凡是符合均衡参与原则的民主制度均可探讨和尝试。

三、澳门间接选举制度与多元和平等参与的关系

澳门的间接选举制度是将间接选举分为四个不同的界别，由社团登记为间接选举的法人选民，并由社团代表按界别投票选举相应界别的立法会议员。这种选举制度是否符合多元参与原则呢？是否符合选举的平等要求呢？如果既符合多元参与原则，又不违背平等原则，可以说，它是一种民主制度的形式。

1. 符合多元参与原则

要清楚地说明澳门立法会的间接选举制度符合多元参与的原则，必须分析间接选举制度的产生原因和发展历程。

1976 年葡萄牙国会为澳门制定了一部宪制性的法律——《澳门组织章程》，根据《澳门组织章程》，澳门有了立法会。当时，立法会由 17 名议员组成，其中 5 名由总督委任，6 名由直接选举产生，6 名由代表道德、文化、救济和经济利益的社团间接选举产生。1990 年，《澳门组织章程》作出修改后，将直接选举议席、间接选举议席和委任议席各增加 2 名，使立法会议席总数达到 23 席，直接选举和间接选举的格局没有变化，直至澳门基本法维持直接选举和间接选举基本不变。

按照间接选举的规定，间接选举的议员分别从四个组别中产生，这四个组别是：工商、金融界；劳工界；专业界；社会服务、文化、教育及体育界。间接选举由每一个界别中的法人选民投票选举。由于法人选民由登记成为选民的社团构成，因此每一个法人选民最多拥有 11 票（2010 年选举法改为 22 票）的投票权，投票权由来自法人领导机关或管理机关成员中选出的 11 名投票人行使。

那么，《澳门组织章程》为什么会规定立法会部分议员由间接选举产生呢？间接选举为什么又是以社会不同利益的界别为基础的呢？

根据当时的澳门社会状况，存在三大利益。第一是葡萄牙的利益，以总督为代表。第二是葡萄牙后裔居民的利益，以当地土生葡人精英为代表，他们既与总督所代表的葡萄牙利益有所不同，又与华人居民有区别。第三是华人的利益，以华人社团为代表。如果想要社会稳定，就得处理好三者的利益关系。

但是，当时澳门社会的现实是，在葡萄牙管治下，华人居民虽然占了总人口的97%以上，但少数的葡萄牙后裔居民却占据了政治上的话语权。葡萄牙后裔居民还以本土利益代表自居，抗衡总督。面对这种情况，一方面为了防止葡萄牙后裔居民势力操控立法会，另一方面为了华人居民参与立法会活动，澳门设计了以社团为基础、以社会界别为选举单位的间接选举制度。这样既可以排解和疏导华人的怨气，利用华人所组成的社团来处理华人与华人之间的利益纠纷，维持社会稳定，又可以借助华人力量制衡葡萄牙后裔居民的势力。事实也说明，华人居民的代表在1976年开始的前两届立法会选举中主要通过间接选举进入立法会。而华人议员在当时也确实发挥了两个重要作用。第一，制衡葡萄牙后裔议员的专权，这种专权甚至影响了总督的施政，导致1984年高斯达总督解散立法会，而重新选举产生的立法会打破了葡萄牙后裔议员的控制，依靠的就是间接选举产生的华人议员。此后，间接选举产生的议员一直发挥着平衡政治权力的作用。第二，为华人居民发声，向澳葡政府争取利益。这形成了一个传统，社团是居民与政府之间的纽带，政府将一些公共服务交给社团负责提供，居民有什么诉求可通过社团反映，逐步形成了澳门社会特有的社团政治。而这种多元利益均衡参与立法会运作，对澳门平稳过渡、政权顺利交接起到了积极的作用。

虽然澳门特别行政区社会利益的格局不同于澳葡政府管治时期，但是，社会利益的多元性依然存在，在“一国两制”下，特别行政区既要维护国家的利益，又要维护特别行政区的利益，特别行政区存在上层工商界等的利益，也存在专业界等中产利益，以及劳工界等基层利益。在协调和兼顾这些利益时，间接选举制度依然能够发挥作用。

因为在社会发展的过程中，自然人慢慢地因为共同的社会利益、个体要求、精神理念等因素而凝聚为在组织上联系或紧密或松散的特定利益群体，而在群体的发展过程中，慢慢地形成一些在社会上具有影响力的群体，如社团、行业组织等。而此时组成这些群体的自然人更愿意凝聚起来以团体的力量去参与到社会的政治活动中。这种社会团体往往以该阶层或界别的利益为基础，并非以一定的政治立场为标准支持或反对一项公共政策。在实践中可以看到，哪怕是相同政治立场的阵营，当讨论的议题涉及不同利益时也会出现争论，如立法会在讨论要不要输入外地劳工时，工商界的议员从降低经营成本考虑，总希望输入多一点外地劳工，而劳工界的议员担心大量输入外地劳工影响提高本地劳工的收入和福利，反对无节制地输入外地劳工。正是在互相博弈中，制定出利益兼顾的外地劳工政策。当一项公共政策涉及教育或文化或社会服务时，相应界别的议员也首先从维护本界别的利益出发，提出公共政策的主张，然后与其他界别互动博弈，最终达成共识。这正是间接选举制度的奥妙之处。

澳门间接选举制度，首先，承认社会存在不同的利益阶层和界别，并将社会的利益划分为四个方面。第一，工商界，简单地说是代表雇主的利益。第二，劳工界，简单地说是代表雇员的利益。这两个界别的划分侧重于社会上两个最大的不同阶层的利益。第三，教育与社会服务业。第四，文化与体育等界，主要代表中产阶层和相关社会群体的利益。总之，四个界别基本涵盖了社会主要方面的阶层、界别的利益。其次，能保障不同利益的阶层和界别有他们的代表。由于间接选举制度硬性安排从四个不同界别中分别产生出相应的议员，因此在这种间接选举制度下，既防止了某一个界别将立法会所有议员名额收入囊中，避免了多数通吃造成清一色的利益格局，又确保了四个界别均有其代表，并参与立法和制定公共政策，构成多元利益博弈的相对均势。相反，直接选举制度是以所获选民的票数多寡决定是否当选，多数当选容易造成立法会议员比例构成单一，某些处于社会少数的或者弱势的阶层、界别利益没有代表，难以实现利益兼顾。澳门基本法正是看到了间接选举制度的这种优势，才保留了立法会间接选举的安排，以体现代议民主的多元诉求，实现多元利益。

而且，直接选举与间接选举并存，也可发挥互补的作用。直接选举议员背后的选民主要是依据参选人的政纲、参选理念、当选后的目标来投票选出自己心仪的民意代表。因此，支持一种理念或者支持多种共同理念的选民就会在选举过程中无形地“聚集”到一起，形成范围较大的、相对的利益集团。间接选举议员则产生于其所属的专门阶层和界别，其代表的利益群体就比直接选举中的利益群体较为集中，间接选举议员本身就是对应界别内相关行业的专业人员或相同界别的利益代表，因此间接选举议员的代表性和专业性是比较强的，正好可以与缺乏相对固定的利益群体支持的直接选举议员形成互补。

澳门基本法体现了均衡参与的原则，不仅做到了多元利益兼顾，而且做到了多元利益代表的均衡式直接参与。如果没有直接参与，利益兼顾则会流于一句空话。

因此，基本法规定的间接选举制度不应该改变，应予以保留。至于四个界别划分和分配的名额是否合理，可以根据多元民主的要求进行探讨和完善。

2. 不违背民主的平等原则

(1) 区别对待是尊重客观利益的差别。

为什么在直接选举制度之外还要保留间接选举制度呢？两者的选举主体、选举方法不同，这种区别对待合理吗？社会不同阶层、界别的利益各不相同，利益的代表人数多寡不一，如果按划一的标准，人数众多的利益在选举中一定胜出并产生自己的代表，而人数少的利益产生不了代表，对少数人有失公平。因而，在这种情况下，少数人的利益能否被兼顾取决于多数是否愿意考虑，少数丧失了主动博弈的权力，难以形成均衡参与的局面。解决这个问题，就要换一个办法，不是按人数多寡决定代表，而是按利益界别产生代表，它的合理性在于，无论是每个社会成员，还是各个社会群体之间，都不存在绝对的平等。因为无论是他们掌握的物质资源还是非物质资源（知识、经验等）都有非常大的区别，也正是有了这些区别，他们才成为与众不同的个体或群体，所以他们本身就是不平等的。而正是这些不同与不平等，才会出现各种社会矛盾，才需要大家在相互协调下达成共识，解决问题，所以若是将博弈设计成绝对平等的，其实是对社会中不同资源状况的个体和群体的不公平。选举应该体现公平的竞争，而不是自由竞争。当然，利益界别的名额并非要平均分配，但要确保有相应的代表。

为什么以利益为基础的选举不违背平等？因为平等可以以不同的因素为基础，关键是相同因素相同对待。就如以人数为选举的安排，采取多数当选无一例外，采取比例当选也无一例外，那就是公平。虽然多数当选与比例当选的基础不同，但不会被指责其中一种选举不公平，因为是按同一标准执行的。如果在一个选举中，对一部分人适用多数当选，对另一部分人适用比例当选，那就不符合公平要求。同理，以利益为基础产生代表同样可以是公平的，只要一视同仁。那么，澳门间接选举是否对所有的人都一视同仁呢？

(2) 法人选民的开放性是平等的体现。

第一，社团成为法人选民的条件是相同的，是平等的。

间接选举制度是以法人为主体的，也就是说，只要一个成立三年的社团向选举机关登记成为法人选民，即可参加间接选举，包括享有选举权与被选举权。就法人选民之间而言是平等的。那么，成为法人选民是否有限制呢？法律仅规定，由社团主动登记，就如一个年满十八周岁的特别行政区永久性居民需要去登记成为选民并获得投票权一样，完全是根据社团的意愿决定，既不受强制去登记，又不能被任意排除登记，对所有社团采取同一标准，因而是平等的。

第二，居民结社是自由而平等的。

有人说，为什么一部分人可以在间接选举中投票，而一部分人却没有间接投票权？此举有违平等。其实，澳门基本法规定，居民享有结社权。澳门结社权法也保障居民的结社权。结社是自由而平等的，对人人都是开放的，只要符合规定，不是法律明确限制的原因，特别行政区政府既不能限制居民结社，又不能强制居民结社。只要居民结社，并登记成为法人选民，法人就有选举权，对所有居民是相同对待的，不违背平等性。

至于法人选民如何投票，是维持目前社团领导成员投票，还是社团成员选举代表投票更加合理等一些技术性安排可以深入探讨，提出改进的方法。

本文的结论是：澳门现行的间接选举体制符合民主理论，是民主制度的一种形式，所以，它体现的“利益兼顾，均衡参与”的理念应该坚持，方向也应该坚守，具体制度可以发展和完善。任何完善绝对不能偏离这个理念和方向，更不能去否定现行的间接选举制度。只要原则是对的，一切方法都可以探讨，不需要受到现有形式的束缚，澳门的探索可能为民主制度的发展提供一种新的选择。

（本文发表于《澳门法学》，2015 年第 3 期）

公共事务与公民意识

澳门特别行政区在“一国两制”的制度下，既要加强政治的有效治理，又要发挥市民参政、议政的作用，正确处理好公共权力和公民权利在公共事务领域的合作，共同推动澳门社会的稳定和发展。在政府治理、居民参与、双方合作的过程中，笔者仅就公民应该以什么样的公共意识（或公民意识）参与公共事务发表看法，希望引起大家的思考。

一、公民参政是一项基本的权利

澳门特别行政区既有中国国籍的澳门居民，又有外国国籍的澳门居民，按照基本法的规定，不论他们有什么样的国籍，其共同点是居民。所以，从法律角度讲，使用居民的概念更为准确，澳门居民才是基本权利和义务的主体。虽然“居民”和“公民”在法律身份上有区别，但是，就享有参政议政的权利而言，本质上并没有差别。在这层意义上，澳门居民也可使用“公民意识”的概念。

虽然公民社会有不同的定义，对公民社会应该包含什么样的内容也有不同的理解，公民社会的概念本身也随着社会的发展而变迁，但是，有一点是不变的，公民对公共事务的参与是公民社会的核心内容。

公民对公共事务参与的命题，包含了这样的逻辑：第一，公共事务是众人之事，与社会全体成员的切身利益有关。第二，公共事务的决策应该在社会成员的参与下决定，支持下执行，合作下完成。第三，参与公共事务既是公民的一项基本权利，又是公民对社会的承担，需要履行相应的义务。从法律逻辑上讲，公民参政议政是权利和义务的统一。

因此，为了体现和保障澳门居民的参政议政权利，澳门基本法第二十六条规定，澳门特别行政区永久性居民依法享有选举权和被选举权；第二十七条规定，澳门居民享有言论、新闻、出版的自由，结社、集会、游行、示威的自由，组织和参加工会、罢工的权利和自由；第三十六条规定，澳门居民有权对行政部门和行政人员的行为向法院提起诉讼；第四十四条规定，澳门居民和在澳门的其他人有遵守澳门特别行政区实行的法律的义务。根据澳门基本法的规定，澳门特别行政区立法会制定了相应的法律，行政长官制定了有关的行政法规，对居民的参政议政权利作出了具体的细则规范。从法律的角度说，澳门居民参政议政的法定权利基本完备。

二、公民参政需要良好的公民意识

既然公民要参与公共事务，首先要明确公民以什么思想或理念来参与公共事务，需要有什么样的公共意识。笔者认为，公民意识不可能一天形成，需要在公民参与公共事务过程中逐步形成。但是，这不等于说，公民意识可以放任自流，自发形成。社会实践证明，良好的公民意识是在自觉中养成的。澳门特别行政区成立后，澳门居民比过去更加积极地关注社会公共事务，更加热心地参与公共事务，发生了一些被称为“社会运动”的事件，其间居民参政的各种观念不断涌现和交锋，有的标新立异，有的坚守传统，有的认为丢失了过去居民的宽容协商精神，有的认为打破了保守的束缚。总之，在不同的观念和意识影响下，参与公共事务的形式也发生了变化，对抗、激烈的手段时有出现，它们正在影响澳门社会的发展。在这样一个转变时期，不论是澳门居民还是在澳门的其他人，都在感受和关注这种变化。澳门的公民意识是变好了，还是出现问题了？澳门居民应该具有什么样的公民意识？这些问题不断地冲击着每一个人，同样引起了笔者对公民意识问题的思考。

公民意识既包括作为个人行为的意识，又包括作为集体行动的意识，社会的公共意识正是由公民意识构成的。如果我们在行动之前，没有公共的意识，长远而言，行动会失去目标；短期而言，行动不可能统一和一致。因为人的行为都是有意识的活动，社会的行为也是有目的的行为。良好的公共意识有利于社会发展，不良的公共意识导致社会的崩溃，历史的经验充分证明了这一点。

罗马帝国覆灭的原因之一就是公共意识的堕落。孟德斯鸠在《罗马盛衰原因论》一书中指出，既然精神的贫弱成了整个民族的特色，那么在事业中也就不再有智慧了。当奢侈之风腐蚀了罗马人的传统道德时，它也扼杀了自由、团结、创造力。安逸享乐磨灭了罗马人的进取心，曾经铸就了一个伟大罗马的那些因素渐渐消失，精神文化的没落成为罗马帝国走向衰亡的起点。

欧洲的复兴与文艺复兴和启蒙运动产生的文化有关。文艺复兴体现人文主义思想，个性解放，反对禁欲主义；提倡科学文化，反对蒙昧评论；肯定人权，反对神权。启蒙运动宣传自由、平等、民主、法制思想，这些思想被普遍接受形成一种公共意识，对社会发展产生了积极影响。

正反两方面的历史经验给予我们启示，澳门居民在参政议政中应该需要什么样的公民意识呢？由于公民参政议政涉及两个不可回避的基本关系：一是民主与法治的关系。参政议政是一项民主权利，但是，需要在法律规定的程序和制度中运用。二是权利和义务的关系。参政议政是公民的权利，但是，公民在行使权利时需要履行对社会的责任。因此，在处理上述两个关系时，需要在民主与法治、权利和义务关系上有正确的认识。这两个关系中，分别涉及了四个价值，即民主价值和法治价值、权利价值和义务价值。在价值上，孰轻孰重，孰先孰后，争议了几百年仍然没有结论，因为它们对人类而言都是有益的，且互相依存，互相作用，正如人用两条腿走路，缺一不可。但是，人在走路时，总不能两条腿一起离地跳跃，这样不能走得长久，总是先迈一只脚，再迈另一只脚。那么，应该先迈左脚还是右脚？笔者认为，从程序上说，在民主与法治的关系上，法治先行；在权利和义务的关系上，义务先行。

三、公民参政中的两个优先意识

1. 在民主与法治关系中，法治先行

居民参政议政是民主的体现，也是民主的一种形式。民主对社会的进步作用是不言而喻的，所以，在澳门需要循序渐进地发展民主。但是，在发展民主的过程中，居民如何行使民主权利？民主如何成为良好的制度？这些需要我们深思熟虑。

（1）民主是一种解决社会问题的良好方法和制度。

在人类历史上，民主具有优越性，如民主制度在本质上优于过往的专制或是贵族把持的制度，有利于民众参与选拔公职人员、制定公共政策，民主制度成了世界上多数国家的政治制度。但是，民主也曾经有过不光彩的一面，如在很多情况下，民主都被解释为“多数人的利益应当优先于少数人的利益的原则”，从而隐含了许多危险的成分。古往今来，多数的专制往往都演变为多数的暴政。自以为是的雅典人将苏格拉底宣判为死刑的事件便成了多数暴政的最好例子，以至于此后的柏拉图和亚里士多德在各自的著作中，都将民主制和暴君独裁一并归为

暴政。

所以，民主是个好东西，但是，需要具备一定的条件才能成为好东西。我们希望民主能有利于解决社会问题，产生良好的公共政策，然而一定要解决如何实现这一目标的条件问题。

（2）民主的神化不利于民主的发展。

我们听到最多的对民主神化的议论有两个。

神化一，民主不应该受限制。

为什么民主不受限制？其逻辑是，民主就是选举，选举就是民意的集中，民意就是大多数人的意志，大多数人的意志就不应该被限制。将民主简化为一个简单的公式：民主等于选举，选举等于民意，民意至上。在民主的运作中，出现频率最高的一个词就是“民意”。但是，“民意”一旦不受限制，就会为所欲为，国家就没有法治。然而，法的统治，不仅要限制国家的意志和权力，也要限制人民的意志和权利。

神化二，民意是唯一正确的。

只要有了民意就有了正当性，进而民意就变成了“正确”的另一种表述。反对民意就是反对正确，任何对民意的限制都不能容许，只要有了民意什么都是可为的。所以，争取民意就是最高的目标，一切以民意为依归。事实上，民意不是总能代表正确，民意更不能与正确画上等号。真理有时并不掌握在多数人手中，民意脱离了法治，失去了理性，往往会走向错误。

（3）民主和法治并行时，法治先行。

社会既要民主，也要法治。在民主和法治并行时，实现民主的目标必须要以法治为条件。为什么法治先行而不是民主先行？两者之间谁先行，不是由价值本身决定的，而是由民主与法治自身的结构特性决定的。

①民主应以正义为基础，是美好的道德标准，受人的主观因素影响大，人对正义的理解难以统一。虽然民意总是被安在正义的道德高地，可以指责法律是恶法，然而，民意又往往是有分歧的、善变的，不具有预定性、明确性。所以，民主不能成为人具体行为的规范，操作性不够强。正义是法律规范的基础，但不是法律规范本身。

法治要求的是合法性，合法的标准是客观的，以法律文本和规范为准，不受人的主观意愿影响，法律有预期性、明确性和稳定性。法律可以成为人的具体行为的规范，容易掌握，容易操作。

②民主先行容易成为民意优先，民意优先往往导致民主不受法律限制，否定法治。但是，法治与民主同为社会的价值，否定法治价值显然是不对的。

如果行使民主权利不受法律约束，就等于自由不受约束，最终就会没有自由。民主没有程序和制度，多数人想怎么做就怎么做，没有秩序，最终就会没有民主。民主先行导致民主失败，得不偿失。

法治先行，虽然在执法程序上限制了民主和民意，但是，它不限制通过民主修改法律。而被执行的法律本身也是民主的产物，执法，从根本上说，也是民主的要求。一句话，民意可以修改法律，但不能违背法律。法治先行不会导致否定民主，它能够让法治的价值和民主的价值共存。

③民主需要法律规范，法治先行有利于构建制度化的民主，对民主的稳定发展是必要的。主要体现在两个方面：第一，规范居民行使民主的权利；第二，规范民主的程序和制度。居民在行使民主权利时，首先要遵守法律的规定。依法行使民主权利的逻辑，就是法治先行的具体体现。其次，在发展民主时，先建立民主的程序和制度，再进行民主的运作，是法治先行的另一个体现。

因此，从民主与法治的不同结构所产生的利弊分析，显然法治先行更为优越。

2. 在权利与义务关系中，义务先行

法律上的权利和义务关系是统一的，不存在没有义务的权利，也不存在没有权利的义务。先有权利后有义务，还是先设定义务再赋予权利，在理论上可以继续争论。但在法律已经规定的权利和义务的大前提下，一个居民在行使权利和履行义务时，应该先考虑履行义务还是行使权利？这是公民意识中不能回避的一个重大问题。社会运动出现过正反两个方面的经验，在集会、游行、示威中，凡不履行义务的，既不能实现表达自由的初衷，也破坏了社会的公共秩序，是双输。凡遵守法律义务的，既能达到表达诉求的正面效果，也能维护公共秩序，是双赢。可见，义务在实现权利过程中的重要作用。

为什么要义务先行呢？这是由义务的特性决定的。

（1）义务的限制性。

权利是获得利益，义务是一定程度的付出。人性的弱点经不起公权力的诱惑，实际上也抵挡不住个人权利的引诱，需要有制约，义务先行。人往往有扩大权利的倾向，获得越多越好，容易越过权利的界线，不愿意受义务的约束。假如权利先行，事先不关注义务，不给权利划定界限，容易滥用权利。没有权利的边界，看似很自由，实质不自由，人人滥用权利，结果是人人没有权利。相反，先考虑义务，给权利划定界限，权利的边界看似对权利的限制，其实是对权利的保障，只要在界线内的行为就会受到法律保护，只有在界线外的行为才会受到法律

的惩办。懂得有所不为，才能更好地有所为。正如黑格尔所言："义务仅仅限制主观性的任意性，并且仅仅冲击主观性所死抱住的抽象的善。当人们说'我要自由'，这句话的意思最初只是：我要抽象的自由……义务所限制的并不是自由，而是自由的抽象，即不自由。义务就是达到本质、获得肯定的自由。"人与自然界的关系是如此，人过度地改造自然，破坏自然环境，受到自然的惩罚。人与社会的关系同样如此，滥用权利破坏社会公共秩序，社会失序，不得安宁，还能实现人的权利吗？没有一个社会能够证明，人权可以在社会动乱中实现，限制人性的弱点有赖于法律的义务。

（2）义务的利他性。

权利具有利己性，义务具有利他性。所以，人人均想要权利，多多益善。义务未必受人人欢迎。权利与义务固有的这种特性，需要义务先行。先履行义务，设定行为的范围，可能造成自己权利的不足，但不会损害他人的权利和利益。相反，权利先行，可能减少自己的义务，会造成对他人的权利和利益的损害。权利是满足自己的需要，义务是满足他人的需要。社会矛盾的产生，往往是因满足自己、损人利己引起的，小到损害他人利益，大到损害公共利益。先利他后利己的行为模式既能做到利益各方的双赢，又能克服个人利己损人行为的弊端。

（3）义务的强制性。

权利的特性是选择性，义务具有强制性。选择是可做可不做，强制是必须做。因为法律义务，第一，包含了"应当"，"应当"意味着是社会必需的，其基础是符合社会的正当性，从而得到社会和个人的认同，强制才能实现。第二，法律的义务包含了"应当"，既然是"应当"，就要"应当"所为，通过"应当"的所为实现"应当"的目的。所以，个人应该先做必须做的，然后做可以做的。因为强制性的规范总是社会最低限度的要求，是社会的必需品。如果它不能得到满足，社会就会出现病态。因此，义务先行是健康社会的条件。

（4）义务是权利和义务统一的黏合剂。

权利与义务的统一，通常是通过履行义务实现的。实践中，往往是不履行义务造成了权利和义务之间的不统一。荷兰思想家斯宾诺莎曾经说："一个人因为知道为什么有法律的真正理由与必要，出自坚定的意志自愿地对人不加侵犯，这样才可以说是一个正直的人。"社会上流行着一些名言，如"从我做起"，就是从履行义务开始，对社会、国家承担责任。"不要问国家给予我什么，要问我为国家做了什么"更是要求对国家先尽义务，不是先向国家索取。这些都是义务先行的体现。

以上分析说明，当我们从抽象地讨论民主与法治、权利与义务的价值层面转入民主和法治、权利和义务具体实践时，就需要解决程序性、操作性的问题。法治先行、义务先行的程序更有利于实现民主和权利的目标。它们应不应该作为澳门居民的公民意识的核心部分呢？请大家思考。

（本文未发表，写于2010年11月）

澳门基本法与居民基本权利的保障

澳门特别行政区已经走过了9个年头，特别行政区政府按照澳门基本法的规定，为保障居民的基本权利和自由作出了不懈的努力，而澳门居民也享受了基本法规定的基本权利和自由。对9年来的澳门人权状况作分析，为今后的发展和完善提供借鉴是十分必要的。笔者就此从三个方面、三种关系提出看法。

一、对澳门人权现状三个方面的检视

澳门基本法第三章“居民的基本权利和义务”对居民享有的基本权利和义务作出了比较广泛的规定，对照基本法的规定，特别行政区政府在执行基本法方面以及居民在实际享有权利和自由方面既有值得肯定的地方，也有需要进一步完善的地方。

（一）立法保障

基本法在规定居民的基本权利和自由的同时，还规定居民依法享有权利和自由。这给特别行政区的立法会和政府提出了一个任务，即通过立法和完善法律来具体保障居民的权利和自由的实现。

在9年中，根据基本法新立法的或保留、修改原有的法律法规方面有进展。

实施澳门基本法第二十四条，确认居民资格的有：新订的第8/1999号法律《澳门特别行政区永久性居民及居留权法律》、第7/1999号法律《澳门特别行政区居民办理国籍申请的具体规定》、第8/2002号法律《订定澳门特别行政区居民身份证制度的基本原则》；行政法规有：第7/1999号行政法规《澳门特别行政区居留权证明书发出规章》、第23/2002号行政法规《核准澳门特别行政区居民身份证规章》。

实施澳门基本法第二十六条，保障选举权的有：新订的第3/2004号法律

《行政长官选举法》、第3/2001号法律《澳门特别行政区立法会选举法》、第12/2000号法律《选民登记法》。

实施澳门基本法第二十七条，保障言论、新闻、出版、结社、集会、游行、示威的自由，组织和参加工会、罢工的权利和自由的有：原有的第7/90/M号法律《出版法》、第2/93/M号法律《集会权及示威权》、第2/99/M号法律《结社权规范》。

实施澳门基本法第二十八条、第二十九条，保障人身自由的有：新订的第9/1999号法律《司法组织纲要法》中人身保护令规范、第6/2008号法律《打击贩卖人口犯罪》；原有的第58/95/M号法律《澳门刑法典》及第48/96/M号法令《澳门刑事诉讼法典》的有关规范。

实施澳门基本法第三十条，保护人格尊严和隐私权的有：新订的第8/2005号法律《订定个人资料保护法》，以及原有的《澳门刑法典》及第39/99/M号法令《澳门民法典》的有关规范。

实施澳门基本法第三十一条，保护住宅和其他房屋不受侵犯的有：原有《澳门刑法典》和《澳门民法典》的有关规范。

实施澳门基本法第三十二条，保护通讯自由和通讯秘密的有：原有的第16/92/M号法律《订定通讯保密和隐私保护所应遵守之规则》。

实施澳门基本法第三十三条，保护出入境自由的有：新订的第6/2004号法律《非法入境、非法逗留及驱逐出境的法律》、第4/2003号法律《入境、逗留及居留许可制度的一般原则》；第9/1999号行政法规《澳门特别行政区旅行证件签发规章》、第10/1999号行政法规《澳门居民往来香港特别行政区旅游证签发规章》。

实施澳门基本法第三十四条，保护信仰自由的有：原有的第5/98/M号法律《规范宗教及崇拜自由以及一般宗教信仰》。

实施澳门基本法第三十五条，保护择业和工作自由的有：新订的第7/2008号法律《劳动关系法》、第9/2003号法律《劳动诉讼法典》、第12/2001号法律《工作意外及职业病法律制度》及修改、第17/2004号行政法规《禁止非法工作规章》；原有的第4/98/M号法律《订定〈就业政策及劳工权利纲要法〉》、第52/95/M号法令《订定在劳动关系内须遵守之规则，以保障男女劳工在就业上获平等之机会及待遇》。

实施澳门基本法第三十六条，保护司法救济权的有：新订的第9/2004号法律《〈司法组织纲要法〉及〈民事诉讼法典〉条文的修改及附加》以及原有的第55/99/M号法令《澳门民事诉讼法典》，澳门刑事诉讼法典的有关规范；第5/

94/M 号法律《请愿权的行使》、第 21/88/M 号法律《法律援助章程》、第 41/94/M 号法令《规范司法援助制度》；2009 年初立法会审议修改并通过的《法律和法院的运用》，就是为保障基本法规定的居民“获得律师援助”这一权利的全面落实，“在任何程序”之后加上“及在有关程序的任何阶段”，以确保居民获得律师的帮助。

实施澳门基本法第三十七条，保护教育、学术研究、文学艺术创作和其他文化活动自由的有：新订的第 9/2006 号法律《非高等教育制度纲要法》、第 9/2000 号法律《订定澳门特别行政区科学技术的政策纲要》；行政法规有：第 17/2007 号《修改〈免费教育津贴制度〉》、第 16/2007 号《订定教育发展基金制度》、第 20/2006 号《订定学费津贴制度》、第 19/2006 号《订定免费教育津贴制度》、第 16/2005 号《基础教育学生学费津贴制度》，第 14/2004 号《设立科学技术发展基金》。

实施澳门基本法第三十八条，保护婚姻自由的有：原有《澳门民法典》的有关规范，第 6/94/M 号法律《家庭政策纲要法》；保护青少年权益的有：新订的第 2/2007 号法律《违法青少年教育监管制度》、第 6/2001 号法律《因利用不可归责者犯罪情节的刑罚加重》。

实施澳门基本法第三十九条，保障社会福利的有：新订的第 6/2007 号行政法规《订定向处于经济贫乏状况的个人及家团发放援助金的制度》、第 12/2005 号行政法规《敬老金制度》及修改、第 12/2008 号行政法规《订定现金分享计划的安排》、第 234/2004 号行政长官批示《将社会保障制度扩展至自雇劳工》、原有的第 58/93/M 号法令《核准社会保障制度》。

从以上所列举的对居民享有的权利和自由具有重大影响的法律法规的介绍中可以看出，澳门特别行政区保障人权的法律体系的基本框架已经形成，已经有法可依。当然法律保障也有需要完善的方面，如劳工界希望的工会法有待考虑，已有的法律法规中的一些规定也需要根据社会的发展作出修改。

（二）依法行政

澳门特别行政区人权的保障，除了建立法律保障体系以外，依法行政是重要的一环。特别行政区政府在依法行政，发展经济与改善民生，创造物质条件，丰富社会的文化生活，营造良好的社会环境，保障居民充分享有基本权利和自由方面作出了努力。

1. 发展经济，改善民生，提供必需的物质基础

居民享有法律上规定的权利和自由是需要有一定的物质条件为基础的，尤其是经济上的权利，受教育的权利，从事文化、科技、学术研究的权利，社会福利的权利。没有经济基础，上述权利将受到很大的限制。虽然，经济的发展不是必然会带来经济、教育、文化、社会权利的实现。但是，没有经济的发展，经济、教育、文化、社会权利是万万不能实现的。

特别行政区政府在发展经济方面作出了成绩。2000 年，澳门经济改变了连续四年衰退的局面，实现4.6% 的增长率。以后的7 年间，澳门 GDP 年均增速达 12.1%，2007 年澳门 GDP 创下 1 536.1 亿澳门元的历史新高。2007 年的财政盈余比2000 年增加逾30 倍，特别行政区政府外汇储备7 年增加2.73 倍。2008 年全年经济增长尚保持较高的速度，本地生产总值实质增长率为13.2%。

（1）社会经济的发展，带来了居民生活的改善。统计暨普查局在2007 年9 月至 2008 年 9 月期间进行的每五年一次的住户收支调查显示，全澳共有167 187 个住户，其中133 548 户（79.9%）居于私人住宅，而居住在经济房屋及社会房屋的分别有27 871 户（16.7%）及5 768 户（3.5%）。全澳住户的每月消费开支总额约为30.8 亿澳门元，较2002 年、2003 年名义上升107.6%，实质升幅为74.9%。住户每月平均消费开支为18 394 澳门元，较2002 年、2003 年的11 026 澳门元名义上升66.8%，而实质升幅为40.5%。全澳住户的每月收入总额为 41.0 亿澳门元，较 2002 年、2003 年名义上升 99.5%，实质增幅为68.0%。住户每月平均收入为 24 528 澳门元，较 2002 年、2003 年名义增加60.3%，而实质增幅为35.0%。住户年平均收入为240 000 澳门元及以上的比重较2002 年、2003 年上升27.6% 至50.7%；而年平均收入少于48 000 澳门元的住户则占4.6%，较2002 年、2003 年减少7.6%。经济的发展，收入的增加，为居民享有物质和精神生活创造了条件。

（2）社会经济的发展，使特别行政区政府为教育事业投入大量的资金，居民受教育的权利得到充分保障。在教育方面，在2007—2008 学年“学校发展计划”及“校舍修葺和设备更新计划”中，澳门特别行政区政府拨出总金额约2.72 亿澳门元资助学校发展。2007—2008 学年的资助由新设立的教育发展基金拨出，资助68 所学校共100 个校部。澳门实现了从幼稚园到高中的15 年免费教育，保证了人人享有平等的教育权。

特别行政区政府为经济困难学生，调升学费及文教用品津贴，除提供“特别奖学金”外，还增加“大专助学金”资助名额，并推出“利息补助贷款计划”；

提升“持续教育资助计划”和回归教育津贴的资助金额；大幅调升教师直接津贴金额，增加年资奖金级别；资助非高等教育私立学校和协助公立学校为教师购买手提电脑，协助学校更新信息科技设备；持续为教学人员的专业发展提供资源和条件；组织骨干教师培训，扩展教学设计奖励计划。

（3）在文化事业方面，特别行政区政府拨出专项资金，组织本澳专业社团协会前往内地参加动漫产业博览会、文化产业博览会等；对多项文物建筑进行了修复。回归9年来，图书馆馆舍面积由原来的3 000平方米增加至5 000多平方米、馆藏量由20万册增加至50多万册；在市民使用方面，现时图书馆的有效读者接近9万人，约占全澳居住人口的16%，读者进馆人次由每年不足40万增长到100万左右，外借图书的人次也由每年10万以内增加至20多万，对提升全体市民的文化素质起了一定的作用。

（4）在社会福利方面，特别行政区政府在2008年度，两度调升最低维生指数，同时向所有受援助的家庭或个人发放额外三个月的援助金，并通过三类弱势家庭特别补助，发放一年两次的特别生活津贴等持续性援助措施，额外发放一份敬老金，不断加大对弱势家庭的援助力度。

（5）在医疗方面，各类主要医疗服务数字均有大幅增长。专科门诊由1999年的不足15万人次，上升至2007年的接近27万人次，增幅超过80%；急诊、门诊由原来的11.5万人次增加至16.7万人次，卫生中心门诊由31.3万人次上升至约44.9万人次，9年的总增幅达45%。

（6）在社会房屋和经济房屋方面，特别行政区政府兴建的筷子基社会房屋大楼，将提供884个单位；望厦社会房屋第一期工程，提供588个单位；青洲社屋综合体A、B、C座大楼，提供约1 281个单位，用以改善居民的住房环境。

当然特别行政区政府的努力与社会、居民不断增长的物质和精神生活的需求之间总是有一定的差距，目前社会比较关注的分享经济发展成果的诉求，特别行政区政府需要采取更多措施来加以满足。

2. 按行政程序办事，维护居民的权利

依法行政，就是要杜绝滥用权利，防止损害居民合法权益的行为发生。在这一方面，特别行政区政府通过一些完善行政程序的措施，如一站式服务，简化手续，增加透明度和居民的参与，有所成效。行政部门和行政人员公然行政违法和滥用权力，侵犯居民权益的问题不是很突出。从廉政公署行政申诉统计看，2007年收到的申诉个案236个，其中7件立案，其余属于转介方式处理，大部分不属于行政违法或行政失当。

但是，公务人员中的贪污或不守规则的行为问题，破坏了行政程序的公正性和合法性，严重损害了居民的法律平等权，需要加以解决。

此外，一些行政部门和公务人员的懈怠、行政不作为和拖拉，导致行政效率不高，实际影响了居民权利的实现。解决这个问题，仅有澳门行政程序法典是不够的，还需要改进和完善行政部门的内部办事流程及服务承诺。

（三）司法公正

1. 司法审判体现独立原则，基本做到公正

法院2000年至2007年的统计数据显示，终审法院审结218件个案，中级法院审结3 534件个案，初级法院审结41 550件民事、刑事个案（刑事案件截至2005年），行政法院审结1 084件个案。通过审判，维护了社会的公正，维护了居民的合法权益。社会对各级法院依法独立审判是给予肯定的，至今没有发生司法腐败的情况。

2. 提高司法效率，防止正义的迟来

当然，社会存在希望能够提高司法效率的呼声。从法院的统计数据中可以看出，初级法院和中级法院最高年份的结案率是65%，低的年份仅为46%，与居民希望通过司法救济的最后手段尽快解决法律纠纷维护自己的权益的要求有差距。所以，法院的结案率确有提高的必要。解决这个问题，需要检讨诉讼的程序，同时，也需要培养更多的法官，增加人手，应对日益增多的法律诉讼案件。

除此之外，司法机关逐步扩大中文使用的范围，更好地保护当事人的诉讼权利，也是需要高度关注的问题。

回顾以上三个方面的人权进展，列举一些主要的数据，目的就是为我们探讨澳门人权发展需要解决的问题，提供思考的一些因素。

二、澳门人权发展中的三种关系和三个观念

澳门的人权取得了进步，但是，法律需要改革，行政需要效率，司法需要公正，居民需要增强法律意识，在发展经济与社会分配之间，在社会发展与社会秩序之间，在公共利益与个人利益之间，在社会的法律制度与居民的法律意识之

间，如何正确处理权利与义务的关系？如何寻找解决问题的办法？社会上会有不同的意见，争议也不可避免。总结澳门过去的人权经验，推动未来的人权发展，笔者认为，居民应该树立理性的权利和义务观，秉持三个观念。

1．公共利益与个人利益的平衡观

澳门社会上对政府的期望，对个人利益的诉求，众口不一的纷争，无不涉及一个基本的关系，即如何看待与处理公共利益与个人利益的关系。

谁都想有个人的幸福生活，谁都生活在社会中，受到社会规则的约束，个人与社会不可分割。在社会的共同体中存在着公共利益。公共利益是什么呢？公共利益一般是指属于社会和公众共同拥有的利益或福利。《公民权利和政治权利国际公约》《经济、社会与文化权利的国际公约》两个国际人权公约将公共秩序、公共安全、公共卫生、公共道德，作为公共利益限制个人权利和自由的正当理由。当然，由于公共利益的概念涉及价值的标准，具有相对性（在某些人眼中是利益，在另一些人眼中不是利益），涉及广泛的内容（经济、教育、卫生、环境等，商业利益与社会利益交叉），涉及复杂性（实际的利益与公共政策的长远利益关系），难以有适用于任何时候、任何条件下的绝对标准。但是，公共利益确实存在，有时表现为物质的利益，如政府发展经济、开发公共工程、创造就业、提供福利；有时表现为非物质的利益，如居民从事经济活动需要交易的安全，居民安居乐业需要生命财产的安全，保障安全的社会秩序就是公共利益。

第一，居民在享有权利和履行义务时就应该有公共利益的观念。要像承认个人利益的合理性一样，承认公共利益的合理性。既然公共利益是客观存在的、是合理的，就不会因为个人的不关注就不存在、个人不面对就不产生影响。相反，应该积极关注和面对，不回避、不否认，学会个人与社会的相处。在公共利益的观念上，最近澳门特别行政区政府和立法会制定维护国家安全法，绝大多数澳门居民表示支持立法，说明居民对公共利益观念的接受。

第二，要接受公共利益与个人利益的平衡观。虽然公共利益不是个人利益之和，但公共是由个体构成的，归根到底，公共利益是要兼顾个人利益的。而且，公共利益的实现，也有助于实现个人利益。如澳门回归之初面临的是经济困难和治安不稳的局面，发展经济、维护治安就是居民最大的公共利益，经过特别行政区政府和居民的共同努力，经济发展了，治安改善了，居民的经济和人身权利也就得到了切实保障。所以，公共利益与个人利益的区别，并不妨碍它们之间可以互相促进、互相协调，构成两者可以平衡的基础。

怎么平衡公共利益与个人利益的关系呢？尤其是实现公共利益时可能需要牺

牲个人利益时怎么处理呢？如澳门赌业开放，经济发展，但是外劳增加，楼价上升，交通拥挤，一定程度上影响了居民就业、置业、出行，一部分居民从经济发展中获得了较多的经济实惠，一部分居民受益不多。对此，社会上产生了分歧，我们怎么从经济发展的公共政策中去平衡个人的利益呢？一种意见希望有更多的社会福利和保障，另一种意见担心社会福利过多，经济发展会丧失活力。偏执一面，还是互相平衡，需要理性的选择。虽然公共利益与个人利益的平衡观，在不同个案中，不同人的认识并不完全相同，也没有一个绝对的标准，不能指望从它那里得到一个一劳永逸的解决方案。但是，放弃偏见和偏激，秉持兼顾、平衡的理念，对寻求解决社会问题的办法是有益的，是通往公共利益和个人利益最大化的唯一途径。

2. 权利和义务的统一观

珍惜享有的权利、克尽履行的义务是每一个居民的本分。澳门人权的发展一定要提倡正确的权利观和义务观，要看到权利和义务之间是互相联系、互为条件的，是互相转化和促进的关系。

第一，权利是一种自由，也是一种责任。相当多的人把权利理解为我想行使就行使，我想放弃就放弃，与社会无关。忽视了权利也包含着社会责任的内涵。近几年来，澳门社会上出现的、引起人们担心的一些青少年过早放弃学业，投入博彩业，长远影响澳门人力资源的素质，正是需要对上述权利观进行反思的实例。当你有受教育的权利时，你不珍惜，不努力学习；当你有劳动权利时，你也不珍惜，不努力工作；当你失去竞争力、失去就业机会时，谁应该负责呢？没有尽到对社会的责任，又要求社会对你负责，如提供福利和救济权利，如果人人如此，社会财富如何创造？如何满足这种权利的需要？权利关乎个人的事，当然需要珍惜，但仅此而已是狭窄的。权利也是关乎社会的事，个人需要对社会尽职，这才是完整的权利观，居民必须改变将权利和义务孤立看待的思维。

第二，权利与权利之间是关联的，前一项权利影响后一项权利。如受教育权是选择职业权的基础，没有良好的教育水平，限制了择业的范围。劳动权是社会保障的条件，不劳动怎么享受退休保障？此外，权利与义务之间也是关联的，不尽社会责任，就会影响权利的实现。

滥用权利和自由、不履行义务是不对的。所以，权利的实现是以履行义务为必要条件的。但是，不珍惜权利或者放弃权利，不可能实现权利中应有的法益。利益正是通过积极行使权利实现的。权利是给予了自由和可能，如果不去行使权利，可能并不会自动成为现实。

权利和义务的统一主张的是权利和社会责任的统一，权利的行使，既不损害他人和社会的利益，也包括满足社会发展的需要，不增加社会的负担。你今天不对社会负责，明天社会怎么对你负责？这应该是居民需要时刻反省的问题。

3. 法律制度与法律意识的互动观

居民人权的保障有赖于良好的法律制度，但是，仅有法律制度是不够的，还需要有良好的法律意识。两者之间是相互依存、相互促进的，需要同时做好两方面的工作。

我们需要对法律制度进行改革，正如第一部分分析所指出的，在立法领域，有些法律不尽如人意，有些方面缺少法律规范；在行政领域，依法行政还需要改进行政程序等方面的法律规范；在司法领域，为确保公正和效率，也需要完善相应的诉讼程序。所以，这方面引起了居民的广泛关注，改革的呼声比较高，特别行政区政府也制定了法律改革的路线图和时间表，政府和居民需要共同努力做好这方面的工作。

但是，我们也需要提升居民的法律意识。因为仅仅从法律制度上改革是不够的，一个法律文盲很多的社会是不可能建立法治社会的，需要从法律制度改革和提升居民的法律意识上同时进行才能有效。澳门居民对后一方面的认识缺乏警觉。

法律意识主要指价值的取向，如是否赞成社会实行法治。法律制度主要指由法律构建的相应制度，如司法制度。在法律制度与法律意识之间有一个过渡桥梁就是法律知识。法律知识主要指对法律的认知水平，如对法律的了解。

根据几年前特别行政区政府所作的澳门居民生活素质调查报告，澳门居民的法律意识，总体评价是积极的，如法律不被认同也表示要尊重法律，表明居民认同社会应该有一个规则，而且大家必须要有遵守规则的信念。

但是，澳门居民对法律的认知并不乐观，主要是居民对法律的了解不多，尤其是对与自身没有直接关系的法律更是属于无知。如澳门经济活动频繁，但居民对经济合同的合法性认知不多。由于对法律认知不多、不深，对法律制度认同就不够。

暴露出来的问题是，居民有基本的法律意识，认同依法办事，但无坚固的法律知识支撑。而法律知识不多又缺乏了解的动力，对法律制度信任不足。如居民之间发生权利和义务之间的纠纷，有时对法律不够信赖，试图在法律之外寻找解决的办法，影响了澳门整体的法治水平。

所以，我们应该加强法律意识，明白法律知识和法律制度之间的互动关系。

它们之间可以是积极的正面影响，也可以是消极的负面影响。所以，要处理好它们之间的关系。

加强法律意识有利于居民守法，掌握法律知识，自觉而不是盲目地遵守法律。换一个角度说，仅有法律知识但无法律意识，一些人就会钻法律的空子，也会作出犯法的行为，可见法律意识的重要性。

提升法律知识有利于增强法律意识，法律知识会使居民对法律的认知不再停留在感性上，而是更加自觉、理性，更加长久、可信赖。相反，法律知识贫乏会削弱法律意识。有良好的法律知识，才能完善法律制度。换一个角度说，虽有法律意识，但无法律知识，同样会作出触犯法律的行为。可见法律知识的重要性。

完善法律制度有利于巩固居民的法律意识，有利于吸引居民掌握法律知识，居民充分认识到法律及制度的重要性和实用性，就会更加自觉地维护法律的尊严。反之，居民不认同法律制度，会破坏居民的法律意识，打击居民掌握法律知识的意愿。

因此，需要激发居民的法律意识。第一，要看到法律意识的独立性，它可以超越法律制度而存在。所以，当法律制度存在问题时，人们也不会放弃对法治的追求。如澳门法律制度存在一些不尽如人意的地方，但居民还是对法律改革充满期望。而法律意识具有独立性，决定我们可以学习、借鉴人类一切先进的法律文化和制度中有益的东西。第二，要认识到法律意识的依存性，意识不能离开实际的制度。所以，要巩固法律意识，就要完善法律制度。法律制度长期滞后于法律意识，会冲击法律意识走向反面。

要提升居民的法律知识。第一，通过法律的完善，拉近法律与居民的距离，让居民感受到法律与切身利益的关系，提高学习法律知识的积极性。第二，要让居民掌握法律知识，就要使法律明白易懂，需要循序渐进地推进中文立法。第三，普及法律知识。

总之，居民自身的完善，主要表现在增强法律意识与掌握法律知识。社会环境的改善，主要体现在法律制度的完善，社会守法和执法的氛围改善，政府要加强普及法律知识。所以，对澳门人权而言，既有社会（包括立法、行政、司法）的责任，也有居民自身的责任。当两者都能尽责时，也就是澳门人权全面实现的时候。

（本文收录于《成功的十年：“一国两制”在澳门的实践——纪念澳门基本法颁布16周年学术研讨会论文集》，澳门基本法推广协会，2009年）

关于澳门基本法平等原则的理解

近期，澳门社会对澳门基本法第二十五条“澳门居民在法律面前一律平等，不因国籍、血统、种族、性别、语言、宗教、政治或思想信仰、文化程度、经济状况或社会条件而受到歧视”的规定引起了广泛的讨论和争论，直接原因是特别行政区政府的两项政策。如，政府拟规范进入博彩场所就业人员限定年满21周岁，它是否违反就业的平等权？政府向立法会提出的《因执行公共职务的司法援助》法案是否违反诉讼的平等原则？所有争议归结到一个焦点，就是如何理解澳门基本法规定的平等原则。笔者认为，这种讨论是有益的，一方面说明，经过10多年对基本法的普及教育，居民加深了依基本法治澳的理念；另一方面要求我们随着基本法的深入实施，需要结合具体的问题，深化对基本法的理解。笔者本着参与讨论的精神，提出从三个方面理解澳门基本法第二十五条的平等原则。

一、在执行和适用法律上，平等意味着相同对待

在守法和执法这个层次上说的法律面前一律平等就是相同对待，不能区别对待。任何个人、团体和政府机关在遵守法律上必须平等，一视同仁，没有法外特权、法外开恩，也不允许差别对待。否则，就不能做到有法必依、违法必究。所以，澳门基本法第四十四条规定，澳门居民依法行使权利，“有遵守澳门特别行政区实行的法律的义务”。这就意味着不管你身处高位还是一介平民，一律平等，无一例外。对此，社会不存在分歧。

二、在制定法律的过程中，平等允许区别对待

在立法上，“法律面前人人平等”中的“平等”不是“等同”。“法律面前人人平等”不能理解为“人人一样”。平等不是绝对平等，而是相对平等，也就是

说，法律平等承认合理的差别，针对不同的主体和不同的情况区别对待，以求得实际上的平等，而不是停留在形式上的平等。因为人与人之间在生理上和生活环境上总是有差别存在的，如，男女之间、老少之间等的差别是客观存在的，法律对于差别中的一方给予照顾，就是为了做到事实上的平等。

因此，相同情况相同对待，不同情况不同对待，这才是平等的要义。澳门基本法也是以此为原则的。

比如，澳门基本法第四十六条、第六十三条、第五十七条、第七十二条、第八十八条、第九十条规定，行政长官、主要官员、行政会成员、立法会主席、立法会副主席、终审法院院长、检察长必须由中国公民担任，因为这些重要的职位是国家主权的具体体现，据位人也有责任和义务对国家效忠，所以，因不同国籍区别对待是必要的、合理的，并不构成对其他国籍人的歧视。

比如，澳门基本法第二十四条规定，拥有中国国籍的人和拥有葡萄牙国籍以及其他外国国籍的人成为澳门永久性居民的条件是区别对待的，要求其他国籍的人必须以澳门作为永久居住地。

比如，澳门基本法第二十六条、第九十七条、第一百三十九条规定，澳门特别行政区永久性居民依法享有选举权和被选举权，公务人员必须是澳门特别行政区永久性居民，永久性居民中的中国公民可领取特别行政区护照，非永久性居民中的中国公民只能领取旅行证件。

基于身份因素区别对待不同的人群和权利也是社会认同的。

比如，澳门基本法第三十八条规定，未成年人、老年人和残疾人受澳门特别行政区的关怀和保护。妇女的合法权益受澳门特别行政区保护。特别行政区根据基本法制定的法律作出了相应的保护。照顾未成年人和老年人就是因年龄因素区别对待，而保护妇女的权益就是以性别因素区别对待的结果。

比如，澳门基本法第三十九条规定，澳门居民有依法享受社会福利的权利。允许特别行政区制定法律，区别情况规定社会福利的措施。社会房屋和经济房屋的分配就是基于经济状况不同对某一部分居民给予的福利。

比如，澳门基本法第七十九条规定，澳门特别行政区立法会议员在立法会会议上的发言和表决，不受法律追究。就是基于职务需要作出与一般居民不同的规定，成为法定特权。

通过上述分析，相信大家会认同在立法中区别对待不同的人、不同的事，不仅不违反平等的原则，而且是完全有必要的。正因为区别对待不可避免，所以问题的关键不在于是否区别对待，而在于区别对待的分类标准是什么以及这一标准是否合理。

三、区别对待的关键，是不能因为区别对待而构成歧视

按照基本法的规定，区别对待的关键，是不能因为区别对待而构成歧视，所以，澳门基本法第二十五条的核心是“平等”而不是“歧视”，只要是客观差别合理对待，不存在歧视，就不违反平等原则。

那么，什么情况下构成了歧视？什么情况下符合平等？判断的标准是什么？为此，需要社会客观分析，理性讨论，利益平衡。

（一）找出客观差别，进行合理对待

要找出客观差别就要进行客观分析，就是讲事实。要进行合理对待就要证明区别的必要性，不能以个人的感受、愿望取代客观的事实，应该以客观的分类为依据，以适度原则作标准。将客观分类、合理对待有机结合。下面以博彩业和公职法援为例进行分析。

（1）澳门的博彩行业与其他行业是否存在客观的差别？大家均认为有差别，所以才有区别对待的法律和政策。

① 博彩业是一种特种行业，“特”在具有赌博性。所以，需要有专门的法律加以规范。澳门法律对从事一般经营行为不采用专营许可制，但对博彩业实行专营许可制等。

② 澳门基本法的相关规定也体现了区别对待。澳门基本法第一百零六条规定澳门实行低税政策，但对旅游娱乐业明确规定设立专营税，不受低税制政策的限制。

③ 博彩业对人的金钱、欲望的引诱，更容易对青年人产生腐蚀。所以，对于从事这类特种行业的就业人员在年龄上作出特别要求也是有客观原因的。假设，18 周岁是一个高中毕业生的年龄，社会希望和鼓励更多的澳门青年人提升自身的素质和竞争力，不希望青年过早进入博彩行业，以及为了提高从业人员对赌博的自我控制能力，作出 21 周岁（相当于大学毕业）进入该行业的要求具有相当的必要性和合理性。但是，有客观差别，不等于可以任意限制，如果作出 25 周岁或更高的年龄要求就超越了合理性和必要性的界线。因此，这条年龄界线是需要社会进行深入讨论取得共识加以确定的，但不能简单地将特别要求视为

就业歧视而反对。

（2）公务人员在执行公务时引发的司法诉讼，政府应否提供必要的经济援助？

按照澳门现行的司法援助法，规定任何人在司法诉讼中因经济原因不能聘请律师的话，可要求提供司法援助，以获得律师的帮助。有人质疑，为什么要专门为公务人员制定法律援助的规定呢？这是否赋予公务人员一种不同于居民的特权呢？分析这个问题，要注意以下两点。

① 公务人员被动牵涉的司法诉讼与居民的司法诉讼发生的原因和条件有没有客观的、实质上的差别。仔细观察，我们可以看到，居民的个人行为引发的司法诉讼，与因执行公务引发的司法诉讼有客观的差别，前者是私人原因，后者是公务原因。如果认同有客观的差别，那么，就应该有不同的解决方法。个人的行为（私行为）引发的司法诉讼需要得到律师的帮助应该以经济水平为条件，不能因为经济条件而影响当事人得到律师的帮助。公务行为（公行为）牵涉的司法诉讼需要得到律师的帮助与当事人的经济条件应该无关，原因就是公务人员是履行职务的行为，是按照法律和政府政策进行行政管理，他不是按照个人意志作出行为，一旦被动牵涉司法诉讼，以他个人的财产承担因公引发的律师诉讼费并不十分合理。

② 公务人员是否得到法律援助是有条件的，其行为必须是依法行政的行为，即如果公务人员的职务行为是依法行政，则司法诉讼的费用由政府承担。如果公务人员的职务行为是违法行政，则司法诉讼的费用最终应该由公务人员个人承担。所以，立法目的是支持依法行政，不是助长违法行政，符合法治的精神。

由于是公私两种不同性质的行为，因此在法律援助上不应该互相否定，即不能因为公务人员获得法律援助就否定居民同时获得法律援助，同样，居民获得法律援助，也不能否定公务人员获得法律援助。

（二）兼顾不同利益，实现利益平衡

兼顾不同利益，不等于搞平均主义；实现利益平衡，需要防止剥夺其他合法利益的存在。

任何一个法律，不管是规范个人的权利和义务还是规定政府的职权和职责，其背后都是以一定利益（不论是私利还是公义）为基础的。在这个意义上讲平等，实质就是讲公平，讲利益的平衡。所谓利益平衡，就是讲兼顾，证明在区别的情况下，在保护一种利益时，符合公共利益，或没有损害另一种利益，或将另一种利益的损害减少到最低的限度。

我们继续以上述两例为对象分析。

（1）当法律规定从事博彩业的就业年龄必须是21周岁时，当然对年满18周岁的人的就业产生不利影响。但是，如果从澳门的长远和整体利益看，这种限制是个人利益与公共利益的一种平衡。

① 过去相当长的一个时期，不论是社会团体还是教育机构，社会公众人物大多数都认为，澳门要长期稳定地发展，需要有素质的劳动力，如果因为目前博彩业工资高，大量的高中毕业生为眼前利益进入该行业，今后澳门博彩业一旦受到影响，那么一大批没有其他知识和技能的人怎么转行，怎么适应经济的转型？这就会成为澳门社会的一大问题，这不仅是经济的危机，也将是社会的危机。为了澳门公共利益对特定行业的就业年龄作出限制，鼓励青年人升学，提高素质，增加竞争力，是符合利益平衡原则的。

② 限制18周岁就业，也仅仅是针对博彩业，不是全部行业，没有完全剥夺他们的就业权，是符合将影响减少到必要限度的要求的，也是可接受的适度平衡。

③ 就私人利益而言，也不是完全无益，对青年人免于过早受到不良影响、提高对赌博的免疫力也是有利的。所以，于社会和个人都有一定的好处。

（2）当建立公职法律援助时，公务人员是得到了实际的帮助，但它有没有侵犯居民的权利？

澳门基本法第三十六条规定："澳门居民有权诉诸法律，向法院提起诉讼，得到律师的帮助以保护自己的合法权益，以及获得司法补救。"基本法的这一规定包含了两层意思：第一，享有这些权利的主体是每一位澳门居民，当然包括公务人员。第二，每一位居民在诉诸法律提起诉讼、得到律师帮助、司法补救三个方面应该是相同的、平等的，不能因为身份不同而区别对待。那么，公职法援是否符合上述规定呢？

有人质疑，用公款打官司就是对居民的不公平。这种认识比较片面。如果认为凡因公款参与司法诉讼就是不公平的逻辑能够成立，那么，法律就不需要规定行政诉讼。因为行政诉讼的一方一定是政府，政府参与诉讼一定是以公款为基础的。假设为了反对以公款参与诉讼，结果将导致剥夺政府参与司法诉讼。但是，这样一来，社会还能依法管理吗？所以，一概反对公款参与诉讼是不能成立的。

有人质疑，公款援助公务人员参与司法诉讼是对居民的诉讼权利的一种不公平。

① 从诉讼双方当事人的诉讼地位和权利角度讲，公职法援没有改变双方当

事人的诉讼地位，也没有减少居民的诉讼权利，更没有增加公务人员的诉讼权利，因为它没有对诉讼程序进行任何修改，在诉讼地位和权利上没有造成不平等或歧视。

② 从诉讼程序分析，法律援助仅仅是得到律师的帮助，并不能影响法官的审判和司法补救。诉讼当事人在经济实力上的差别是客观存在的（在任何社会都存在这种差别而不能消除，就是在法律援助下，也不可能完全平等），因为这种不平等对于审判的结果没有必然的联系，所以，法律也就不要求诉讼当事人在经济上完全平等。事实告诉我们，诉讼的结果不是由经济实力决定的，也不受当事人律师费用的多寡所左右，否则，谁有钱谁胜诉，就没有司法的公正。所以，法律援助不是为包赢官司而设，而是为诉讼当事人提供得到律师法律意见帮助的一种保障，从而实现诉讼双方在获得法律意见帮助上的平等，特别行政区政府设立法律援助公务人员同样符合这个要求。至于法院的审判结果，根据澳门基本法的规定，由法官以事实为依据、以法律为准绳决定。所以，法律援助与法官审判是两回事，不论由专责机关决定是否给予法律援助，还是由法官决定是否给予法律援助（就算是法官决定是否给予法律援助，也不等于法官已经有了判决的倾向或结果），都不会影响审判和司法补救的结果，两者互不影响。

因此，公职法援没有影响司法诉讼中当事人的平等地位和平等享有各项诉讼权利，也没有影响诉讼的正当程序和审判的公正结果。它有利于鼓励和支持公务人员履行法定职责，有利于提高政府管治的效率，最终有利于建立法治的社会，符合社会的公共利益。

有人质疑，公款援助公务人员参与司法诉讼是对居民批评特别行政区政府的言论自由权的一种侵害。

① 需要清晰地区分公务人员与特别行政区政府之间的不同。其一，从诉讼主体看，公职法援规范的主体是公务人员个人，不是特别行政区政府及其政府部门。居民对特别行政区政府及其部门的政策和行政行为的批评和监督，哪怕有不实之处，如，批评政府制定恶法、政府违背民意，政府及其部门也根本就不能引用公职法援来参与诉讼，因为它不是公职法援规范的权利主体，无权通过司法诉讼解决居民的这类批评。其二，从诉讼理由看，按照公职法援的设定，公务人员参与司法诉讼不能以政府政策受到攻击或不实批评作为诉讼理由，因为公务人员不等同于特别行政区政府，公务人员只能以个人的权利受到实际侵犯为由参与司法诉讼。既然批评政府的言论不能构成公务人员参与司法诉讼的理由，公务人员只能在被告情况下享有法律援助，为自己的合法权利辩护，何来压制居民对政府的批评呢？

② 我们既要保护居民对特别行政区政府和公务人员的监督和批评，也要保护公务人员的合法权益。作为自然人的公务人员与作为自然人的居民在享有法律规定的权利上没有差别，当他们的人身权和财产权等法定的权利或利益在依法行政中受到侵害时，同样应该受到法律的保护。比如，当一名公务人员受到一位居民在法院指控其受贿作出某一行为时，他当然有权利通过法律诉讼维护自己的权益。法律给予这种诉讼权利，就是因为法律不保护诬告陷害的言论。因此，公务人员的诉讼权利在基本法和现行法律下早已经享有，不是因为有了法律援助才有诉讼权利，相反，是先有诉讼权利才考虑是否赋予法律援助的权利。所以，把公职法援视为对言论自由的冒犯是没有充分道理的。

经过上述分析，笔者认为，公职法援虽然给予公务人员在司法诉讼中经济援助，但没有造成对居民诉讼权利的歧视，没有给予公务人员诉讼的特权而产生诉讼地位、诉讼权利上的不平等，也没有影响诉讼的正当程序，更没有影响居民对政府批评的言论自由，基本符合各方利益的平衡原则。

笔者的上述看法，仅属一家之言，未必正确，写此文的唯一目的是提出一些分析问题的方法和角度，希望社会理性地讨论，寻求共识，进一步完善法案。

（本文未发表，写于2010年9月）

澳门居民的社会权利的规范及其实现的途径

本文将从五个方面论述澳门特别行政区居民的社会权利的现状和面临的挑战。

一、澳门居民的社会权利的法律依据

澳门居民的社会权利的法律依据主要源于三个方面。

1. 澳门基本法

澳门作为中国实行“一国两制”下的特别行政区，规范澳门居民社会权利的宪制性法律就是澳门基本法。澳门基本法对澳门居民应该享有的社会权利作出了一系列规范。包括澳门基本法第三十五条“澳门居民有选择职业和工作的自由”；第三十七条“澳门居民有从事教育、学术研究、文学艺术创作和其他文化活动的自由”；第三十八条“未成年人、老年人和残疾人受澳门特别行政区的关怀和保护”；第三十九条“澳门居民有依法享受社会福利的权利。劳工的福利待遇和退休保障受法律保护”。

基本法是特别行政区法律的基础，制定法律和法规须以基本法为依据，只有符合基本法的才有效。任何抵触基本法的法律、法规均将无效。因此，基本法规定的居民的社会权利是任何机关和个人无法剥夺的，这是一种绝对的保障方式。

2. 国际人权公约

澳门基本法第四十条规定：《公民权利和政治权利国际公约》《经济、社会与文化权利的国际公约》和国际劳工公约适用于澳门的有关规定继续有效。上述国际人权公约所规定的公民的社会权利，澳门居民仍然继续享受。所以，澳门居民的社会权利范围和标准是符合国际人权公约的。

3. 澳门特别行政区的法律

虽然在基本法和国际人权公约中没有明确列明，但在特别行政区根据基本法的规定和国际人权公约的规定制定具体法律时，其法律所包含的社会权利，居民可以依法享有。如，有关经济权利的《劳动关系法》、社会权利的《社会保障制度》、文化权利的《非高等教育制度纲要法》等进一步丰富了居民的社会权利的内容。

基本法在规定居民权利和自由时，明确指出需制定法律予以保障，没有相关法律的要制定，法律不完善的要修改和补充，健全法律保障的体系。而且，基本法还规定，权利和自由只能依法律限制，非法剥夺和限制居民的权利和自由的行为将受到法律的制裁。

因此，澳门居民的社会权利不仅有不同层次的法律规范，也有相应的法律保障。澳门居民享有的社会权利均以上述法律规范为依据。

二、“以民为本”的公共政策是实现居民的社会权利的必要条件

居民的社会权利要从法律上的权利变成事实上的权利，从宪政角度看，关键之一就是如何保证特别行政区政府的施政必须坚持“以民为本”的理念，产生有利于实现居民的社会权利的政策。澳门的政治体制是行政主导，行政与立法互相制约和互相配合。第一，要发挥行政主导的作用，特别行政区政府不仅能够主动制定有利于落实居民社会权利的公共政策，而且能够有效地推行政策，提高行政管理的效率，才能保障居民的社会权利的实现。第二，发挥立法机关对行政机关的监督和制约的作用，如果行政机关不作为或行政机关为所欲为，从而影响居民的社会权利实现，应该得到及时纠正。澳门有正反两个方面的经验教训可以借鉴。

1. 好的公共政策对居民的社会权利的积极影响

澳门基本法规定，特别行政区政府有义务制定政策，创造条件，保障居民的社会权利的实现。以下仅列举澳门特别行政区政府制定的两项公共政策对居民实现社会权利所产生的积极影响。

第一项，教育方面的政策。澳门基本法第一百二十一条规定，澳门特别行政

区政府依法推行义务教育，保障居民受教育的权利。为此，政府拟定“非高等教育发展十年规划”，在已经实现15年免费教育（从幼儿教育至高中教育）的基础上，实施《书簿津贴制度》，向全澳合资格学生发放每学年1 500澳门元津贴。为鼓励居民持续学习，推出“持续进修发展计划”，对年满15周岁的本澳居民提供为期3年、每人上限为5 000澳门元的资助。

第二项，经济援助方面的政策。澳门基本法第一百三十条规定，澳门特别行政区政府在原有社会福利制度的基础上，根据经济条件和社会需要，自行制定有关社会福利的发展和改进的政策，以促进和保障居民的福利等。为实现居者有其屋，对未拥有不动产的澳门永久性居民购买不动产可获豁免首300万澳门元的不动产转移印花税（仅限于居住单位）；向符合资格的社会房屋轮候家庭发放临时住屋补贴。为保障居民的基本生活需要，对全职低收入受雇人士作出经济补贴；向有困难家庭发放经济援助金，向三类弱势家庭发放特别补助和特别生活津贴；向老年人发放金额为5 000澳门元的敬老金。为落实双层式的社会保障制度，向每个合资格的中央储蓄制度户口注资6 000澳门元；向每位永久性居民发放现金分享款4 000澳门元，非永久性居民每人2 400澳门元。为保障居民的身体健康，不仅提供公立医院的免费服务，还向每位永久性居民发放500澳门元医疗券于私立医疗机构使用。

以上两项措施实实在在地保障了居民的受教育权和社会保障权的落实。

2. 缺乏好的公共政策对居民的社会权利的消极影响

前一个时期，特别行政区政府在发展经济的同时，忽视了及时制定公共房屋的政策，以保障部分低收入者家庭的住房需要。在高房价下，一部分人无法购买商品房，他们认为，没有享受到澳门经济发展的成果，诉诸社会行动，引起了社会的矛盾和冲突。

所以，经济发展不一定带来居民社会权利的实现。关键是在发展经济的同时，政府应该通过制定政策，运用经济手段，让居民享受更多的社会权利。对此，澳门特别行政区政府及时调整政策，在立法会的监督和配合下，制订了兴建公共房屋的进度和供应规划，本着“居有其所、安居乐业”方针，全力推进在2012年达成分阶段兴建、落实19 000个公屋单位的目标，满足部分低收入者的住房需要。

因此，澳门居民的社会权利能否得到保障，很大程度上取决于特别行政区政府能否制定出相应的公共政策，以及执行政策的能力。

三、发展经济是实现居民的社会权利的物质基础

发展经济，改善民生，是实现居民社会权利必要的物质基础。

居民享有法律上规定的权利和自由是需要有一定的物质条件为基础的，尤其是经济上的权利，受教育的权利，从事文化、科技、学术研究的权利，享受社会福利的权利。没有经济基础，上述权利将受到很大的限制。虽然，经济的发展不是必然会带来经济、教育、文化、社会权利的实现。但是，没有经济的发展，经济、教育、文化、社会的权利是万万不能实现的。澳门在回归祖国之前和之后的居民的社会权利的状况充分说明了这一点。

以回归前后的澳门法律规范作比较，基本上没有实质变化，因为按照基本法的规定，澳门原有的法律基本不变。但是，由于特别行政区政府制定了符合澳门社会发展、符合澳门居民愿望的公共政策，极大地推动了社会经济的发展，使得澳门居民的社会权利得到了充分的实现。

澳门特别行政区政府在特别行政区成立后首先努力发展经济，澳门回归第一年，即 2000 年改变了经济连续四年衰退的局面，实现 4.6% 的增长率。1999 年人均本地生产总值是 117 055 澳门元，而 2010 年则是 409 828 澳门元。2002 年人均总收入是124 800澳门元，2009 年则是 276 280 澳门元。回归 9 年间，澳门 GDP 年增速均达 12.7% 以上，2010 年的财政盈余比 2000 年增加逾 30 倍，特别行政区政府外汇储备达 2 000 多亿澳门元。由于有了经济发展的成果，澳门居民的社会权利的状况有了很大的改善。以下列举一些统计数据加以证明。

（1）在教育方面，特别行政区政府为教育事业投入大量的资金，使居民受教育的权利得到充分保障。在 2007—2008 学年“学校发展计划”及“校舍修葺和设备更新计划”中，澳门特别行政区政府拨出总金额约 2.72 亿澳门元资助学校发展。2007—2008 学年的资助由新设立的教育发展基金拨出，资助 68 所学校共 100 个校部。澳门实现了从幼稚园到高中的 15 年免费教育，保证了人人享受平等的教育权。

特别行政区政府为经济困难学生调升学费及文教用品津贴，除提供“特别奖学金”外，还增加“大专助学金”资助名额，并推出“利息补助贷款计划”；大幅调升教师直接津贴金额，增加年资奖金级别；资助非高等教育私立学校和协助公立学校为教师购买手提电脑，协助学校更新信息科技设备；持续为教学人员的专业发展提供资源和条件；组织骨干教师培训，扩展教学设计奖励计划。

（2）在文化事业方面，特别行政区政府拨出专项资金，组织本澳专业社团协会参加动漫产业博览会、文化产业博览会等；回归9年来，图书馆馆舍面积由原来的3 000平方米增加至5 000多平方米、馆藏量由20万册增加至50多万册；在市民使用方面，现时图书馆的有效读者接近9万人，约占全澳居住人口的16%，读者进馆人次由每年不足40万增长到100万左右，外借图书的人次也由每年10万以内增加至20多万，对提升全体市民的文化素质起着一定的作用。

（3）在社会福利方面，特别行政区政府在2008年度，两度调升最低维生指数，同时向所有受援助的家庭或个人发放额外三个月的援助金，并通过三类弱势家庭特别补助，发放一年两次的特别生活津贴等持续性援助措施，额外发放一份敬老金，不断加大对弱势家庭的援助力度。

2009年9月，特别行政区政府颁布第31/2009号行政法规《开立及管理中央储蓄制度个人账户的一般规则》，为建立包含雇员雇主供款的非强制性中央公积金制度构建基础；2010年8月，立法会通过第4/2010号法律《社会保障制度》，并于2011年1月1日正式实施，开始向实施双层式社会保障制度逐步推进。

（4）在医疗方面，各类主要医疗服务数字均有大幅增长。专科门诊由1999年的不足15万人次，上升至2007年的接近27万人次，增幅超过80%；急诊、门诊由原来的11.5万人次增加至16.7万人次，卫生中心门诊由31.3万人次上升至约44.9万人次，9年的总增幅达45%。

（5）在就业方面，2011年3月至5月的失业率下降至回归以来的最低水平，为2.6%，较上一期（2月至4月）下跌0.1%；就业不足率为1.3%，下降0.1%。

以上数据反映了澳门居民的社会权利的现状并展现了伴随着澳门经济的持续发展将向更好的方向发展的趋势。

四、建立和完善法律制度是实现居民的社会权利的制度保障

居民的社会权利的实现，有赖于社会经济的发展。但是，居民能够长期稳定地享有社会权利，还需要制度化，制度化就是要法制化。澳门居民享有的社会权利不仅有基本法的规定，有原则性的宣示，而且通过一系列具体法律，具有可操作性，保障落实。

保护择业自由的法规有：《订定就业政策及劳工权利纲要法》（第4/98/M号

法律)、《订定在劳动关系内须遵守之规则，以保障男女劳工在就业上获平等之机会及待遇》(第52/95/M号法令)、《劳动关系法》(第7/2008号法律)、《劳动诉讼法典》(第9/2003号法律)、《工作意外及职业病法律制度》(第12/2001号法律)、《禁止非法工作规章》(第17/2004号行政法规)。

保护教育、学术研究、文化创作自由的法规有：《非高等教育制度纲要法》(第9/2006号法律)、《订定澳门特别行政区科学技术的政策纲要》(第9/2000号法律)、《免费教育津贴制度》(第17/2007号行政法规)、《订定教育发展基金制度》(第16/2007号行政法规)、《订定学费津贴制度》(第20/2006号行政法规)、《订定免费教育津贴制度》(第19/2006号行政法规)、《基础教育学生学费津贴制度》(第16/2005号行政法规)、《设立科学技术发展基金》(第14/2004号行政法规)。

保障社会福利的法规有：《订定向处于经济贫乏状况的个人及家团发放援助金的制度》(第6/2007号行政法规)、《敬老金制度》(第12/2005号行政法规)、《订定现金分享计划的安排》(第12/2008号行政法规)、《将社会保障制度扩展至自雇劳工》(第234/2004号行政长官批示)、《开立及管理中央储蓄制度个人账户的一般规则》(第31/2009号行政法规)、《社会保障制度》(第4/2010号法律)。

通过上述具体法律的制定，逐步构筑了比较完善的居民的社会权利保障体系。

五、澳门居民实现社会权利过程中面临的挑战

虽然，澳门居民的社会权利保障取得了比较明显的成就，但是，也面临着新的挑战。主要有两个方面。

1. 社会权利的短期利益与长远利益如何结合

比如，澳门连续三年的现金分享计划是延续还是要改变方式？从个人利益出发，澳门居民希望每一年分发，直接拿钱直接消费。但是，从社会利益考虑，这种现金分享对长远的经济发展和社会保障并不是最佳的方式，社会经济一旦出现波动，难以维系就会成为社会动乱的起因。所以，需要把目前临时性的现金分享措施，逐步过渡到建立长期的中央储蓄制度和制度化福利政策，进一步体现居民分享特别行政区经济发展成果的效益。由社会保障基金、中央公积金和个人储蓄

三者共同提供保障，为居民的退休生活作更好的准备。但是，这种改变对政府而言将面临很大压力，不改革难以维系，改革可能丧失部分民意，解决这种进退两难的问题，需要政府和居民共同努力。

2. 社会权利享有的条件如何体现公平性

居民的社会权利有赖于政府提供的资源，正因为是政府提供资源，每一位居民都希望能够分享这种权利所带来的利益。然而，政府的经济资源总是有限的，无限的需求与有限的资源必然产生矛盾。因此，在分享政府资源的时候如何体现公平原则、可否作出区别对待、区别对待的合理性在哪里，是非常值得研究的问题。

比如，澳门在建立中央储蓄制度个人账户时规定，居民必须有183天身处澳门。参与人因下列原因而不在澳门的期间，亦视为身处澳门的时间：①就读由当地主管当局认可的高等程度课程；②因伤病住院；③年满65岁并以内地为常居地；④受雇于已在本基金登录的雇主，且被派往澳门以外地方工作。否则，不能享有特别行政区政府注入中央储蓄账户的资金。这种限制和区别对待，受到了一些质疑。那么，公平公正与平均主义之间如何划清界限，是政府和居民必须思考的一个严肃的问题。否则，绝对的平均主义将使居民的社会权利保障体系不堪重负而崩溃。

因此，在探讨居民的社会权利时将面临许许多多的挑战，我们不可能给出一个抽象的解决问题的办法或标准。但是，有一点可以肯定，从宪政角度讲，不仅要肯定居民应该享有社会权利，而且应该倡导居民理性地对待社会权利，培养正确的权利观和成熟的行为模式。

（本文发表于《“一国两制”研究》，2012年第1期）

确立法治的权利观

一、法治和法治的权利观

“法治”是什么？在社会中，法律是社会最高的规则，具有凌驾一切的地位，国家机关和个人均受法律约束，社会和国家是法的统治。美国思想家潘恩将法律形容为一个国家的国王。按照《牛津法律大辞典》的定义，法治“意指所有的权威机构，立法、行政、司法及其他机构，都要服从于某些原则。这些原则一般被看作是表达了法律的各种特性，如，正义的基本原则、道德原则、公平和合理诉讼程序的观念，它含有对个人的至高无上的价值观和尊严的尊重。”

“法治”的要求是什么？实质上，法律具有至上性、权威性，国家和个人必须服从法律。形式上，应依照法律的规定和程序行事，违反法律规范的行为均无效。

“法治”的权利观是什么？第一，其核心内容是，不论是主张权利还是行使权利，一定要依法。要求权利与义务统一和一致。正如孟德斯鸠所说：“真正的自由只能是法律下的自由。”“自由就是做法律所许可的一切事情的权利。”“自由是，并且首先可能是一个法律概念，因为自由必然涉及一整套复杂的法律上的因果关系。”洛克认为：“自由，正如人们告诉我们的，并非人人爱怎样就可怎样的那种自由，而是在他所受约束的法律许可范围内，随心所欲地处置或安排他的人身、行动、财富和他全部财产的那种自由。”离开了法律就没有自由。因为法律通常规定自由需要履行相应的义务才能得到保障。一个人不履行法律义务，行使自由时可能破坏他人的自由，同样他人也可以反对此人的自由，结果双方都没有了自由。第二，其形式要求是，必须坚持依法，不能离开法律的规定讲权利。

二、对法治权利观的冲击

现代社会对法治权利观的最大冲击，主要来自没有义务约束的权利观。

列举两个领域的现象和言论加以说明。

第一，在互联网上的言论方面。假借自由破坏法治，把言论自由理解为想怎么说就怎么说，导致在私权领域，侮辱别人的言论也被冠以言论自由，甚至还存在打击报复性的、敲诈勒索性的、网络暴力性的言论，结果损害他人的合法权益，在公共领域，出现网络谣言，造谣生事的片面夸大，扰乱社会秩序，唯恐天下不乱，结果损害公共利益。所以，网络言论存在不理智的情况，其具有情绪化、粗俗化、偏激化、群体盲目性的特点。

第二，在游行示威方面。可以看到，游行示威者与维持公共秩序的警方爆发冲突，也可以看到，游行示威者冲击公共秩序，“占领”某某地方，使某某机关瘫痪，完全不顾法律的秩序。美其名曰维权、民主。

出现以上情况，主要原因之一，就是缺乏法治的权利观。讲权利和行使权利，不考虑依法，不考虑履行相应的义务。一边在争取、维护自身权利，一边在破坏他人的权利和公共的权益，结果让社会陷入了困境，影响了社会稳定和发展。现在社会上有一种氛围，凡讲权利的话得到一片喝彩，而讲依法行使权利的话则会被认为是遏制自由受到冷嘲热讽。所以，社会必须进行反思，反思我们的权利观。不能一味地唱响权利，却不严肃对待权利。社会不应该容忍滥用权利破坏秩序，或用神圣的口号作罪恶的行为的现象存在。长此以往，社会终将不得安宁，人权也得不到实现和保障。

分析以上现象，其根源在于：

第一，只讲天赋人权，不讲法律权利。

天赋人权论，强调权利的客观性，每一个人均享有权利，并且每一个人享有平等的权利，这是有积极意义的。我们需要尊重和维护权利。但是，我们也要知道，天赋人权论解释了人为什么应该有权利，但并没有解释人的权利的具体内容和界线在哪里。如，人有表达的自由，但是，表达自由包括什么内容，表达自由是否意味着想怎么说就怎么说，限制是什么，这类问题并没有回答。同时，我们也需要知道，不能曲解天赋人权论，天赋人权论并不否定对权利的限制。因为限制权利不等同于剥夺权利，是防止滥用权利，最终是维护权利。所以，仅以天赋人权论来对待权利的行使是不够的，是有缺陷的，往往将权利导向不受限制的泥坑。权利的内容和限制是由法律规范的，在讲天赋人权时，也要讲法律的权利。只讲天赋人权，不讲法律对权利的限制是危险的。把天赋人权论当作包治百病的一贴灵药，用来解释人的权利的所有问题，是庸医的处方，不能解决问题。

第二，只讲权利，不讲义务。

讲权利通常受欢迎，讲义务一般不受欢迎。谁会认为自己的权利要受限制呢？从人性的角度讲，这一点可以理解。但是从社会的特性来讲，权利必须有所限制。因为社会是一个共同体，是由每一个个体构成的。如果每一个人的权利都不受限制，那么，每一个人只有权利没有义务，权利又有谁来尊重，权利又怎么实现呢？事实上，任何权利的实现都是以履行义务为条件的，你不履行义务就会损害他人的权利，他人也就不会维护你的权利。缺乏义务观的权利是残缺不全的，应该是既讲权利也讲义务，将权利和义务统一起来。社会缺少义务，权利也将无法存在。

三、为什么需要确立法治的权利观

解决上述问题，就必须确立法治权利观。法治权利观就是，既讲权利也讲义务；既明白权利的内容，也讲清楚权利的界限；既要讲权利的正当性，也要讲权利的合法性。两者应该结合，不能偏废。在大讲特讲权利的时代，更应该确立法治的权利观。

原因如下：

第一，正确观念的重要性。

观念是行为的价值标准，有什么样的观念，指导什么样的行为，采用什么样的处事方法，有什么样的行为，就会产生什么样的结果。可见，观念的重要性。面对同样的事实，主观的价值标准不同，会产生出不同的结果。如果只有权利观，没有义务观，那么，有人一定认为自己想做的、自己主张的都是可为的，不顾他人利益，不顾社会利益，为所欲为。如果只讲权利的正当性，不讲权利的合法性，有人一定将限制权利的法律视为无物。一个有法治权利观的人，在作出行为前，不仅会考虑到履行义务，对自己的行为进行自律，而且会自觉履行遵守法律规定的义务，服从法律的约束，从而实现权利和义务的统一。

第二，权利可持续发展的需要。

“可持续发展”是20世纪80年代提出的概念，得到了国际社会的广泛认同。1987年世界环境与发展委员会在《我们共同的未来》中第一次阐述了可持续发展的概念，即指既满足现代人的需求又不对后代人满足其需求的能力构成危害的发展。人类发展至今的灾难主要有两种，一种是自然灾难，另一种是社会灾难。经验告诉我们，在经济上过度开发，不顾自然界客观规律的限制，对自然环境的破坏，最终使人类受到自然的惩罚，比如，环境变暖、水土流失等，人类的生存环境反而变差了，自然灾害频发，经济和社会不能可持续发展，与人类改造自然、提高生活水平的主观愿望和目标背道而驰，欲速则不达。同样，在社会活动中，不受限制的自由，不受限制的民主，带给我们的也都是灾难。我们常看到一些国家的动乱，是一些人打着“自由”“民主”的旗号为所欲为造成的，结果没有带来更多的自由和民主，反而出现了社会动荡、社会秩序破坏，最终导致无法实现权利的悲剧。我们应该从中吸取教训，防止权力的滥用。按照可持续发展的理念，我们不是一次性消费权利，我们行使权利是为了更长远地享有权利、行使权利。如果因一次滥用权利，而妨碍下次行使权利，就是不可持续的。所以，要想让权利可持续地发展并得到实现，就需要稳定的社会环境和秩序，而要做到这一点，就离不开人人遵守法律、人人履行法律的义务，就必须坚持权利和义务的统一性。

第三，争取权利的应有态度和方法。

一些人在争取和行使权利时，往往为自己不遵守法律义务寻找美丽的借口，最常见的就是“恶法不是法”。既然不是法，所以就没有必要遵守法律义务，还美其名曰争自由、争民主、废恶法。这种态度和理由，在法治社会是不能被接受的，也是不能被允许的。为什么呢？法治原则既讲法律内容的正当性，也讲法律的正当程序。从正当程序讲，一个规范性文件是否属于法律，取决于它是否符合立法的程序，立法机关符合立法程序制定出来的规范性文件就是法律，对社会的所有成员均有法律的强制约束性。至于法律的内容是否合理、是否正当、应不应该修改，当然是一个可以讨论的问题。既然可以讨论，也就包括可以认为它是“恶法”，妨碍了自己的权利，可以争取修改法律的规定，废除法律不必要的限制。但是，修改法律也要遵循既定的立法程序，不能因为有人认为是恶法，法律就自动失效。在法律修改前，还必须守法。这样才符合法治的两个最基本的条件，法律的内容和形式统一，既符合合理性、正当性，又符合正当程序。“据以实现法治的‘法律’不仅要内容善良，同时还应该具备法的形式。内容善良而不具备特定法律形式的规则无助于实现法治……唯有内容善良且具备法律形式的法律，才能成为法治的制度前提，才能成为人民福祉的有效制度保障。”① 如果

① 孙文恺．“恶法非法”与“恶法亦法”．人民法院报，2010－10－08（7）．

只讲法律的正当性，不讲法律的正当程序，不可能实现法治。反之亦然。美国法学家埃德加·博登海默说：“一个法律制度若要恰当地完成其职能，就不仅要力求实现正义，而且还须致力于创造秩序。”所以，采用不遵守法律或违法的方法争取权利或行使权利都是不可取的。

（本文收录于《“一国两制”与澳门居民权利保障学术研讨会论文集》，澳门理工学院“一国两制”研究中心，2014 年）

澳门居民应该正确认识
中国国籍法在澳门的适用

根据澳门基本法附件三的规定，《中华人民共和国国籍法》适用于澳门。中国国籍法在澳门的适用与澳门居民有密切的关系，事关居民的公民身份以及法律上可享有的权利和应履行的义务，应该有一个清楚和准确的认识。最近澳门社会发生的一些事，澳门居民参选葡萄牙国会议员，参与选举葡侨委员会投票，引起社会上的关注和争议，更显得了解和认识中国国籍法的重要性和迫切性。

1. 了解澳门居民的国籍身份，应该理解中国政府的立场

在解决澳门问题时，中葡两国政府签署了关于澳门问题的联合声明。中国政府在中葡联合声明的备忘录中声明："澳门居民凡符合中华人民共和国国籍法规定者，不论是否持有葡萄牙旅行证件或身份证件，均具有中国公民资格。考虑到澳门的历史背景和现实情况，在澳门特别行政区成立后，中华人民共和国政府主管部门允许原持有葡萄牙旅行证件的澳门中国公民，继续使用该证件去其他国家和地区旅行。上述中国公民在澳门特别行政区和中华人民共和国其他地区不得享受葡萄牙的领事保护。"

中国政府的声明表达了三点立场：

第一，符合中国国籍法的澳门居民都是中国公民，持有葡萄牙旅行证件（葡萄牙视为葡萄牙护照）并不能改变中国公民的身份，也不能说明你是葡萄牙公民。

第二，澳门居民中的中国公民可以继续持有葡萄牙旅行证件去其他国家和地区旅行，换句话说，中国政府视澳门居民中的中国公民所持的葡萄牙护照为旅行证件，不是国籍证明。

第三，持有葡萄牙旅行证件的中国公民在中国境内不能享有葡萄牙领事保护，因为他不是葡萄牙公民。

中国政府的立场基于中国国籍法的原则和规定，即中国公民只能有一个国

籍，不能有双重国籍。但考虑到澳门的历史情况，允许澳门居民中的中国国籍者使用葡萄牙旅行证件，但不接受这一旅行证件作为国籍的证明文件。

2. 公民的国籍属于国家主权的事务，应由中央政府管理

根据基本法第十八条的规定，凡属于中央管理和不属于特别行政区自治范围的事务，全国人民代表大会常务委员会可以决定将有关全国性的法律适用于特别行政区，所以，中国国籍法被列入基本法附件三适用于特别行政区。由于澳门实行“一国两制”，居民的国籍身份因历史和现实原因有一定的特殊性，中国国籍法适用于澳门需要作出一些特别的处理。为此，1998 年 12 月 29 日通过了《全国人民代表大会常务委员会关于〈中华人民共和国国籍法〉在澳门特别行政区实施的几个问题的解释》。这个解释延续了中国政府对澳门居民国籍身份的一贯立场，又根据具体情况作出了灵活处理。解释明确规定：“一、凡具有中国血统的澳门居民，本人出生在中国领土（含澳门）者，以及其他符合《中华人民共和国国籍法》规定的具有中国国籍的条件者，不论其是否持有葡萄牙旅行证件或身份证件，都是中国公民。凡具有中国血统但又具有葡萄牙血统的澳门特别行政区居民，可根据本人意愿，选择中华人民共和国国籍或葡萄牙共和国国籍。确定其中一种国籍，即不具有另一种国籍。上述澳门特别行政区居民，在选择国籍之前，享有澳门特别行政区基本法规定的权利，但受国籍限制的权利除外。二、凡持有葡萄牙旅行证件的澳门中国公民，在澳门特别行政区成立后，可继续使用该证件去其他国家或地区旅行，但在澳门特别行政区和中华人民共和国其他地区不得因持有上述葡萄牙旅行证件而享有葡萄牙的领事保护的权利。”

根据全国人民代表大会常务委员会的解释：

第一，非常清楚地将澳门居民划分为两种不同的情况处理。一种是具有中国血统、在澳门出生的居民是中国公民，不存在国籍的选择，除非根据中国国籍法的规定，向有权限的机关作出退出中国国籍加入外国国籍的申请才可以改变国籍。另一种是既有中国国籍又有葡萄牙国籍者，可以对国籍进行选择，一旦作出选择就放弃了另一种国籍。

第二，再次重申和明确澳门居民中的中国公民可持有葡萄牙旅行证件，但不能在中国境内享有外国领事保护权利。

因此，我们可以根据中国政府的声明和全国人民代表大会常务委员会的解释，得出如下结论：

（1）澳门居民中的中国公民所持有的葡萄牙护照，在特别行政区不是国籍证明，只是一种旅行证件。虽然通常情况下，护照与国籍是统一的，但是，在澳

门特别行政区是有区分的。一方面照顾历史原因，允许澳门一部分居民持有葡萄牙的旅行证件，方便澳门居民出行；另一方面要坚持中国国籍法的规定，中国公民不能有双重国籍，持有葡萄牙护照不能改变中国国籍的身份。所以，在事实上、法律上将国籍与旅行证件作了区分。

（2）因为葡萄牙旅行证件不是国籍证明，不能以持有葡萄牙旅行证件自视为葡萄牙公民。所以，持有葡萄牙旅行证件的澳门居民中的中国公民在特别行政区既不能享有、不能行使葡萄牙公民的权利，也无须履行葡萄牙公民的义务。比如，政府官方表格中需要填写国籍，一位澳门居民中的中国公民就没有权利以持有葡萄牙护照而填上葡萄牙国籍，对此政府也可以不予接受，除非此人先放弃中国国籍。再如，持有葡萄牙旅行证件的澳门居民没有权利享有葡萄牙的领事保护。

（3）澳门居民中的中国公民与外国公民在权利和义务上不同。中国公民可依法享有参与国家事务管理的权利，可以当选全国人民代表大会代表，作为“澳人治澳”的主体可以成为行政长官、主要官员、行政会委员、立法会主席和副主席、终审法院院长、检察长，还可以持有港澳居民往返内地的通行证。作为永久性居民无须以澳门为永久居住地，而非中国公民要成为永久性居民则必须以澳门为永久居住地，等等。当然，作为中国公民也要履行对国家的法律义务，不能叛国，要维护国家安全。

（4）既有中国血统又有葡萄牙血统的澳门居民，如果选择了其中一个国籍，就放弃了另一个国籍。虽然他们依法享有权利，包括可以当选为澳门立法会议员，但必须效忠澳门特别行政区。这里有必要说清楚效忠的含义，就是要求政治职位人不能一仆两主、三心二意，因为他们与普通居民不同，不是行使个人的权利，而是在行使一个国家或地区的公共权力，事关一个国家或地区的利益。所以，基本法没有规定普通居民要依法宣誓效忠，只针对政治职位人要求依法宣誓效忠。而宣誓效忠只能效忠一个对象，不能同时效忠两个对象，如果同时对外国和澳门特别行政区效忠，必然有利益冲突，也无法两全。因此，才有澳门基本法专列一节“宣誓效忠”，才有澳门基本法第一百零一条的规定，要求行政长官、主要官员、行政会委员、立法会议员、法官和检察官效忠澳门特别行政区，并依法宣誓，从而排除对另一个国家的效忠。

（本文发表于《澳门日报》，2015 年 9 月 21 日）

论法律改革的统筹机制

一、建立法律改革统筹机制的必要性

1. 建立法律改革中央统筹机制是政府与社会的共识

早在2005年，澳门特别行政区行政长官根据社会的呼声和法律改革的实际需要，在第58/2005号行政长官批示中，规定设立具项目组性质的“法律改革办公室”。“法律改革办公室”在检讨重大法典、主要法律制度及其他重要法规的范围内，行使法规草拟中央机制的职能，具体行使下列职权：

（1）编制有关法规草拟的研究及准备工作；

（2）拟备法案及其他规范性文件的草案；

（3）联系及协调参与法规草拟工作的各公共部门及实体；

（4）协助规划、跟进及评估用以完善法律制度的措施，收集、处理及评估公共机关及部门的意见，以及由“法律改革咨询委员会”从公众或相关专业人士收集的意见；

（5）有条理及系统地设立法律人员的数据库及对之进行管理；

（6）执行以上各项未载明但经行政长官命令进行且属其总体职务范围内的工作。

但是，经过多年的实践，法律改革办公室的中央法律改革统筹机制的作用没有完全发挥，再次引起了社会的关注，要求加强法律改革办公室的中央统筹作用成了社会的主流意见。

对此，行政长官在2010年的施政报告中明确提出，要“加大力度回应社会的诉求，统筹法规草拟，加强法律人才的培训”。

法务领域的工作重点是，“吸取‘法改中央机制’统筹协调重大法规草拟和修订的经验，结合相关部门的人力需求，科学合理共享资源，适时检讨和完善有关法规，更好地完成跨部门的法规项目”。

立法会议员关翠杏指出，中央统筹机制早已提出，尤其是成立法律改革的中央统筹机制处理法改事宜。当务之急应该加强落实法律改革中央统筹机制。

所以，政府与民间均认为有必要建立和加强法律改革中央统筹机制，以做好法律完善的工作。

2. 目前法律改革中央统筹机制的问题

目前，法律改革中央统筹机制中存在一些问题有待完善，也是一种社会的共识。社会的批评集中在：

（1）有法律改革规划，但没能按规划完成，原因出在政府部门各自为政。正如关翠杏议员的质疑所指出的：“法改委员会的中央统筹机制在法律改革过程中成效未令人满意。中央统筹机制的提出，政府亦明白目前澳门行政架构存在五司分管不同范畴的缺陷，中央统筹机制可以发生什么效力令人存疑，怎样真正打破原有机制上的一些缺陷呢？行政法务司怎样可以将权力集中起来？”由于没有中央统筹，难以按时、按要求实现法律改革的规划。

（2）有法律改革规划，但是缺乏整体性，造成各部门只从自身出发提出法律的修改要求，缺乏对政府总体施政要求的配合，导致法律修改出现轻重缓急、先后次序的失当，以及法律改革之间配套不够，顾此失彼，影响法律改革的成效。

解决以上问题，需要完善法律改革统筹机制，加强统筹机制的职能。笔者提出一些建议，抛砖引玉，希望达到集思广益之效果。

二、统筹机构的工作范畴

总结以往的工作经验，应该调整法律改革统筹机构的工作范畴。

（1）立法方面。法律改什么、怎么改，毫无疑问应该作为法律改革统筹机构的职责之一，也是首要的任务。

但是，需要改变过去将中央统筹机构的工作范围限于重大法典、重大法律修订的有限范畴，因为这样不能全面统筹法律改革事宜，容易出现部门主导部门法律改革的现象。要改变这种情况，中央统筹机构的工作应该扩大到对所有法律改革的范畴，这样才能发挥整体的统筹作用。否则，只统筹一部分，不统筹另一部分，法律改革就不能整体进行。

（2）执法方面。过去对法律改革统筹机制的认识，仅限于立法领域。从实际的经验和需要出发，应该扩大到执法领域。因为法律制定出来后，是否可行，或者执行中遇到什么问题，如何进一步改进，都需要跟进和解决。

法律规范本身没有问题，但是在执行过程中如何解释也是需要统一的。一些实例告诉我们，部门之间对同一个法律的不同理解和解释，致使政府部门步调不一致，影响到法律实施的统一性，也影响到居民对法律适用的态度。原本是因为不正确地解释法律，变成了法律本身存在问题，以致成为不能解决具体问题的借口，引起社会不必要的法律修改的诉求。所以，让政府部门统一执法，法律解释的统一性是重要的。这一任务由法律改革统筹机构承担是适当的。

三、统筹机构的职权

为了确保法律中央统筹机构发挥作用，建议给予其以下职权。

1. 统筹权

要想让政府法律改革是一盘棋，必须统一规划。首先要有整体布局，然后各部门、各领域根据整体设想，并围绕落实整体设想，提出部门法律改革的项目。要避免法律改革的规划是部门想法的简单加减。所以，对现行行政长官有关法律改革办公室的职权批示要作必要的修改，不能仅限于重大法律的统筹，应该对所有法律改革项目进行统筹。理由是：

（1）政府的施政是一个整体，法律改革要服从施政整体，应该从整体上考虑法律改革的内容。由于政府部门容易从本身角度或本身利益出发制定规范，因而影响到居民的权利和义务，也将影响居民对政府的看法。避免这种情况发生，需跳出部门角度，考虑政府全局，统筹决策是必需的。

（2）法律体系是一个整体，修改某一个法律或法律规范，可能引起其他问题，所以，从整体上考虑，才能做到法律体系的协调性，避免出现顾此失彼。

（3）法律是居民权利与义务的规范，也是政府权力与责任的规范。两者之间的平衡，不能仅限于政府的部门，应该是政府整体与居民之间的平衡。所以，统筹才能代表政府平衡。

统筹权具体有：

（1）根据政府的施政要求，确定法律改革的基本方向和原则。

（2）提出一段时期内法律改革的重点内容。

（3）规定一定阶段的法律改革的顺序、时间表和步骤。

（4）统一领导和组织法律改革规划的实施。

2. 指导权

法律改革的统筹机构不是包办所有法律改革的项目，也不能包办起草，这既不科学，也无可能性。在法律改革中一定要发挥具体部门的积极性，因为它们了解和熟悉运行的具体状况及存在的问题。它们作为未来的操作者，更知道需要怎么规范。

但是，法律改革的统筹机构在调动部门的能动性时，仍然不能放弃必要的指导职能。具体包括：

（1）指导政府部门注意法律之间的协调性。由于部门关注的事项有局限性，或者受部门利益的影响不够全面，需要统筹机构给予指导，统筹机构掌握的信息比较全面，有利于防止产生新的冲突和不协调。

（2）指导政府部门对法律规范的内容进行修改或者给予意见。部门在修改过程中遇到问题，应该与统筹机构商量，听取统筹机构的意见。统筹机构也可以召集不同部门协商、论证，提供参考意见。统筹机构给予指导意见，也有利于集思广益。

（3）在立法技术方面给予指导。法律是一门专业，需要语言文字的标准化、法律术语的统一化、格式体例的规范化，不能由个人和部门的喜好来决定。由统筹机构制订指引，并按指引实施是需要的。

3. 监督权

过去虽然有法律改革的路线图和时间表，但是，仍然出现不能完成计划的现象，原因有多种，其中一个主要的原因是缺乏有力的监督，放任部门处理，能否完成计划取决于部门的意愿。

所以，要想说到做到，监督不可少。具体要求是：

（1）有权检查进度，建立必要的报告制度。比如报告半年或一年执行情况，便于统筹机构掌握情况，发现问题，采取措施，及时解决——或者向社会说明情况，或者与立法会沟通，得到理解。

（2）有权督促采取具体措施。在形式上，可以由统筹机构主动行动，定期检查，也可以由具体实施部门向统筹机构定期报告工作。如果不能完成要说明原因，由统筹机构决定限期或调整完成时间。确需调整，应该经统筹机构研究决定，不能随意改变计划。针对存在的问题，要求采取可行的措施。

4. 草拟权

重大法案、综合性法案的草拟不宜由部门负责，应由统筹机构负责。这一做法是应该坚持的。实践证明，也取得了一定的成绩。

5. 解释权

统筹机构发挥政府对法律解释的协调职能，确保政府法律解释的统一性。具体职能为：

（1）部门在执行法律过程中对一些法律规范认识和理解上有疑问者，应主动提请法律改革统筹机构研究、解释。

（2）不同部门在执行同一个法律规范时，对法律的理解和解释有不同见解，不能按照部门理解各自执行，必须提请法律改革统筹机构研究，作出政府的统一解释。

统筹机构责任重大，权力不小。因而，在扩大工作范畴、加强职能的同时，应该提升中央统筹机构的自身素质，包括法律人员的素质，并适当增加法律专业人员的数量，以适应新的工作要求。

（本文收录于《“一国两制”与澳门特别行政区法制建设》，澳门理工学院“一国两制”研究中心，2010 年）

关于澳门特别行政区设立非政权性市政机构的理解

一、必须严格按基本法的规定设立非政权性市政机构

澳门特别行政区设立非政权性市政机构必须符合以下逻辑：①依照基本法治理特别行政区是一个基本原则，不能违背，这是大前提。②设立特别行政区非政权性市政机构也必须依据基本法进行，必须符合基本法的规定，不能抵触基本法，也就不能离开基本法天马行空地设计非政权性市政机构。这是第二个前提。③依据基本法，就必须对澳门基本法第九十五条进行准确的理解。准确理解澳门基本法第九十五条的规定，必须把握几个关键点或关键词。

第一，非政权性市政机构。从澳门特别行政区的权力体系讲，非政权性市政机构不是权力体系中的一级政权机构，也不享有公共权力。具体而言，从政权性的权力体系中分析，其一，从权力上讲，政权性权力通常有立法权、行政权和司法权。其二，从行使权力的机关讲，相应的有立法机关、行政机关，司法机关。但是，非政权性市政机构既无行政、立法和司法权，也不属于权力体系中的行政、立法和司法机关。因为不是政权机关，当然也就不可能将其设计成一个代议机关，也就不能采用代议机关通常采用的选举产生的办法产生。一句话，不能用政权性市政机构的要求来设计非政权性市政机构。现在有一种意见，一方面接受将要设立的市政机构是非政权性的，但另一方面，又建议按政权性机构来设计非政权性市政机构的产生方式、组织架构及职能。这是自相矛盾的。总之，我们不能把非政权性机构变成实际上的政权机构。

第二，政府委托。既然非政权性市政机构没有本身的权力，那么，它的权力来自何方？基本法规定，来自政府的授权，因政府委托市政机构提供某些市政服务，授予市政机构相应的权力来管理有关事务，所以，政府与市政机构的关系是授权与被授权、委托与被委托的关系，市政机构是否按政府委托提供服务必须受

政府监督。也就是说，政府授予什么权力市政机构就有什么权力，市政机构既不能自己扩大权力，也不能改变服务范围。市政机构与市民的关系，是提供服务的关系，不构成权力来源和委托的关系。所以，如果采取选举产生市政机构的方法，就变成了市政机构是受市民委托管理市政事务、提供市政服务的，势必改变市政机构与政府的关系。市政机构提供什么服务，服务的范围有多大，最终都由市民决定，让市政机构变相地成了一个代议机构，明显与基本法规定相抵触。当然，不采用选举的方式，并不排除咨询和听取市民的意见。市政机构向市民提供市政服务或向政府提供咨询意见，需要听取市民的意见，听取意见的目的是改善服务。总之，不能改变政府与市政机构的委托关系。

第三，提供服务和咨询意见。市政机构作为提供市政服务的机构，可以主动和被动地向政府提供有关意见，帮助政府决策，完善相关政策。由于是咨询意见，对政府应该无强制约束力，也就是说，市政机构对政府不存在制约的关系。当然，政府为了更好地服务市民，需要多多听取市政机构的意见。但是，如果市政机构由选举产生，变相成了一个民选代议机构，不是向政府提供咨询意见，而是向政府要求制约、限制，甚至可能出现对抗政府的委托。如果这样，就改变了基本法对非政权性市政机构的两大职能——提供服务和发表咨询意见的规定，超越了非政权性的属性。

二、对香港和澳门基本法的规定的理解

香港基本法第九十七条规定：“香港特别行政区可设立非政权性的区域组织，接受香港特别行政区政府就有关地区管理和其他事务的咨询，或负责提供文化、康乐、环境卫生等服务。”

澳门基本法第九十五条规定：“澳门特别行政区可设立非政权性的市政机构。市政机构受政府委托为居民提供文化、康乐、环境卫生等方面的服务，并就有关上述事务向澳门特别行政区政府提供咨询意见。”

两部基本法既有共同点：第一，特别行政区之下的地区只能设立非政权性的组织。不论是延续回归前的组织，还是重新设立的组织，可以有不同的方式，但是，组织的性质只能是非政权性。第二，特别行政区的地区性组织或市政机构，必须进行改造。一方面，必须除去政权性的本质属性；另一方面，在形式上多少可以参照或保留原有的上述做法。香港基本法规定的区域组织就是参照原有的地区组织形式。澳门的市政机构就是参照原有的市政机构。即存在一定程度上的历

史延续性。不是完全重新设计，或多或少保留某些功能，如提供市政服务和提供咨询意见。

两部基本法也有差别：对非政权性组织的功能规定上有差别。差别的原因是港澳原有的地区组织本身有所不同。香港存在市政局和区域市政局，以及区议会。澳门只有市政机构（澳门市政厅和海岛市政厅）。香港的市政局和区域市政局是政权性机构，其执行机构是市政总署和区域市政总署，而区议会是一个咨询组织。由于区域组织的性质并不相同，有政权性质的市政机构，也有咨询性质的区议会，因此，香港基本法规定，特别行政区设立非政权性的区域组织可以有接受政府咨询的功能，或者可负责提供文化等市政服务。接受咨询和提供服务之间是选择性的，既可选择其一，也可同时选择咨询和服务。区域组织的功能是接受咨询—提供服务的结构，即咨询为主、服务为辅。咨询是本职，要不要提供服务由政府根据咨询意见决定。这一结构在特别行政区议会条例里清楚地作出了规定。所以，在香港基本法的规定中并没有出现“政府委托”的规定，区议会与政府之间在提供咨询意见上并不是一种委托的法律关系，只有在区议会提供意见后，政府接受了咨询意见，才产生委托区议会提供服务的法律关系。但是，澳门的情况不同，原市政机构是政权性的，改造为非政权性后，设立的市政机构是受“政府委托”提供文化等方面服务的一个办事机构，在提供服务中就相关事项向政府提供咨询意见。不论是提供服务还是提供咨询意见，均是在政府委托下产生的。所以，市政机构的功能是提供服务—提供咨询意见的结构。服务是本职，咨询是为了改善服务。

三、香港和澳门实施基本法的区别

2000年，香港特别行政区政府实行区域组织政治改革，完全废除原有的市政局、区域市政局及两个市政总署，不存在改造利用，仅仅保留了区议会。第一，明确区议会（实际上与政权性的议会完全不同，只是借用了议会的名称）是非政权性的。第二，明确区议会仍然是一个以咨询为主的机构。接受政府的咨询，在政府接纳咨询意见然后拨款以后，才可提供市政服务。第三，因为对区议会采取保留的做法，区议会的产生办法也一并保留下来。所以，香港实施基本法有关设立非政权性的区域组织是采取对原区议会基本保留的办法。

这次澳门特别行政区政府提出的设立非政权性的市政署，不是保留原有的市政机构，而是改造原有的市政机构。第一，除去政权性。第二，受政府委托提供服务。第三，向政府提供咨询意见。这三点与原政权性市政机构有根本性的区别。所以，不可能保留原市政机构的产生办法，必须采取适应上述三个特性的产生办法。这就决定了澳门实施基本法有关设立非政权性市政机构要求是要采取改造的做法，不同于香港保留区议会的做法。

我们必须从基本法的规定，从香港、澳门两地处理原有市政机构的不同做法认识澳门设立非政权性市政机构的产生办法。

所以，笔者认为，澳门特别行政区政府关于设立非政权性市政机构的原则是符合澳门基本法第九十五条的规定的。

（本文发表于《澳门日报》，2017 年 1 月 2 日）

澳门特别行政区立法法的几个问题
——与内地立法法的比较分析

澳门特别行政区成立10年来，在立法领域具有重大影响的事件，应是行政长官制定的行政法规与立法会制定的法律之间的关系所引起的争议，最终导致通过了澳门特别行政区第13/2009号《关于订定内部规范的法律制度》的法律（以下简称澳门立法法）。对于事件中的争议和法律的规定所涉及的一些法律理论问题，仍然是值得研究的。由于澳门立法法受到了内地立法法的影响，所以，在分析过程中很有必要作出比较研究。

一、问题的由起

澳门基本法第五十条第五项规定，行政长官“制定行政法规并颁布执行”。那么，什么是行政法规呢？行政法规在法律体系中的地位和效力又是怎样的呢？由于在澳门原有的法律体系中没有“行政法规”的概念①，因此，产生了歧义。有的人认为，行政法规等同于原有的训令、指示。有的人持反对意见，认为行政法规是特别行政区一种新的、独立的法律渊源的形式。终审法院法官在解释基本法中的行政法规概念时，主张它是源于宪法中的行政法规概念。② 因此，要掌握基本法中行政法规的概念，就要理解宪法中的行政法规概念。这就是进行宪法与基本法、内地立法法与澳门立法法比较研究的原因。

---

① 澳门原有法律体系中的法律渊源，根据《澳门组织章程》的规定，有法律、法令、训令、批示。

② 澳门特别行政区终审法院院长办公室．澳门特别行政区法院司法年度年报（2006—2007），2008：90－1163．

二、政治体制与立法制度的关系

1. 立法制度是政治体制的一部分，受政治体制的制约。在不同的政治体制下会产生出不同的立法制度。比如，美国的“三权分立”政治体制，形成了国会享有立法权，唯有国会议员有法案的提案权，由国会制定法律。英国的“议行合一”政治体制，虽然形成了国会制定法律，但是，法案提案权既可由议员行使，也属政府享有。除此之外，政府有委托立法权，有制定附属条例和规章权。法国的“半总统半议会”政治体制，产生了二元立法制度，将立法权分属于国会和政府，国会对属于它的专有事项制定法律，政府对它的专有事项制定条例，两者互不干预，法律效力相等。中国的“人民代表大会制”确立了立法权属于全国人民代表大会及其常务委员会，宪法在保证全国人民代表大会及其常务委员会制定法律具有上位法效力的前提下，授权国务院根据宪法和法律制定行政法规；地方全国人民代表大会及其常务委员会可以制定地方性法规，国务院组成部门可以制定规章。这体现了立法制度纵横关系的多样性。

2. 澳门特别行政区立法制度是澳门政治体制的一部分，理解澳门特别行政区的立法制度，必须先理解它的政治体制。澳门特别行政区的政治体制是以“一国两制”为基础，以行政主导为核心，行政与立法互相制约，以司法独立为内容的一种政治体制。在这种政治体制下，特别行政区的立法制度，首先，以“一国两制”为基础，特别行政区的立法要受到中央即全国人民代表大会常务委员会的监督，全国人民代表大会常务委员会对特别行政区的立法进行审查，如认为违反基本法的，可以发回特别行政区立法会。其次，以行政为主导，特别行政区行政长官领导的政府有向立法会提出法案的权力，对立法会通过的法案有拒绝签署和发回权，对法案有公布权。同时，行政长官根据基本法有制定行政法规的权力。最后，在行政与立法互相制约下，特别行政区政府对立法会负责，执行立法会通过并已生效的法律。所以，特别行政区立法制度既要处理中央与特别行政区的关系，也要处理行政与立法的关系，从而形成了澳门特别行政区独有的立法制度。

3. 由于澳门特别行政区行政主导的政治体制与内地人民代表大会制的政治体制有所不同，因此，立法制度也有所区别。特别行政区立法会在政治体制中的地位与人民代表大会在政治体制中的地位不同，后者在国家政治体制中是权力机关，具有最高性和全权性，其他机关不能超越人民代表大会，其他机关由人民代表大会产生，受它的监督，对它负责。由于一切权力属于人民代表大会，其他机关的权力来源于人民代表大会的授权。而澳门特别行政区立法会仅仅是立法机关，它在政治体制中的地位不能与人民代表大会同日而语，不是特别行政区的最高权力机关。它的权力是有限的，主要是立法权和对特别行政区政府的监督权，而特别行政区行政长官和特别行政区政府既不是由立法会产生，它的权力也并非由立法会授予，立法会对它们并非具有凌驾性。体现在立法制度上，宪法明确规定，全国人民代表大会及其常务委员会有权撤销国务院制定的行政法规和地方人民代表大会制定的地方性法规，国务院必须根据法律制定行政法规，地方必须根据法律和行政法规制定地方性法规。但在基本法第十一条中仅规定，任何法律、法令、行政法规和其他规范性文件均不得抵触基本法，凡抵触者均为无效。基本法没有赋予立法会可以撤销行政长官制定的行政法规的权力，也没有赋予法院可以宣布行政法规无效的权力。

虽然，宪法中的“行政法规”与基本法中的“行政法规”从字面上看，完全一致。基本法在制定过程中，也参照了宪法的规定。但是，当我们将“行政法规”的概念放入不同的政治体制中比较分析，就可以发现它们之间的差别。首先，制定行政法规的主体不同，在宪法下，国务院是国家行政机关，对全国人民代表大会负责，受全国人民代表大会监督。在基本法中，行政长官是特别行政区的最高首长，是权力主导的核心，既对中央负责，也对特别行政区负责，不能完全受制于立法会。其次，两个“行政法规”的立法依据、规范事项、效力也会有所区别。以下就有关行政法规的立法依据、法律保留原则、法律优先原则问题，通过对两个立法法的比较分析作出探讨。

三、行政法规的立法依据

1. 宪法第八十九条规定：“国务院根据宪法和法律，规定行政措施，制定行政法规，发布决定和命令。”内地立法法第六十五条规定，“国务院根据宪法和法律，制定行政法规。行政法规可以就下列事项作出规定：①为执行法律的规定需要制定行政法规的事项；②宪法第八十九条规定的国务院行政管理职权的事项。应当由全国人民代表大会及其常务委员会制定法律的事项，国务院根据全国人民代表大会及其常务委员会的授权决定先制定的行政法规，经过实践检验，制定法律的条件成熟时，国务院应当及时提请全国人民代表大会及其常务委员会制定法律。”根据以上规定，第一，国务院必须根据宪法和法律制定行政法规。第二，行政法规的种类有三种，一是执行法律需要制定的行政法规；二是履行宪法职责管理行政事务的行政法规；三是经人民代表大会具体授权先行制定的属于人民代表大会规范事项的行政法规。对此，在内地法学界提出了两种见解。

一种见解认为，国务院制定行政法规有双重依据，即“依据宪法”和“依据法律”，具体而言，国务院可直接依据宪法制定行政法规，也可依据法律制定行政法规。分别为“职权立法”和“授权立法”。“职权立法是指行政机关直接依据宪法和组织法所赋予的立法权并在宪法和法律所规定的职权范围内进行立法活动……职权立法来源于宪法，行政机关通过宪法的确认或赋予而获得了立法权。职权立法由于是由宪法或法律直接赋予，且往往随行政机关的产生而产生，因而它属于行政机关固有的权力。”[①] 与此观点相近的见解提出了“一般授权立法”观点，认为一般授权立法是指国家行政机关直接依照宪法和有关组织法规定的职权制定行政法规和行政规章的活动[②]。

另一种见解认为：“当依据宪法制定的法律与依据宪法制定的行政法规发生价值冲突时，就不能当然断定法律优于行政法规，而必须由制定宪法的机构或者实施宪法监督的机构来加以判断。如果上述价值判断能够成立，那么，全国人民代表大会及其常务委员会依据宪法所享有的立法权可能完全失效。因为国务院完全可以避开全国人民代表大会及其常务委员会制定的法律直接从宪法上寻求法律依据。”[③]

内地学术界的争论，同样反映在澳门特别行政区对基本法相关条文的理解和制定澳门立法法的过程中。

2. 澳门基本法有类似宪法的规定，第五十条第五款规定，行政长官职权之一是“制定行政法规并颁布执行”。第七十一条第一款规定，立法会职权之一是“依照本法规定和法定程序制定、修改、暂停实施和废除法律”。由于基本法并没有明确要求行政长官制定行政法规必须以立法会通过的法律为基础，行政长官是否可以直接依据基本法规定的职权制定行政法规，同样引起了内地学术界的争议。一种意见认为，行政长官可以直接依据基本法，对行政管理的事务制定行政法规。另一种意见主张，行政长官只能为执行立法会通过的法律而制定行政法规，否则，行政法规是无效的。为了解决争议，推动了澳门立法法的制定。虽然澳门立法法没有使用“职权立法”和“授权立法”的概念，但是，澳门立法法却体现了这种区分。在澳门立法法第四条第三、第四项中规定：“三、独立行政

---

① 应松年．行政法学新论．北京：中国方正出版社，1998：2004．

② 罗豪才．行政法学．北京：北京大学出版社，1996：145－146．

③ 莫纪宏．宪法学．北京：社会科学文献出版社，2004：433－434．

法规得就法律没有规范的事宜设定初始性的规范。四、补充性行政法规得为执行法律而订定所必需的具体措施。”澳门立法法把行政法规分为“独立行政法规”和“补充性行政法规”两种，事实上清楚地确认了行政法规有两个立法依据。一个是把基本法作为直接立法依据，在没有法律的情况下，对行政长官管理的事务进行立法。另一个是法律的依据，在立法会制定了法律的情况下，为执行法律而制定行政法规。澳门立法法明确规定，制定行政法规有两个立法依据，有独立行政法规和补充性行政法规两种形式，与特别行政区行政主导的政治体制有关。行政长官作为行政主导的政治体制中的权力核心，在制定规范性文件方面也需要有一定程度的独立性和主动性，不能完全受制于立法会的立法，这符合行政主导的要求。

3. 笔者认为，立法依据的概念，其实包含了两层含义，一是立法权依据，二是立法内容依据，实有必要分清楚它们之间的区别。立法权依据是讲立法权的来源是否合法，比如，立法会制定法律的权力来源于基本法第七十一条的规定，行政长官制定行政法规的权力来源于基本法第五十条的规定。凡无权或者越权制定规范性文件，其结果必然无效。虽然依法行使立法权，但并不等于制定的规范性文件一定是具有合法性的。所以，才有立法内容的依据，以便保证规范性文件的合法性。比如，立法会行使基本法赋予的立法权制定法律，那么法律是否有效，判断的依据标准是什么？当然就是基本法。凡符合基本法的就有效，凡抵触者就无效。行政长官行使基本法赋予的立法权制定行政法规是否有效，判断的依据标准需视行政法规的不同形式而定，凡是独立行政法规以基本法为标准，凡是执行性行政法规以法律为标准，符合者有效，抵触者无效。因此，在澳门特别行政区就行政法规的立法依据而言，基本法对其是无条件的，法律却对它是有条件的。

四、行政法规调整的范围

1. 内地立法法对行政法规的事项范围作出了规定，凡是法律已有规定，为执行法律需要，均属于行政法规可规范的事项。凡是属于行政管理范围的事项，行政法规均可规范。但是，行政法规不能涉及内地立法法第八条规定的只能制定法律的事项。所以，内地立法法对行政法规的立法范围采取的是原则列举、具体排除法。

2. 澳门立法法对独立行政法规和法律的事项范围作出了分工，采取具体列举和具体排除的方法。第七条规定了七项属于独立行政法规规范的内容：“①充实、贯彻和执行政府政策的规范；②管理各项公共事务的制度和办法；③政府的组织、运作及其成员的通则；④公共行政当局及其所有的部门及组织单位的架构和组织，包括咨询机关、具法律人格的公共部门、公务法人、公共实体、自治部门及基金组织、公共基金会、其他自治机构及同类性质机构的架构及组织，但不包括属于立法会、法院、检察院、审计署及廉政公署的机构或纳入其职能或组织范围内的机构，以及对基本权利和自由及其保障具有直接介入权限的机构，尤其是刑事调查机关；⑤行政会的组织、运作及其成员的通则；⑥行政违法行为及其罚款，但罚款金额不超过50万澳门元；⑦不属于本法第六条规定的其他事项。”按照第七项的规定，具体排除了行政法规不能规范的具体事项。这种对立法权限的分工，与独立行政法规的立法依据有关。独立行政法规不同于补充性行政法规，它根据基本法授予的权限，可以无须法律的依据加以制定，澳门立法法第四条第三款规定，独立行政法规可以创设“初始性的规范”。所以，哪些事项可以由行政法规设立初始性规范，哪些事项不能设立初始性规范，必须进行清楚的分工，才能保证初始性规范的合法性。从这个意义上说，澳门特别行政区立法制度非常类似于法国宪法确定的二元立法体制，国会制定法律，政府制定条例，法律和条例依据宪法的规定，均有专属的立法事项。

3. 根据澳门立法法对法律和独立行政法规调整事项的规定，是否可以从逻辑上推出既有法律保留的事项，也有行政法规保留的事项？还是说，只有法律保留的事项，没有行政法规保留的事项？或者说，法律保留的事项是绝对的，行政法规保留的事项是相对的，如果法律认为有需要可以规范行政法规的事项？这些问题是需要研究明确的。

内地立法法规定，全国人民代表大会制定基本法律，全国人民代表大会常务委员会制定基本法律以外的法律，国务院制定行政法规。从内地立法法第六十五条的表述看，国务院可以就有关事项制定行政法规，但不等于该等事项唯一由国务院规定，因为人民代表大会制度决定全国人民代表大会是国家的权力机关，只要它认为需要，对任何事项，包括国务院行政管理的事项都可以制定法律。内地立法法第六十五条并不能排除全国人民代表大会立法的可能性。

那么，澳门立法会对独立行政法规的事项是否可以制定法律呢？澳门立法法第五条规定：“立法会行使《澳门特别行政区基本法》赋予的职权，有权就澳门特别行政区自治范围内的任何事宜制定、修改、暂停实施和废除法律。”其中的“任何事宜”是否也包括独立行政法规的事项呢？从字面上理解，“任何事宜”应可包括独立行政法规的事项，但是，如果包含了独立行政法规的事项，就构成了两者之间的内在矛盾。因为存在“任何事宜”就不应该存在“独立行政法规”，反之亦然。所以，不能简单地从字面上理解“任何事宜”与“独立行政法规的事项”的关系，而应该从实质内容上理解两者的关系。笔者认为，解释它们之间的实质关系，需要注意以下三点：第一，澳门行政主导的政治体制不同于内地的人民代表大会制度，人民代表大会不仅仅是立法机关，而且是权力机关。而澳门立法会仅仅是一个立法机关，权力有限。第二，内地立法法对行政法规并没有区分“独立”和“补充”两种形式，但澳门立法法作出了区分，既然有“独立行政法规”，所谓“独立”就应该有排他性，不具有“共享”性。所以，澳门行政法规有保留事项是可以成立的。第三，“任何事宜”与“独立行政法规”的提法在形式上是有矛盾的，但在事实上不会造成冲突。理由是，根据澳门基本法第七十五条的规定，凡涉及公共收支、政治体制或政府运作的议案，立法会议员不能提出。凡涉及政府政策的议案，议员在提出前必须得到行政长官的书面同意，因而，当行政长官已经制定了行政法规或认为应该制定行政法规时，政府不会向立法会提出法案进行立法，从立法程序上排除了冲突。

五、行政法规在法律体系中的位阶和效力

为了维护法律的统一性，在立法制度中，均会明确规定不同规范性文件的位阶和它们之间的效力关系，以及当规范性文件发生冲突时处理的原则和办法。

1. 内地立法法不仅对规范性文件的位阶作出了明确规定，如，第八十七条规定：“宪法具有最高的法律效力，一切法律、行政法规、地方性法规、自治条例和单行条例、规章都不得同宪法相抵触。”第八十八条规定：“法律的效力高于行政法规、地方性法规、规章。行政法规的效力高于地方性法规、规章。”而且，对规范性文件的冲突规定了处理的原则和办法。如，第九十七条规定：“改变或者撤销法律、行政法规、地方性法规、自治条例和单行条例、规章的权限是：①全国人民代表大会有权改变或者撤销它的常务委员会制定的不适当的法律，有权撤销全国人民代表大会常务委员会批准的违背宪法和本法第七十五条第二款规定的自治条例和单行条例；②全国人民代表大会常务委员会有权撤销同宪法和法律相抵触的行政法规，有权撤销同宪法、法律和行政法规相抵触的地方性法规，有权撤销省、自治区、直辖市的人民代表大会常务委员会批准的违背宪法和本法第七十五条第二款规定的自治条例和单行条例；③国务院有权改变或者撤销不适当的部门规章和地方政府规章；④省、自治区、直辖市的人民代表大会有

权改变或者撤销它的常务委员会制定的和批准的不适当的地方性法规；⑤地方人民代表大会常务委员会有权撤销本级人民政府制定的不适当的规章；⑥省、自治区的人民政府有权改变或者撤销下一级人民政府制定的不适当的规章；⑦授权机关有权撤销被授权机关制定的超越授权范围或者违背授权目的的法规，必要时可以撤销授权。"

从上述规定中可以清楚地看到，规范性文件的位阶和效力，取决于立法主体在政治体制中的地位，权力机关制定的规范性文件高于行政机关制定的规范性文件，上级机关制定的规范性文件高于下级机关制定的规范性文件，前者有权撤销后者的规范性文件。由于法律是由全国人民代表大会及其常务委员会制定的，效力自然高于行政法规，因此，法律优先原则是绝对的。

2. 澳门立法法第三条规定："①澳门特别行政区的法律、独立行政法规、补充性行政法规及其他内部规范性文件须在符合基本法的前提下方为有效。②法律优于其他所有的内部规范性文件，即使该等文件的生效后于法律。"根据这一规定，确立了法律优先原则。但是，将第一款和第二款联系起来分析，法律优先原则是相对的，不是绝对的。因为在澳门基本法第十一条第二款中规定，法律、法令、行政法规和其他规范性文件均不得同基本法相抵触，所以，澳门立法法规定，规范性文件须在符合基本法的前提下有效。因此，基本法的最高效力和优先地位是十分肯定和清楚的。至于法律与行政法规的优先地位在基本法中没有直接而明确的规定，笔者认为，主要原因是，以立法主体的地位高低来决定规范的地位和效力的原则与澳门的政治体制不适应，也难以运用，所以要另谋出路。澳门立法法提出了法律优先的原则，那么法律为什么优先？优先是有条件的还是无条件的？从澳门立法法的规定看，补充性行政法规一定以法律为优先，是无条件的。独立行政法规为什么以法律为优先？从逻辑上分析，可能出现三种情况：第一，法律和行政法规都符合基本法的规定，但行政法规与法律出现不一致；第二，法律符合基本法，行政法规不符合基本法，出现不一致；第三，行政法规符合基本法，法律不符合基本法，出现不一致。对于第一和第二种情况，法律优先应该可行。对于第三种情况，如果法律优先就有问题了，法律不符合基本法却可优先符合基本法的行政法规，岂不变成了法律高于基本法了？为了避免这种逻辑上的矛盾，不能以法律优先原则来处理，应该以基本法优先原则来解决。因此，笔者认为，处理澳门立法制度中规范性文件的冲突，应该坚持两项原则，首先是适用基本法优先原则，其次才适用法律优先原则。从这个意义上说，法律优先原则是以基本法优先原则为条件的。

综上所述，内地与澳门的政治体制不同，决定了其立法制度的差异。对于行政法规的立法依据究竟是否可以以宪法为立法依据，还是必须以法律为立法依据，在内地立法法中尚有争论，但在澳门立法法中清楚地规定既可依基本法也可依法律制定行政法规。对于行政法规规范的范围，在内地立法法中行政法规并没有保留的事项，在澳门立法法中行政法规有保留的事项。对行政法规的地位，在内地立法法中法律优先原则是绝对的，在澳门立法法中是相对的，需要先服从基本法的优先原则。

（本文发表于《社会科学》，2010 年第 3 期）